编委会名单

中国流动人口及家庭发展报告

第二届流动人口健康与发展论坛文集

肖子华 王春超 主编

暨南大學出版社
JINAN UNIVERSITY PRESS

中国·广州

图书在版编目（CIP）数据

中国流动人口及家庭发展报告：第二届流动人口健康与发展论坛文集/肖子华，王春超主编．—广州：暨南大学出版社，2018.10
ISBN 978-7-5668-2511-7

Ⅰ.①中…　Ⅱ.①肖…②王…　Ⅲ.①流动人口—研究报告—中国　Ⅳ.①C924.24

中国版本图书馆CIP数据核字（2018）第230128号

中国流动人口及家庭发展报告：第二届流动人口健康与发展论坛文集
ZHONGGUO LIUDONG RENKOU JI JIATING FAZHAN BAOGAO：DIERJIE LIUDONG RENKOU JIANKANG YU FAZHAN LUNTAN WENJI
主编：肖子华　王春超

出 版 人：徐义雄
责任编辑：曾鑫华　高　婷
责任校对：何　力
责任印制：汤慧君　周一丹

出版发行：暨南大学出版社（510630）
电　　话：总编室（8620）85221601
营销部（8620）85225284　85228291　85228292（邮购）
传　　真：（8620）85221583（办公室）　85223774（营销部）
网　　址：http://www.jnupress.com
排　　版：广州市天河星辰文化发展部照排中心
印　　刷：广州市穗彩印务有限公司
开　　本：787mm×1092mm　1/16
印　　张：21.75
字　　数：395千
版　　次：2018年10月第1版
印　　次：2018年10月第1次
定　　价：68.00元

序　言

2017 年 11 月 18 日，由国家卫生计生委流动人口服务中心、暨南大学主办，以“服务流动人口　助力健康中国”为主题的“第二届流动人口健康与发展论坛”在北京成功举行。论坛旨在学习贯彻党的十九大精神，分析、研究、探讨新时代流动人口健康与发展面临的新形势、新特征、新要求，汇集社会各界力量，扎实推进流动人口基本公共服务均等化，促进流动人口市民化和社会融合，助力健康中国建设。

时任国家卫生计生委副主任王培安出席论坛并发表主旨演讲，要求全面领会习近平新时代中国特色社会主义思想对流动人口健康与发展的新要求，用习近平新时代中国特色社会主义思想武装头脑，指引新时代流动人口健康与发展工作，谱写流动人口健康与发展的新篇章。全国政协副秘书长、民革中央副主席刘家强，国家卫生计生委流动人口司司长王谦，人力资源和社会保障部农民工工作司副司长沈水生，暨南大学党委常委、副校长张宏，香港中文大学经济学系主任、世界计量经济学会院士张俊森，中国抗衰老促进会副理事长、山水文园集团董事局主席李辙等领导和专家均在论坛上发表重要的主旨演讲。

本次论坛设有“营养管理与健康促进”“生殖健康与家庭幸福”“新型城镇化与流动人口社会融合”和“流动人口就业与家庭发展”四个分论坛。本次论坛自发布征文通知以来，受到各界专家、学者的广泛关注，收到众多投稿。最终，来自暨南大学、中国社会科学院、北京大学、中国人民大学、复旦大学、南开大学等科研机构、高校、流动人口服务管理部门、事业单位、社会组织的 30 多位流动人口健康与发展研究的专家、学者分别在主、分论坛上从多个方面分享、交流了流动人口的健康现状、影响因素和对策前景，广泛、深入地讨论了关于流动人口的健康促进、健康管理、家庭发展、生殖服务、社会融合、就业等方面的问题。因此本次论坛取得了丰硕的成果，凝练了发展的共识。

参加此次论坛活动的有国家卫生计生委规划与信息司、财务司、疾控局、医政医管局、计划生育基层指导司、计划生育家庭发展司、流动人口司、药政司、离退休干部局、中国人口与发展研究中心、国家食品安全风险评估中心、中国人口宣传教育中心、医院管理研究所、人口文化发展中心、能力建设和继续教育中心 15 个有关司局、单位的负责同志，来自全国各地卫生计生流动人口管理机构、疾病预防控制机构、医疗和体检机构的同志和专家，以及流动人口健康与发展研究领域的专家、学者和相关社会组织代表共 360 余人。

本次论坛取得圆满成功，并形成了丰硕的成果。作为主办方，我们认为应该将论坛上各位流动人口健康与发展研究的专家、学者所分享的智慧和卓识以专集形式呈现出来，并向各界传递，以对流动人口健康和发展领域做切实的贡献。因此，基于专家、学者的发言及文稿，我们编撰了《中国流动人口及家庭发展报告：第二届流动人口健康与发展论坛文集》。本书涵盖了王培安副主任等领导和专家的主旨演讲，也以三个主题全面覆盖了各分论坛的专家、学者的观点，这三个主题分别是“营养管理与健康促进”“新型城镇化与流动人口社会融合”“流动人口就业与家庭发展”。我们相信，这些真知灼见将会通过本书传递开来，真正达成助力健康中国发展的目的。

编　者

2018 年 7 月中旬于暨南园

目录

Contents

大会论坛演讲

奋力谱写新时代流动人口健康与发展新篇章

——在第二届流动人口健康与发展论坛上的主旨演讲

王培安①

各位专家、各位朋友、各位同仁：

下午好！一个月前的今天，党的十九大隆重开幕。大会聚焦人民对美好生活的向往，制定了新时代中国特色社会主义的行动纲领和发展蓝图。今天，国家卫生计生委流动人口服务中心与暨南大学联合举办的第二届流动人口健康与发展论坛就是以实际行动学习贯彻党的十九大精神。本次论坛以“服务流动人口　助力健康中国”为主题，契合当前形势和需要，对推进健康中国建设、提升流动人口福祉具有重要意义。在此，我代表国家卫生计生委对论坛的举办表示热烈的祝贺！对参加论坛的各位代表表示诚挚的欢迎！

借此机会，我结合学习十九大精神的体会，谈谈对流动人口健康与发展工作的思考。

一、全面把握习近平新时代中国特色社会主义思想对流动人口健康与发展工作的新要求

习近平新时代中国特色社会主义思想的核心判断是我国社会主要矛盾已经转化为人民日益增长的美好生活需要和不平衡不充分的发展之间的矛盾，这是我们开展一切工作的基础。我们要立足于中国社会主要矛盾的变化，深刻领会新时期流动人口健康与发展工作的新要求。

做好新时期流动人口健康与发展工作，必须坚持以人民为中心的发展思想，让发展改革成果更多、更公平地惠及流动人口。人民是历史的创造者，是决定党和国家前途命运的根本力量。增进民生福祉是发展的根本目的。规模逾2亿的流动人口占我国总人口的1/6，已成为全面建成小康社会的一支生力军，是经济社会转型发展不可或缺的重要力量。满足流动人

① 原国家卫生计生委副主任、党组成员，现任中国计划生育协会党组书记、常务副会长。

口美好生活的新期待，增进流动人口福祉是决胜全面建成小康社会、全面建设社会主义现代化强国的内在需要。

做好新时期流动人口健康与发展工作，要大胆改革创新，使流动人口的获得感、幸福感、安全感更加充实、更有保障、更可持续。新时代要着力解决好发展不平衡不充分的问题，大力提升发展质量和效益，更好满足人民在经济、政治、文化、社会、生态等方面日益增长的需要，更好推动人的全面发展、社会的全面进步。在解决发展不平衡不充分问题时，流动人口是需要重点关注的人群。习近平总书记在党的十九大报告中强调，破除妨碍劳动力、人才社会性流动的体制机制弊端，使人人都有通过辛勤劳动实现自身发展的机会。建立符合流动人口内在需求的社会治理体制和公共服务体系，不仅是引导劳动力跨区域合理流动和优化配置的必然要求，也是推动现阶段城乡、区域一体化发展的历史选择。

做好新时期流动人口健康与发展工作，要进一步加强统筹，形成服务流动人口合力。当前，流动人口的美好生活需要日益广泛，不仅对物质文化生活提出了更高要求，而且对民主、法治、公平、正义、安全、环境等方面的要求也日益提高。加强部门间的政策衔接和资源整合，发挥好社会组织协同服务流动人口的作用，注重引导流动人口自我服务和管理，是加快农业转移人口市民化、提升流动人口融入城市社会能力的迫切需要。

二、科学判断新时代流动人口健康与发展工作的新形势

进入新时代，创新步伐不断加快，发展质量更优，经济新业态不断涌现，区域发展更加协调，这些都影响流动人口的流量、流向、结构及利益诉求，给流动人口健康与发展带来新的机遇和挑战。

人口流动迁移持续活跃，流动人口健康与发展工作的任务更重。未来一二十年，我国仍处于城镇化快速发展阶段，按照《国家新型城镇化规划(2014—2020 年)》的进程，预计 2020 年我国仍有 2 亿以上的流动人口。人口继续向沿江、沿海、沿主要交通线地区聚集，特大城市和超大城市人口继续增长，中部和西部地区省内农业转移人口比重明显增加。流动人口绝大多数年富力强，但健康素养和健康意识有待提升。人口流动给公共卫生服务带来挑战，增加了传染性疾病的传播机会。流动人口职业相关疾病和伤害发生的风险较大。随着“从治疗为主”转向“以预防为主”，全方位、全周期维护流动人口健康的任务也更重。同时，健康中国战略大力实施，计划生育事业转型发展，卫生计生资源深度融合，信息技术快速发

展，为做好新时期流动人口健康与发展工作提供了更广阔的平台。

流动人口结构和利益诉求出现新变化，对健康与发展工作的要求更高。新生代占流动人口总量的比例已超过50%，他们处于婚恋育儿和职业发展的关键时期，融入城市的愿望强烈，在流入地生育、养育子女的比例不断提高，是生殖健康、妇幼健康、心理健康等服务的重点人群。流动人口居住长期化和家庭化迁移趋势明显，流动儿童、流动老人的数量不断增长，对相关公共服务和社会保障的需求持续增加。新一代农业转移人口进城和老一代农业转移人口返乡并存，对流入地和流出地卫生计生服务的均等、接续提出更高要求。

一些深层次问题亟待突破，流动人口健康与发展工作的难度也越来越大。近年来，随着新型城镇化的大力推进，流动人口享有基本公共服务的水平显著提升，但仍面临着一些深层次问题。流动人口高度集聚的地方，经费、人员尚未完全按常住人口配置，基层为流动人口提供服务的动力、能力仍显不足。流入地与流出地之间信息沟通有待加强，一些流动人口享受到的基本公共服务不接续。流动人口在城镇获得的医疗保障服务水平也有待提升。

三、奋力谱写新时代流动人口健康与发展的新篇章

人口健康状况既是一个国家发展的基础条件，也是经济社会发展的衡量指标，更是国家繁荣昌盛、社会文明进步的重要标志。我们应围绕增进流动人口健康福祉这一目标，深化对流动人口健康问题及服务需求的调查研究，有针对性地完善政策、创新机制、加强服务，努力全方位、全周期保障流动人口健康，提升流动人口发展能力。

加强人口流动迁移趋势研究，准确把握流动人口的新特征、新需求。随着我国人口形势的变化，人口流动迁移已成为影响人口发展的关键因素，对地区人口规模与结构演变有着决定性影响。党的十九大要求加强人口战略研究，其中人口流动迁移的相关研究是重要内容。要不断创新研究技术方法，加强对流动人口总量、分布、结构的预估预判。结合加快农业转移人口市民化，提出市民化的路径建议。深化人口流动迁移对经济社会发展、对健康水平影响的研究。细化对流动人口子群体的分析，更全面、深入地了解流动人口需求。

扎实推动服务均等化，促进流动人口社会融合。服务均等化是保障流动人口基本权益的内在要求，也是流动人口融入城市社会的基础。国家卫

生计生委将继续大力推进基本公共卫生计生服务均等化，做好流动人口疾病预防控制，加强农业转移人口等流动人口基本医疗权益保障，深化流动人口社会融合示范试点。如何进一步加强信息化应用，提升服务效率；如何创新服务模式，提高服务可及性；如何客观评估流动人口社会融合状况，促进社会融合是我们一直在思考和探索的内容，希望社会各界也积极献计献策。

强化流动人口及留守人群的健康教育、健康关爱，提升流动人口及其家庭的健康意识和发展能力。国家卫生计生委分别制定了流动人口、留守儿童健康教育核心信息，组织开展了新市民健康城市行、农村留守儿童健康关爱系列活动，推进流动人口健康促进示范企业、学校和家庭建设，起到了良好的宣传教育效果。下一步，我们将不断加强流动人口及留守人群健康教育的系统性、针对性，动员学校、家庭、社区和社会各方力量参与，加大媒体宣传力度，营造全社会关怀关爱流动人口的氛围。

充分发挥社会组织作用，加强共建共享。政府与社会协同治理是新形势下做好流动人口工作的有效途径。社会组织具有贴近受众、形式多元、行动自主等特点，在流动人口服务中发挥了积极作用。然而，社会组织整体数量还不足，服务专业性总体仍较弱，对流动人口提供服务的质量有待提升，服务精准度还不够。通过购买、委托、合作等方式充分发挥社会组织优势，更好地满足流动人口及其家庭的需求；在发挥社会组织作用的同时，支持其能力建设和行业发展，让更多社会组织成长起来，逐渐形成一个健康的、优胜劣汰的社会“市场”，是新时期亟须研究并加以解决的问题。

各位专家、各位朋友、各位同仁，举办“流动人口健康与发展论坛”的目的，就是希望发挥政府、卫生计生服务机构、社会组织、专家学者等多方优势，把流动人口健康与发展这篇文章研究好，切实增强流动人口的获得感和幸福感。我相信，经过在座各位的共同努力，必将进一步凝聚共识，启迪思路，深化思考！

预祝大会圆满成功！

解决留守人口困难，促进流动人口发展

——在第二届流动人口健康与发展论坛上的演讲

刘家强[①]

各位专家、各位朋友、各位同仁：

大家好！

很高兴和大家一起共同探讨流动人口健康与发展的主题。

流动人口健康与发展始终与党的事业和发展进程息息相关，以习近平同志为核心的党中央一直高度重视，不断出台相关政策。十九大报告提出：坚持在发展中保障和改善民生。增进民生福祉是发展的根本目的。必须多谋民生之利、多解民生之忧，在发展中补齐民生短板、促进社会公平正义，在幼有所育、学有所教、劳有所得、病有所医、老有所养、住有所居、弱有所扶上不断取得新进展，深入开展脱贫攻坚，保证全体人民在共建共享发展中有更多获得感，不断促进人的全面发展、全体人民共同富裕。我认为，以上这几个目标在农村留守人口中都实现了，到2020年决胜全面建成小康社会这个宏伟的目标才算是真正实现。因此，贯彻落实中共十九大会议精神，必须深入了解当前我国农村留守人口的困难情况，探索如何进一步加强农村留守人口的保障与发展，维护农村社会稳定大局，推进社会主义农村现代化建设，只有这样，才能实现以城市群为主体构建大中小城市和小城镇协调发展的城镇格局，加快农业转移人口市民化，促进流动人口发展。

根据十九大精神，结合目前我国留守人口的实际情况，本着“全面建成小康社会，一个不能少；共同富裕路上，一个不能掉队”的原则，我们要在2020决胜之年顺利地完成既定目标，需要重点围绕以下几个方面来开展工作：

---

① 全国政协常务委员、全国政协副秘书长、民革中央副主席，兼任中国人口学会副会长、西南财经大学教授。

一、摸清“三留守”人员状况，找准流动人口发展短板

改革开放以来，我国社会经济的快速变化推动了劳动力的流动。大批农村青壮年劳动力离土离乡，外出到发达地区务工经商对增加农村家庭经济收入、摆脱贫困桎梏起到了十分重要的作用，也衍生出了数量庞大的农村留守儿童、留守妇女、留守老人等“三留守”人员。2015 年，我国流动家庭接近 20%，留守儿童占比 35.1%，留守妇女占比 6.1%，留守老人占比 23.3%。“三留守”人员困难多、生活状况差、缺乏保障。由于缺少家庭教育、亲情抚慰和监督管护，留守儿童的健康成长受到了影响，从而关系到今后城乡劳动力素质的高低；由于劳动强度大、精神压力大、长期分居，留守妇女多有孤独感，其婚姻家庭容易产生危机；由于养老保障不足、生活缺人照料、精神孤独空虚，留守老人难以享受天伦之乐。“三留守”人员的问题一方面构成了我国新型城镇化和决胜全面建成小康社会经济发展的短板，使得城乡劳动力供给“全流通战略”受阻；另一方面也构成了我国社会转型的短板，使得农村地区的“家庭问题”外溢成了“社会问题”，这就需要我们解决好城乡人民日益增长的美好生活需要和不平衡不充分的发展之间这一主要矛盾。

二、实施乡村振兴战略，释放“三农”发展活力

十九大提出实施乡村振兴战略，明确提出了保持土地承包关系稳定并长久不变，第二轮土地承包到期后再延长三十年。一方面，土地制度改革的核心是确认土地的归属、利用和收益分配问题。从短期看，农用地的关注核心是经营权流转和适度规模经营问题。从长期看，土地制度改革的目标是改变土地政策二元分割格局，实行集体土地和国有土地“同地、同权、同价”以及市场化流转、配置。我们要完善土地经营权流转制度，有序推进土地流转和适度规模经营，为乡村振兴战略中的专业大户、家庭农场、农民合作社、农业产业化龙头企业等新型农业经营体系提供必要的土地政策支持，这是农村产业结构转换中的选择。另一方面，乡村振兴战略需要良好的基本公共服务。在很多人看来，城市的医疗、卫生、教育、交通、娱乐设施等比农村好，这对新生代农业转移人口有很大的吸引力。然而，2016 年中国社科院发布了一项“中西部农民向城镇转移意愿分布”调查显示，近 50% 的农民并不想进城。因此，在乡村振兴战略中完善农村基

本公共服务体系，包括基本公共教育、社会保险、基本社会服务、劳动就业服务、基本医疗卫生和人口计划生育、基本住房保障、公共文化体育、残疾人基本公共服务等，能够增强农村对青壮年劳动力的吸引力，有效降低农村青壮年劳动力外出务工的意愿，为乡村振兴战略提供必要的人力基础，增强我国农村经济社会发展的活力。此外，乡村振兴战略是实现我国农村现代化的重要制度安排。为适应这一战略，要立足农村经济社会发展，培养造就一支懂农业、爱农村、爱农民的“三农”工作队伍。

三、加快农业转移人口社会融合进程，以发展解决留守与流动

十九大报告提出“以城市群为主体构建大中小城市和小城镇协调发展的城镇格局，加快农业转移人口市民化”，“加快”二字反映了今后我国新型城镇化在速度和进程方面的新思考。未来一段时期，我国通过发展解决农村青壮年劳动力的流动与留守问题要着力两个主要方面：

一方面，要解决流动人口在城市的市民化和社会融合问题。十九大报告没有再强调传统意义的乡城流动人口管理服务问题，但并非这一群体的治理不重要了，而是未来打造一个平等的城乡人口发展和转移发展体系将成为我国流动人口政策的基本面，这就正如十九大报告提出的“破除妨碍劳动力、人才社会性流动的体制机制弊端”。现阶段，我国流动人口家庭化流动趋势明显。据《中国流动人口发展报告2017》数据显示，两人及以上的流动人口家庭户占81.8%以上，在流入地生育、就医、养老的比例不断上升，对相关公共服务和社会保障的需求持续增长。因此，在我国新型城镇化过程中制定的运行规则和制度政策，要重视流动人口特别是新生代流动人口的价值和尊严，让新型城镇化的主体——流动人口具有城市参与权、社会保障权和平等发展权。设立宽松、和谐、具有人情味的城市准入制度，通过“代内发展＋代际转移”的人力资本推动、“资产建设＋个人账户”的金融资本推动、“文化认同＋组织重构”的社会资本推动、“住宅资本化”的物质资本推动、“留地安置＋产权改革”的自然资本推动等，实现流动人口平等发展的权利。

另一方面，要解决流动人口流出地经济社会发展和就近就业机会问题。我国农业转移人口与留守问题的根源在于本地无法解决他们的就业和发展问题。要根本性解决留守这一问题，必须加大对我国民族地区和贫困农村地区的经济投资，通过引进一些适合本地的项目，加快发展第二、第三产业，吸引外出人员返乡创业，大力发展县域经济，增强县域的就业容

纳能力，让农村劳动力在本地就能实现增收、致富，减少“三留守”人员。通过小城镇建设促进农村市场与城市市场、农村消费与城市消费的进一步对接，在农业现代化过程中形成农村新型产业模式、居住模式和社会治理模式，通过政府与市场把城市基础设施和公共服务延伸至农村，为流动人口就地城市化和市民化提供共商、共建、共治和共享的体系保证。用农村自身经济社会发展来解决农村青壮年劳动力的流动问题，是解决我国农村留守问题最直接的途径。

四、完善农村保障体系，提升留守人口的生活质量和发展能力

一是建立和完善多层次的农村社会保障体系。十九大报告提出要加强社会保障体系建设。按照兜底线、织密网、建机制的要求，全面建成覆盖全民、城乡统筹、权责清晰、保障适度、可持续的多层次社会保障体系。从目前政策的落实情况来看，在调研过程中我们发现社会保障制度衔接方面还存在多种问题。有些省新农保和新农合虽然已经实现全覆盖，但社会保险关系跨地区转移还存在障碍，社会保障制度的衔接有待进一步完善。农村公办养老机构，无论在数量上还是在服务质量上，都远远满足不了农村居民养老的需要。大部分养老机构办公经费紧张，敬老院的建设、农村“五保”的供养、农村医疗救助等方面都存在较大资金缺口。政府需要在实施全面参保计划的基础上，出台民办养老机构资助管理办法，制定出台操作性较强的制度，用税收减免、政策优惠等方式，引导民间力量兴办养老机构，推进养老服务体系和医养结合体系的建设。设法解决农民将土地转出后的后顾之忧，重点抓好农民最低生活保障制度、养老保险制度和医疗保险制度建设，提高保障标准，扩大覆盖面。加快建立住房救济、司法救济、灾民救助、家庭遇到重特大事件临时困难救助等救助体系。进一步修改与完善义务教育法、未成年人保护法、妇女权益保护法、老年法、婚姻法、继承法等配套性法规体系，加强对农村困难群众的救助和权益保护。

二是加大对农村留守人口保障的资金支持力度。建立最低生活保障标准的动态调整机制，把制定农村困难群众基本生活保障标准与物价上涨水平相结合，并坚持有差异性倾斜的原则，根据不同地区的农村经济发展水平、农民人均纯收入水平进行调整；加大农村“五保”供养资金投入并理顺财政管理体制；加大对敬老院建设项目的资金支持力度，并将敬老院建设资金列入专项财政预算；把基层医疗卫生机构的专项补助和经常性收支

差额补助纳入中央财政预算并及时足额落实到位。

三是深入实施精准扶贫、精准脱贫，推动精神扶贫和健康扶贫。十九大报告提出“坚持大扶贫格局，注重扶贫同扶志、扶智相结合，深入实施东西部扶贫协作，重点攻克深度贫困地区脱贫任务，确保到2020年我国现行标准下农村贫困人口实现脱贫”，并对我国精准扶贫提出了“扶志”和“扶智”兼顾的发展思路，特别强调要从思想上淡化乃至消除贫困人口的“贫困意识”，改变贫困文化与价值取向将成为未来我国扶贫脱贫攻坚中的核心解决方案。大力推进健康中国战略，特别是在我国广大农村地区，农村居民已经成为糖尿病、冠心病、脑卒中、肿瘤四类慢性病的主要发病人群，慢性病已经成为农村群众健康的重大隐患和贫困的主要因素，也给政府的医疗保障造成了较大的经济负担。我们应进一步完善农村慢性病防治政策机制，有效遏制农村慢性病高发态势，通过健康扶贫让农村群众脱贫奔小康。首先，政府要加大对农村慢性病防治的投入，建立农村慢性病防治基金，大力推进农村“治未病”健康工程。其次，要做好农村慢性病的体检筛查，建立管控档案，提供科学治疗指导和咨询服务，着力提高慢性病的防治水平，避免小病拖成大病，避免小病到大医院治疗。最后，要着力加强农村卫生网点建设，充分利用“互联网+”、大数据平台等，加强基层卫生队伍建设。

行百里者半九十。在今后较长一段时期，大规模的人口流动迁移仍将是我国人口发展及经济社会发展中的重要现象。从现在起，我们要把握好中国特色社会主义基本方略的历史、现实和未来的内在逻辑，将顶层设计与基层探索有效结合，提出好的理念，切实解决现实难题，共同推进流动人口发展。我们要有一个开放、包容的视野，坚决破除当前流动人口治理中不合时宜的思想观念和体制机制弊端，突破利益和思维固化的藩篱，构建系统完备、科学规范、协同推进、运行有效的制度体系。我们要将正气、实风、新态、民本深植于心，共同努力，交出让人民更加满意、成绩更加优异的新答卷。

在第二届流动人口健康与发展论坛上的致辞

张　宏[①]

尊敬的王培安副主任、刘家强副秘书长，各位嘉宾，女士们、先生们：

大家下午好！

作为本次论坛的主办方之一，首先我代表暨南大学向前来出席本次论坛的各位领导、专家学者和实务部门的同志表示热烈的欢迎和衷心的感谢！

党的十九大报告指出，我国社会主要矛盾已经转化为人民日益增长的美好生活需要和不平衡不充分的发展之间的矛盾。这一重大政治论断为我国的发展方针和路径指明了方向，更是为我们的科学研究，尤其是流动人口健康与发展研究提供了重要的思想依据。新时代社会的主要矛盾体现出新时代的重要问题不仅是发展的问题，更是平衡发展和充分发展的问题。

在这样的背景下，流动人口健康与发展的研究有着独特的政策意义和现实意义。在大家的共同努力下，我们已经认识到城乡二元结构和城市内部二元结构的发展不平等，而这两个问题均与流动人口健康与发展问题密不可分。下面，我简要谈谈在流动人口健康与发展中值得全社会关注的几点看法。

第一，深化户籍制度改革，完善流动人口，尤其是农业转移人口的社会保障体系建设。深化户籍制度改革，需从根本上消除制度引发的劳动力资源配置失效问题。户籍制度不应该被当作一个笼统的概念提出，其背后实际上包含了城镇劳动力市场的群体性分割和社会保障体系的二元化，从而在工资收入和社会保障上造成了城市内部二元结构的发展不平等。深化户籍改革制度，首先需要通过积极的舆论引导和政策支持，从劳动力市场上消除对于流动人口的制度性、观念性的区别对待；其次需要完善社会保障体系，让流动人口在城市生活无后顾之忧；最后如何让能留而且想留在城市的流动人口可以留下来，则需要政府解决落户难、审批慢的问题，为

① 暨南大学党委常委、副校长、教授。

流动人口快速落户提供高效服务。

第二，加强流动人口健康干预和技能培训，助力我国产业结构升级。实现产业结构升级，由中国制造转向中国创造，必须伴随人力资本水平提升和结构优化。作为劳动力市场的重要组成部分，流动人口，尤其是外来务工者的知识水平相对偏低，技能储备和人力资本水平不高。因此，流动人口的人力资本积累将为我国产业转型提供新的动力。提高流动人口的人力资本水平，需要从健康和教育两方面着手。从健康的角度，应该有效跟踪监测流动人口的健康状况，合理剖析流动人口在工作、生活、身体、心理等方面的综合状况，并从社区层面对他们进行适度干预。建议政府部门、高校科研机构与医院联合攻关，开展对流动人口健康的跟踪观察和研究。从教育的角度，应该加强流动人口技能培训和就业指导工作，帮助他们从简单劳动转向技能劳动，使其更加适应新时代的技术发展和产业需求。

第三，完善流动人口创业服务，鼓励返乡创业与资本下乡，创造适应的农村与城市经济平衡点。政府可以通过搭建创业服务平台，为流动人口提供创业咨询、创业指导、创业帮助等服务，并为其寻求贷款支持，同时进一步创造有利于资本下乡的政策与制度环境，加快城市反哺农村进程。这一方面有利于减少流动人口的失业问题，另一方面有助于帮助流动人口积累商业经验。通过鼓励返乡创业，可以形成技能的城乡转移，扩大农村非农业就业机会，有利于缩小城市和农村的发展差距。鼓励返乡创业与资本下乡可以形成农村部门的综合发展，促进对农村地区的重新投资，在新的均衡下，最终达到农村与城市的经济平衡点，实现平衡发展，共同富裕。

第四，关注留守儿童，提高农村教育质量，完善并切实执行随迁子女入学制度。少年强则国强，关注流动人口的健康与发展不能忽视下一代的问题。大量的留守儿童由于父母陪伴缺失以及农村教育质量不高，存在认识能力不足、学习成绩落后、心理健康低下的问题，相当一部分孩子甚至出现了辍学和心理疾病等不良现象。解决留守儿童发展问题，除了加大农村教育投入，提高农村教育质量，加强农村子女教育方式干预，还应完善随迁子女入学制度。通过增加农业转移人口子弟学校，推进随迁子女就近入学制度的实施，有利于减少流动人口子女随迁的成本，减少留守儿童的数量，解决父母陪伴缺失的问题。

第五，拓宽流动人口研究范围，全方位对流动人口和经济发展的关系展开研究。流动人口所研究的对象并不仅仅是内部移民，还包括对外移民

（也就是中国流动到外国的流动人口）和海外移民（也就是外国流动到中国的流动人口）。从对外移民的角度，我们需要警惕可能出现或者正在发生的人才外流现象，制定人才政策，稳住人才，留住人才，进而落地生根。鼓励海外人才回国就业，将所学知识贡献于祖国的经济增长。从海外移民的角度，关注海外移民在中国的融入情况，为中国成为世界强国提供更多的研究成果。

针对以上问题，暨南大学做出了许多努力。流动人口和移民研究是暨南大学重要的学术研究，也是暨南大学的学术特色。早在 1927 年，暨南大学就成立了南洋文化教育事业部，聚集人才，专门系统研究东南亚问题和华侨问题，出版《南洋研究》《南洋情报》等刊物及多种专著，是中国现代史上规模最大、成绩最多、声名最显著的东南亚与华侨华人研究专门机构，在海内外产生了广泛而深远的社会和学术影响。1958 年暨南大学在广州重建后，国际移民研究继续得到重视并取得了长足发展，成为彰显“侨校”特色的研究领域。如今，暨南大学已成为中国最重要的华侨华人问题的研究基地，相关研究已广泛渗透到多个学科领域。

暨南大学坐落在改革开放前沿阵地，最大的流动人口流入省份——广东。因此，暨南大学在内地人口流动和移民发展的研究方面具备天然的地缘优势，为内地人口流动和迁移的理论研究和政策制定提供了宝贵的支撑。暨南大学经济学院、中国经济发展与创新战略研究中心均致力于推进经济社会发展的理论和政策研究，以强大的智力资源服务于中国改革发展和经济创新战略的建设，服务于科学的探索和发现。在劳动、人口、健康经济学、医学方面，暨南大学引进了一批海内外一流人才，对人口流动、就业创业和社会融合等国计民生的热点问题开展学术和政策研究，目前已在国内外一流经济学期刊上发表论文，并在相关学术研究成果支撑下提供高水平的智库服务，推进相关领域有特色的硕士和博士培养项目。

在新时代新征程中，暨南大学将继续不忘初心，发挥优势，立足国内，放眼全球，为我国流动人口乃至全球人口的健康与发展做出贡献，为实现中华民族的伟大复兴做出新的更大的贡献！

谢谢大家！

流动人口及其子女发展现状

张俊森[①]

一、流动人口在城镇劳动力市场中的现状

在城镇劳动力市场上，流动人口作为年轻、优质的劳动力给城市建设注入了新的活力，为城市的发展做出了巨大的贡献，但他们在劳动力市场中没有受到公平待遇。我们发现，从就业结构、工资水平来看，城镇本地居民相比流动人口享有优势，而且流动人口还因没有本地城镇户籍而遭受歧视，这被学者们称为“二元劳动力市场”。

1. 就业结构

从岗位分布来看，城镇本地居民更容易获得在工作稳定、收入较高的一级部门工作的机会，比如国有企业和事业单位。大多数流动人口就职于二级部门，或者只能从事脏、累、差的工作。从职业分布来看，城镇本地居民的任职层次要高于流动人口，这在高教育年限和低教育年限的劳动者中均有体现。比如大多数低教育年限的流动人口从事的工作岗位是普通工人，而低教育年限的城镇本地居民从事的工作岗位是办公室文员或服务业人员。高教育年限的流动人口更多是一般专业技术工作者，比如护士、编辑和技术工人，而高教育年限的城镇本地居民则是高级专业技术工作者，比如教师、工程师。

2. 工资水平

从工资水平来看，城镇本地居民的工资水平比流动人口平均高58%。我们的研究发现，城镇本地居民实际月工资在2013年12月为4 227元（流动人口为2 606元），到2017年9月城镇本地居民为5 097元（流动人口仅为3 247元）。在教育回报上，流动人口与城镇本地居民也显示出较高的差异，城镇本地居民的教育回报始终高于流动人口。比如，增加一年教

① 香港中文大学伟伦经济学讲座教授、经济学系主任，世界计量经济学会院士，中组部“千人计划”入选者。

育可以提高城镇本地居民7%的工资水平，但只能提高流动人口2%的工资水平。这预示了在城镇劳动力市场上城镇本地居民与流动人口相同的人力资本没有得到相同的评价，即劳动力市场中有两套工资决定机制。

3. 户籍歧视

户籍歧视是刻画中国劳动力市场中流动人口所受歧视的重要方面。户籍是强加在大多数流动人口身上的制度性因素，导致他们在劳动力市场中由于身份的不同而受到歧视。由于无法获得当地户籍，他们不能享受到与城镇本地居民相同的医疗、福利以及子女教育。户籍同样可以带来工资的溢价。我们的研究发现，自2002年起，城镇户籍能够给劳动者带来正向的工资溢价，并且这一溢价水平以每年1%的速度增长。这种歧视行为往往导致社会资源配置的无效率、社会福利的损失以及社会的不公平。

二、流动人口子女面临的问题——留守儿童

1. 留守儿童的情况

流动人口子女在城镇入学难的问题是流动人口被不平等对待的另一个重要体现。尽管我国义务教育普及率已接近100%，但多数城市施行了针对本地户籍儿童优先入学的教育政策。如果没有本地户籍，流动人口子女进入当地公立学校读书是非常困难的。流动人口子女进入公立学校通常要交纳高昂的借读费，而这些费用往往是流动人口难以承担的。由于无法在当地公立学校入学，流动人口不得不将子女留在家里（即成为留守儿童）。由于在成长阶段缺乏父母的陪伴，留守儿童在构成人力资本的两个重要方面，即认知能力和非认知能力均受到了损害。据民政部2016年的统计结果显示，我国农村留守儿童达902万。

（1）认知能力。认知能力即我们通常所说的学习成绩。我们的研究发现，当父母双方都不在家时，学生的语文成绩在班级中的百分比排名将下降5.07百分点；学生的数学成绩在班级中的百分比排名将下降5.49百分点。另外，通过分析学生的课余时间，我们发现留守儿童花费更少的时间在家庭作业上，并且，留守儿童平均每周接受辅导（包括父母和其他人的辅导）的时间比普通儿童少10分钟。

（2）非认知能力。非认知能力含义较为广泛，包括心理、情感以及行为等众多因素。通过儿童自我意识量表测量留守儿童非认知能力的六项指标，我们发现留守儿童在幸福感和满意度方面评价较低（低于普通儿童6.3%），显示了他们有较悲观的情绪。同时，留守儿童更容易感到焦虑

（焦虑程度高于普通儿童9.2%），感觉自己不受周围同学的欢迎（受欢迎度低于普通儿童21.6%）。且留守儿童自我行为调整能力大大低于普通儿童（该项满分为 4 分，留守儿童得分为 -0.158 分，普通儿童为 0.143 分）。

2. 流动人口遭受不平等待遇导致过早返乡

流动人口子女不能在城市享受到公平的教育机会导致的留守儿童问题只是问题的一个方面，由于子女在城市得不到良好的教育，部分流动人口可能会选择过早地返回家乡。由于我国已经面临人口红利尽头的问题，农村劳动力的持续供给是应对这一问题的重要方法。但最近几年，中国各地，特别是沿海城市出现了民工荒，这说明城市中对农村优质劳动力的需求超过了劳动力的供给。但是，城市中对流动人口设置的各项不平等待遇使得这些流动人口无法真正成为城市居民，因此众多流动人口不得不过早地返回家乡。比如，我们发现拥有一个子女的流动人口家庭，随迁子女面临入学问题时可以显著增加父母举家返乡的概率。

三、可能的应对措施

提升流动人口在城镇劳动力市场中的地位，消除他们在劳动力市场中受到的歧视，让他们公平地享受到城市发展的成果，不仅可以提升城市劳动力要素的合理配置，还能实现新时代社会公平正义价值。推倒户籍的隔墙，进一步推动户籍制度的改革是消除流动人口歧视、形成城镇统一劳动力市场的关键一步。

对于留守儿童所面临的问题，已经引起政策制定者的关注。尽管城市的发展需要农村年轻的劳动力，但是城市中的配套及保障不完善，使得诸多流动人口没有办法将子女带到城市中上学。这些儿童留守在家中，会使他们的整体素质和心理健康受到影响，这种负效应会引起人力资本的潜在损失。

针对留守儿童的关爱和保护对策，我们发现这种由家庭教育缺失引起的儿童人力资本发展不足的问题，可以通过增加学校投入的方法得到部分的补偿。比如我们的研究团队在湖南省某县对 8 000 多名儿童进行了一项辅导计划，我们安排学校中高年级优秀学生帮扶部分低年级后进学生，在放学后进行一对一的辅导，并有老师监控，通过对辅导计划开展前后学生成绩的比较，发现辅导计划可以显著地提高后进学生的成绩。

第一编　营养管理与健康促进

广东省劳动密集型工作场所流动人口结核病防治管理有效模式探索研究

谭翠娟①

一、研究背景和目的

结核病是一种可通过空气传播的呼吸道传染病。我国是全球30个结核病高负担国家之一，每年新发现的结核病患者约90万例，位居全球第三位。据中国疾病预防控制中心统计，从1990年至2010年，中国结核病死亡率降低了80%，患病率下降了一半，说明结核病是可防可治的。但结核病治疗需要较长的疗程，国家正面临管理耐多药与广泛耐药结核病的重大挑战，而我国80%以上的肺结核病人是农村人口或流动人口。广东省每年新发现的6万多名结核病患者中，有1/3为流动人口，流动人口防治、耐多药结核病防治、结核病与艾滋病双重感染防治成为当前广东结核病防治的三大难题。

为解决流动人口结核病防治难题，贯彻落实《“十三五”全国结核病防治规划》中关于完善防治服务体系、多途径发现患者、加强重点人群结核病防治措施，促进最终实现到2020年全国结核病发病率下降到58/10万以下的目标，映诺社区发展机构（以下简称映诺）联合广州市社区卫生学会探索广东省劳动密集型工作场所流动人口结核病预防有效管理模式。映诺联合广州市社区卫生学会，在国家规划政策的指导下，选定广东省三个流动人口高度聚集的城市（广州、东莞、深圳），实施开展了“广东省劳动密集型工作场所流动人口结核病预防教育试点项目”，利用桌面研究、定量研究、定性访谈等方式，收集和了解在劳动密集型工作场所就业的流动人口对结核病防治知识及国家优惠政策的知晓情况。依托绩效调查结果，设计和开发结核病预防工具箱并投入劳动密集型制造业企业中使用，评估其有效性。探索在政府主导下、企业积极参与下的流动人口结核病防

① 广州市社区卫生学会映诺社区发展机构项目主管，邮箱：jane. tan @ theinno. org。

治管理的有效模式，降低结核病在劳动密集型工作场所扩散的危险，为进一步做好流动人口结核病控制工作提供政策建议。

（一）研究方法和内容

1. 桌面研究

通过政策文件的评阅分析，收集我国及广东省有关结核病控制的政策、流动人口结核病防治项目及其他相关政策，对政策文件及文献进行梳理和归纳分析，了解广东省流动人口结核病防治的相关背景及实施与改进过程。

2. 定量研究

选定广东省三个流动人口高度聚集的城市（广州、东莞、深圳），并对劳动密集型制造业企业的流动人口进行问卷调查，了解和分析流动人口对结核病防治知识的知晓情况，对国家结核病防治政策的知晓情况，获取知识和政策的渠道、方式和满意度等信息。

3. 定性访谈

在定量研究的基础上，选择部分劳动密集型制造业企业管理人员进行访谈，主要了解企业对结核病知识的认知情况、对国家主要控制政策措施的认知情况，以及配合国家开展流动人口相关结核病防治工作所面临的困难等。

4. 管理模式桌面研究和实践评估

依托调查结果，设计和开发结核病预防工具箱并投入劳动密集型制造业企业中使用，评估其有效性。

（二）研究对象

本次研究对象包括广东省劳动密集型工作场所异地务工人员（流动人口）和劳动密集型制造业企业。

（三）资料收集方法

本次认知调查采用网络调查及整群抽样的方式开展。网络调查：利用网络调查工具“问卷星”和广州市社区卫生学会自有的工人热线，进行问卷派发和回收。整群抽样：与广州市、深圳市和东莞市多个劳动密集型制造业企业合作，对企业对应的工作场所采取分群随机抽样的方式进行问卷派发和回收。调查时间从 2016 年 7 月 15 日至 2016 年 11 月，合计 3 个多月的时间。共派发问卷 1 000 份，因调查对象的受教育水平偏低以及疾病隐私问题，回收有效问卷699份，问卷有效回收率为69.9%。

二、研究结果

（一）调查对象基本情况分析

本次调查对象已确认男性为330人，女性为330人，未知性别39人，男女比例约为1∶1。据2015年全国1%人口抽样调查初步汇总的数据，广东省常住人口的男女性别比例为109.6∶100，调查对象性别比例接近广东省常住人口性别比例。调查对象主要来自劳动密集型制造业企业，其中包括制鞋行业（37.99%）、制衣行业（33.60%）、皮具行业（12.86%）、电子制造行业（6.41%），部分零售、餐饮服务等行业的从业者也参与了本次调查。调查对象的受教育水平最多为初中学历，占47.88%；其次是高中/职中/中专，占24.01%；不识字或识字少、小学、大专及以上的占比分别是1.61%、7.61%和2.20%。调查对象的年龄为17～56岁，21～40岁的流动人口占了67.44%。

（二）劳动密集型工作场所流动人口结核病知识认知调查结果

调查结果显示流动人口对结核病的核心知识（结核病的典型症状、传播渠道、防治机构、转归）的整体知晓率仅为34%，而对于国家政策（结核病的检查、治疗与非户籍享受当地政策）的整体知晓率仅为30.32%；另发现劳动密集型制造业企业管理人员对结核病的核心知识及政策的整体知晓率为63.64%。

表1　调查对象对于结核病知识的认知情况（$n=732$）

（单位：%）

调查对象类型	结核病的典型症状	结核病的传播渠道	结核病的防治机构	结核病的转归	结核病的国家政策
非固定劳动密集型工作场所流动人口整体知晓率	17.00	51.00	12.00	56.00	25.80
固定劳动密集型工作场所流动人口整体知晓率	13.94	79.82	9.44	32.82	34.84

（续上表）

调查对象类型	结核病的典型症状	结核病的传播渠道	结核病的防治机构	结核病的转归	结核病的国家政策
劳动密集型制造业企业管理人员整体知晓率	77.26	61.37	77.27	70.46	31.82

1. 定义每个问题的知晓率 = 此问题答对人数/此问题答题人数 ×100%；定义整体知晓率 = Σ（所有问题答对人数）／Σ（所有答题人数） ×100%；
2. 非固定劳动密集型工作场所流动人口 = 日薪制流动人口；固定劳动密集型工作场所流动人口 = 合同制流动人口

除了军人、警察等特殊职业，在几乎所有行业中都有流动人口的存在。映诺发布的《劳动力调查报告》提到，流动人口最密集的行业为制造业，其次是建筑业。由于种种原因，流动人口在城市的生活、工作环境较差，常导致一些疾病的发生，尤其是一些传染病（如结核病）。工作及生活环境不舒适、饮食作息不规律、吸烟等因素，都可能导致流动人口机体的免疫力下降。在人员密集的场所工作或生活，艾滋病毒感染者、免疫力低下者、糖尿病人、尘肺病人、老年人等都是容易患结核病的人群。

在调查中，21～40岁的流动人口占了67.44%，广东省结核病的发病高峰年龄层为20～45岁。尤其在20～25岁这个阶段，不少农村年轻人初次涌入城市，从相对简单的环境进入人口密集复杂的社会，城市里的工业污染较重，空气质量较差，若自身身体素质差、免疫力低下，就很容易感染上结核菌，并发展成结核病。

一个排菌性结核病患者一年可感染10～15人，与之密切接触者（包括同一居室的家人或舍友、同一工作环境下的同事）吸入其排出的结核菌，都可能感染成为新的结核病患者。因为经济原因，流动人口大多选择群居（包括住在工厂集体宿舍，住在人员密集、通风性差、环境卫生不洁的出租屋）。当他们感染传染性疾病时，一方面怕失去工作，另一方面担心因为疾病而受到周边人的歧视，所以往往选择隐瞒病情。参与调查的流动人口对结核病核心知识的认识存在不足，整体知晓率仅为34%，不了解结核病会对身体产生什么样的影响，当自己或同伴出现疑似结核病症状时缺乏察觉能力，也没有及时就医的意识。流动人口对于结核病的国家政策的整体知晓率低，仅为30.32%。许多流动人口缺乏社会保障福利，如没有购买社保，也因长期在外工作，无法办理新农村医疗保险，因此在看病时，不能享受费用报销。因为不了解国家的检查及治疗政策（包括免费方针以及国家医疗的补助），当流动人口患上结核病时常常选择不去治疗或是使用一些道听途说的“土方”自行处理。不及时治疗或是采用不正确的方法处理，都会促使病情恶化，同时促使结核病的传染范围扩大，与之密切接触者都有可能因为感染而成为新的结核病患者，因此流动人口存在结核病高发的危险。

（三）劳动密集型制造业企业管理人员结核病知识认知调查结果

映诺多年来与超过60个国际、国内品牌合作，为其旗下供应链工厂的工人提供咨询服务。映诺了解到合作的品牌都参照《国际劳工组织公约》制定行业行为规范（COC），定期对旗下供应链工厂的人员管理、健康安全生产、环境影响、对周边社区的影响等方面进行审查，以保护工人的基本权利，约束工厂的行为。在关于员工健康的审查中COC强制要求工厂对16～18岁的未成年务工人员进行入职体检，并保存体检结果及个人身份证明作为证明材料。对于18岁以上的流动人口则没有此要求，他们只需要提交个人身份证明即可到劳动密集型工作场所工作。一方面，流动人口自我保护意识不足，不会主动检查身体来了解自己的健康状况；另一方面，由于担心失去工作机会，流动人口也会隐瞒过往病史，因此用人单位对18岁以上的流动人口的健康状况并不了解。工作环境通风不良、过度拥挤，不全面的健康防护措施，都可能促使流动人口感染通过飞沫传播的传染病（结核病即为其中一种），流动人口是结核病高发人群，劳动密集型工作场所存在结核病潜伏和扩散的风险。

表2　工厂结核病防控现状（$n=3$）

访谈模块	执行标准（是/否）	A厂	B厂	C厂
管理	一份完整的结核病预警机制	否	否	否
	一份结核病预防活动的方案	否	否	否
	有一组特定的人负责结核病防治工作	否	否	否
	过去两年内，曾举办过结核病知识和相关国家政策学习	是	否	是

（续上表）

访谈模块	执行标准（是/否）	A厂	B厂	C厂
行政	在新员工入职培训中，增加结核病知识培训	否	否	否
	员工获取结核病知识读物或资料包是方便的	否	否	否
	行政或人事部门了解结核病的检查及治疗等国家政策	否	是	否
环境	员工宿舍定期消毒，入住人数合理，居室通风良好	是	否	是
	车间定期消毒，工位设置合理，场所通风良好	是	否	是
	在人群常去的场所，有明确设置咳嗽保健知识的展示栏或宣传栏	是	否	是
个人防护	员工能方便获得和使用口罩	是	是	是
	员工上班期间合格（正确）佩戴口罩	是	否	是

1. 三间工厂都是劳动密集型工作场所，均为国际品牌旗下的供应链工厂；
2. A厂为时尚品牌服装厂，B厂为运动品牌服装厂，C厂为运动品牌鞋类厂；
3. 访谈对象为工厂的工会主席、行政经理、厂长、员工关系协调员等管理人员

映诺根据《世界卫生组织关于在医疗机构、人口密集场所的结核病感染控制政策指南》以及相关评估表对劳动密集型制造业企业管理人员进行结构式访谈，从管理、行政、环境及个人防护四个方面了解其所在工厂关于结核病防控的现状。通过访谈，映诺发现工厂存在结核病防控能力不足、应对方法滞后等问题。

管理人员表示新员工入职时，工厂的人事或行政部门会开展关于工厂制度、岗位安全生产的培训，但没有提及关于个人在劳动密集型工作场所的健康防护，如传染病的知识科普或防护技能等。管理人员表示，工厂的人事人员或行政人员并没有接受过传染病的防控技能训练，不具备对传染病防控进行培训的能力。流动人口对劳动密集型工作场所潜在的结核病危险并不了解，一方面由于自身的认识不足，另一方面由于工厂无法提供关于结核病的知识读物或资料包。

采取正确的方法对流动人口的居室及工作场所进行定期消毒，可以有

效减少劳动密集型工作场所中的细菌滋生，进一步降低流动人口感染细菌而得病的概率。在受访的工厂中，有两间是每月由专业的公司定期（每月一次）进行全面（包括员工宿舍及车间）的消毒，另一间则只进行日常的清扫没有消毒处理，该厂管理人员表示不清楚正确的消毒方法。在长期没有消毒的场所中工作或生活，环境中滋生的细菌会对流动人口的健康产生威胁。

正确使用口罩可以有效降低传染病的感染概率。在劳动密集型工作场所执行的职业安全健康准则（EHS）要求工厂管理人员需根据岗位的需求发放不同类型的口罩作为个人防护用具，并强制要求特殊岗位（所处车间的空气中有大量的细小颗粒如粉尘、纤维、有毒物质或有气体挥发）的工作人员正确佩戴口罩，并在日常中进行监督检查，以避免工作人员因吸入细小颗粒或是有毒物质导致工伤或职业病。因此工厂只要求特殊岗位的工作人员佩戴口罩，对不存在细小颗粒或有毒物质挥发的普通岗位则无强制要求。普通岗位大多处于工厂的流水线生产车间中，工位紧凑，通风设备简陋，大批机器运作及人员密集使车间的温度上升，佩戴口罩会加重闷热感，在普通岗位工作的流动人口即使可以每天都领取到口罩也不会佩戴或是没有正确佩戴（如未完全遮住口鼻）。他们并不了解口罩可以有效阻隔通过空气传播的传染病，在出现咳嗽、打喷嚏等症状时，也不会主动佩戴口罩来防止病菌的扩散。当劳动密集型工作场所中出现由空气传播的传染病（如结核病）时，没有佩戴口罩或是没有正确佩戴口罩的流动人口更容易吸入病菌，增加被感染的概率，当流动人口机体免疫力下降时，则可能成为新的病患。

映诺在工作实践中发现，流动人口在得了结核病后往往会隐瞒病情，因为在工作场所中被发现的结核病患者会直接被辞退或劝退，工厂也没有再进行下一步行动，包括需要对与结核病患者密切接触人员（包括同一宿舍的舍友、同一工作场所的同事）进行健康情况跟踪，安排出现疑似结核病病症的密切接触人员进行身体检查，对结核病患者的宿舍或工作场所进行消毒处理等。

接受访谈的管理人员表示工厂内部并没有制定针对结核病或是其他传染性疾病的应对措施。当工厂出现结核病患者时，工厂中没有特定的人员跟进，通常是将结核病患者交由工厂中处理员工关系的部门（如人事部、行政部或工会）代为处理。这些部门的人员并没有接受过结核病防治的培训，不清楚正确处理病患的措施以及减少结核病在工厂内扩散的方法。结合映诺在其他劳动密集型工作场所中发现的处理结核病的情况以及三间国际品牌旗下的供应链工厂管理人员的访谈结果推断，目前劳动密集型工作场所存在结核病防控能力不足的情况。

（四）劳动密集型工作场所流动人口结核病管理模式探索

劳动密集型工作场所存在结核病健康隐患，为了保证流动人口的身体健康，需要营造一个安全的工作及生活环境。映诺梳理出 6 种劳动密集型工作场所结核病管理的有效方式，包括对管理人员进行结核病防控意识及能力培训；对流动人口进行结核病知识科普教育；提供安全健康的居住场所；提供安全健康的劳动密集型工作场所；提供咳嗽保健知识展示及知识册子取阅；建立结核病预警处理机制。这些方式能有效防止结核病在劳动密集型工作场所中传播。

1. 对管理人员进行结核病防控意识及能力培训

管理人员作为劳动密集型工作场所结核病防控的第一道关卡，需要对结核病的核心知识进行了解，以便快速发现劳动密集型工作场所中出现的疑似结核病患者。管理人员需要了解结核病在劳动密集型工作场所中存在部分暴发风险，应具备防护意识。管理人员还需要学习结核病的防控知识，采用正确处理结核病的措施。

2. 对流动人口进行结核病知识科普教育

把结核病健康知识加入流动人口的入职或日常健康培训板块，提高流动人口自我防护意识，学习正确防护的方法：如正确佩戴口罩、正确处理痰液等。

3. 提供安全健康的居住场所

改善流动人口居住卫生条件，包括对宿舍进行定期消毒、安排合理入住人数、保持合理的活动空间、保证居室通风良好。避免因居住拥挤、通风不良而导致结核病在流动人口宿舍内相互传染。

4. 提供安全健康的劳动密集型工作场所

对流动人口的工作车间或办公室进行定期消毒，设置合理工位，保持合理的活动空间，车间或办公室保持通风顺畅，避免因工作环境拥挤及通风不良导致结核病在车间或办公室内传播。

5. 提供咳嗽保健知识展示及知识册子取阅

在流动人口密集或常去的场所，如饭堂、员工活动室等粘贴咳嗽保健知识，并定期更换（如按季节），唤起流动人口对咳嗽的重视及对自身健康的防护。同时也可以设置结核病知识册子的取阅架或阅读角，供有需要的人员进行借阅。

6. 建立结核病预警处理机制

一套结核病预警处理机制，能够让劳动密集型工作场所从外到内、自上而下参与，为劳动密集型工作场所结核病防控提供有效的行动指南。机制运作需要以下核心内容：劳动密集型工作场所新增结核病患者的处理方法，潜伏结核病的应对方法，提高流动人口的防护意识，投入专门的人员与资金支持结核病防控等。机制的全面性及行动落实有助于降低劳动密集型工作场所暴发结核病的风险。

三、讨论

（一）劳动密集型工作场所结核病的防控资源缺乏

国务院在2017年2月16日发布的《“十三五”全国结核病防治规划》提到，我国现行的结核病防治服务体系和防治能力还不能满足新形势下的防治要求。流动人口结核病的发现与治疗管理难度大，公众对结核病防治知识认知度不高。因此需要各地区、各有关部门采取有效可行的措施，坚决防控疫情。措施包括将结核病筛查纳入流动人口的健康体检项目；将结核病防治知识纳入农村劳动力转移培训内容中；深入开展百千万志愿者结核病防治知识传播行动，对结核病患者及其家属、密切接触者、结核菌或艾滋病双重感染者、学生、流动人口老年人、糖尿病患者等重点人群开展有针对性的宣传教育；加强流动人口结核病防控，加强流动人口聚集场所宣传教育，提高流动人口结核病防控意识和能力。

结合《“十三五”全国结核病防治规划》和国家卫生部在2013年施行的《结核病防治管理办法》文件，映诺发现目前我国尚欠缺结核病在劳动密集型工作场所暴发的相关处理办法或指引陈述。流动人口结核病知识认知程度低，管理人员结核病防控能力不足，都可能促使结核病聚集性感染与暴发，存在巨大的公共安全隐患，故需多方（国家及地方疾病控制中心、第三方社会组织、企业劳动密集型工作场所管理人员、流动人口）参与劳动密集型工作场所的结核病防控。制定劳动密集型工作场所结核病疫情的处理办法及行动指南，同时对落实及执行情况进行监督，能有效降低流动人口感染结核病的风险，最终实现《“十三五”全国结核病防治规划》指出的2020年的规划目标。

（二）劳动密集型工作场所结核病存在向社区扩散的风险

国家卫生计生委流动人口司在2016年发布的《中国流动人口发展报

告 2016》提到我国流动人口规模达 2.47 亿，占总人口的 18%，相当于每 6 个人中就有一个流动人口。流动人口因务工原因从经济不发达的农村流向经济发达的城市；因经商、婚姻、子女教育又从城市返回农村；同时因工作变动、投靠亲友、家庭迁移等原因在不同城市流动。流动人口流动性大、迁徙性强的特征，为流动人口传染病防控带来了发现难和管理难的问题。

当一个排菌性结核病患者未被发现或未完全痊愈时，在劳动密集型场所工作与生活都会促使结核病的传染及传播范围扩大（如下图）。流动人口的结核病防控不单单是一个社区或场所的健康问题，他们的流动性促使结核病防控上升为全国性公共健康问题。

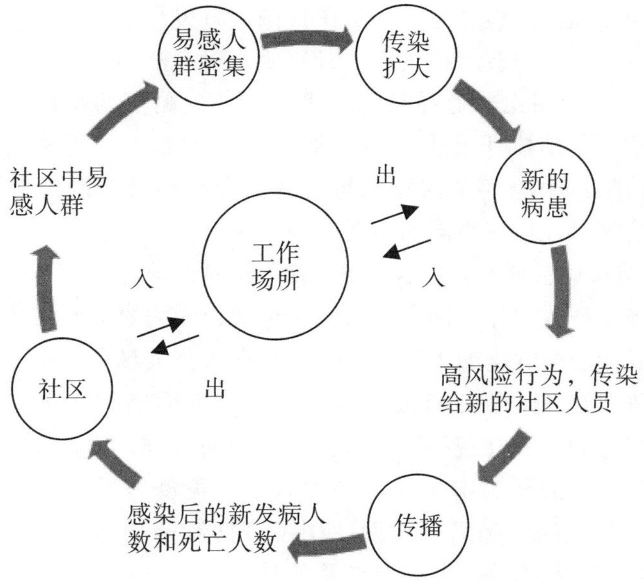

劳动密集型工作场所与社区结核病互相传播模拟图

1. 流动人口在劳动密集型工作场所中传播结核病的风险

流动人口长时间待在拥挤、通风不良、卫生状况不佳的工作环境中，容易感染通过空气传播的疾病（如结核病）。流动人口感染病菌后因长时间的工作劳累、作息不规律、营养不良等因素导致机体免疫力降低而成为新的传染病患者。由于结核病的初期症状与感冒类似，再加上流动人口对结核病知识的认知不足，使其无法自我诊断，也无及时就医检查的意识，在不自知的情况下继续工作。当其咳嗽、打喷嚏或与人交谈时，结核杆菌通过飞沫在空气中传播，在同一场所中与其长期、频繁、密切接触的流动人口都有非常高的被感染的风险。

初次结核病患者的治疗期一般为6~8个月，并在服药期满2、5、6个月后进行复检。参与调查的流动人口有73.53%认为需要回到户籍所在地才可以享受国家的结核病免费治疗政策。往返困难（包括请假困难、往返时间过长或交通不便利）导致流动人口无法按时回到户籍所在地进行结核病的复检或领取免费药物继续治疗，流动人口结核病患者因不规范治疗而演变成耐药性结核病。另外，抗结核药物对初次结核病患者疗效显著，患者的不适症状往往在1个月内会得到明显的改善，咳嗽、咯痰等症状消失。流动人口结核病患者误认为疾病已经痊愈，便自行停药回到劳动密集型工作场所中继续工作，这种情况很容易导致已经被抑制的结核杆菌重新大量繁殖并产生耐药性。患者体内的结核杆菌一旦发生耐药，尤其耐多药，其危害是多方面的。与普通结核病患者相比，耐多药结核病患者需治疗至少24个月，治疗费用比普通结核病患者多百倍。耐多药结核病患者病程较长，大大增加了结核杆菌的传播机会。WHO发布的《耐多药结核病和广泛耐药结核病：2010年全球监测与反应报告》估计全世界将近50%的耐多药结核病病例发生在中国和印度。

2. 流动人口在进入社区后传播结核病的风险

尚未被发现或治疗不彻底的结核病患者，因为家庭经济不得不继续参加工作。其乘坐公共交通工具或不受限制出入公共场所等活动对结核病蔓延造成了重要影响。尚未被发现或治疗不彻底的结核病患者返回到社区时，社区中部分人群（包括与其有密切接触的人群，如家庭成员、医务人员；在通风不良的环境中集体生活的人群；免疫力低下的人群，如糖尿病、矽肺、艾滋病等患者；长期使用免疫抑制药物的人，如器官移植患者；青少年及老年人等）都是结核病的易感人群。社区人员密集，当出现结核病的传染源时，结核病的传染范围扩大，在密集的易感人群中出现局部暴发。新的结核病患者在社区活动及流动时，其高风险行为（如无佩戴或没有正确佩戴口罩、随地吐痰等）可能使更多的社区居民感染结核病，导致结核病的传播范围进一步扩大，增加结核病的新发病人数及死亡人数。流动人口由于各种原因在不同的社区、工作场所，甚至是不同的城市间流动，也包括返回农村，并在农村与城市之间不断地进出。新增的结核病患者（包括未彻底治疗和尚未被发现的），在频繁的流动中把结核病传播至更多的社区以及劳动密集型工作场所。按上图所展示的结核病传播循环，流动人口的结核病疫情变成了巨大的公共健康隐患。

四、结论和建议

（一）结论

劳动密集型工作场所是结核病传播的高危环境，目前劳动密集型工作场所没有可执行的结核病防控体系与方法。而由于劳动密集型工作场所与社区之间的人员流动（比如工人与家人相互接触），如果在劳动密集型工作场所中发生的结核病没有及时被发现或得到控制，结核病就可能在社区扩散，造成公共健康隐患。

目前国家在劳动密集型工作场所中流动人口结核病管理工作上资源的投入，还不足以满足劳动密集型工作场所结核病防控的需求。面对这样一个高危的感染及传播环境，需要联动劳动密集型工作场所的各利益相关方，包括国家及地方的疾病控制中心、社区、社会组织、企业等，建立可复制的、可行性强的机制及内部流动人口健康监督委员会，形成一个全方面的结核病防护网络。针对劳动密集型工作场所流动人口的特性开展防治行动，最终可以有效地降低劳动密集型工作场所中结核病发生的概率。

为解决流动人口结核病防治难题，落实《“十三五”全国结核病防治规划》中提出的制定完善防治服务体系、多途径发现患者、加强重点人群结核病防治措施，促进最终实现到2020年全国结核病发病率下降到58/10万以下，疫情偏高地区结核病发病率较2015年下降20%的目标，企业和社会团队在其中扮演了至关重要的角色，并且肩负着不可推卸的责任。

（二）建议

1. 建议联动企业积极参与劳动密集型工作场所结核病防控工作

现行的《结核病防治管理办法》第三十八条：“其他单位和个人违反本办法规定，导致肺结核传播或者流行，给他人人身、财产造成损害的，应当依法承担民事责任；构成犯罪的，依法追究刑事责任。”劳动密集型工作场所人员密集、基础通风设施不良等因素都导致流动人口容易感染结核病，并存在传播风险。针对劳动密集型工作场所结核病防控的必要性及重要性，映诺建议从国家政策、当地疾病控制中心的监督管理、品牌供应链工厂的行为准则规范三个方面对现在劳动密集型工作场所结核病防控的缺失作补充及监督。

映诺建议在国家政策上制定劳动密集型工作场所结核病管理办法，作为劳动密集型工作场所中出现结核病患者时的行为指南。劳动密集型工作场所管理人员需严格按管理办法将疫情上报至当地疾病控制中心，并将结核病患者送到当地结核病防治机构进行治疗，对患者居住的宿舍及车间进行消毒，对与其密切接触者进行健康观察等。映诺建议当地疾病控制中心要做好教育及监督工作，对管辖区内的劳动密集型工作场所开展定期检查工作，确保劳动密集型工作场所落实结核病的防控工作，并对劳动密集型工作场所发生的结核病疫情的处理进行跟踪及监督，防止结核病患者被直接解雇或赶离。品牌供应链工厂现执行的 EHS 管理体系中涉及职业健康标准，包括职业卫生监测、劳防用品管理和体检管理、入职体检、职业病年度体检（如发现职业病，需采取相应措施）、离职职业病体检、个人职业病监护档案。映诺也建议把结核病防控明确纳入 EHS 管理体系中，规范劳动密集型工作场所结核病的处理行为，为广大流动人口建立健康安全的工作环境，也避免在劳动密集型工作场所暴发结核病疫情给企业带来经济损失。

2. 建议在劳动密集型工作场所采取主动与被动相结合的方式以及时发现结核病患者

劳动密集型工作场所管理人员可以参考现在的结核病检查指南，列出结核病的典型症状及其他伴随症状，方便及时发现结核病患者。这些方式包括对已知有结核病病史的人员进行体检、对有结核病典型症状的人员进行体检、对体重突然下降明显的人员进行体检、对来自结核病高发地区的人员进行健康登记并定期跟踪。

目前结核病以胸透作为初步检查，当初步检查结果显示有患病可能时，则需要进一步进行痰涂片的检测来确认。在结核病的确诊病例中，有一些疑似病患会出现结核病的典型症状：连续咳嗽两周或以上，咳痰或痰中带血，同时还伴随发烧、体重下降、盗汗。但也有一些人员并没有出现结核病的典型症状但也被查出是结核病患者。因此在劳动密集型工作场所中也有可能会出现特殊的结核病患者，因此需要根据不同的场所、不同的人群，采用多种方法相结合的方式来发现劳动密集型工作场所的结核病患者。

3. 建议加强应对劳动密集型工作场所潜伏的结核病患者措施

环境的多样性以及个人对疾病的反应体征不一样，使得劳动密集型工作场所存在潜伏的结核病患者。当流动人口突然出现咳嗽、发烧、体重下降、全身乏力及盗汗等症状时，他可能是一个潜伏的结核病患者，需要及时送至当地的结核病防治机构进行检查与确诊，避免有更多的人感染。另外，结核杆菌进入人体后存在潜伏期，潜伏期的长短受机体免疫力的影响。因此，当劳动密集型工作场所中曾经出现过结核病患者时，则需对长时间、频繁接触结核病患者的同一环境下的人员进行健康登记及跟踪，以保证及时发现新的结核病患者。

参考文献

［1］王国杰，ADRIAN SLEIGH，SUKHA JACKSON，刘禧礼．外出打工者肺结核病危险因素［J］．中国公共卫生，2006（2）．

［2］陈丙欣，叶裕民．中国流动人口的主要特征及对中国城市化的影响［J］．城市问题，2013（3）．

［3］姚华松，许学强，薛德升．广州流动人口形成背景及特征分析［J］．热带地理，2009（4）．

［4］戴县娇，卢倩文，欧阳燕芬，等．流动人口肺结核患者健康教育现状及效果评价［J］．中国热带医学杂志，2005（4）．

［5］关信平．中国流动人口问题的实质及相关政策分析［J］．国家行政学院学报，2014（5）．

［6］国家卫生和计划生育委员会流动人口司．中国流动人口发展报告2013［M］．北京：中国人口出版社，2013.

［7］KAMARULZAMAN，REID，SCHWITTERS，et al. Prevention of transmission of HIV，hepatitis B virus，hepatitis C virus，and tuberculosis in prisoners［J］. Lancet，2016（10）．

中国未婚流动青少年性与生殖健康服务利用的支持环境改善路径研究

张　蕾①

一、背景

自世界卫生组织提出“以创造支持性环境达到全球健康促进的目的”迄今已经26年了，支持性环境的改善对健康促进的作用日益明显。投资青少年的性与生殖健康已成为21世纪人类发展的优先领域，但未婚妊娠、人工流产、性传播疾病、艾滋病、性暴力与性剥削等生殖健康问题严重危害中国青少年的健康，尤其是青春期女性的生殖健康（孙建萍、孙建红，2006；张建端、炼武、时俊新，等，2006；刘彦、李俊梅、王利生，等，2006；陈晶琦，2004；孙言平、段亚平、孙殿风，等，2005）。

健康的支持性环境包括物理环境（自然环境和人造环境）和社会环境（社会资本和政治经济环境）两个方面（Frumkin，2003；McNeill，Kreuter & Subramanian，2006），世界卫生组织将支持性环境定义为“能够提供人们免于遭受健康威胁，使其能够具有发展健康的自主性，并获得健康资源及增能机会”的一切社会、家庭、工作、教育和休闲娱乐等环境。这一定义同时指出，改善支持性环境的重点是提升健康资源和服务的可得性，即利用效率。

众所周知，生殖健康服务的有效利用能够预防健康风险的发生，促进健康水平的提升。但是中国流动青少年生殖健康服务利用水平普遍较低是不争的事实（郑晓瑛、陈功，等，2010）。当今世界青少年有10亿之多，是历史上青少年人群最庞大的时期。中国10～24岁的青少年人口近3亿，占全国总人口的22.7%（国务院人口普查办公室、国家统计局人口和就业统计司，2012）。随着农村剩余劳动力由乡到城的迅速转移，未婚流动青少年成为其中的生力军。他们大多为90后，成长于中国社会加速转型的时

① 北京大学人口研究所副教授，邮箱：zhang. lei @ pku. edu. cn。

期，随着家庭结构与生活方式的改变、信息与通信技术的发展，他们累积了更多、更复杂的性与生殖健康问题，这些直接决定了其相关服务需求的多样性。由于“属地”的不稳定、经济地位和社会地位向上流动机会的缺失，未婚流动青少年往往难以得到有效的环境支持和利用恰当的服务规避风险或解决问题，加剧了其在性与生殖健康方面的弱势性。对于已经离开家庭、走出学校、处于性活跃期的流动青少年来说，性与生殖健康问题已有愈演愈烈之势。

许多研究已从促进公共健康的视角对健康的支持性环境改善展开了研究和讨论，尤其侧重支持性环境与精神健康、生理健康，关注的人群大都是全人群或成年人（Broadhead，kaplan，James，et al.，1983；Nait - Charif & McKenna，2004；Stephen & Rachel，2003；Srinivasan，O'Fallon & Dearry，2003；Evans，2003）。一些关注青少年支持性环境改善的探讨也多集中在群体健康层面，缺乏对促进其生殖健康的讨论（Woolley & Bowen，2007；Luster & Dubow，1990；Eccles，Midgley，Wigfield，et al.，1993；Blyth & Leffert，1995）。大量研究反复揭示，学校、家庭、社会“三位一体”的支持是青少年性与生殖健康的有力保障（Crosnoe & Elder，2004；郑晓瑛、陈功，等，2010；刘丽青，2010；赵凤敏、王临虹、郭素芳，等，2006；赵更力、张小松、王临虹，等，2005）。其中相当数量的研究从定量分析的视角对流动人口、育龄人口和青少年的生殖健康问题、影响因素、服务评估展开论述。但是，将未婚流动青少年视作唯一研究主体，系统深入地展开改善其生殖健康服务利用的支持性环境的研究尚显不足。因此，本研究将以“未婚流动青少年”为研究对象探讨以下三个问题：①未婚流动青少年生殖健康的现状和突出风险是什么？②未婚流动青少年服务利用的支持性环境有哪些？③促进未婚流动青少年生殖健康支持性环境改善的优先升级路径如何设计？

二、研究设计

（一）研究范围

本次调查分别从东、中、西部各选取 2 个省或直辖市展开现场调查，包括东部上海市、广东省，中部安徽省、湖南省，西部四川省、重庆市，共 6 个省和直辖市的 7 个市（区/县）（见表 1）。

表 1　调查地区分布

上海市		广东省		安徽省		湖南省		四川省		重庆市	
A 区	B 郊区（县）	C 市		D 市		E 市		F 市		G 区	H 县
a 街道	b 镇	a 区	b 区（县）（郊）	a 区	b 区（县）（郊）	a 区	b 区（县）（郊）	a 区	b 区（县）（郊）	a 街道	b 镇

（二）研究对象

研究对象分别为性与生殖健康服务的供需双方，即生殖健康信息、教育与服务供给机构的管理者和服务人员，以及 16～24 岁的未婚流动青少年群体。

流动青少年的“流动性”用空间和时间二维标准定义，即在地理范围上，以乡、镇、街道为界；在时间上，以 3 个月为界①。

研究对象中 16～17 岁的青少年虽未成年，但根据《中华人民共和国民法通则》第十一条的规定，16 周岁以上不满 18 周岁的公民，以自己的劳动收入为主要生活来源的，视为完全民事行为能力人。据此所有16～24 岁的青少年将可以自己独立判断是否接受调查。由于本研究涉及主题较为敏感，为了保证调查获取信息的真实性和可靠性，我们选择免除签署知情同意书，即向调查对象宣读知情同意书，调查对象接受调查即视为知情同意，不同意可不接受调查，不需要在知情同意书上签名，120 名调查对象均同意接受调查。

（三）调查方法

为了有针对性地给中国未婚流动青少年性与生殖健康服务利用的支持环境改善策略提供证据，本研究以定性资料收集为主，调查内容着力于探究定量问卷调查不易触及的生殖健康信息与服务利用模式、供需双方对服务现状的态度和观念及背后深层次的原因。

需方：采用目的抽样进行筛选，涵盖不同社会、人口、经济背景的未婚流动青少年，每次访谈时间为 30～60 分钟；对有过不安全性行为，或者因月经、流产、生殖系统疾病或性病等原因有过求医经历的对象进行深度

① 2005 年全国 1% 人口抽样调查中，时间以 6 个月为界。

访谈，访谈时间1～3小时。基于保护隐私的目的，所有访谈都在独立的房间一对一进行，在征得被调查对象的同意后进行录音，录音资料都转化成文本资料进行分析。

供方：包括东中西部各区域各级服务提供者与管理者。一般服务提供者（医生、护士、工作人员）采用小组访谈形式，各街道/乡镇（或区/县）为2～4组；院长等管理者或相关负责人采用深度访谈形式，各街道/乡镇（或区/县）为2～4人。

（四）调查队伍及质量控制

本次调查项目执行团队划分为执行组、培训组、质控组和数据组。执行组在调查点组建调查队伍，每个调查点设一名负责人，负责当地项目执行的总体协调。在具体执行层面，设有访问督导、质控督导，分别带领调查员进行具体工作。培训组负责对各调查点调查员进行包括执行要求、调查过程等内容的培训。质控组负责按照项目方案制定的质量控制手段，对各调查点的工作进行实时监控，确保调查质量。数据组及时回收各调查点完成的访谈录音，进行录音检查与校验，发现问题及时反馈给执行组进行处理，并把问题反馈给培训组进行针对性的培训，避免相同问题再次出现。

（五）伦理审查

本次调查通过了北京大学生物医学伦理委员会的审查，伦理审查批件号：IRB00001052－13016。

（六）访谈对象及编码

作为服务供方的研究对象共有45人，其中上海市7人（H1－7）、广东省10人（G1－10）、河北省6人（S1－6）、安徽省8人（T1－8）、四川省7人（C1－7）、重庆市7人（Y1－7）。其中医院主管负责人2人，医生16人，护士3人；计生服务站（中心）主管负责人7人，工作人员9人；社区工作人员4人；药店销售4人。

服务需方的研究对象东中西部地区各40人；年龄为16～20岁37人，21～24岁83人，即出生于1989—1997年；男、女性各60人；城市流动青少年60人，农村流动青少年60人。外出打工年龄最早为13周岁，职业主要为服务员（餐饮业）、工人（轻工业制造工厂、建筑工地）、保安和城管，以及其他服务行业工作岗位。编码如下：上海市，男性：HM1－10，女性：HF1－10；广东省，男性：GM1－10，女性：GF1－10；安徽省，男性：TM1－10，女性：TF1－10；河北省，男性：SM1－10，女性：SF1－10；重庆市，男性：YM1－10，女性：YF1－10；四川省，男性：CM1－10，女性：CF1－10。

三、性与生殖健康的突出风险

（一）首次性行为发生的“井喷”年龄为18～20岁，性行为发生普遍

尽管来自不同地区、具有不同人口特征的青少年对待贞操、婚前性行为的态度并不一致，但总体来讲，20岁以下的未婚流动青少年六成左右表示应禁止青少年的性行为，表示接受性行为的也补充说“性行为不能发生得太早，应该在20岁以上”；相比之下，20岁以上的未婚流动青少年绝大部分表示“接受青少年的性行为，因为已然禁止不了，宜疏不宜堵”。

被调查对象首次性行为发生年龄最早为16岁，首次性行为发生比例最高的年龄段为18～20岁。我们询问了被调查对象（本人或周围同龄人）的性经历情况，包括初夜年龄、性伴侣和安全措施三个方面。被调查对象报告自己发生过性行为的比例约为1/3，男性为37%，女性为27%；且普遍反映身边同龄人发生过性行为的比例很高，认为“婚前性行为比较普遍。身边朋友、同学都没有结婚，但大部分都有性生活”，婚前性行为比例最高的为广东地区，达60%。发生过性行为的青少年中，超过90%表示自己的性伴侣是所交往或交往过的男、女朋友，其余则表示是和陌生人发生了一夜情。三名被调查对象报告有朋友和同龄人经常找性工作者发生性行为（CM2，GM5，YM9）。尽管访谈过程中绝大多数青少年在理性衡量之后均认可婚前性行为弊大于利，但实际行为与之相悖。

（二）未婚怀孕比例西部地区最高

被调查对象中九成认为一旦发生性行为，需要采取避孕措施，如戴避孕套、口服避孕药等，但是获得避孕工具存在一定的障碍。从调查结果来看，未婚流动青少年在发生性行为时所采用的避孕方法集中于戴避孕套、口服避孕药、安全期避孕和体外射精，但仍有较大比例的青少年无法在每一次性交过程中进行避孕（中部地区为90%，西部地区为85%，东部地区为59%）。

在避孕方法的选择上，东中西部地区使用比例最高的方法均为戴避孕

套，其次是口服避孕药。本次调查报告中未婚流动青少年的怀孕比例为22%（26例），略低于2008年全国未婚青少年性与生殖健康调查报告（以下简称全国调查报告）的比例（郑晓瑛、陈功，等，2010）。在调查的三个地区中，西部地区意外怀孕的比例最高，东部次之，中部最低。这与全国调查报告的结果一致，即西部地区怀孕比例最高（27.8%），但在全国调查报告中，东部地区这一比例排在中部地区之后。

（三）妊娠结局多为无痛人工流产

未婚流动青少年报告的怀孕或致孕绝大部分仅为一次怀孕。调查地区中，东部地区为23%，中部地区为0，西部地区为25%。16~19岁组未婚流动青少年有过意外怀孕（女性）或致使怀孕（男性）的比例为11%，20~24岁组为22%。被调查对象中有过怀孕经历的有84%选择人工流产终止妊娠，16%为自然流产。当被询问是选择普通人流还是无痛人流时，九成都选择了无痛人流，理由是“没那么痛苦，睡一觉就行”，“就算借钱也要无痛啊，本来流产就已经心痛了，不能再让身体痛了（YF2）”。被调查对象大部分表示，怀孕后害怕和恐慌占主导地位，只想赶快解决问题，基本不会过多地考虑人工流产给身体带来的伤害。被调查对象讲述身边同龄人的妊娠结局时提及，一部分发生意外怀孕的同乡“回老家办酒，生完孩子，把孩子交给爷爷奶奶，他们自己再出来打工（TF2，CF2－3，HF6）”。

（四）“流出”前风险预防知识储备不足，自我保护观念薄弱

家庭和学校并未发挥性与生殖健康“风险预防”教育的作用，加之脱离了长辈和学校的管束，未婚流动青少年步入社会后缺乏必要的知识储备，同时自我保护观念较为薄弱。在相关知识和准确性方面，到大城市打工的青少年比中小城市的更为全面和深入。在被询问“是否认为获取性与生殖健康知识很必要”时，接近100%的答复是肯定的；而在评价自身相关知识储备的时候，则普遍反映“自己这方面的知识很少”或是“不好意思关注”，甚至“零储备”，这一现象以16~17岁刚刚外出打工的农村青少年为甚。被访女性超过六成，被访男性超过四成在青春期经常遇到生理卫生和生殖系统疾病的问题。对于女性来说，遇到问题时第一反应就是羞怯和恐惧，往往需要拖延相当长的时间，最后迫于事情的紧急性和无奈才去正视并解决问题，而这种恐惧焦虑恰是知识和应对教育欠缺的表现。当被问及“是否曾担心会因性行为感染性病或艾滋病”时，仅有5%的被调

查对象表示非常担心，11%表示有一点担心，48%表示不担心，36%表示没想过。这从一个侧面反映出未婚流动青少年规避风险、自我保护的意识非常薄弱。

四、服务利用与支持性环境

（一）性与生殖健康服务利用

1. 服务供给内容形式多样，但多数服务难以得到青少年的心理认可

从服务供方获取的信息显示，服务供给主体由从事生殖健康信息和服务生产与供给的各个领域以及各个层次的机构和人员构成。按其提供服务的属性特点，分为四类：一是以政府和相关事业单位为主体，包括各级政府中的计划生育服务部门、学校、社区，以开展公益性服务为基本特征，服务方式主要是无偿为青少年提供性与生殖健康相关服务。二是以市场为主体，本文所厘定的以市场为主体，主要是以开展有偿服务为基本特征的性与生殖健康服务供给主体，主要包括工作单位、药店、诊所、大型综合医院、社区医院或卫生服务中心、妇幼保健医院、专科医院、民营医院等。三是以第三部门为主体的服务供给方，也称“非营利组织”“志愿部门”“民间组织”等，是指除政府部门及相关事业单位和市场部门之外的组织或部门，其特征为民间性、非营利性、自治性、志愿性和公益性。四是以家庭、朋友为主体构成的亲友圈，以及大众传媒。

从需方来看，未婚流动青少年对性与生殖健康服务供给主体的认知绝大部分圈定在卫生系统或私营的药店和诊所，少数被调查对象也了解计生系统提供相关服务。在他们的认知中，医疗市场并不那么有序，公立医院人满为患、等待时间长、就医环境不佳、医护人员态度不友善、医疗费用高，特别是缺乏尊重和隐私保护，这大大降低了他们对服务的认可程度。各种妇科民营或私立医院，以盈利为目的，铺天盖地散发各种诱导性的信息和广告，让他们无从甄别优劣。他们也不了解国际项目支持的青春期门诊等服务。供方在管理和监督中存在的弊端和观念的滞后，使得相关服务无法在保护和促进需方性与生殖健康上发挥应有的作用。

2. 青少年服务信息获取的心理认可半径小，缺乏专业获取渠道

相比当前居住在经济较发达地区的同龄人，在县城或小城市打工的流动青少年获取相关服务和资源的劣势更为明显。对于寻求服务的目的性和方向性他们普遍表达不清，难以诉诸恰当的服务，阻碍了现实需求的

满足。

按照对周围能够支持流动青少年完成服务选择的相关信息筛选的认知和认可程度来划分，我们对流动青少年相关服务的心理认可半径进行了分析。以咨询服务为例，按照心理认可半径由内向外的顺序，被调查对象有着显著的性别差异。超过2/3的女性在产生青春期生理问题的服务需求后，会咨询女性朋友来获取解决问题的信息，约1/2会查询网络和书报，约1/3会咨询母亲。约3/4的男性会查询网络、书报、杂志，超过1/3的男性会和男性朋友进行交流。男女性考虑向专业人员咨询信息的均不足5%。而在产生性与生殖健康服务需求后，心理认可半径显现出了地域性，东部地区依次是书报、杂志（64%），学校老师①（53%）和网络（31%）；中部地区依次是书报、杂志（57%），同学、朋友（43%）和学校老师（32%）；西部地区依次是学校老师（36%），同学、朋友（36%）和母亲（34%）。东中西部地区考虑向专业人员咨询信息的比例均为20%左右。流动青少年在搜寻信息时一般倾向于根据以往经验，选择适合自己的相对稳定的信息搜寻路线，比如朋友圈、上网，通过熟悉或习惯的正式或非正式渠道来采集最易获得、最易理解的信息，而专业的信息咨询服务被排除在常规途径之外。

3. 服务利用呈现低水平均衡，满意度不高

如果说知识储备、主观意识、个人行为习惯决定了性与生殖健康风险发生的高低，那么性与生殖健康服务利用则是预防或降低风险带来的负面影响的直接手段。我们观察到，流动青少年性与生殖健康服务需求的实现分两个层面：①是否对客观需求产生认知；②是否有能力选择恰当的服务并加以利用。相对供方提供的各种全面、生动的服务内容和形式，需方对服务的利用水平表现出“有效利用”“无效利用”“供不应求”和“供需错位”四种状态。

（1）有效利用。有效利用是指供求相等时的状态，即需求认知产生后，相应的服务可得同时可及。本次调查中，未婚流动青少年咨询服务需求率最高的前三位为生殖系统卫生保健问题（10%）、性心理（5%）、怀孕或流产（2%）及性病预防和治疗（2%）；而服务利用率最高的前三位为怀孕或流产（100%）、获取避孕药具（100%）、生殖系统卫生保健问题（87%）。对比全国调查报告结果，尽管未婚流动青少年的服务利用率要远远高于全国未婚青少年群体（见表2），但从咨询服务的利用情况来看，其

① 这里提到的“学校老师”，是指流动青少年在校期间老师讲授的相关知识储备。

有效利用水平仅仅实现了低水平均衡。

表 2　未婚流动青少年性与生殖健康咨询服务需求与利用状况

（单位：%）

咨询服务内容	未婚流动青少年		全国未婚青少年*	
	需求率	服务利用率	需求率	服务利用率
生殖系统卫生保健问题	10	87	12	46
性心理	5	47	6	34
避孕的知识与技能	1	40	5	39
性病预防和治疗	2	50	5	35
怀孕或流产	2	100	4	50
性伦理或性道德	1	33	3	40
获取避孕药具	1	100	3	43

*资料来源：郑晓瑛，陈功，等．中国青少年生殖健康可及性调查基础数据报告[J]．人口与发展，2010，16（3）：2－16.

注：需求率是指过去一年中，被调查对象所报告的有某种服务需求的人数与青少年的总人数之比。服务利用率是指报告某种服务需求的被调查对象中利用该项服务的比例。

（2）无效利用。当未婚流动青少年性与生殖健康服务的供给大于需求时，就会出现无效利用的情况，即由各供给主体提供的信息知识、咨询服务、治疗服务没有被需求主体所利用，造成资源浪费，或利用之后评价不满意。例如被调查对象对学校生殖健康课程的评价中“不满”或“一般”的比例超过1/4。不满的原因主要是“老师用来上自习”“内容不详细，不完整”等。所有利用相关服务的被调查对象中，约有20%的青少年在利用咨询服务后表示服务“比较不满”和“非常不满”，不满的原因主要为“未解决问题”“态度不好”“收费过高”和“咨询师性别不是自己期望的”。

（3）供不应求。是指服务需求大于其供给主体所能供给的服务。供给主体未能满足青少年需求主要体现在两个方面，一是供给主体未曾了解需求主体的特殊需求，特别是潜在需求；二是能提供与需求相匹配的服务，但服务质量低下。访谈结果显示，除供方外，需方也存在忽视自身潜在需求的情况，有青少年表示“我都不知道有没有问题当然也不会去（利用服务）”。对服务利用的评价中，有1/3的青少年认为现有服务未能提供符合他们需求的内容，“我们这儿（餐厅）忙死了，回家已很晚不知道有没有（服务）”，“医生都不跟我们说话的，写的字我也看不懂”等。专门面向流动青少年，尤其是在郊县规模较小的个体经营商户打工的青少年的服务，在供给内容和服务形式上是无法满足需求的。

（4）供需错位。未婚流动青少年性与生殖健康服务的供需错位类似于经济学概念中的“结构性失业”，是指供方和需方因认识、理解和定位不同，导致供方所提供的服务与需方的需求存在错位现象。现实中，由于服务针对性不强，供需错位的情况较为严重。虽然供给主体在服务内容和形式上较为丰富，但与未婚流动青少年的需求不匹配。在服务内容方面，未婚流动青少年期望获得“两性关系、正确的性行为、避孕方式、发生风险性行为之后的处理办法、补救措施”等以具体案例呈现的知识。但在他们能系统接触到相关知识的时间段内，家庭和学校都只起到了传播浅显青春期知识的作用，这些知识对他们所遇到的实际问题缺乏指导意义。医生和服务人员所提供的专业咨询和服务内容与未婚流动青少年的认知水平也存在差距，因此也难以真正提供相应的服务。再如治疗服务，广东地区计生服务站工作人员（G5，G7）在访谈中提到，当地给流动人口提供新型女用避孕药具后，大部分使用者因“看不懂说明书”导致避孕失败。在服务形式方面，由于供方以政府及事业单位，或者政府支持的主体为主，对流动青少年进行知识、信息宣传主要采取宣传单、宣传册子、专家义诊、培训讲座等传统方式，而青少年更喜欢通过微博、QQ、微信等传播途径获取知识，致使信息和知识无法实现有效的传达。

（二）服务利用的支持性环境

根据上述未婚流动青少年性与生殖健康的风险和服务利用的相关信息，我们对服务利用过程中潜在的支持性环境进行了梳理。未婚流动青少年从需求产生至服务利用经历了“需求唤起”“服务利用”和“服务评价”三个阶段。

1. “需求唤起”阶段的支持性环境

流动青少年生殖健康需求是客观存在且不断变化的，受时间和环境变化的影响，只有当客观需求完成从潜在需求状态向表达需求状态转化时，流动青少年才会真正将需求诉诸服务利用，我们称这一阶段为“需求唤起”阶段。流动青少年自身生殖健康知识的储备（自我认识）和通过与环境的信息交换（外界唤起）都会实现需求表达并决定表达方式（服务利用）。能够唤起需求表达的基本信息储备，包括能够让流动青少年认识到何谓健康状态、成长过程中的性发育和性心理及表现、如何预防生殖健康风险，以及治疗生殖健康疾病途径的信息和知识等。青少年的生殖健康需求包括风险预防需求和疾病治疗需求，无论何种需求的表达都决定于相关知识的储备。

能够提供知识储备的支持性环境既需回溯这一群体成长生活环境和教育环境的作用，也要关注当前生活和就业环境的影响。因此，家庭、学校和朋辈环境在这一阶段能够起到关键的支持作用。但事实上，对流动青少年来说，家庭的性与生殖健康启蒙作用普遍先天不足，学校相关教育严重缺失，丧失了建立“风险预防屏障”的时机。朋辈影响显著，但彼此间信息和知识的交流属于“低水平置换”。可以说，流动青少年性与生殖健康知识储备不足绝大部分归因于家庭和学校教育的缺失。

2. “服务利用”阶段的支持性环境

“服务利用”阶段是未婚流动青少年性与生殖健康服务决策行为的实施阶段，是指青少年为满足某一客观需求，查询、交流、传播和利用信息，并选择和利用服务的决策阶段。在这一阶段，青少年首先会对服务信息进行筛选，之后决定是否利用服务及服务利用的类型。

我们的调查结果也印证了未婚流动青少年在做出服务利用决策的过程中均经历了上述两个步骤。在经历信息搜寻、信息选择的过程后，青少年对其所需的性与生殖健康服务有了基本判断，基于判断选择和利用相应服务满足其需求。当青少年收集的信息集合无法找到符合需求的正规的服务供给场所或对象时，他们会选择用其他途径解决，如置之不理或者求助于非正规诊所或无照医师。这一阶段以“需求唤起”阶段作为基础，由于自身因素和外部环境的制约，未婚流动青少年尚缺乏把“潜在需求”转化为“现实需求”的主观条件，造成青少年诉诸服务的现实需求只占潜在需求的很小一部分。

在“服务利用”阶段起到关键性支持作用的环境包括家庭和就业、市场、社区、网络媒体及政策环境。

（1）家庭和就业环境：对女性流动青少年影响巨大。家庭对未婚流动青少年服务利用决策行为的影响存在个别性和示范性优势。作为性教育第一课堂的家庭性教育本应承担起未婚流动青少年性与生殖健康教育的主要责任，但家长自身普遍性观念保守、缺乏科学的性知识储备，导致未婚流动青少年性与生殖健康教育的重担更多地压在学校性教育上。对于女性流动青少年来说，家庭环境中的母亲、就业环境中的同性同伴对其决策行为的影响巨大。女性流动青少年，尤其是外出打工时间较短的女性，在遇到青春期生殖健康问题时会向自己的母亲求助，母亲的意见甚至可以决定最后的服务决策。但是男性流动青少年、外出打工时间较长的女性，以及遇到性健康相关问题的女性则不再倾向于向母亲征求意见，转而向身边的同事、老乡寻求帮助。这种同伴间的交流更为便捷，并能实现无偿信息置换，且女性比男性更易受同性同伴提供信息的影响。

（2）市场环境：服务供给主体责任不明，供方市场尚待完善和规范。当前，中国未婚流动青少年生殖健康服务供给的各责任主体间职能交叉、权责不明，缺乏一个协调主体，造成工作低效、覆盖不全等问题。未婚流动青少年虽然在年龄上仍属“青少年”，但实际上已经是“社会人”，反而会更为主动地寻求服务，这一点在外出打工两年以上的青少年身上体现得较为明显。他们对服务质量、服务提供的时间、服务价格等要求更高，市场环境中无论供给主体是谁，只要能满足其需求，就会被优先利用。这是一些私人诊所或私营医院服务利用水平较高的原因。

（3）社区环境：社区影响力较弱。与学校和家庭教育不同，社区对未婚流动青少年的教育和影响是零散的、不连续的。因此，社区对其产生的影响力较弱，一般很难实施有针对性的、系统的服务供给。调查反映，社区对未婚流动青少年的作用仅仅是“落脚点”，抑或是生殖健康促进项目（或活动）的实施场地，缺乏针对未婚流动青少年人群的全覆盖长期追踪项目，也没有形成专门针对流动青少年的工作机制和相应制度，因此，大多数健康促进项目的效果都呈现周期性的波动。

（4）网络媒体环境：信息来源鱼龙混杂，缺乏监管，信息准确性辨识度低。身处网络信息爆炸时代，猎奇心理较重、自制力较差的青少年极易对网络养成依赖性。更重要的是，极易对其生殖健康服务利用的决策行为产生负面导向作用。

（5）政策环境：政策执行和监管力度仍待加强。中国尽管在青少年性与生殖健康的政策方面取得了长足进步，但是对流动青少年性与生殖健康的重视程度和政治承诺还远远不够，缺乏有力的倡导和实践。主要表现为：第一，流动青少年性与生殖健康的权利和需求难以纳入政策优先议程。第二，当前政策法规缺乏专门性和针对性，须对现行法律内容进行深入解读和拓展后才能具体惠及流动青少年。第三，政策法规覆盖面不全，可操作性不强，法律责任主体和执行主体均不明确，缺乏明确而系统的部门间联动政策及协调评估机制。第四，在青少年性与生殖健康领域缺乏信息监管的长效机制，缺乏对医疗机构和医疗服务的全面有效的监管。

3.“服务评价”阶段的支持性环境

在“服务利用”之后，未婚流动青少年会有一个吸收反应，即反馈的过程，这将体现服务的价值和影响。当对服务满意时，其会继续表现出“认识—实践—再认识—再实践”的探索式的循环，会促进服务认识和利用水平的不断提高。但如果未婚流动青少年对服务不满意时，即服务无法回应其需求，类似决策行为将停止，服务利用的对象和形式也将在下一个决策过程中发生改变。

服务评价的高低取决于实际获得的服务体验。理想的服务利用模式是服务的有效利用，即未婚流动青少年能够充分认识到客观需求，对现有服务做出知情选择，根据所选服务解决问题的程度，给出满意的评价。而在调查过程中，绝大多数有过服务利用经历的未婚流动青少年都无法获得完全满意的服务内容。

如前所述，这一阶段环境支持不足的原因与服务利用的效能密切相关。其中，造成“无效利用”的主要原因有两个：一是定价所决定的需方的机会成本和供方的服务成本。当机会成本和服务成本高于未婚流动青少年心理或实际能承受的预期时，其倾向于不去利用服务，从而导致服务资源未被利用。二是未婚流动青少年对潜在需求缺乏认识和表达，往往以自我消化需求的形式来解决自己的困惑，除非到了需要治疗的程度，才会尝试使用服务资源，因而导致大量的资源闲置。

“供不应求”的原因也体现在两个方面：一是供方未认识到未婚流动青少年这个特殊群体的潜在需求；二是提供与需求相匹配的服务质量低下。对于第一种情况，除了供方的意识缺位外，资源配置的优先级也是重要因素，资源的整体不足使其优先被配置到最需要、最容易满足且效益最大的需求上，如未婚流动青少年在发生风险性行为后的补救措施，或者是性传播疾病的预防上；对于生殖健康的保健、性心理和性教育这些收效周期长且成本较高的服务会被相对忽视。对于第二种情况，一是由于供给主体原因，如资金投入、服务质量、技术水平和技术人员的素质等；二是未婚流动青少年自身原因，如未婚流动青少年流动性强，无法使供方提供固定的、一对一的或者“一站式”的服务。

服务供需错位的主要原因包括：第一，供需双方的认识错位。在调查中不难发现，服务供方以 60 后、70 后为主，而调查中未婚流动青少年群体以 90 后为主，两个年龄层对同一问题的理解和认识存在明显差异。如对于性与生殖健康教育的认识与理解，学校教育仍停留在提供青春期发育知识的阶段，而未婚流动青少年则更需要正确的性观念、性伦理和性心理，以及避孕知识等方面的内容。第二，供方难以快速调整工作思路和方式应对当前未婚流动青少年快速转变的新需求。

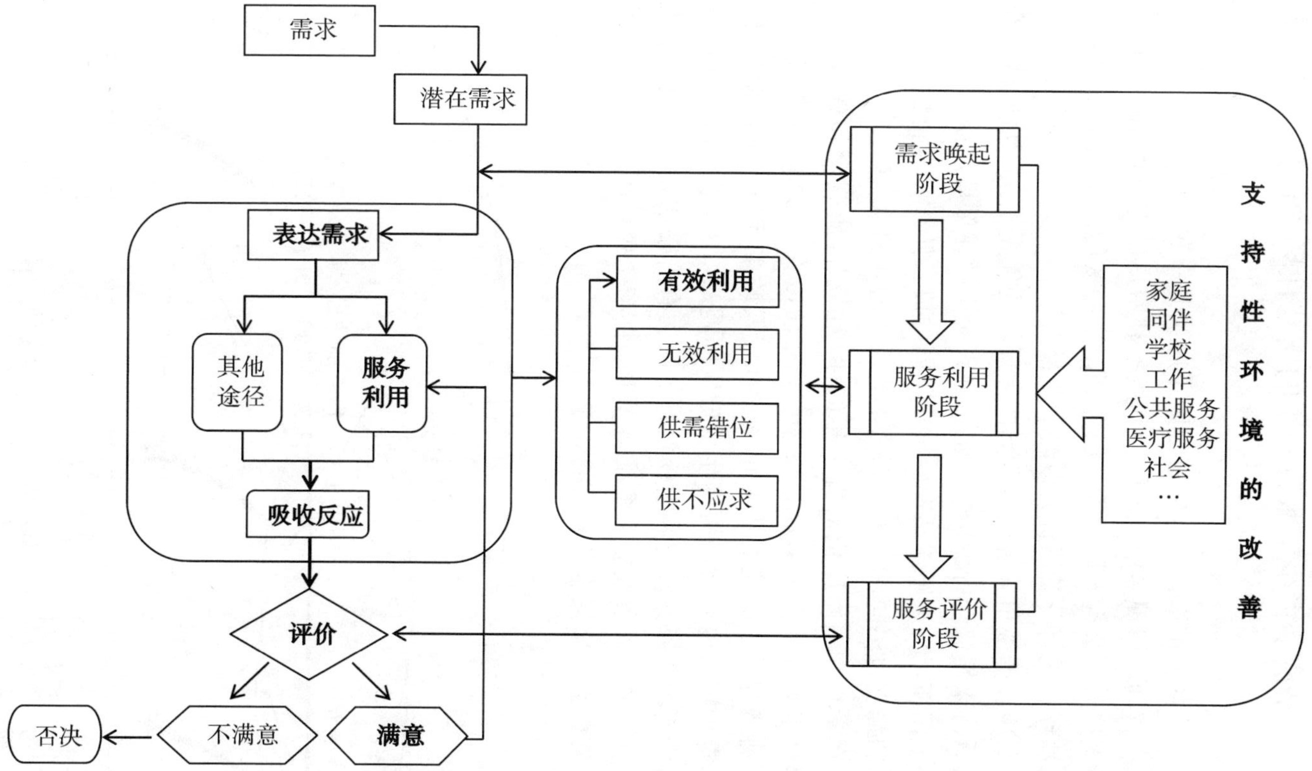

图1 未婚流动青少年服务利用的支持性环境作用路径

五、未婚流动青少年服务利用的支持性环境优先改善的路径设计

未婚流动青少年享有性与生殖健康不应当是一种“奢侈品”，而应当是一项基本权利。但现实中，能够为其服务利用提供支持作用的环境所产出的实际支持力度远远不够。提高服务利用率和效能需要从生命周期的视角对支持性环境进行分阶段优先改善的路径设计。

从生命历程的视角分阶段确立支持性环境的优先干预领域。从生命历程的视角看待未婚流动青少年性与生殖健康对于规避健康风险有着重要的意义。如下图所示，未婚流动青少年在不同的成长阶段，支持性环境对其产生影响的强度也不同。0~6岁时人的生活重心在家庭；6~18岁时生活、学习重心在学校，但家庭仍对青少年的性与生殖健康观念和教育产生作用；外出打工迈入社会最早始于16岁，这个阶段直接影响力由强至弱依次是同伴、网络媒体、家庭、服务市场、社区及政策环境。本次调查显示，未婚流动青少年出现未婚妊娠等生殖健康问题的“井喷”年龄是在18岁以后，这无不与其家庭教育和学校教育的缺失有着密切联系。因此根据生命历程，在不同的阶段确立未婚流动青少年性与生殖健康支持性环境的优先领域能够极大地增强服务利用的效能。

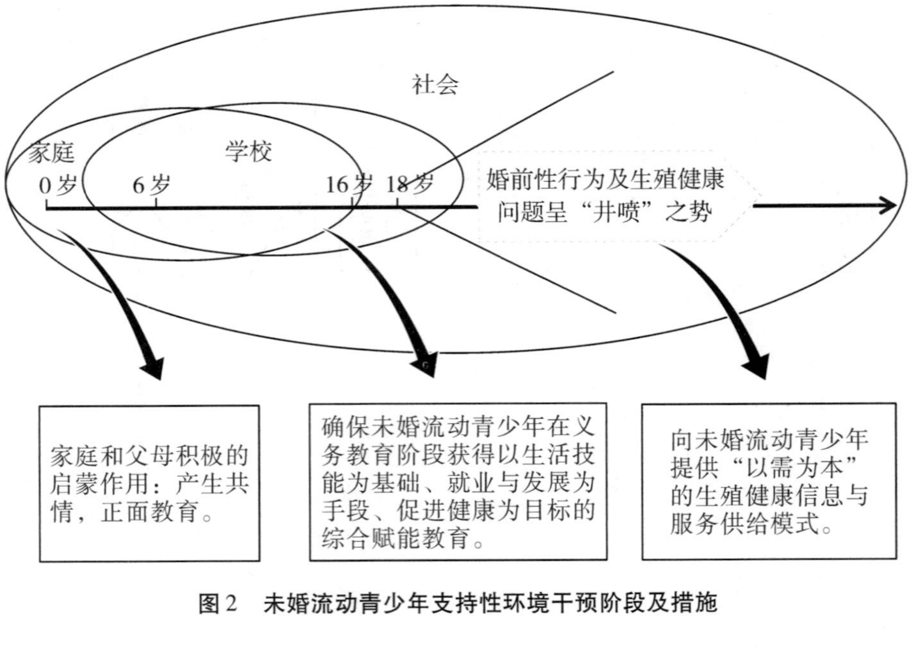

图2 未婚流动青少年支持性环境干预阶段及措施

将“正面教育”家长作为新起点，在未婚流动青少年学前和在学期间发挥家庭和父母在性与生殖健康教育中的积极作用。建立家长学校、家长网络课程、微信关注号，定期免费为家长提供有针对性的性与生殖健康教育，尤其应当开设与子女就相关问题沟通的能力与技巧的培训。改变家长的教育观念，提高家长的知识水平，向家长传授沟通和教育的方法和技巧，促使其产生与子女的“共情”①（乐国安，2002），以正面教育的方式更好地履行对子女的相关责任和义务，发挥性与生殖健康知识“正面启蒙”的作用。

确保未婚流动青少年在义务教育阶段获得以生活技能为基础、就业与发展为手段、促进健康为目标的综合赋能教育。学校是进行系统教育的最佳场所，教育主管部门应落实和积极指导学校的综合赋能教育发展，通过扩大获取教育、健康服务和就业的机会赋权青少年。应切实将性与生殖健康教育及生活技能和未来就业的教育相结合，并纳入各级学校的教学计划；编写个性化需求的性与生殖健康教材和宣传资料，运用“青少年个体—学校—社会”的三维情境教育，增强青少年应对实际问题的能力；配备专门师资并定期考核其业务能力和教学水平。将学校性教育与家庭教育、同伴教育相结合，开展多样化青少年性与生殖健康服务方式的探索，最终提升青少年“潜在需求”的客观表达能力。

向未婚流动青少年提供“以需为本”的生殖健康信息与服务供给模式。有效服务利用的本质在于高水平的供需平衡，服务供给的关键是了解未婚流动青少年的需求。在未婚流动青少年公共服务体系的构建中，应坚持以需为本，即一切服务的提供应以未婚流动青少年生殖健康相关的基本生活需求和社会发展需求为导向，减少“无效利用”“供不应求”和“供需错位”的情况出现。在此基础上应做好以下四点：第一，在医疗保健服务机构推行“青年友好型”服务，尊重青少年，尤其是进城打工的农村流动青少年，为青少年提供友好而优质的服务，增强其服务评价的满意度，提高其正规医疗服务的重复利用率。第二，发挥社区作为居住场所生活氛围轻松的优势，利用社区内的流动宣传、社区领袖培训、活动技巧训练等活动开展对未婚流动青少年的教育。第三，在服务供给中，发展“增能”型服务，注重发挥未婚流动青少年对于服务的主体参与作用，努力提升其服务的参与能力，积极引导其从服务客体转变为服务权益主体，逐步消除

① 共情：也称为神入、同理心，是由人本主义创始人罗杰斯所阐述的概念。借助言行，深入对方内心去体验他的情感、思维；把握对方的体验与他的经历和人格之间的联系，更好地理解问题的实质；运用技巧，把自己的共情传达给对方，以影响对方并取得反馈。

其对获取服务的被动感、疏离感与无助感。第四，逐步推进个性化服务。不同未婚流动青少年个体的服务需求因年龄、居住地、教育背景和就业环境的不同而有所差异，应坚持因时制宜、因地制宜和因人制宜，注重开发针对性服务，逐步实现个性化服务，努力满足不同时期、不同地方的未婚流动青少年的服务需求。

加大政策保障和执行力度。宏观政策环境虽然无法对未婚流动青少年服务利用决策行为产生直接影响，但是当性与生殖健康问题被列为公共卫生政策的优先领域时，将会对改善服务支持性环境产生极大的作用。因此，首先，要将创造提供和获得信息与服务的支持性环境纳入国家公共政策的重要议程，提高各级政府对青少年性与生殖健康问题的认识。其次，在非政府组织和私营机构的服务提供过程中，政府应承担引导和监督的责任，避免出现政府的干预行为。再次，以未婚流动青少年的实际需求为调节杠杆，建立以政府为主导、多部门配合、全社会共同参与的长效工作机制，加强政策执行的社会监督，提升服务供给的效率；鼓励各政府部门之间，政府与非政府之间，学校、社区、医疗机构之间的跨部门、跨领域合作，共同营造有利于青少年健康成长的支持性环境。

（本文收录于《人口与发展》2016 年第 1 期）

参考文献

［1］陈晶琦．565 名大学生儿童期性虐待经历回顾性调查［J］．中华流行病学杂志，2004，25（10）：873－877.

［2］国务院人口普查办公室，国家统计局人口和就业统计司．中国 2010 年人口普查资料［E］．北京：中国统计出版社，2012.

［3］乐国安．咨询心理学［M］．天津：南开大学出版社，2002.

［4］刘丽青．关于中国青年性与生殖健康教育和服务的政策建议——基于日常实践经验的呼吁［J］．人口与发展，2010（3）：30－33.

［5］刘彦，李俊梅，王利生，等．某重点高校与普通高校大学生艾滋病知识、态度、行为调查分析［J］．现代预防医学，2006（9）：1654－1655.

［6］孙建萍，孙建红．大学生性观念、性行为调查及健康教育对策［J］．中国公共卫生，2006，22（6）：645－646.

［7］孙言平，段亚平，孙殿风，等．701 名女大学生儿童期性虐待回顾性调查［J］．中华流行病学杂志，2005（12）：947－950.

［8］张建端，炼武，时俊新，等．广州市未婚流动人口人工流产状况

及影响因素分析［J］．中国计划生育学杂志，2006，14（11）：671－672.

［9］赵凤敏，王临虹，郭素芳，等．育龄男女非婚性行为及避孕套使用情况调查［J］．中国公共卫生，2006，22（11）：1309－1310.

［10］赵更力，张小松，王临虹，等．城市流动未婚人工流产女青年生殖健康状况分析［J］．中华预防医学杂志，2005，39（1）：70.

［11］郑晓瑛，陈功，等．中国青少年生殖健康可及性调查基础数据报告［J］．人口与发展，2010，16（3）：2－16.

［12］BLYTH D A，LEFFERT N. Communities as contexts for adolescent development：an empirical analysis［J］. Journal of adolescent research january，1995，10（1）：pp. 64－87.

［13］BROADHEAD W E，KAPLAN B H，JAMES S A，et al. The epidemiologic evidence for a relationship between social support and health［J］. American journal of epidemiology，1983，117（5）：pp. 521－537.

［14］CROSNOE R，ELDER G H. Family dynamics，supportive relationships，and educational resilience during adolescence［J］. Journal of family issues，2004，25（5）：pp. 571－602.

［15］ECCLES J S，MIDGLEY C，WIGFIELD A，et al. Development during adolescence：the impact of stage-environment fit on young adolescents' experiences in schools and in families［J］. American psychologist，1993，48（2）：pp. 90－101.

［16］EVANS W W. The built environment and mental health［J］. Journal of urban health，2003，80（4）：pp. 536－555.

［17］FRUMKIN H. Healthy places：exploring the evidence［J］. American journal of public health，2003，93（9）：pp. 1451－1454.

［18］STEPHEN K，RACHEL K. Health，supportive environments，and the reasonable person model［J］. American journal of public health，2003，93（9）：pp. 1484－1489.

［19］LUSTER T，DUBOW E. Predictors of the quality of the home environment that adolescent mothers provide for their school－aged children［J］. Journal of youth and adolescence，1990，19（5）：pp. 475－494.

［20］MCNEILL L H，KREUTER M，SUBRAMANIAN S V. Social environment and physical acitity：a review of concepts and evidence［J］. Social science & Medicine，2006，63：pp. 1011－1022.

［21］NAIT-CHARIF H，MCKENNA S J. Activity summarisation and fall detection in a supportive home environment [J]. Proceedings of the 17th international conference on pattern recognition, 2004, 4: pp. 323 – 326.

[22] SRINIVASAN S, O'FALLON L R, DEARRY A. Creating healthy communities, healthy homes, healthy people: initiating a research agenda on the built environment and public health [J]. American journal of public health, 2003, 93 (9): pp. 1446 – 1450.

[23] Epidemiological fact sheet on HIV and AIDS [EB/OL]. http://apps. who. int/globalatlas/predefinedReports/EFS2008/full/EFS2008_ CN. pdf.

[24] Preventing HIV/AIDS in young people: a systematic review of the evidence from developing countries. Geneva, Switzerland [EB/OL]. http://www. who. int/child-adolescent-health/publications/ADH/ISBN_ 92_ 4_ 120938_0. htm.

[25] WOOLLEY M E, BOWEN G L. In the context of risk: supportive adults and the school engagement of middle school students [J]. Family relations, 2007, 56: pp. 92 – 104.

常州市流动人口健康档案建设及健康促进研究

尹　勤[①]　徐　培[②]　雷　敏[③]　缪岳平[④]

一、研究目的

居民健康档案是以居民个人健康为核心，贯穿居民整个生命周期，涵盖各种健康相关因素，可通过多渠道动态收集信息，及时更新、保持信息连续性的一份“活”档案。通过建立个人、家庭和社区健康档案，我们能够了解和掌握居民的健康状况和疾病构成，了解居民主要健康问题和卫生问题的流行病学特征，能够为筛选高危人群、开展疾病管理、采取针对性预防措施奠定基础。2009 年《卫生部关于规范城乡居民健康档案管理的指导意见》指出，建立城乡居民健康档案的工作目标是——从 2009 年开始，逐步在全国统一建立居民健康档案，并实施规范管理。到 2020 年，初步建立起覆盖城乡居民的，符合基层实际的，统一、科学、规范的健康档案。以健康档案为载体，更好地为城乡居民提供连续、综合、适宜、经济的公共卫生服务和基本医疗服务。

流动人口是我国总人口的重要组成部分。国家统计局最新数据显示 2016 年末全国人户分离的人口达到 2. 92 亿人，其中流动人口 2. 45 亿人，相当于每 6 个人中有一个是流动人口。流动人口的健康问题不仅与其家庭发展息息相关，也与健康中国建设有着密切的联系。2013 年国家卫生计生委发布了《国家卫生计生委办公厅关于印发流动人口卫生和计划生育基本公共服务均等化试点工作方案的通知》，在全国 27 个省（区、市）40 个流动人口较集中的城市开展试点工作，明确将建立健全流动人口健康档案列为重点工作之一。

然而，现有研究表明，流动人口健康档案覆盖比例相对偏低、建档工

① 南京邮电大学经济学院教授，邮箱：yinqin @ njupt. edu. cn。
② 南京邮电大学经济学院讲师。
③ 南京邮电大学经济学院讲师。
④ 常州市卫生和计划生育委员会流动人口管理处。

作较为滞后。基于2013年中国流动人口动态监测调查数据的分析，王晖等人（2014）的研究发现，44.4%的社区已开展流动人口健康档案建档的工作，但流动人口中实际建档比例仅为16.9%。宋月萍等人（2015）的研究也表明，只有16.9%的流动人口建立了健康档案，在开展社会融合专题调查的8个城市中，流动人口的建档比例为18.7%，远低于户籍人口的建档比例（51.9%）。郭显超等人（2016）基于2014年中国流动人口动态监测调查四川省数据的分析发现，流动人口在现居住地的建档率较低，仅为25.2%，略高于全国23.8%的水平。尹勤等人（2017）基于2015年中国流动人口动态监测调查数据分析发现，流动人口的健康档案建档率为29.1%，明显低于城市户籍人口的健康档案建档率52.3%，并且在不同区域、不同人群之间存在显著差异。而杨素雯（2017）分析了中国流动人口动态监测调查山东省数据后发现，与2015年相比，社区流动人口健康档案建档率降低了10百分点，社区流动人口电子健康档案建档率为32.7%，仅为社区居民建档率的一半。对于流动人口健康档案建档率低的原因，学者们的研究探讨相对较少，宋月萍等人（2015）认为健康档案的信息化滞后、实惠性不足、基层工作人员工作量大以及流动人口流动性强是主要成因；而郭显超（2016）等人从宏观（城市类型）、中观（社区类型）和微观（个人条件）三个不同层次分析流动人口健康档案建档率的影响因素。为提升流动人口健康水平，促进其享有基本公共卫生计生服务，我们有必要根据不同地区人口和社会经济发展的特点，对流动人口健康档案建设情况展开深入研究。

江苏是我国社会经济发展强省，也是流动人口大省。至2016年底全省流动人口总量约为1 864万人，其中跨省流入约1 219万人，占总数的65.4%。根据江苏省统计局数据，2016年底全省常住人口7 998.6万人。据此推算，江苏流动人口占总人口的比例高于全国，相当于每四到五个人中有一个流动人口。江苏省政府高度重视流动人口问题，《“健康江苏2030”规划纲要》工作任务中包括“推进流动人口基本公共卫生服务均等化，建立流动人口卫生和计划生育基本服务制度。到2030年，流动人口基本公共卫生计生服务率达到90%以上”，以及“到2020年，全员人口信息、卫生与健康资源信息、电子健康档案、电子病历、健康知识五大数据库覆盖全省80%以上人口，2030年实现全覆盖”。为实现《“健康江苏2030”规划纲要》，全省13个市必须齐头并进开展人口健康促进工作。江苏各市人口和社会经济发展水平不同，流动人口也有各自特点，苏南以人口流入为主，苏北以人口流出为主。常州市地处社会经济较为发达的苏南地区，2016 年常住人口 470.14 万人，据公安部门统计流动人口达 150 万人，流入人口总数排全省第四位；全市人均 GDP 18 018 美元，一般公共财政预算收入 466.28 亿元人民币，排全省第五位。常州市一直以来都致力于给流动人口提供更优质、更贴心的服务。对常州市流动人口健康档案建立情况开展研究，并与南京、苏州、无锡三个全国流动人口卫生和计划生育基本公共服务均等化试点城市进行比较，这对于促进健康常州建设具有较强的现实意义，对于提升江苏乃至全国流动人口健康服务管理水平也有一定的借鉴作用。

二、方法

（一）数据来源

本文主要基于国家卫生计生委组织开展的中国流动人口动态监测调查江苏数据。该调查按照随机原则在全国 31 个省（区、市）和新疆生产建设兵团等流动人口较为集中的流入地抽取样本点，在前一年全员流动人口年报数据基础上建立抽样框，并采用分层、三阶段、与规模成比例的 PPS 方法进行抽样。调查问卷分为个人问卷和村/居问卷。其中调查问卷（A）针对在流入地居住一个月以上、非本区（县、市）户口的 15～59 周岁流入人口，调查内容主要涉及被调查者的基本情况、就业与收入支出、基本公共卫生和医疗服务，以及婚育情况与计划生育服务。村/居问卷主要涉及样本点类型、人口基本状况、社区管理与服务、社区健康教育、公共卫生服务管理情况。

同时，为了解常州市流动人口健康档案建立现状和需求，有针对性地提出促进流动人口家庭健康发展的对策建议，笔者在 2017 年自行组织开展了常州市流动人口健康档案建设及健康促进研究问卷调查，该调查主要涉及流动人口的基本情况、健康医疗状况、卫生服务利用与需求三个方面的内容。

（二）研究思路与方法

鉴于 2013 年之前，中国流动人口动态监测调查问卷以婚育与计划生育服务为主，未涉及健康档案、健康教育等公共卫生和医疗服务内容。因此，本研究利用 2013—2016 年的中国流动人口动态监测调查江苏数据，对常州市流动人口健康档案建设情况进行动态分析；对江苏各地区间的发展差异进行横向比较，重点比较常州市与南京、苏州、无锡的流动人口健康档案建设情况；结合对常州市流动人口健康医疗状况和卫生服务利用的调查分析，进一步剖析现状、定位问题，根据流动人口需求导向，提出促进常州市流动人口健康、加强卫生计生管理服务、推进健康常州建设的对策建议。

本文采用 SPSS 20.0 统计软件建立数据库，并进行统计分析。分析方法主要有描述性统计分析、列联分析与 χ^2 检验、无序 logistic 回归分析等。选取显著性水平 $\alpha = 0.05$，即 $p < 0.05$，差异有统计学意义。

三、结果

（一）被调查对象基本特征

1. 基于2013—2016年中国流动人口动态监测调查

2013—2016年中国流动人口动态监测调查中，常州市流动人口样本量分别为1 200、1 200、2 560和840。以下分别从被调查对象的人口学、社会经济学以及流动特征进行描述统计。

2. 人口学特征

如表1所示，从性别来看，被调查对象以男性居多，男性占被调查总体的比例（以下简称占比）均达到了50%以上。从年龄来看，被调查对象以青壮年为主，近四年被调查对象的平均年龄分别为 33.2 ± 8.9 岁、32.6 ± 9.2 岁、32.2 ± 10.0 岁和 34.2 ± 9.7 岁，年龄段处于 20 ~ 30 岁及 30 ~ 40 岁的被调查对象占比之和均超过65%。

从民族性质来看，被调查对象以汉族为主，各年占比均超过97%。从受教育程度来看，被调查对象的受教育程度以初中居多，各年被调查对象中初中学历占比均超过50%。随着时间推移，小学及以下学历占比呈下降趋势，占比从20.6%下降为14.4%，而高中及以上学历占比呈上升趋势，占比合计从21.5%上升为32.9%。从婚姻状况来看，被调查对象的婚姻情况以已婚居多，各年占比均超过85%。从户口性质来看，被调查对象以农业户口居多，各年占比均超过88%，但有逐年下降态势，最高是2013年，为93.4%。

表1　常州市流动人口的人口学特征统计表

特征		2013年		2014年		2015年		2016年	
		人数（人）	百分比（%）	人数（人）	百分比（%）	人数（人）	百分比（%）	人数（人）	百分比（%）
性别	男	622	51.8	672	56.0	1 354	52.9	430	51.2
	女	578	48.2	528	44.0	1 206	47.1	410	48.8
年龄	≤20岁	75	6.3	73	6.1	233	9.1	35	4.2
	20~30岁	420	35.0	462	38.5	995	38.9	308	36.7
	30~40岁	410	34.2	376	31.3	721	28.2	264	31.4
	40~50岁	258	21.5	253	21.1	504	19.7	180	21.4
	>50岁	37	3.1	36	3.0	107	4.2	53	6.3
民族性质	汉族	1 170	97.5	1 182	98.5	2 512	98.1	821	97.7
	少数民族	30	2.5	18	1.5	48	1.9	19	2.3
受教育程度	小学及以下	247	20.6	215	17.9	481	18.8	121	14.4
	初中	695	57.9	704	58.7	1 406	54.9	443	52.7
	高中或中专	191	15.9	161	13.4	404	15.8	155	18.5
	大专及以上	67	5.6	120	10.0	269	10.5	121	14.4
婚姻状况	已婚	1 045	87.1	1 047	87.3	2 199	85.9	735	87.5
	未婚	155	12.9	153	12.8	361	14.1	105	12.5
户口	农业	1 121	93.4	1 111	92.6	2 349	91.9	743	88.5
	非农业	79	6.6	89	7.4	206	8.1	97	11.5

注：2016年已婚除了初婚、再婚、离异、丧偶，还包括同居的选项；户口性质中的非农业包括问卷中的非农业、农业转居民、非农业转居民等选项，2016年非农业还包括居民、其他（此分类含无户口，仅2个个例）两个选项。

3. 社会经济学特征

结合中国流动人口动态监测调查问卷中问题的设置情况，流动人口社会经济学特征方面可供选择的主要变量有现在的主要职业、工作所属的行业、就业单位性质、就业身份、个人上个月（或上次就业）的收入、家庭平均年收入。考虑到问卷中主要职业、行业、就业单位性质的分类均超过10类，样本量较为分散，且同一行业、同一就业单位内不同职位者的收入可能存在较大差异，仅仅将行业、就业单位归纳为几类可能无法准确地反映出就业者的社会经济特征。此外，被调查对象并不是独立的个体，其家庭平均年收入比个人收入更能代表流动人口家庭中成员的经济水平。因此，本文最终选择就业身份及家庭年收入两个变量来刻画流动人口的社会经济学特征。

如表2所示，2013—2016年常州市流动人口被调查对象的就业身份以雇员为主，四年中雇员占比均在71%以上，最高是2013年，为75.1%；各年被调查对象的平均家庭年收入分别为6.9±4.4万元、8.9±10.0万元、8.3±6.6万元和8.6±5.1万元，与中国流动人口动态监测调查中江苏被调查对象的平均家庭年收入相比（分别为7.1±5.7万元、8.2±23.3万元、8.5±10.3万元和9.4±6.9万元），常州市并无优势。但与2013—2015年全国被调查对象的平均家庭年收入相比（分别为6.3±5.4万元、7.0±9.5万元和7.6±9.2万元），常州市流动人口平均家庭年收入较高，2014年的收入优势最大，约为全国平均水平的1.3倍。

表2　常州市流动人口社会经济学特征统计表

特征		2013年		2014年		2015年		2016年	
		人数（人）	百分比（%）	人数（人）	百分比（%）	人数（人）	百分比（%）	人数（人）	百分比（%）
就业身份	雇员	797	75.1	763	71.4	1559	71.9	530	72.9
	雇主和其他	264	24.9	305	28.6	608	28.1	197	27.1
家庭年收入	≤3万元	92	7.7	37	3.1	69	2.7	25	3.0
	3万~6万元	558	46.8	432	36.0	915	35.7	253	30.1
	6万~9万元	345	28.9	396	33.0	793	31.0	254	30.2
	9万~12万元	151	12.7	237	19.8	597	23.3	241	28.7
	>12万元	47	3.9	98	8.2	186	7.3	67	8.0

注：就业身份中的雇主和其他包含问卷中的雇主、自营劳动者和其他选项。

4. 流动特征

如表3所示，从流动范围来看，2013—2016年常州市流动人口被调查对象以跨省流动为主，各年跨省流动占比均超过63%，最高的是2014年，为68.3%；从流入时间来看，被调查对象的本次流入时间平均值为4.8±4.5年、5.1±4.8年、5.1±5.1年和6.1±5.3年，且呈现出流入时间大于6年的流动人口占比上升的趋势，从2013年的28.3%上升到2016年的41.5%；从长期居住意愿来看，没想好是否在当地长期居住的人群占比略有增加，不打算在当地长期居住的人群占比呈现出下降的趋势，而打算在当地长期居住的人群占比呈现出上升的趋势。

表3　常州市流动人口流动特征统计表

特征		2013年		2014年		2015年		2016年	
		人数（人）	百分比（%）	人数（人）	百分比（%）	人数（人）	百分比（%）	人数（人）	百分比
流动范围	省内流动	403	33.6	381	31.8	816	31.9	307	36.5
	跨省流动	797	66.4	819	68.3	1 744	68.1	533	63.5
流入时间	≤2年	370	30.8	372	31.0	924	36.1	225	26.8
	2～4年	296	24.7	251	20.9	486	19.0	151	18.0
	4～6年	195	16.3	202	16.8	363	14.2	115	13.7
	>6年	339	28.3	375	31.3	787	30.7	349	41.5
长期居住意愿	不打算			186	15.5	292	11.4	76	9.0
	没想好			306	25.5	659	25.7	229	27.3
	打算			708	59.0	1 609	62.9	535	63.7

注：本次流动范围中的省内流动包括问卷中的省内跨市和市内跨县选项，2016年的跨省流动还包括新增的跨境流动选项；2016年的长期居住意愿中的不打算包含问卷中的返乡和继续流动两个选项。

（二）基于2017年常州市流动人口专题调查

1. 人口学特征

760名被调查对象中，农业户口699人，占92.6%（剔除缺失值后，下同）。男性381人，占51.8%；女性372人，占49.4%。被调查对象年龄为16～70岁，平均年龄为36.1±10.4岁，其中，80后占60.9%，90后占22.8%。婚姻状况以已婚为主，共649人，占85.7%；未婚者80人，占10.5%；离婚、丧偶、同居者合计仅占3.7%。受教育程度普遍不高（见图1），以初中为主，占54.4%；其次为小学，占16.8%，高中或中专文化程度者合计占16.1%；大专、本科及以上文化程度者分别有58人、39人，合计占12.8%。此外，从流动范围看，以跨省流动为主，占70.2%，省内跨市流动的占29.5%，而市内跨县流动的仅有0.3%。

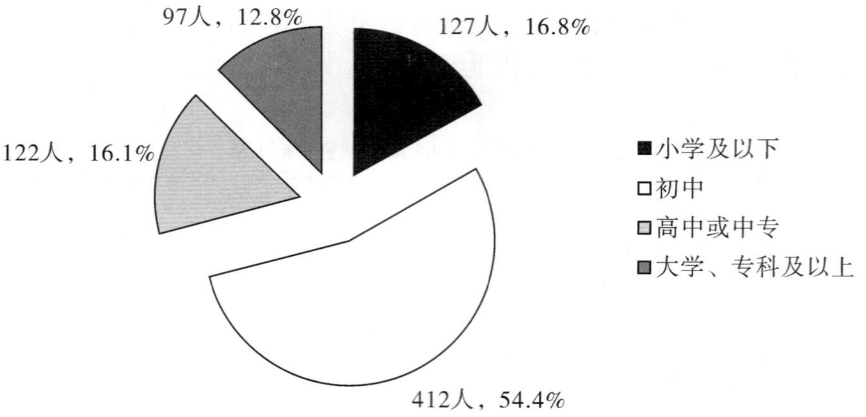

图1　被调查对象的受教育程度构成

2. 社会经济特征

从职业分布来看，被调查对象仍以生产、运输、建筑业人员居多（见图2），占34.9%，其次为商业、服务业人员，占31.0%；而作为高层次人力资本的专业技术人员占比较低，为9.4%。此外，无固定职业人员有59人，占7.9%。无固定职业人员中，30岁以下的有11人，30~40岁的有16人，40岁以上有32人。而70个专业技术人员中，35岁以下的就有47人，占67.1%，年轻专业技术人员占绝对优势。

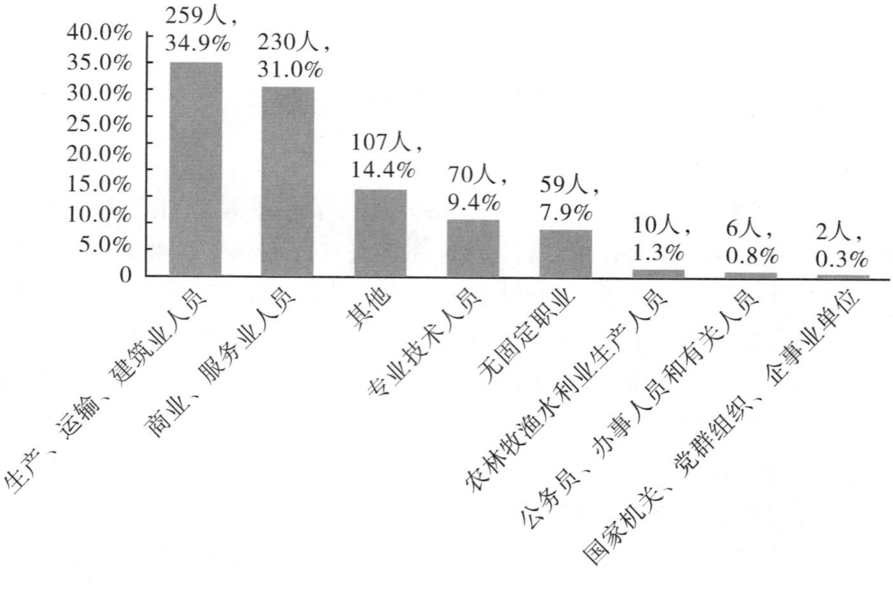

图2　被调查对象的职业分布

被调查对象的家庭月均收入为 800 ~ 40 000 元，均值为 7 851.3 ± 4 443.8元，其中家庭月均收入在5 000 ~9 999 元的占比最多，为56.0%，家庭月均收入在10 000 元以下的占74.3%。整体来看，被调查对象的家庭月均收入水平不高。从职业身份来看，占比最多的生产、运输和建筑业从业人员的月均收入均值为7 200 元，标准差为3 598.4 元，与整体平均水平相比略低；商业、服务业人员的月均收入均值为 8 009.6 元，标准差为 4 835.4元，略高于整体平均水平。被调查对象家庭月均支出为 200 ~ 20 000元，均值为3 565.3 ±1 996.4 元，其中月均支出在2 500 ~4 999 元的占比最多，为52.0%，月均支出在5000 元以下的占77.8%。

表4　被调查对象家庭月均收入水平

收入水平	人数（人）	百分比（%）	累计百分比（%）
5 000 元以下	138	18.3	18.3
5 000 ~9 999 元	423	56.0	74.3
10 000 ~15 000 元	157	20.8	95.1
15 000 元以上	37	4.9	100.0

表5　被调查对象家庭月均支出水平

支出水平	人数（人）	百分比（%）	累计百分比（%）
2 500 元以下	195	25.8	25.8
2 500 ~4 999 元	393	52.0	77.8
5 000 ~10 000 元	137	18.1	95.9
10 000 元以上	31	4.1	100.0

（三）健康医疗状况

1. 个体健康状况评估

基于2017 年常州市流动人口专题调查，被调查对象总体对自身的健康状况评价良好，其中，自认为身体很好的，占62.9%，较好的占29.6%，两者合计占92.5%，仅有0.8%的被调查对象认为自己身体状况欠佳。同时发现，近一年来只有26.3%的人做过体检，而有29.8%的人从未做过健康体检(见图3)。由此可知，流动人口健康常规体检的比例和频率都较低，其对个人健康状况的把握缺乏科学评判，自评结果可能高估了自身的健康状况。

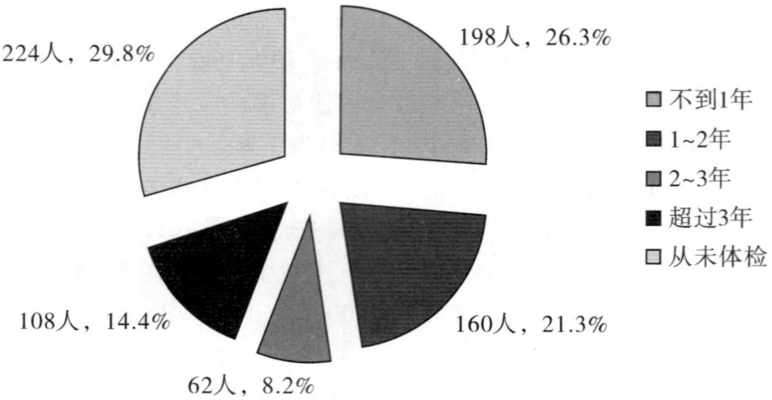

图3　被调查对象最近一次的常规体检

2. 医疗保险参保情况

社会保险是重要的社会安全阀，在现代社会生活中具有重要的地位。如果说健康体检能够早期发现疾病和影响健康的危险因素，具有预防多种疾病、减少高额医疗费用的作用，那么，医疗保险则可以减轻社会成员的医疗负担，防止患者看不起病或因病致贫。

根据2013—2016年中国流动人口动态监测调查数据，常州市流动人口医疗保险以新型农村合作医疗保险为主，2016年新型农村合作医疗保险的参保率为59.3%，较前几年有所下降。城镇职工医疗保险、工伤保险和生育保险的参保率相当，分别为25.7%、26.9%和23.7%。2016年城镇职工医疗保险的参保率与2015年持平，工伤保险和生育保险的参保率较前几年略有提升。总体而言，近年来明确至少参加一项医疗保险的流动人口占比分别为78.3%、88.4%、89.9%和90.2%，医疗保障水平有所提升。

表6　常州市流动人口各项医疗保险参保情况

（单位：%）

参保情况		2013年（$n=1\,200$）	2014年（$n=1\,200$）	2015年（$n=2\,560$）	2016年（$n=840$）
新型农村合作医疗保险	是	64.3	66.5	66.8	59.3
	否	33.3	32.5	33.0	39.8
	不清楚	2.5	1.0	0.2	1.0

（续上表）

参保情况		2013 年（n＝1 200）	2014 年（n＝1 200）	2015 年（n＝2 560）	2016 年（n＝840）
城乡居民合作医疗保险	是		0.3	1.6	2.0
	否		98.1	98.3	97.4
	不清楚		1.6	0.2	0.6
城镇居民医疗保险	是	1.8	2.6	0.9	1.5
	否	97.7	95.9	98.9	98.0
	不清楚	0.6	1.5	0.2	0.5
城镇职工医疗保险	是	21.0	23.2	25.7	25.7
	否	78.7	75.8	74.0	73.9
	不清楚	0.3	1.1	0.2	0.4
公费医疗	是		0.1	0.1	0
	否		98.6	99.6	99.8
	不清楚		1.3	0.2	0.2
工伤保险	是	19.7	22.1		26.9
	否	79.9	75.9		72.5
	不清楚	0.4	2.0		0.6
生育保险	是	6.8	17.8		23.7
	否	93.1	80.3		75.6
	不清楚	0.1	1.9		0.7
商业医疗保险	是	3.3	2.2		
	否	96.3	96.6		
	不清楚	0.4	1.3		

从 2017 年常州市流动人口专题调查情况来看，流动人口在现居住地参加医疗保险的情况仍然不是很理想。在各项医疗保险中，选择新型农村合作医疗保险的人数最多，参保率为 76.0%，远远高于其他保险的参保情况；其次是城镇职工医疗保险，参保率为 20.2%；其他医疗保险的参保率较低，合计参保率仅为 11.3%；其中，有 46 人没有参加任何保险（见图 4）。这表明部分流动人口健康风险防范意识不足。

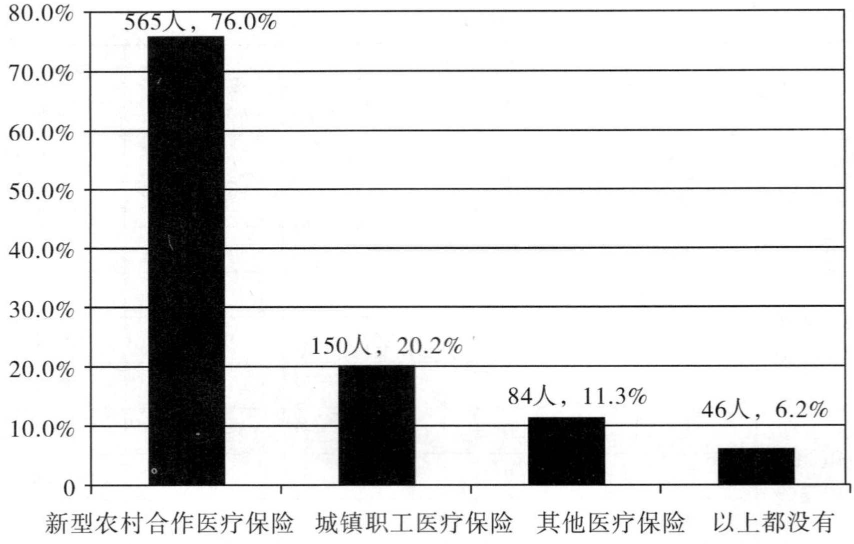

图 4　2017 年流动人口在常州地区的参保情况

3. 患病及就诊情况

2017 年常州市流动人口专题调查发现，由于流动人口以青壮年为主，患有慢性病的比例很低，只有 7.6%，这些人群也会选择进行正规治疗和按医嘱服药。81.8% 的被调查对象近两个月未患过病，但通过进一步的特征分析发现，近期患病情况在不同受教育程度的被调查对象间存在显著差异，而在不同年龄段内不存在显著差异。受教育程度为小学及以下、大学及以上的被调查对象近期患病的比例显著高于其他人群，这或许与其所从事的工作有关系。低学历的流动人口多半从事高强度的体力劳动，高学历的流动人口多半从事高强度的脑力活动，他们身体出现状况的概率要高一些。

表 7　不同受教育程度的被调查对象近期患病情况

（单位：%）

受教育程度	您最近两个月内是否患过病？	
	是	否
小学及以下	22.3	77.7
初中	16.4	83.6
高中或中专	12.1	87.9
大学及以上	28.4	71.6

注：$\chi^2 = 11.82$，$p = 0.008 < 0.050$。

个体就医需求的内部动因主要是个体的健康需求，外部动因主要是社会环境，包括医院的声誉、亲戚朋友的介绍等。一般被调查对象患病后，66%的人会选择在本地就诊，也有32.5%的人选择不就诊；通过进一步分析，发现患病后不就诊的原因主要集中在两个方面：一是选择买药进行自我诊疗，占比61.9%，二是认为病情较轻无须就诊，占比34.7%。

在选择就诊医院时，乡镇医院和社区卫生服务中心占比比较高，两者合计为75.8%，不同级别的公立医院占比为21.6%，很少人会选择民营医院或私人诊所。这多是因为乡镇医院和社区卫生服务中心大多分布于居民区周边，就医灵活方便，就诊费用较低；而各级公立医院多数集中在城市中心，对流动人口而言就医体验方便度不高；另外，被调查对象并不相信民营医院和私人诊所，这说明流动人口就医安全意识有所提高。

表8 被调查对象就诊医疗机构的选择

医院类型	人数（人）	百分比（%）
乡镇医院	213	41.5
社区卫生服务中心	176	34.3
地市级公立医院	74	14.4
县、区级公立医院	37	7.2
民营医院、私人诊所	13	2.6

4. 社区医疗服务情况

2017年的被调查对象中有95.2%的人都知道居住地附近的社区卫生服务机构，但是过去一年，流动人口本人及家人在本地接受过的卫生医疗服务主要为门诊医疗（26.7%）（为个案百分比，下同）、免费避孕药具领取（19.3%）、建立健康档案（18.6%）与儿童免费预防接种（18.1%）。当然，建立孕产妇档案、产前检查、产后访视、优生检查指导及住院医疗主要针对特定人群，选择比较少也在情理之中，但免费常规体检、免费妇科检查、免费测血压、免费测血糖等基本公共卫生服务的覆盖比例较低，而且有204人没有接受过任何方面的卫生医疗服务，个案占比27.1%。这表明针对流动人口的基本公共卫生服务的覆盖率尚需提高。

表 9　流动人口家庭最近一年接受过的卫生医疗服务

健康教育内容	响应		个案百分比（%）
	人数（人）	百分比（%）	
建立健康档案	140	10.2	18.6
健康教育	73	5.3	9.7
免费常规体检	68	4.9	9.0
免费妇科检查	109	7.9	14.5
门诊医疗	201	14.6	26.7
住院医疗	18	1.3	2.4
儿童免费预防接种	136	9.9	18.1
建立孕产妇档案	48	3.5	6.4
产前检查	40	2.9	5.3
产后访视	30	2.2	4.0
优生检查指导	34	2.5	4.5
免费避孕药具领取	145	10.5	19.3
免费测血压	92	6.7	12.2
免费测血糖	41	3.0	5.5
以上都没有	204	14.8	27.1
总计	1 379	100.0	183.3

（四）健康教育情况

健康教育是一项社会效益好、回报周期长的工作。通过健康教育能增强流动人口的健康意识，促进其养成健康行为，减少健康方面的支出，降低政府和社会的运行成本。开展流动人口健康教育也是国家卫生计生委流动人口基本公共服务均等化试点工作的一项重点工作。

在中国流动人口动态监测调查中，2015 年与 2016 年调查的是“过去一年，您在现居住社区/流入地是否接受过健康教育”，2014 年调查的是“您是否接受过健康教育”，对于这三年健康教育的内容和方式，统计口径也有所不同。分析表明，2016 年常州市流动人口中接受过健康教育的人员占比为 83.0%，较 2015 年 89.4% 有所下降，但较 2014 年的 69.8%（其中，在本地接受健康教育的比例为 65.8%）仍有明显提升。而 2017 年常州市流动人口专题调查结果表明，流动人口近一年接受过健康教育的比例仅为48.2%，远低于2014年中国流动人口动态监测调查结果，流动人口健康教育工作令人担忧。以下具体分析健康教育的内容和方式变动情况。

1. 健康教育内容分析

虽然近年来，国家卫生计生委在中国流动人口动态监测调查中关注的健康教育内容有所差别，如2015年新增控制吸烟，2016年新增防雾霾，但生殖与避孕/优生优育一直是重点宣传教育内容。由表10可见，近年来常州市流动人口接受最多的健康教育内容就是生殖与避孕/优生优育，紧随其后的是营养健康知识、性病/艾滋病。相比2015年，2016年流动人口接受各项健康教育内容的比例均有所下降，基本回落到2014年的水平。尤其是与流动人口家庭发展密切相关的生殖与避孕/优生优育、性病/艾滋病、慢性病防治和营养健康知识的接受比，2016年较2015年均下降了20百分点以上，表明流动人口健康教育工作有所松懈。

而根据2017年常州市流动人口专题调查，各种健康教育内容的接受比进一步下降，排名前三的生殖与避孕/优生优育、控制吸烟和职业病防治的占比分别为34.1%、20.9%和14.7%，流动人口健康教育有放任自由的态势。

表10　常州市流动人口接受健康教育内容统计表

（单位:%）

内容	2014年	2015年	2016年	2017年
职业病防治	27.3	49.4	33.7	14.7
性病/艾滋病	32.8/40.3	56.6	35.7	14.1
生殖与避孕/优生优育	53.3/—	71.6	58.8	34.1
结核病防治	14.4	34.5	17.9	8.2
控制吸烟	—	62.0	34.4	20.9
精神病障碍防治	8.3	22.3	11.1	2.4
慢性病防治	26.3	48.1	26.1	12.5
营养健康知识	43.4	73.7	44.2	7.3
防雾霾	—	—	21.0	1.6
其他传染病防治	18.1	33.8	—	—

注：2014—2016年为中国流动人口动态监测调查结果，2017年为常州市流动人口专题调查结果，下同；2014年调查问卷中，将性病、艾滋病，生殖与避孕、优生知识分开询问。—表明未涉及该项调查内容。

由图 5 可见，常州市流动人口专题调查的所有村居点都开展了生殖与避孕/优生优育宣传教育活动，其他开展较多的依次为营养健康知识、性病/艾滋病、慢性病防治、控制吸烟等。村居点在宣传教育内容的可及性、丰富性和多样性方面仍显不足。

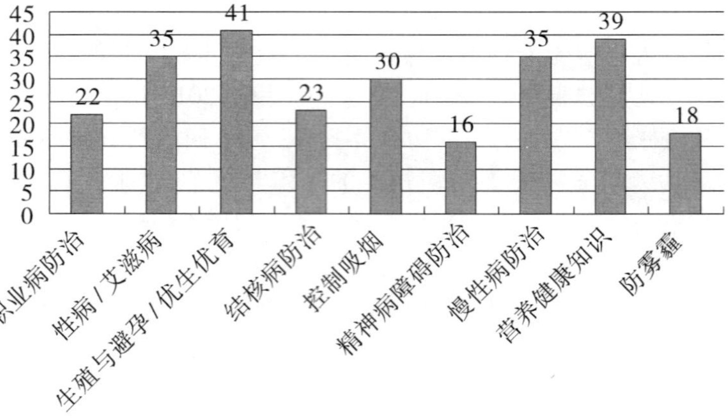

图 5　2016 年常州市村居点开展健康教育内容情况

2. 健康教育方式分析

在中国流动人口动态监测调查中，调查流动人口接受健康教育方式的问题设计略有不同，大体可分为十类。2014 年选择最多、排序前三位的宣传教育方式为：宣传栏（81.8%）、广播/电视节目（61.9%）、健康知识讲座（55.7%）；2015 年排序前三位的宣传教育方式为：宣传栏（70.9%）、广播/电视节目（68.6%）、社区短信/微信（50.9%）；2016 年排序前三位的宣传教育方式为：宣传资料（82.1%）、宣传栏（81.3%）、电子显示屏（34.1%）。可见，2016 年的宣传教育方式以单向式的知识传递为主，缺少个性化的咨询方式，网上咨询、社区短信/微信等新媒体的应用不足。

2017 年常州市流动人口专题调查中，我们在中国流动人口动态监测调查基础上，强化了对新媒体宣传教育方式的询问，将网上咨询细化为社区网站咨询、卫计委网站咨询和互联网百度搜索等，并增加了电话咨询以及 QQ、微信等 App 推送方式。各种宣传教育方式中选择最多、排序前三位是：宣传资料（83.9%）、宣传栏（63.5%）和面对面咨询（31.6%），其中，宣传资料、宣传栏这两种传统的、单向式的知识传播方式占绝对多数，健康知识讲座、电子显示屏也占据一定份额，个性化的面对面咨询方式占比回升，社区短信/微信占比有所上升，而社区医生传授占比有所下降，社区网站咨询、卫计委网站咨询所占比例分别为4.1%和1.4%，远低于互联网百度搜索等占比6.8%，可见基层社区在宣传教育方面没有发挥足够大的作用。此外，QQ、微信等App推送占比也达4.1%，电话咨询占2.5%。

表11　常州市流动人口接受健康教育方式统计表

（单位:%）

方式	2014年	2015年	2016年	2017年
健康知识讲座	55.7	22.3	31.7	25.3
宣传资料	34.6	35.6	82.1	83.9
宣传栏	81.8	70.9	81.3	63.5
面对面咨询	33.1	22.8	17.8	31.6
网上咨询	25.7	42.3	3.9	4.1
社区医生传授			11.8	4.9
社区短信/微信	27.8	50.9	8.3	15.3
电子显示屏			34.1	22.6
广播/电视节目	61.9	68.6		
公众健康咨询活动	36.2	27.7		

注：2014、2015年问卷中宣传资料明确指书/刊/光盘等，社区短信/微信笼统指手机短信/微信；2016、2017年网上咨询专指社区网站咨询。

由图6可见，常州市流动人口专题调查的所有村居点都开展了宣传材料发放工作，其他较为常用的宣传教育方式依次为健康知识讲座、宣传栏、社区医生传授、面对面咨询、电子显示屏等。但进一步分析发现，虽然宣传栏是村居点宣传教育的主要方式，但各村居点固定的卫生/计生/健康教育宣传栏的个数差异较大，最少的只有1个，最多的有9个，平均约为3个；而且2016年中，村居点宣传栏的内容更新情况也差异较大，最少的更新了4次，最多的更新了72次，平均约为32次。这表明部分村居点在宣传教育方面的新颖性、针对性和时效性还有待加强。

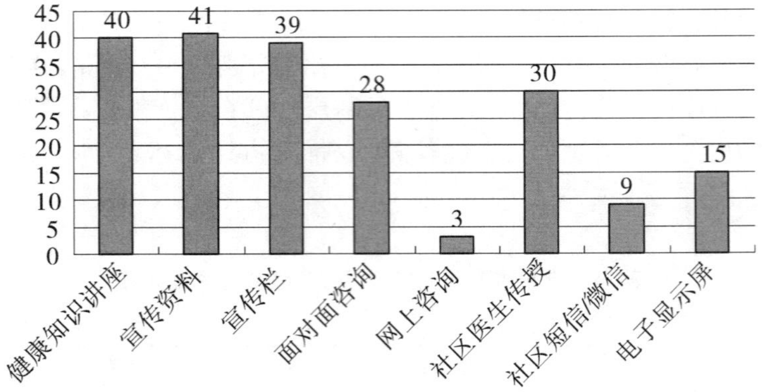

图 6　2016 年常州市村居点宣传教育方式情况

（五）健康档案建设情况

居民健康档案管理是国家基本公共卫生服务项目十二项内容的重要组成部分，也是人口统计信息的重要组成部分。江苏省 2015 年出台的《关于加快推进流动人口基本公共卫生计生服务均等化工作的实施意见》提到：到 2017 年，全省将为辖区内居住 6 个月以上的流动人口免费建立统一规范的电子健康档案，实现流动人口规范化电子档案建档率达 80%。

1. 健康档案建设总体情况

2016 年常州市流动人口专题调查中，被调查对象明确建立健康档案的比例为 19.3%，没建也没听说过的占比 38.3%，没建但听说过的占比 28.9%，不清楚的占比 13.5%。2017 年常州市流动人口专题调查中，被调查对象明确建立健康档案的比例为 29.1%，没建也没听说过的占比 28.4%，没建但听说过的占比 26.1%，不清楚的占比 16.4%。虽然，相比 2016 年，2017 年流动人口健康档案建档率、知晓率有所提升，但与江苏省的总体要求尚有差距。

目前健康档案建档率不高的主要原因有：一是流动人口的健康意识不强，认为自己身强力壮，建与不建无所谓，不想建；同时有较强的防范心理，认为个人、家庭信息是自己的隐私；建立健康档案也得不到什么实惠，不愿建。二是基层普遍存在着工作人员人手不足，个别地方还存在卫生计生合并后尚未形成合力，甚至出现流动人口管理服务人员有所减少的情况，常州市村居点的计生工作人员（或卫计专干）/流动人口协管员即由 2014 年底的 82 人减少为 2016 年的 69 人。加之流动人口流动性强，不好建。三是工作人员建设健康档案的积极性不高，工资绩效改革后，干多干少一个样。并且，政府经费投入有限，需免费提供 12 类 45 项基本公共卫生服务，保障水平不高，而为户籍人口开展服务则相对容易一些。

2. 不同地区健康档案建立情况比较

对 2016 年中国流动人口动态监测调查江苏数据进行深入分析后发现，各地流动人口健康档案建档率差异较大，建档率最高的泰州市达到 96.6%，而最低的盐城市竟为 0。进一步分析可见，除常州市、南京市、苏州市和无锡市外，其余各市流动人口调查样本量均不足 400，2016 年盐城市的样本量仅为 40，样本统计量的代表性较差。

对常州市、南京市、苏州市和无锡市的数据进行分析后发现，总体而言，无锡市流动人口健康档案建设情况较好，无锡市被调查对象中明确建立健康档案的比例最高，其次是常州市，再次是苏州市，南京市排名最后；没建也没听说过以及不清楚的被调查对象，苏州市比例最高，无锡市最低，常州市的比例与南京市相当，没建但听说过和不清楚的比例均低于南京市。

表 12　2016 年江苏省各地级市健康档案建立情况

（单位：%）

地区（样本量）	已经建立	没建也没听说过	没建但听说过	不清楚
常州市（$n=840$）	19.3	38.3	28.9	13.5
南京市（$n=2\ 000$）	10.4	38.2	34.5	17.0
苏州市（$n=2\ 000$）	14.6	40.5	27.2	17.8
无锡市（$n=1\ 880$）	40.9	22.0	28.6	8.6
连云港市（$n=120$）	35.8	15.8	35.0	13.3
南通市（$n=360$）	25.3	23.9	38.3	12.5
泰州市（$n=320$）	96.6	0.3	2.5	0.6
徐州市（$n=160$）	50.6	25.6	19.4	4.4
盐城市（$n=40$）	0	7.5	65.0	27.5
扬州市（$n=160$）	51.9	3.1	42.5	2.5
镇江市（$n=120$）	11.7	45.0	20.0	23.3
江苏省（$n=8\ 000$）	25.6	31.5	29.4	13.5

相对于中国流动人口动态监测调查有限的个人问卷样本量，村居问卷所涉及的户籍人口和流入人口规模较大，代表性更好。2016 年村居调查共

涉及户籍人口 2 142 919 人，流入人口 1 424 733 人，其中，常州市涉及的户籍人口和流入人口分别为 175 421 人和 62 776 人，南京市、苏州市和无锡市涉及的户籍人口和流入人口分别为 737 380/265 845 人、427 192/652 013人和480 903/379 343 人，最少的盐城市涉及的户籍人口和流入人口分别为10 042和1 684人。由图 7 可见，就户籍人口建档率而言，南通市、泰州市、镇江市、无锡市处于第一方阵，为 80% ~90%；常州市、连云港市、苏州市处于第二方阵，为 70% ~80%，均高于全省平均水平 69. 0%。就流入人口建档率而言，泰州市遥遥领先，高达 91. 2%，连云港市、南通市、镇江市旗鼓相当，在 58% 左右。常州市流入人口健康档案建档率仅为 16. 6%，低于无锡市 35. 0%、苏州市 21. 2% 和江苏省平均水平 24. 1%，略高于南京市 11. 6%。

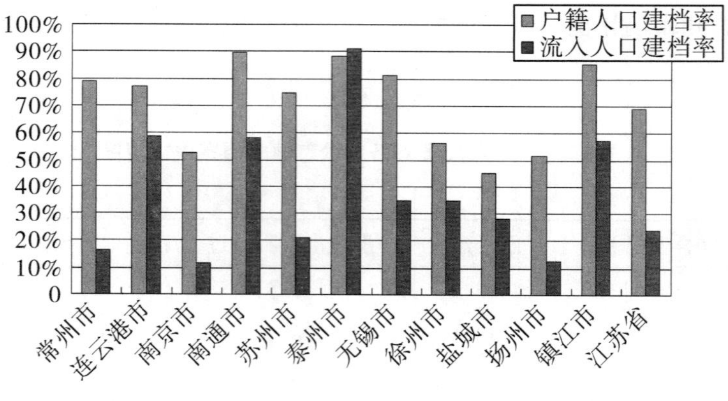

图 7　2016 年中国流动人口动态监测调查江苏省各地健康档案建档率情况（村居问卷）

3. 不同时期健康档案建立情况分析

由表 13 可见，近年来，常州市流动人口明确建立健康档案的比例有所上升，从 2013 年的 2. 7% 稳步提升至 2016 年的 19. 3%，尽管历年建档水平低于全省平均水平，仍然不高，但差距呈缩小态势。并且，与全国流动人口卫生计生基本公共服务均等化试点城市南京市、苏州市和无锡市相比，常州市已从排名末位提升到第二，进步显著。

表 13　各地明确建立健康档案占比情况

（单位:%）

地区	2013 年	2014 年	2015 年	2016 年
常州市	2.7	2.6	6.8	19.3
南京市	3.8	10.4	4.8	10.4
苏州市	16.5	12.3	9.3	14.6
无锡市	31.2	12.8	16.7	40.9
江苏省	18.2	11.0	12.7	25.6

4. 健康档案建设的影响因素分析

下面对 2016 年中国流动人口动态监测调查中常州市流动人口的人口学特征、社会经济特征、流动特征、健康教育情况与健康档案建立情况进行列联分析与卡方检验。由表 14 可见，在$\alpha=0.05$ 的显著水平下，流动人口的健康档案建档情况在性别、年龄、民族性质、受教育程度、就业身份和本次流入时间的不同水平间没有显著差异，而在婚姻状况、户口性质、家庭年收入、本次流动范围、长期居住意愿和健康教育情况六个变量的不同水平间存在显著差异。

为进一步分析流动人口健康档案建立情况的影响因素，我们建立 logistic 回归模型，探讨婚姻状况、户口性质、家庭年收入、本次流动范围、长期居住意愿和健康教育情况六个变量的影响程度。由表 15 可见，同明确建立健康档案的可能性相比，未婚、不打算或没想好是否在当地长期居住的流动人口，以及在现居住地未接受健康教育的流动人口不清楚健康档案建立情况的概率更高；而户口性质、家庭年收入、本次流动范围对于是否清楚健康档案建立情况的影响没有通过显著性检验。由表 14 可见，同明确建立健康档案的可能性相比，未婚、农业户口、没想好是否在当地长期居住的流动人口未建立健康档案的概率更高；而家庭年收入、本次流动范围、健康教育情况对于未建立健康档案的影响没有通过显著性检验。但是表 16 也提示，家庭年收入较低、跨省流动以及未接受健康教育的流动人口未建立健康档案的可能性更大。

表 14　常州市流动人口健康档案建立情况的列联分析

特征		已建立（n＝162）		不清楚（n＝113）		未建立（n＝565）		χ^2 值	p 值
		人数（人）	百分比（%）	人数（人）	百分比（%）	人数（人）	百分比		
性别	男	82	50.6	59	52.2	289	51.2	0.069	0.966
	女	80	49.4	54	47.8	276	48.8		
年龄	≤20 岁	3	1.9	8	7.1	24	4.2	11.256	0.188
	20～30 岁	49	30.2	42	37.2	217	38.4		
	30～40 岁	63	38.9	35	31.0	166	29.4		
	40～50 岁	38	23.5	21	18.6	121	21.4		
	＞50 岁	9	5.6	7	6.2	37	6.5		
民族性质	汉族	158	97.5	112	99.1	551	97.5	1.12	0.571
	少数民族	4	2.5	1	0.9	14	2.5		
受教育程度	小学及以下	19	11.7	16	14.2	86	15.2	8.097	0.231
	初中	78	48.1	60	53.1	305	54.0		
	高中或中专	31	19.1	22	19.5	102	18.1		
	大专及以上	34	21.0	15	13.3	72	12.7		
婚姻状况	已婚	154	95.1	93	82.3	488	86.4	11.919	0.003*
	未婚	8	4.9	20	17.7	77	13.6		
户口性质	农业	129	79.6	100	88.5	514	91.0	15.862	0.000*
	非农业	33	20.4	13	11.5	51	9.0		
就业身份	雇员	114	77.6	72	73.5	344	71.4	2.197	0.333
	雇主和其他	33	22.4	26	26.5	138	28.6		
家庭年收入	≤3 万元	2	1.2	2	1.8	21	3.7	16.936	0.031*
	3 万～6 万元	40	24.7	44	38.9	169	29.9		
	6 万～9 万元	45	27.8	34	30.1	175	31.0		
	9 万～12 万元	58	35.8	22	19.5	161	28.5		
	＞12 万元	17	10.5	11	9.7	39	6.9		
本次流动范围	省内流动	73	45.1	38	33.6	196	34.7	6.32	0.042*
	跨省流动	89	54.9	75	66.4	369	65.3		

（续上表）

特征		已建立（$n=162$）		不清楚（$n=113$）		未建立（$n=565$）		χ^2 值	p 值
		人数（人）	百分比（%）	人数（人）	百分比（%）	人数（人）	百分比		
本次流入时间	≤2 年	36	22.2	35	31.0	154	27.3	4.805	0.569
	2～4 年	26	16.0	21	18.6	104	18.4		
	4～6 年	26	16.0	16	14.2	73	12.9		
	>6 年	74	45.7	41	36.3	234	41.4		
长期居住意愿	不打算	10	6.2	23	20.4	43	7.6	39.279	0.000*
	没想好	26	16.0	38	33.6	165	29.2		
	打算	126	77.8	52	46.0	357	63.2		
健康教育情况	接受过	17	10.5	27	23.9	99	17.5	8.765	0.012*
	未接受	145	89.5	86	76.1	466	82.5		

注：* 表示 $p<0.05$，差异具有统计学意义，下同。

表 15　常州市流动人口健康档案不清楚/已建立 logistic 回归分析

影响因素		对照组	*Wald* 值	p 值	*OR* 值	95% *CI*
婚姻状况	已婚	未婚	5.53	0.02*	0.34	0.14～0.81
户口性质	农业	非农业	1.63	0.20	1.62	0.77～3.38
家庭年收入	≤3 万元	>12 万元	0.10	0.75	0.71	0.08～6.21
	3 万～6 万元		0.00	0.99	1.01	0.40～2.44
	6 万～9 万元		0.00	0.97	0.98	0.40～2.44
	9 万～12 万元		1.26	0.26	0.59	0.23～1.49
本次流动范围	省内流动	跨省流动	1.73	0.19	0.70	0.42～1.19
长期居住意愿	不打算	打算	11.99	0.00*	4.42	1.91～10.25
	没想好		9.08	0.00*	2.61	1.40～4.87
健康教育情况	未接受	接受过	5.33	0.02*	2.24	1.13～4.44

表 16　流动人口健康档案未建立/已建立 logistic 回归分析

影响因素		对照组	*Wald* 值	*p* 值	*OR* 值	95% *CI*
婚姻状况	已婚	未婚	4.67	0.03*	0.43	0.20～0.92
户口性质	农业	非农业	10.03	0.00*	2.23	1.36～3.67
家庭年收入	≤3 万元	>12 万元	2.08	0.15	3.30	0.65～16.76
	3 万～6 万元		0.80	0.37	1.37	0.69～2.73
	6 万～9 万元		1.27	0.26	1.47	0.75～2.89
	9 万～12 万元		0.31	0.58	1.21	0.62～2.33
本次流动范围	省内流动	跨省流动	2.31	0.13	0.75	0.52～1.09
长期居住意愿	不打算	打算	0.44	0.50	1.28	0.61～2.70
	没想好		5.66	0.02*	1.79	1.11～2.70
健康教育	未接受	接受过	2.55	0.11	1.58	0.90～2.76

（六）卫生医疗服务和健康教育需求

以下基于 2017 年常州市流动人口专题调查，对流动人口卫生医疗服务和健康教育需求进行分析。

1. 卫生医疗服务需求

由表 17 可见，2017 年常州市流动人口专题调查中被调查对象希望获得的卫生医疗服务主要集中在门诊服务、打针输液及定期健康检查方面，三者占比（个案百分比，下同）分别为 55.1%、39.9% 和 30.1%；健康教育需求为 22.5%，建立健康档案的需求为 16.3%，出诊服务、儿童免疫接种和专家会诊也有一定需求，其他各项卫生医疗服务的需求极低。总体而言，流动人口对卫生医疗服务需求不大，这给健康档案的建立带来一定难度。近年来专家学者所做的流动人口调查结果也表明，流动人口外出打工关注的首要问题是工作收入，其次是子女教育，健康及卫生医疗服务问题尚未进入他们的需求视野。这也表明流动人口目前主要处于马斯洛需求层次理论的初级阶段，且以满足生理需求为主，对于安全需求认知不足。

表 17　流动人口本人及家人希望接受的卫生医疗服务

健康教育内容	响应		个案百分比（%）
	人数（人）	百分比（%）	
门诊服务	419	24.1	55.1
打针输液	303	17.4	39.9
健康教育	171	9.8	22.5
建立健康档案	124	7.1	16.3
出诊服务	125	7.2	16.4
孕产妇保健	32	1.8	4.2
儿童免疫接种	118	6.8	15.5
老年人护理	19	1.1	2.5
家庭医生	46	2.6	6.1
专家会诊	84	4.8	11.1
慢性病管理	48	2.8	6.3
传染病管理	13	0.7	1.7
精神疾病管理	4	0.2	0.5
定期健康检查	229	13.2	30.1
其他	6	0.3	0.8
总计	1 741	100.0	229.0

2. 健康教育需求

健康意识缺失，健康知识匮乏，已成为影响流动人口自身健康和健康档案建立的重要因素。研究发现，被调查对象中有 392 人没有接受过任何方面的健康教育，个案百分比为 51.8%。由表 18 可见，就流动人口而言，他们希望获得营养保健、慢性病和传染病的防治，以及妇幼保健等方面的健康知识。值得关注的是有 18.7% 的被调查对象明确表示不需要健康教育。

而被调查对象最喜欢的健康教育方式排在前三位的分别是宣传资料、宣传栏和面对面咨询，这恰与目前卫生计生部门进行健康教育的主要方式相吻合。对于信息化的今天使用频率较高的短信、微信、QQ 或相关 App 等信息传播方式，流动人口选择较少，这可能与网络安全、上网费用和便利性等因素有关。

表 18　流动人口希望获得的健康教育内容

健康教育内容	响应		个案百分比（%）
	人数（人）	百分比（%）	
营养保健	453	31.3	59.8
传染病防治	118	8.1	15.6
慢性病防治	165	11.4	21.8
妇幼保健	127	8.8	16.8
优生优育	85	5.9	11.2
青春期保健	22	1.5	2.9
生殖保健	96	6.6	12.7
更年期保健	36	2.5	4.7
心理卫生	76	5.2	10.0
性病/艾滋病防治	31	2.1	4.1
职业病防治	97	6.7	12.8
以上都不需要	142	9.8	18.7
总计	1 448	100.0	191.1

四、结论

（一）主要结论

基于对常州市流动人口健康档案建立情况及相关因素的分析，得出以下几点主要结论：

第一，流动人口健康档案知晓率、建档率总体较低。近年来常州市流动人口明确建立健康档案的比例较 2013 年 2.7% 有所提升，但在 2016 年中国流动人口动态监测调查中常州市个人问卷建档率为 19.3%，村居问卷建档率为 16.6%，明显低于户籍人口的 78.7%，同时，有 38.3% 的被调查对象表示没建也没听说过健康档案。与全国流动人口卫生计生基本公共服务均等化试点城市南京、苏州、无锡比较，按个人问卷统计口径，常州居无锡之后，位列第二；按村居问卷统计口径，常州居无锡、苏州之后，位列第三。

第二，流动人口健康档案建立比例人群间差异显著。同明确建立健康档案的可能性相比，未婚、农业户口、没想好是否在当地长期居住的流动人口未建立健康档案的概率更高，并且家庭年收入低、跨省流动以及未接受健康教育的流动人口未建立健康档案的可能性也较大；未婚、不打算或没想好是否在当地长期居住的流动人口，以及在现居住地未接受健康教育的流动人口不清楚健康档案建立情况的概率更高。可见，未婚、农业户口、家庭收入低、不打算或没想好是否在当地长期居住的流动人口是健康档案建立的重点关注人群。

第三，流动人口健康档案建立受多方因素制约。首先，流动人口健康意识不强，对建立健康档案需求欠缺，2017 年常州市流动人口专题调查显示只有 16.3% 的人希望在流入地建立健康档案；其次，基层普遍存在着工作人员人手不足的问题；最后，工作人员建设健康档案积极性不高，政府经费投入有限，需免费提供的基本公共卫生服务项目多，为户籍人口开展服务则相对容易一些，而为流动人口开展服务难，基层工作存在避重就轻的情况。

第四，流动人口健康教育工作亟须落实加强。近年来常州市流动人口各项健康教育内容的接受率均呈下降趋势，宣传教育工作有弱化态势。流动人口最希望接受的健康教育内容为营养保健，而基层提供最多的是生殖与避孕/优生优育知识。流动人口最喜欢的健康教育方式主要为宣传资料、宣传栏和面对面咨询，与卫生计生部门开展的宣传教育方式基本吻合，但同时发现个别地区宣传教育内容不够丰富，宣传栏更新不及时。特别值得关注的是 18.7% 的被调查对象明确表示不需要健康教育，这恰恰折射出健康教育工作的迫切性。

第五，流动人口健康意识行为习惯有待提升养成。虽然近年来中国流动人口动态监测调查中明确至少参加一项医疗保险的流动人口占比由 78.3% 上升到 90.2%，但尚未实现全覆盖，并且流动人口医疗保险以新型农村合作医疗保险、城镇职工医疗保险为主，参加工伤保险、生育保险的占比均不足三成。被调查对象中只有 26.3% 的人近一年参加过健康体检，而有近三成从未参加过，且大约 1/3 的人平时患病后不就诊，而是自己买药或不做任何治疗，由此可能丧失最佳就医时间，导致小病拖成大病，增加家庭健康和经济风险。

（二）对策建议

居民健康档案是医疗卫生机构为居民提供高质量医疗卫生服务的有效工具，是居民享有均等化公共卫生服务的重要体现，对于流动人口而言，健康档案更是其在流入地享有基本公共卫生计生服务的重要保障。然而，近年来流动人口健康档案建立工作发展迟缓，基本医保权益保障水平和基本公共卫生计生服务均等化水平有待提升，一些深层次问题亟待突破。“健康中国”战略的实施，计划生育事业的转型发展，卫生计生资源的深度融合，为流动人口卫生计生服务管理工作提供了更广阔的平台，也带来了新的发展机遇。为提升流动人口健康档案建设水平，促进流动人口家庭健康幸福发展，我们提出相关建议如下：

首先，政府部门应高度重视流动人口健康档案建立工作。政府部门要加强顶层设计和统筹谋划，同时要注意健康档案建立的工作重心在基层。为此，需逐步加大公共卫生服务经费投入总量，适当提高流动人口基本公共卫生服务经费标准，确保基层有钱做事；促进卫生计生合并后的基层网底融合，整合资源，加强管理，确保有人做事；加强督导考核，调动基层人员的工作积极性，从奖惩机制上确保流动人口管理服务干与不干不一样，干多干少不一样。

其次，基层卫生计生人员应增强服务意识，提升服务水平。流动人口是健康弱势群体，也是“健康常州”建设的重点难点人群。基层卫生计生人员要有迎难而上的精神，加大对流动人口中健康档案覆盖率和知晓率较低人群的宣传力度，在工厂、工地、集市等流动人口密集区有针对性地开展宣传教育和建档服务工作。根据流动人口健康教育需求，采用喜闻乐见的宣传教育形式，并注重发挥互联网新媒体的作用，确保宣传教育内容的可及性、新颖性和多样性。对流动人口中的老年人、慢性病患者、育龄妇女等重点人群优先建档，分批推进，提高建档数量、质量。

再次，政府部门要切实发挥健康档案实效，增加建档获得感。基于健康档案，尤其是电子健康档案建设，促进医疗管理与预防未病结合。常州市 2015 年投入使用的“健康档案浏览器”，不仅要对医生开放，也要对市民开放，使市民能够通过电脑端、手机端、有线电视端查询本人健康档案、大医院体检信息等，引导市民自我健康管理。此外，可将健康档案建设与流动人口健康体检、妇女“两癌”筛查、避孕药具免费发放、儿童免疫接种等公共卫生计生服务项目相结合，提高流动人口的获得感和建立健康档案的主动性。

最后，政府和社会各界应坚持不懈做好健康教育促进工作。一方面要充分发挥村/居委会基层主阵地的作用，加强社区健康小屋、宣传橱窗、健康文化长廊等宣传阵地建设；另一方面要充分发挥现有企业“康健驿站”的作用，定期为企业员工及其子女提供健康指导、心理疏导等健康服务。此外，还要注重发挥社区卫生服务中心/服务站，尤其是签约医生的作用，开展有病早治、无病早防的健康理念宣传，培养流动人口治未病、防大病、管慢病的健康习惯。开创流动人口乐意参与、企业愿意支持、社会资源整合利用的流动人口健康服务新模式。

参考文献

[1] 王晖，刘鸿雁，龚双燕，等．社区流动人口健康档案管理研究［J］．社区医学杂志，2014（10）：67－69.

[2] 宋月萍，李龙．流动人口健康档案现状调查分析［J］．档案学通讯，2015（3）：84－88.

[3] 郭显超，黄玲．流动人口健康档案的建立状况及影响因素分析——基于2014年流动人口动态监测调查四川流动人口数据［J］．人口与发展，2016（3）：84－89，53.

[4] 尹勤，徐千里，缪岳平，等．健康中国背景下流动人口与户籍人口健康档案建立现状对比分析［C］．中国人口学会2017年年会论文摘要集，昆明．

[5] 杨素雯．流动人口社区健康服务的现状及优化对策［C］．中国人口学会2017年年会论文摘要集，昆明．

中国农村留守儿童健康多维贫困的测量

吕文慧①

根据《2010 年第六次全国人口普查主要数据》中抽取的 126 万人口样本推算出，全国有 6 102.55 万农村留守儿童，占全部儿童的 21.88%，占全国农村儿童的 37.7%。随着城镇化进程的快速推进，农村留守儿童问题日益严峻。农村留守儿童问题本质上是流动人口与流动劳动力的问题，农村留守儿童问题产生的原因是农民脱离土地来到城市从事现代工业生产或其他行业，而其子女仍然留在农村。与父母在空间上的分离对处在成长期的农村孩子来说，是一种不得不面临的家庭经济状况与家庭成员相互陪伴之间的矛盾。这种矛盾对儿童有积极的作用，但同时对于其个人成长与未来的发展也产生了一些不容忽视的负面影响。正因为如此，20 世纪 90 年代，有中国学者便关注到了农村留守儿童这一伴随着国家经济发展模式而来的社会群体，至此这一问题就被学者们以及社会各界所关注。总而言之，实证研究农村留守儿童贫困的现状，既是国内理论研究的趋势，也为政府与社会各界针对这一群体制定更有效的减贫优化政策提供参考。健康是人类福利的一个重要方面，是一种重要的“人类可行能力”以及“一种非常基本的自由”（Sen，1976），健康除了具有本身固有的重要内在价值外，还对人类发展的其他各个维度有着不同程度的工具性价值。随着城镇化进程的快速推进，农村留守儿童问题日益严峻，研究农村留守儿童健康问题显得尤其重要。本文借鉴阿玛蒂亚·森的可行能力理论和 Alkire-Foster 模型构建我国农村留守儿童多维贫困指标和多维贫困矩阵，并使用中国家庭追踪调查的面板数据，选取 3 个贫困维度，系统地研究了我国农村留守儿童健康的多维贫困状况。

一、农村留守儿童的界定及文献综述

农村留守儿童由于人数多及问题的多维性与复杂性，其含义在不同情

① 南京财经大学经济学院副教授，邮箱：85035996 @ qq. com。

况下也产生差别。根据2016年2月14日国务院发布的《关于加强农村留守儿童关爱保护工作的意见》，一般将留守儿童定义为父母双方外出务工或一方外出务工、另一方无监护能力，不满16周岁的未成年人。这一定义主要从国家政策的角度进行表述，是为了国家针对留守儿童的政策、其他法律法规的方便实施而确立的，具有一定的合理性与必要性。但是，学术界关于农村留守儿童的定义却依据研究问题而定。首先，从年龄角度来说，一般分为6岁以下学龄前儿童、6岁至12岁小学生及12岁至18岁中学生三个阶段，具体也与研究目的有关。比如，李钟帅、苏群（2014）主要关注尚未进入青春期的儿童的成长贫困。吕利丹（2014）主要研究中学生留守儿童面临的贫困问题与教育机会问题，将研究对象主要定为15岁到17岁以下的留守儿童。可见儿童与成年人的年龄边界也是不固定的。其次，从家庭结构角度来说，《关于加强农村留守儿童关爱保护工作的意见》中一般将父母双方都外出务工的儿童定义为留守儿童，而实际的研究大都将父母中有至少一方外出务工者视为留守儿童。并且有一部分研究将留守儿童按家庭结构分类，即父亲外出母亲看护的留守儿童、母亲外出父亲看护的留守儿童及父母双方均外出由亲人看护或无人看护的留守儿童。最后，根据研究目的的不同，还可根据性别、城乡地域或其他因素对留守儿童进行分类。本文研究的农村留守儿童是指拥有农业户口、年龄在0~15岁之间并且一年内父母至少有一方与其分开的时间超过7个月的儿童。

国内对留守儿童的研究可以从微观与宏观两个视角来划分。微观视角主要针对留守儿童个人心理健康问题及其他问题。微观视角并不是只研究某一留守儿童的个人状况，而是这一类研究不再探讨宏观经济因素对留守儿童的干预，或者将宏观经济视为外生变量，而主要研究留守问题亦即与父母中至少一方长期分离这一因素对留守儿童个人之影响。这种影响往往呈现出个人的差异性，并且受到各个留守儿童家庭的经济状况与地域差异等因素的干扰。如孙文凯、王乙杰（2016）对留守儿童的心理健康及身体健康问题进行研究，期待通过量化留守儿童健康状况来研究留守儿童的健康等与“跟父母分离”及其他因素之间的相关关系。从微观角度，父母之一方或双方的外出对留守儿童的心理发展既有积极影响也有消极影响。父母外出务工的“收入效应”对留守儿童个人发展有积极效应，如顾颜和崔文香（2011）、赵苗苗等（2012）的研究中提到父母双方或其中一方外出对于留守儿童营养状况的影响。而吴蓓蓓（2009）阐述了父亲外出对留守儿童产生的不利影响。朱斯琴（2016）用实证分析验证了父母外出对留守儿童心理健康的负面作用。

宏观视角主要针对留守儿童群体社会教育问题，其原因在于留守儿童问题往往与国家宏观经济状态或经济发展趋势（如城镇化）相关。宏观经济状态中存在的地区经济发展不平衡及城乡之间的长期差异性问题，使学者们不仅关注到留守儿童的经济困境，还关注到长期与父母分离导致的缺乏关爱、受教育水平低、身体或心理不健康等各个问题。因而留守儿童问题逐渐发展为一个影响社会整体发展质量与社会公平系数的大问题。关于这种视角的前期研究成果比较多，如廖传景等（2014）将留守儿童群体的健康、教育状况及个人的未来发展等与宏观经济背景联系起来，反映了留守儿童的贫困及发展问题与宏观经济发展方式及经济发展趋势之间存在一定因果关系的内在逻辑。国内关于留守儿童贫困的研究多数是理论分析。谭深（2011）对留守儿童状况进行全面述评。高翔（2014）指出农村留守儿童权利被忽略，应通过发展社会政策和社会服务增强农村留守儿童的生态系统，从而切实保障他们的权益。李洪波（2017）指出针对农村留守儿童的精准扶贫，应以权益保障为基础，通过教育使其最终摆脱贫困。

通过对文献的梳理，我们发现现有的关于我国农村留守儿童健康贫困测量的文献很少，主要都是理论分析，实证研究使用的数据也是局部调查数据，对全国的状况缺乏代表性。在此情况下，有必要对农村留守儿童健康贫困问题继续进行深入的研究。

二、理论基础及研究思路

多维贫困研究致力于在人群中进行调查，从人类、社会、环境中筛选出公认的决定一个家庭贫困与否的前五个因素并进行矩阵分析。在多维贫困理论中，运用到一种著名的 A－F 指数（即多维贫困指数）来衡量内涵深广的贫困问题。结合修正后的 A－F 指数，计算得到 M_0 值具有普适性规律，而这种规律适用于其他跟多维因素相关的经济学研究，当然也适用于我们将要研究的留守儿童多维贫困问题。王小林、Sabina Alkire（2009）借助 A－F 指数，利用 2006 年中国健康与营养调查数据对中国城市和农村家庭多维贫困进行了测量。王素霞、王小林（2013）利用 2009 年《中国营养和健康调查》9 个省的数据测量多维贫困指数。

在用 Alkire-Foster 模型研究具有多维性的农村留守儿童贫困问题时，首先要选取几个满足 A－F 指数所要求的贫困维度。从经验主义的角度，选取与农村留守儿童相关的多个维度建立农村留守儿童多维贫困模型，由此建立农村留守儿童多维贫困矩阵和模型。设我们所观察的农村留守儿童

人数为 N，则依照相关数据，我们可以得到一个描述农村留守儿童群体的多维贫困矩阵 G_n：

$$G_n = \begin{bmatrix} a_1 & a_2 & a_3 \\ \vdots & \vdots & \vdots \\ N_1 & N_2 & N_3 \end{bmatrix}$$

在多维贫困理论中，A－F 指数衡量内涵深广的贫困问题。经济学家们提出了衡量一个人贫困与否不仅仅是看他的收入，还可以从其他角度来衡量，如文化水平、生存能力、贫困状况以及家庭成员之间的和谐程度甚至生存的外部环境等。这些维度有如下的特征：不是简单的并列关系，也不是层次递进的关系，而是相对独立的互不相关的衡量标准。正是由于第一个特征中的相互独立性，一个人满足其中的一个标准却不一定满足另一个标准。比如，一个人的收入水平较高，但他的文化水平可能很低，并且因为文化水平的关系，在特定的环境下他的社会地位并不高，故而可实现功能并不高。又比如一个本身生存能力十分低下的人获得了意外财富（如中彩票、获得高额拆迁款），由于他没有能力很好地规划使用和驾驭这笔资金，并未因此获得很好的生活，那么多维贫困理论也认为他有一定程度的贫困。

从经验主义角度，各个维度对于一个人的贫困程度的影响是不一样的，因而在研究中不同维度被赋予不同的权重。经济学家认为，对于不同的个体来说，同一维度的贫困所占的权重是不一样的，有主观的因素，也有客观的因素，有些人认为健康更重要，有些人认为收入更重要。实际研究中，一般赋予所有维度相等的权重，且对不同人来说，一般认为，其在同一维度上的贫困的判定标准也是一样的。

A－F 指数的运算要用到一种双限定的思想。第一层限定，假设我们用家庭收入、个人教育水平、贫困指数三个维度来衡量一个人的贫困。我们给每一个维度分别设立一个临界值 Z_i（$i=1, 2, 3$），当某一个体在某一个维度如家庭收入的值低于临界值 Z_i，我们就说这一个体在家庭收入这一维度上是被剥夺的。这样，如果我们掌握了某一个体在三个维度上的输出值，将这些数据与事先设定的临界值进行比较，就可以知道他的贫困状况。我们将被剥夺的情况记为数字 1，未被剥夺的情况记为数字 0，这样每一个体的贫困状态都可以用一个三维向量 a 表示。如果我们掌握了三个个体的三维贫困数据，这个矩阵由三个向量组成，分别为 a_1（1，0，1）、a_2（1，1，0）、a_3（1，1，1），那么就将得到一个矩阵 G，并且可以用矩阵 G 来描述这三个个体的贫困状况。

$$G = \begin{bmatrix} 1 & 0 & 1 \\ 1 & 1 & 0 \\ 1 & 1 & 1 \end{bmatrix}$$

第二层限定，我们设立一个限定常数 K，K 是一个介于 1 和贫困维度数之间的整数，它是用来描述有多少个贫困维度是被剥夺的。在矩阵 G 中，我们发现，第一个个体有两个贫困维度是被剥夺的，分别是家庭收入与贫困指数，而第三个个体在三个维度上都是被剥夺的。如我们设 K 的值为 1，那么只要某一个体被剥夺的贫困维度个数大于或等于 1，则我们就将他被剥夺的维度数记录下来，这样三个个体就会得到一个向量 $b\ (2,\ 2,\ 3)^{T}$（这里的“T”代表向量中的“转秩”概念）。在这里数值 K 就相当于一个限定，我们根据数值 K 就可以得到向量 b。

根据双重限定得到的矩阵 G 和向量 b 可以定义一个多维贫困指数 M_0，根据 M_0 以及参数 Z_i（$i=1,\ 2,\ 3$）和 K，经济学家就可以判断一个群体是在何种标准下处于何种状态的贫困。我们定义多维贫困指数 M_0：

$$M_0 = H \cdot A$$

其中 H 是矩阵 G 中被剥夺的贫困维度大于或等于 K 的向量所占的比重。如上述矩阵 G 中三个向量的被剥夺的维度全部大于 1，则比重为 1。

A 指的是所有向量 a 中被剥夺的维度占所有维度的比重的平均值。如上述矩阵 G 中，向量 a_1 和 a_2 被剥夺的维度的比重为 2/3，而向量 a_3 被剥夺的维度的比重为 1，则 A 的值为 7/9。故而该群体的多维贫困指数 M_0 等于 7/9。

从 A 的定义中我们可以看出它所表示的是群体数据在第一层限定下的平均状况，H 反映的是群体在第二层限定下的平均状况，二者的乘积 M_0 反映了研究群体在双层限定下的贫困状况。同时，我们发现，M_0 的值又等于矩阵中所有的 1 相加并除以矩阵中的数字个数。上例中矩阵 G 中所有 1 相加的和为 7，数字个数为 9，二者相除得 M_0。这一规律反映出多维贫困指数实际上就是所有个体的被剥夺贫困维度占所有个体贫困维度总数的比重。这种设定将原本处在不同贫困维度的无法进行运算的输出值纳入一个指数当中。如收入和贫困是无法相加的，而在多维贫困指数 M_0 中被以“是否被剥夺”这样的判定所取代并加以反映。而具体某一个维度都可以在与 M_0 相关的第一层限定常数 Z_i 中进行体现，即当我们根据实际情况调整 Z_i 值时，就会得到不同的多维贫困指数，而我们也就可以直观地了解在某一标准下的群体贫困状况。

为了更进一步研究，我们仍以上面的矩阵 G 为例，当我们将第二层限

定 K 的值设为 3 时，这时得到向量 b（0，0，1）^{T}，并且经济学家们根据这样的方法对矩阵 G 进行审查，即矩阵 b 中为 0 项所对应的个体将其对应的向量 a_i（i=1，2，3）修正为向量（0，0，0），依次得到新的审查后的矩阵 G_0，再以这样的 G_0 作为数据源计算新的 H 和 A，进而得到 K 为 3 时的多维贫困指数 M_0。我们发现，这个修正得到的 M_0 依然满足 K 为 1 时所表现的规律（实际上，K 等于 1 相当于矩阵 G 的一个特例，使修正后的 G_0 和原矩阵 G 恰好是同一个矩阵）。因而，结合这种修正方法的 A－F 指数法，才是完整的双限定多维贫困指数法，且这种指数法既具有将不同维度贫困纳入统一贫困指数的优点，也体现出了可以用两种不同经济学含义的方法计算得到相等 M_0 值的普适性规律。

三、数据说明、贫困指标处理和统计概况

（一）数据来源和农村留守儿童贫困指标的设定

本文使用的数据来自于 2014 年中国家庭追踪调查（CFPS）的儿童数据库和家庭数据库①，以儿童个人为分析单位。CFPS 采用多阶段、概率与规模成比例的抽样方法，调查的儿童样本遍及全国 28 个省份，每年调查的 0～15 岁儿童数量达到 8 600 多个，能够代表全国的情形。这些儿童中，6 600个以上为农业户籍，占总样本的 77%，因而，为开展农村留守儿童研究提供了很好的数据支持。

本文选取 2014 年 CFPS 数据中少儿面访问卷部分，通过筛选条件：①“孩子现在的户口状况”（农业户口）；②“过去 12 个月与父亲同住多久”（几乎没有）；③“过去 12 个月与母亲同住多久？”（几乎没有）筛选出农村留守儿童的 217 个样本（去除不适用部分）。

选取身体健康、心理健康、道德健康三个维度来衡量农村留守儿童是否健康。由于问卷中并未明确表现身体健康、心理健康和道德健康的问题，本文选取问卷中 3 个问题作为测量指标：①“过去一个月孩子是否生病”为身体健康指标；②“孩子生性乐观”为心理健康指标；③“孩子喜欢帮助他人”为道德健康指标。

---

① CFPS 发布了 2010 年、2012 年和 2014 年的数据，但是，鉴于 2010 年儿童调查的诸多变量与其他年份差别较大，因此，只使用 2012 年和 2014 年的数据。

表 1　指标选取与临界值

维度	指标选取	健康剥夺临界值
身体健康	过去一个月孩子是否生病	“是”赋值为 1，“否”赋值为 0
心理健康	孩子生性乐观	“同意”和“十分同意”赋值为 0，否则赋值为 1
道德健康	孩子喜欢帮助他人	“同意”和“十分同意”赋值为 0，否则赋值为 1

（二）数据计算结果及结论分析

（1）贫困率：根据表 1 计算出贫困率，见表 2。

表 2　贫困率测定

维度	指标	贫困率
身体健康	过去一个月孩子是否生病	0. 290 323
心理健康	孩子生性乐观	0. 097 561
道德健康	孩子喜欢帮助他人	0. 195 122

（2）多维贫困指数 M_0 计算。

本文设定，如果身体健康、心理健康以及道德健康三个维度均被剥夺，及只要有一个维度出现贫困，即认为该儿童健康被剥夺。因此我们令 K 值为 1，$M_0 = H \cdot A$。

我们筛选出全部适用的 80 个样本。其中 H 是矩阵 G 中被剥夺的贫困维度大于或等于 K 的向量所占的比重。如上述矩阵 G 中三个向量的被剥夺的维度全部大于 1，则比重为 1。

H 是矩阵 G 中被剥夺的贫困维度大于或等于 K（$K=1$）的向量所占的比重；计算得出 $H=0.450$。

A 指的是所有向量 a 中被剥夺的贫困维度占所有维度的比重的平均值，经计算得出 $A=0.191\ 667$，所以 $M_0=0.086\ 250$。

另外，我们将不同 K 值的贫困多维指数算出来当作参考，结果如表 3 所示。

表3　不同 K 值的贫困指数

K	H	A	M_0
1	0.450	0.191 667	0.086 250
2	0.125	0.191 667	0.023 958
3	0	0.191 667	0

（三）结果分析

从表2可以看出，身体健康维度贫困率接近30%，表明接受问卷调查的农村留守儿童将近三成在过去一个月生过病。这结果直接和间接表明农村生活条件较恶劣以及家长和儿童自身健康意识欠缺，或者三餐营养不达标导致儿童营养不良、抵抗力弱等原因均有可能成立。而相比起身体健康维度，心理健康维度的贫困率要低很多，这表明90%的农村留守儿童都是生性乐观的，出现这一现状的原因可能是近年来国家政府及社会相关部门加强了对农村留守儿童的关注程度，以及家长对儿童的关心程度提升，使得农村留守儿童心理的负担和压力减轻了，相应地他们的心理素质提高了。而道德健康维度贫困率处于身体健康维度和心理健康维度之间，这表明将近两成的农村留守儿童没有明确表明“喜欢帮助他人”，出现该结果也是与家庭教育有关，很大一部分原因可能是孩子缺乏亲生父母的道德观念教育，或者学校的道德观念教育有待加强。

K 值为1的多维贫困指数 $M_0=0.086\ 250$，这表明我们选取的样本中将近9%至少存在一维健康贫困问题；K 值为2的多维贫困指数 $M_0=0.023\ 958$，表明我们选取的样本中同时存在二维健康贫困的农村留守儿童约有2.4%。而同时存在三维健康贫困的样本几乎为零。这些数据足以证明我国农村留守儿童大多会在身体健康、心理健康、道德健康三个维度中的任一维度出现贫困，结合表2的贫困率，农村留守儿童更多的是在身体健康维度出现贫困，也存在极少数同时在两个维度上出现健康贫困。

四、结论与政策建议

本文采用多维贫困理论，通过实证研究，系统地分析了我国农村留守儿童的健康贫困状况。我们选取了三个维度的健康指标，能够较为全面地反映儿童的身体健康与发育总体状况。首先，农村留守儿童的健康问题更多表现在身体健康方面，这与很多影响因素相关。农村家庭很多都是祖辈在家，日常饮食都是很正常的粗茶淡饭，饮食种类也都比较单一。也可能因为祖辈忙于农务，每日三餐没有固定的规律，因此很少注意留守儿童的饮食搭配、营养等问题。这就导致很多农村留守儿童似乎都身躯瘦小、营养不良，甚至不能正常发育。其实引起农村儿童身体不健康的最主要的原因就是缺乏父母管教，而监护人也很容易忽视家庭教育这一块，导致很多孩子养成不良习惯，比如躺着看书、看电视、看手机，弯腰驼背，熬夜等都会对儿童身体健康产生消极影响。上述数据分析也表明有部分农村留守儿童存在道德健康和心理健康维度的贫困，这与家庭、学校、自身原因都相关。家庭教育缺失，父母常年不在身边，使得农村留守儿童缺少父母之爱，更缺少和父母沟通的时间，他们的感情无法得到正确的发泄，找不到倾诉的对象。学校不重视心理教育，没能及时发现孩子的心理问题。有些孩子在学校受了委屈不知道跟谁诉说，也没有人安慰和对其进行思想引导，从而导致很多孩子把自己保护起来，不对任何人敞开心扉，在外人眼里变成一个性格孤僻的人。严重者还可能产生暴力倾向，通过暴力发泄情感。

十八大以后，国家提倡“精准扶贫”战略，提高扶贫效率，改善农村留守儿童健康状况。政府的可行政策包括：

（1）家庭应加强思想健康教育。父母应该尽可能抽出时间陪伴留守儿童。学校应该多找机会与孩子家长特别是父母进行交流。例如适时开展家长会进行家庭访谈，或者通过电话沟通等对家长进行儿童健康意识和知识的普及。

（2）调整城市化的思路，鼓励就地城镇化，使更多的农民在本地就业，以便于照料孩子。国务院于 2015 年颁布了《国务院办公厅关于支持农业转移人口等人员返乡创业的意见》，鼓励在外务工人员回到自己的家乡创业致富，从根本上解决部分农村留守儿童家庭面临的主要问题。

（3）加大农村的医疗保障和教育投入，提升农村留守儿童的社会医保覆盖率，降低农村留守儿童的失学率。从健康、教育、法律保护及儿童与环境四个方面对农村留守儿童发展进行制度保障，如九年义务教育实行免费政策，减轻农村留守儿童家庭的经济负担，这对于缓解农村人口的贫困状况有促进作用。2016 年颁布的《国务院办公厅关于同意建立农村留守儿童关爱保护工作部际联席会议制度的函》指出，通过专门的扶贫政策解决农村留守儿童问题。2016 年国务院颁布的《关于加强农村留守儿童关爱保护工作的意见》专门针对农村留守儿童受到非法侵害的高风险问题及农村留守儿童身心健康保护制定政策。这一系列法令表明了政府对农村留守儿童问题的关注与重视，并最终落实到政策层面。而针对农村留守儿童问题的相关法律法规也应逐步完善。

参考文献

[1] 李钟帅，苏群．父母外出务工与留守儿童健康——来自中国农村的证据［J］．人口与经济，2014（3）：51－58.

[2] 吕利丹．从“留守儿童”到“新生代农业转移人口”——高中学龄农村留守儿童学业终止及影响研究［J］．人口研究，2014，38（1）：37－50.

[3] 孙文凯，王乙杰．父母外出务工对留守儿童健康的影响——基于微观面板数据的再考察［J］．经济学（季刊），2016（2）：963－988.

[4] 顾颜，崔文香．留守儿童健康素质研究进展［J］．中外妇儿健康，2011（8）：88－89.

[5] 赵苗苗，李慧，李军，等．父母外出务工对农村留守儿童心理健康的影响研究［J］．中国卫生事业管理，2012，29（1）：60－63.

[6] 吴蓓蓓．城镇化进程中留守儿童健康状况及其改善政策研究［D］．合肥：安徽农业大学，2009.

[7] 朱斯琴．父母外出对农村留守儿童心理健康的影响——基于四省农户的实证研究［J］．暨南学报（哲学社会科学版），2016（2）：84－94.

[8] 廖传景，韩黎，杨惠琴，等．城镇化背景下农村留守儿童心理健康：贫困与否的视角［J］．南京农业大学学报（社会科学版），2014（2）：21－27.

[9] 谭深．中国农村留守儿童研究述评［J］．中国社会科学，2011（1）：138－150.

[11] 高翔．农村低收入家庭留守儿童的整体性忽略［J］．东岳论丛，2014（1）：18－24.

[12] 李洪波．精准扶贫视野下农村留守儿童的权益保障［J］．学术交流，2017（4）：145－149.

[13] SEN A. Poverty：an ordinal approach to measurement［J］. Econometrica，1976，44（2）：219－231.

[14] ALKIRE S，FOSTER J. Counting and multidimensional poverty measurement［J］. Journal of publiceconomics，2012，95（7）：476－487.

[15] 王小林，ALKIRE S. 中国多维贫困测量：估计和政策含义［J］．中国农村经济，2009（12）：4－10.

[16] 王素霞，王小林．中国多维贫困测量［J］．中国农业大学学报（社会科学版），2013（2）：129－136.

社会力量参与政府购买健康服务探索与思考

——以重庆市农村女性务工者为例

陈　晶[①]

党的十九大报告中指出，要打造共建共治共享的社会治理格局，加强社区治理体系建设。公共服务精细化治理是推进社会治理精细化，构建全民共建共享的社会治理格局，保障新型城镇化实现的内在要求。习近平同志指出："社会治理的重心必须落到城乡社区。"因此，着眼于重心下移和系统治理，实现社会治理资源的优化配置，是迈向科学协同创新治理的关键。政府主导与社会力量参与协作分工，政府可以采取"竞争性购买策略"吸纳有能力、高质量的社会组织，使社会组织获得公认、服务资源及增长空间，促进国家权力与社会自治保持"有机团结"。近年来，重庆市发布政府购买服务的政策，试点推进探索政府购买社区公共服务，通过对社会组织的规范管理的积极引导，在江北区、渝北区等逐步建立了社区综合服务体系，大部分服务由社会组织提供，为社区"两委"减负，为群众"救急难、解细小"，驱动城市社区治理精细化。一些服务妇女儿童的社会组织在推进政府购买服务的过程中发挥了桥梁纽带作用，有力地弥补和优化了公共服务体系，提升了妇女和儿童等弱势群体的服务满意度。本文以重庆市社会组织参与为农村女性务工者政府购买健康服务为例，重点剖析农村女性外出务工者在城市的健康状况和服务需求，进而研究分析重庆市社会组织参与政府购买的现状和问题，并就重庆市社会组织参与政府购买政策精准服务实践进行探索，总结出经验与启示，提出相关对策建议。

一、社会力量参与农村女性健康发展公共服务的横断面

在解决农业转移人口市民化问题、促进农业转移人口融入城市的过程中不断探索新趋势，农业转移人口城市融入的程度即居留意愿，是农业转移人口和城市发生相互行为选择的表现与结果，同时也是人口市民化的一

---

① 国家卫生计生委流动人口服务中心副研究员。

个前提条件。张鹏研究发现幸福感和社会融合对于提高流动人口在流入地落户的意愿具有显著的促进作用，能够促进外来人口在城市稳定下来并进而解决我国城市化问题。蔡防则认为，未来深度城市化战略的重心是让新老居民获得均等的公共服务。石智雷、朱明宝认为，农业转移人口市民化的本质是基本公共服务的均等化，要想加快农业转移人口市民化的进程，就必须做好基本公共服务的供给。众多研究证实，在流入地获得公共服务和较高收入的城市流动人口更倾向于在本地长期居住。从农业转移人口个体角度来讲，许叶萍、石秀印认为农业转移人口群体自我发展取向和个人取向逐渐增强。也就是说，他们更加重视自身的生存健康和自我发展。祁静、郑笑研究认为，健康是农业转移人口得以在城市生活、工作的基本前提，健康状况不仅影响他们在城市的生活质量，也影响其在流入城市的居留意愿。有人认为影响农业转移人口健康的因素包括公共服务、职场、卫生政策和保障、社区以及个体自我保健五个方面。目前，农业转移人口健康方面的研究更多关注农业转移人口个体的身体、生殖、心理健康及其影响因素方面，而医疗保障问题则更关注农业转移人口对医疗保障服务的利用。居住条件、工作环境和社会支持等对农业转移人口的健康也具有更为显著的影响。不少研究认为，农业转移人口聚居区的基础设施和公共服务的缺位是农业转移人口社会融入水平低的重要原因。王培刚、陈心广提出农业转移人口个体通过更多参与实现健康信息的共享和文化价值理念的同化来增加自我保护能力和减少健康危险行为，为融入流入地城市提供工具支持。

党的十九大提出了加快农业转移人口市民化和加快发展现代服务业的新要求，当人口流动成为新时代社会发展的常态，要全面推动流动人口在城市立足，提升流动人口的获得感、幸福感和安全感，提升流动人口特别是处于弱势地位的人群的生存发展能力，使其融入城市社会，就必须着力解决流动人口面临的实际困难，为他们提供多方面的保护，要让他们享有更好的教育、更稳定的工作、更满意的收入、更可靠的生活保障、更高水平的医疗卫生服务。在党中央、国务院的高度重视下，以“精准服务”提升服务目的与资助对象需求之间的契合度，最大程度发挥服务的效能，对政府购买社会组织服务提出了新要求。因此，如何建立适应新时代的“精准服务”衔接是当前迫在眉睫的问题。但在实际操作的过程中，仍存在许多问题有待解决。

自 2016 年起，为了有效缓解社区服务压力，重庆市政府顺应公共服务改革的趋势，加大力度向社会组织购买社区公共服务，购买社区公共服务的范围主要集中在养老、医疗、流动人口服务和城市管理服务等方面。目前与妇联组织工作紧密相关，以服务妇女儿童及家庭为主的社会组织有1 000多个。为更好地推动政府购买公共服务的实施效果，重庆市在制度设计、购买内容及购买流程等层面进行了系列创新举措。重庆市创新了政府购买公共服务的结构，提出“群团组织 + 社会组织 + 社工 + 志愿者”多元主体参与的模式，以网格化、网络化、社会化“三化融合”为着力点，整合社工、志愿者力量，对接女性群体的需求开展了一系列服务活动。重庆市妇联2016年成立的妇女社会组织服务中心，是以女性为主体的社会组织，为妇女、儿童和家庭提供支持和服务。妇女社会组织服务中心针对女性，开展了女性社会组织创新驱动培训班，采用“国际视野、名师授课、公益对话、模拟路演”相结合的立体培训方式开展培训，让学员了解政策、强化社会组织运行能力、提升领导力。渝北区团委联合区民政部门以政府购买社会工作服务的方式，在回兴街道11个社区开展了“社区社会工作专业服务示范项目”试点，探索以基层社区为基础、社会组织为依托、社会工作者为支撑的“三社联动”机制和“社工 + 志愿者（义工）”的“双工联动”模式，将群团组织力量引入政府购买服务过程中，增强了服务覆盖面和服务力量。重庆江北区绿叶义工志愿者协会“健康梦想课堂”项目，主要针对来自山区的女性农业转移人口，加强对其健康卫生知识的培训，采用知识宣讲和居民游戏相结合的方式吸引社会大众参与活动，使居民加深对健康卫生知识的了解和重视，并开设了义诊区，可以免费向流动人口提供免费健康咨询和免费体检医疗项目。“至善社工”江北区青少年社会事务服务中心针对流动女性和留守儿童开展“防性侵教育”“社区营造服务”等公益项目，打造公益品牌服务项目，帮助流动女性，关怀留守儿童，减轻流动女性对家庭和孩子缺乏健康安全维护和身心健康教育的担忧，取得了良好的社会反响。

二、农村女性务工者健康发展服务的精准需求探索

2015年以来，全国农村外出务工人员总数逐年下降，农村女性外出务工者的比例却在逐年上升。根据国家统计局流动人口动态监测调查结果，2016年农业转移人口总量为2.81亿人，农村女性外出务工者占31.7%，比2015年提高0.9%，占比持续提高。农村女性外出务工者作为一个特殊群体，在家庭、社会和经济的发展过程中发挥着重要的作用。农村女性外出务工者为经济社会发展做出贡献的同时，受城市文明的影响，在职业发

展和身心健康方面发生了较大的变化。作为国家新型城镇化综合试点地区的重庆市，近几年农村转移劳动力逐年增加，由 2011 年的 593.71 万人增长到 2016 年的 714.14 万人。而女性劳动力的增长对公共服务提出了越来越多元化、高质量的需求，面对政府能力延展的局限，重庆市一些服务型社会组织在推进政府购买服务的过程中发挥了桥梁纽带作用，有力地弥补和优化了公共服务体系，提升了服务对象的覆盖率和服务满意度。但目前，社会组织服务供给仍存在服务覆盖面不足、需求对接有偏差、自身发展能力不足、政策支持缺乏等问题，需在保障需求供给和自身发展壮大之间适度调整以平衡前进。

居留意愿在一定程度上反映了农业转移人口社会融入的状况以及对城市公共服务的满意程度和获得感。通过居留意愿可以了解农业转移人口在流入地城市工作生活一段时期后对未来迁移居住的愿望和想法。根据文献及调查情况，农业转移人口居留意愿受到个人自身状况、流入地家庭规模、流动总次数、收入支出情况、居住形式、社会保障以及健康教育等诸多因素制约，因此，本文选择的变量如表 1。

表 1　变量定义与描述统计

变量	定义	均值	标准差	最小值	最大值
因变量					
在本地居留意愿	愿意居住 5 年以上 =1，否 =0	0.73	0.44	0	1
自变量					
年龄（岁）	周岁	34.46	10.63	17	65
年龄平方	周岁平方	1 308.75	934.88	225	5 929
流入地家庭规模	人数	2.27	1.19	1	7
流动总次数	次数	1.34	0.73	1	7
流动累计时长	年	3.23	1.52	1	8
日工资	元	3 046.13	2 172.794	350	3 000
全家总收入	元	6 170.62	4 455.617	300	50 000
全家总支出	元	3 458.03	2 435.989	200	40 000

（续上表）

变量	定义	均值	标准差	最小值	最大值
在本地购买住房	是=1，否=0	1.62	0.49	0	1
居住形式					
集体居住	是=1，否=0	0.01	.087	0	1
健康档案	在本地建立健康档案=1，否=0	1.91	1.02	0	1
健康教育					
职业病防治	是=1，否=0	1.51	0.50	0	1
艾滋病防治	是=1，否=0	1.38	0.49	0	1
避孕/优生优育	是=1，否=00	1.20	0.39	0	1
结核病防治	是=1，否=0	1.51	0.50	0	1
控烟	是=1，否=0	1.41	0.49	0	1
精神病防治	是=1，否=0=0	1.71	0.45	0	1
慢性病防治	是=1，否=0	1.50	0.50	0	1
营养健康	是=1，否=0	1.35	0.48	0	1
防雾霾	是=1，否=0	1.81	0.39	0	1
社会保障					
养老保险	是=1，否=0	1.62	0.49	0	1
工伤保险	是=1，否=0	1.81	0.40	0	1
失业保险	是=1，否=0	1.79	0.41	0	1
新农合医疗保险	是=1，否=0	1.79	0.41	0	1
样本数	1 676				

本文利用2016年重庆市流动人口动态监测调查数据，在对重庆市1 676位17~65岁的农村女性外出务工者的职业发展和健康状况描述分析的基础上，以在流入地的居留意愿作为测量农村女性外出务工者对在流入地生存发展需求的满足情况。使用STATA 12.0建立logistic回归模型分别分析在重庆市务工的农村女性外出务工者在职业健康、居住健康、医疗保

障、健康素养以及健康关爱等方面的需求情况，着重解析与健康相关的公共服务需求在供给上的缺位和不足。采用 logistic 回归模型，选取显著性水平 $\alpha = 0.05$，$p < 0.05$ 表明差异有统计学意义。从分地区的 logistic 回归模型的整体检验来看，分地区的 logistic 回归模型拟合度较好，表明各模型中的自变量对因变量能够给予较好的解释（见表 2）。据调查表 1，农村女性外出务工者在进城就业和融入城市的过程中，在职业发展、家庭生计及心理融合等方面都发生了较大变化，实现了前所未有的自我发展。调查统计显示，被调查对象知识认知水平低，高中以下文化程度者占 84.1%，自我发展、健康意识和能力普遍较弱；有 39.2% 的人是独自一人外出务工，已婚者占 78.3%；75% 以上的女性家里至少有 1 个子女，有 2 个以上子女需要抚育的女性占 31.2%；87.4% 的女性正在从事务工和经商等工作。可以看出，这些女性不仅就业经济负担较重，而且还要承担抚育子女、赡养老人等家庭重担。

表 2　居留意愿与各自变量的 logistics 回归结果

居留意愿（因变量）	自变量					
	（1）	（2）	（3）	（4）	（5）	（6）
年龄	0.062*					
年龄平方	-0.000*					
流入地家庭规模	0.174***					
流动总次数		-0.300***				
流动累计时长		0.291***				
家庭总支出			0.000***			
家庭总收入			0.000*			
个人月收入			-0.000			
居住形式				0.651**		
本地购房意愿				-2.090***		

（续上表）

	自变量					
建立健康档案					−0.267***	
职业病防治					0.429**	
艾滋病防治					0.093	
避孕/优生优育					−0.364*	
结核病防治					−0.136	
控烟					−0.204	
精神病防治					−0.098	
慢性病防治					−0.540	
营养健康					−0.540***	
防雾霾					0.188*	
养老保险						0.332**
工伤保险						−0.872*
失业保险						0.732*
新农合医疗保险						0.280*
常数项	−0.539	0.495***	−0.035	2.697***	2.381	0.222
Log likelihood	−966.516	−953.537	−707.61	−856.283	−939.762	−969.845
LR chi2（2）	21.02	46.97	50.09	241.48	74.52	14.36
观测值	1676	1676	1676	1676	1676	1676

注：***表示 $p<0.01$，**表示 $p<0.05$，*表示 $p<0.10$。

（一）职业健康发展保障和就业保护的需求

据调查，51.6%的农村女性外出务工者外出务工时间长达五年以上，其中外出5~9年的占28.6%，主要通过亲戚、朋友、同乡等（28.1%）的介绍找到工作，19.8%是自主经商，18.4%依靠政府企业招聘或者互联网媒体招聘就业；职业分布比较分散，多从事技能要求低、工作环境差的职业，例如保洁员、服务员、保姆、菜贩、洗碗工、环卫工、钟点工，

22.5%的农村女性外出务工者参与经商，13.9%的农村女性外出务工者还从事建筑、交通运输以及机器操作等相关生产行业；她们对工作环境也并不满意，认为自己每天的劳动强度较重及非常重，一天平均工作时长是10.8小时，每周工作时长超过56小时的占比高达62.4%，劳动强度非常大；74.2%的农村女性外出务工者都在个体私营企业工作，其中个体工商户占43%，她们之中21%的人没有签订劳动合同，工作稳定性不高，缺乏就业保障；农村女性外出务工者平均月收入3 046元，但工资差异较大，52.4%的农村女性外出务工者收入为2 000～3 000元，32.6%的收入为3 000～4 000元，5 000元以上的占10.7%，3.9%的人收入不足1 000元。因此，在工作保护方面，她们有加强劳动保护、减少工作负面影响的需要。为此，本文提出假设，来重庆务工的农村女性外出务工者流动时间越长、流动经历越丰富，其居留意愿越强烈，即二者为正相关关系。本文主要将农村女性外出务工者在流入地的居留意愿与其流动总次数、流动累计时长做回归，发现二者显著相关。一般认为，农村女性外出务工者在流入地的收入越高，其居留意愿越强烈，根据表2结果发现，居留意愿与收入和支出均无显著相关关系。

（二）生活居住环境和自身健康保护的需求

以往调查发现，农业转移人口聚居区居住环境较差、设施条件有限、公共服务缺乏、社会交往较少、整体居住质量较差，影响了农业转移人口的居住满意度，部分地引起了农业转移人口的过客心理。在我们的研究中，被调查对象中近半数主要住在租房中（52.9%），其次是住在自购房中（28.4%），住在政府廉价房、公租房和单位宿舍等的占16.1%，住在工地现场/工棚等自建房的占2%。69%的农村女性外出务工者打算在重庆长期居住（5年以上），但仅有26.26%的人愿意在本地落户。据实地调查，她们大部分聚居在生活成本较低、人口管理相对松散的城乡接合部、城中村等，55.6%以上的被调查对象表示能够适应目前自己的居住环境，但仍有20.5%的被调查对象认为自己目前的居住环境比较糟糕或很糟糕。农村女性外出务工者与城市当地居民之间处于隔离状态，不利于有效的社区融入。不利的居住条件将对农村女性外出务工者的健康带来负面的影响，大量研究证实，住房拥挤、通风不良、潮湿阴暗、噪声污染等不合格的居住条件与呼吸道传染病、慢性病、心理疾病等发病率密切相关。相关调查发现，大量农村女性外出务工者由于拥挤嘈杂的就寝环境而有失眠以及情绪低落等症状。因此，在用工居住条件方面，农村女性外出务工者有改善居住环境、营造有利于自身健康的居住环境的需求。根据表2，农村女性外出务工者在渝居留意愿与在本地提高其居住生活环境的意愿相关，并且，越是愿意在本地居住，其在本地购房置业的意愿就越强烈。我们以本地购房意愿为因变量，证实二者正相关，且关系显著。

（三）自我健康关注和预防教育的需求

城乡居民健康档案管理是国家基本公共卫生服务项目十二项内容的重要组成部分，王晖、郭静、宋月萍等人对不同地区流动人口在流入地建立健康档案的状况进行了研究，结果表明流动人口健康档案建立比例总体较低，且在人群间、区域间差异显著。据调查，重庆市95.3%的被调查对象关注健康方面的资讯，年龄越大且受教育程度越高的农村女性外出务工者越关注健康知识。宣传资料和宣传栏是农村女性外出务工者获取健康知识和信息的主要途径。获得健康信息的渠道主要是自己阅读宣传资料和宣传栏，表明农村女性外出务工者对健康知识的获取具有主动性。其接受健康教育的情况如表3所示。

表3　重庆市农村女性外出务工者接受健康教育情况

（单位:%）

健康教育项目	职业病防治	艾滋病防治	避孕/优生优育	结核病防治	控烟	精神病防治	慢性病防治	营养健康	防雾霾
接受比例	53.1	65.6	81.1	52.4	62.0	31.2	52.9	64.2	20.7

数据来源：国家卫生计生委2016年全国流动人口动态监测调查数据。

根据表2的回归结果，我们提出并验证了假设，即在流入地建立健康档案，并且在社区活动中参与了关注自我健康和疾病预防的教育宣传活动的农村女性外出务工者的居留意愿更强烈，也即对社区健康公共服务的满意度更高。

愿意参加健康知识讲座，接受面对面咨询和社区医生传授的农村女性外出务工者也有一定的比例，总体来说，社区服务是健康宣传的主要阵地（见表4）。可以看出，农村女性外出务工者的疾病预防教育和服务多为零散的健康宣传、心理健康培训、体检服务，其覆盖面窄，不具有系统性和持续性。因此，在疾病预防教育方面，农村女性外出务工者对疾病的知识了解不足，预防意识较弱，因此，农村女性外出务工者有对一般疾病和妇女专科疾病的教育和预防需求。另外，调查显示，农村女性外出务工者担忧孩子和老人健康，有这方面的学习需求。此外，农村女性外出务工者还有情绪放松及压力缓解等心理疏导和减压方面的教育需求。

表 4　重庆市农村女性外出务工者接受健康教育的方式

（单位：%）

健康教育方式	健康知识讲座	宣传资料	宣传栏	面对面咨询	社区网站咨询	社区医生传授	社区短信/微信	电子显示屏
接受比例	67.5	95.6	93.9	54.4	14.3	34.0	22.8	29.3

数据来源：国家卫生计生委 2016 年全国流动人口动态监测调查数据。

（四）健康医疗保障和救助支持的需求

不到一半的被调查对象在流入地建立了健康档案，医保参保情况也并不理想。数据显示，大部分被调查对象有新型农村合作医疗保险、城乡居民合作医疗保险和城镇职工医疗保险，基本上没有城镇居民医疗保险和公费医疗（见表 5）。26.4% 的农村女性外出务工者参加了城镇职工医疗保险，其中只有 85% 在重庆本地参保，44.0% 的农村女性外出务工者参加了城乡居民合作医疗保险，但在本地参保的只有 21.8%，20.9% 的农村女性外出务工者有新型农村合作医疗保险，但在本地参保的仅有 4.5%。

表 5　重庆市农村女性外出务工者参加社会保险情况

（单位：%）

保险项目	养老保险	失业保险	工伤保险	生育保险	住房公积金	新型农村合作医疗保险	城乡居民合作医疗保险	城镇居民医疗保险	城镇职工医疗保险
参加比例	46.1	26.4	28.2	27.1	9.5	20.9	44.0	1.9	26.4

数据来源：国家卫生计生委 2016 年全国流动人口动态监测调查数据。

从表 5 的参保情况对在重庆的居留意愿的影响来看，参保情况越好的被调查对象居留意愿越强烈，但其他城乡医疗保险的参保率还是非常低的。居留意愿与参加养老保险、失业保险、工伤保险、新型农村合作医疗保险等有较为显著的相关性。但同时，被调查对象仅有 44.0% 享有城乡居民合作医疗保险，仅 26.4% 具有城镇职工医疗保险，医疗保障等公共服务均等化程度还不够高。

医疗费用的飞速高涨和微薄的工资，使得农村女性外出务工者生病时不敢去正规医院就医，采取硬撑或根据经验自己在药房买药，或在附近私人诊所看病等方式解决。此外，在遇到工伤和意外伤害时，农村女性外出务工者也很难得到足够的赔偿和及时的治疗。因此，在医疗与保健政策支持方面，农村女性外出务工者有纳入务工城市的医疗保险体系、实现医疗费用报销的需求，有就近就医、识别正规医疗资源及医疗合法维权的需求，对于家庭经济特别困难的农村女性外出务工者而言，当她们遭遇重大疾病时，还有医疗救助的需求。

（五）精神健康与社会网络支持的需求

悦中山、童雪敏等研究认为，农业转移人口的社会网络、非亲属关系以及家庭式迁移等均有利于农业转移人口融入城市生活。宋笑蕾等从家庭化流动的视角研究发现，有家人随迁的流动人口相比独自一人在流入地居住的流动人口更易利用卫生服务。相对于城市居民来说，农村女性外出务工者在职业收入、社会保障、医疗保障、健康教育、居住条件等方面明显处于劣势地位。农村女性外出务工者进入城市后，原有的社会网络被瓦解、社会支持被削弱，而流入地的社会网络还没有构建起来，工作生活物质和精神缺乏双重支持，心理压力较容易累积。不少研究指出，影响流动人口健康的社会心理机制更多来自于工作与生活的压力以及对流入地生活的调适。一些研究指出，有效的社会支持系统对流动人口职业发展以及健康具有正面的影响。例如，流入地的就业网络和社会关系较多，意味着流动人口对城市社会的融入程度较高，依靠更多强关系的亲戚或朋友能够获得实质帮助，或者获得相关医疗资源信息，或者拥有便利条件可以顺利就医。因此，在社会支持方面，农村女性外出务工者有改善家庭和工作支持网络的需求。从表 2 中可以得知家庭支持对于农村女性外出务工者的精神健康具有积极的作用。

三、社会力量参与政府购买服务供给偏差

重庆市政府向社会组织购买社区公共服务的实践探索伴随新型城镇化建设地有序推进逐步展开。要实现对弱势群体的全覆盖和精准帮扶，就必须调动社会组织力量满足农村女性外出务工者等较为弱势群体的公共服务需求，以精细化的方式保障她们核心的基本生存权与发展权。但目前，参与政府购买服务的社会组织还有很多服务需求没有充分对接，很多服务潜

能尚未发挥出来。

（1）针对农村女性外出务工者的服务覆盖面还不够、服务内容还未精细化。重庆是大农村、大山区、大库区，改革试点的重点是农村，服务覆盖的重点也应是农村外出务工者，尽管社会组织服务细分了服务对象，但由于在把握妇女流动迁移情况方面存在障碍和困难，较难开展有规律的、可持续的、固定的服务。多数社会组织服务的对象主要是单亲家庭女性，服刑女性和社会矫正妇女，流动、留守儿童以及社区留守、空巢老人。在帮扶妇女创业就业上，还未将农村女性外出务工者常规性地列入扶持对象之中，为其定制化、跟踪化地提供长期服务。针对妇女、儿童和家庭的服务项目中缺乏直接面向留守、流动以及患病女性等重点群体的专项支持。

（2）国家免费的卫生计生医疗福利政策与其他相关健康政策没有覆盖所有女性流动人群。比如，女性流动人群健康档案建档率普遍不高，且档案信息不足；目前针对农村女性外出务工者的医疗福利主要以已婚流动妇女的计划生育生殖服务为主，对于患病率较高的“两癌”（宫颈癌、乳腺癌）免费筛查并没有将农村女性外出务工者覆盖在内；一些大龄农村女性外出务工者由于缺乏技能，多数从事非正规、稳定性较差的短工或者临时性工作，无法被纳入国家的医疗保险、社会保险和社会救助体系之中，构成了国家政策保障的盲区。

（3）没有为农村女性外出务工者提供有利于其健康的劳动场所、医疗保险和相关健康检查服务，有效的维权渠道还不畅通。不仅如此，农村女性外出务工者健康服务供给碎片化，政府、企业、社会组织等治理主体单独提供公共服务，各主体间缺乏联合与互助，服务供给呈现散沙状态，缺乏协调和真正利益统一，而形成沟通与合作有障碍、自我中心、各自为政的局面，无法真正形成一个有机的、团结的整体，造成服务目标执行低效甚至失败。社会力量介入社会服务还未延伸到社区家庭中，供需方的对接效率不高，服务对象还有一定的戒备或忽视心理，对服务质量和效果期待不高。

（4）没有充分调动和发挥互联网信息化手段开展精准定位和跟踪服务，服务存在断点。2017 年渝中区由公安牵头，建立渝中妇女儿童数据库，以了解、收集妇女儿童需求，江北区、大渡口区妇联也相继建立了“巾帼梦”女性社会组织孵化基地，为女性社会组织提供各方面服务，并进行了一系列的探索。但社会组织服务尚未启动和联合互联网的信息传播优势和信息化定位、定时、精准推送跟踪服务，资源共享和链接的潜力尚未激发出来，缺乏相应的网络信息传播和共享机制。

总之，农村女性外出务工者在自身职业发展、疾病预防教育和服务方面的需求没有得到系统性的回应，农村女性外出务工者的保健意识和自我保健能力较弱，难于抵御和应对自身和家人健康方面的风险和压力。这些问题都有赖于政府将直接的服务提供者引导到具体服务需求上来，在政府购买服务时侧重重点人群。

四、构建政府购买健康服务与社会力量精准衔接的生态链

（1）加强社会组织承接务工女性专项职业化培训和社会适应能力培训服务，增强其自我发展能力。各地政府将性别意识纳入社会决策是需要通过改善农村女性外出务工者自我发展的宏观环境和政策环境才能实现的。在城市文明中，职业是手段，文化是心脏。以设立针对女性在进入城市的过渡期、磨合期、适应期以及舒适期等各个阶段的职业化标准化培训服务为基础，把促进农村女性外出务工者自我发展纳入组织化渠道，不仅需要为农村女性外出务工者提供技术服务，还要把城市现代化价值观、生活方式和生活速率等相应的文化素养汇融于培训之中。相关社会力量不仅要充分整合和联合各类职业学校、技工学校、培训中心等教育资源优势，更要注重关怀关爱体系建设，开展文化素养型培训，将就业市场需求和职业生涯理念结合起来，加快推动女性从被动就业到自觉要求自我发展的转型，提高农村女性外出务工者的职业自我需求和劳动参与率。

（2）社会组织协助政府充分完善农村女性外出务工者的相关医疗健康福利政策。一是在农村女性外出务工者的就业、健康等政策的落实和实施中发挥“助手”作用，协助政府推动流动人口基本公共卫生计生服务均等化政策的落实。政府在制定和修订疾病预防控制、健康教育、医疗、药品、基层卫生、妇幼卫生、计划生育等相关政策时，要重视在流动女性疾控和预防方面的媒介作用，并考虑社会力量的参与范围和参与水平，例如激励社会组织补充健康档案信息和数据等。二是通过社会组织参与政府购买活动，提高卫生计生服务可及性。社会组织在把握本地流动女性工作、居住的特点、问题和需求方面更灵活机动，资源组合更便捷，服务模式更适宜，使基本公共服务的操作性更强等。三是联合加强对民办医疗机构的质量监管，此外，应在区域设置医务社工或医疗权益维护协办组织，以防止过度治疗、过度体检的情况，协助农村女性外出务工者在就医方面保护自己、维护自己的合法权益。四是整合企业、慈善会等各个方面的资源，将经济困难的农村女性外出务工者以及重病患者纳入城市医疗救助体系，

通过提供现金补助等多种形式，为经济困难人群提供一定的医疗救助，实现医疗救助福利的均等化。

（3）加强工作生活环境的健康保护，改善居住条件。随着部分农业转移人口群体经济取向的弱化，他们更加注重主体意识和上升愿景，尤其是女性务工者，将职场健康、居住环境和文化处境视为改变生活方式和寻求更好发展的目标，在健康气质和心理素质的提升方面需要更具体的支持和指导。而这种软性服务却是公共服务鞭长莫及的。因此，在工作环境的健康防护方面，应给予社会力量适当权利，监督政府安全生产部门行使安全监管职责，加大对企业生产环境的安全与防护措施的监管，特别是对于规模小、较多临时作业的小企业，要加强安全防护的指导和监管工作，保障女性务工者工作过程中的安全和健康，降低工作环境对健康的不良影响，同时加强对女性务工者职业健康的规范培训。社会组织可以充分介入，发挥资源协调、教育倡导的优势，联合相关部门，共同构建健康保护系统，以起到促进与协助建设、推动改善的作用，弥补政府部门培训结构与具体需求之间的差距。在改善居住条件方面，要推动政府进行流动人口住房政策改革，为流动人口提供价格低廉的公租房、廉租房，让农村女性外出务工者在城市也有能力提高生活居住质量，同时，加强和提升农村女性外出务工者的居住健康方面意识、技能和行为习惯。

（4）有针对性地深入开展女性疾病预防与教育服务。社会组织应把新媒体作为当前促进健康教育的首要方式，同时加大对农村女性外出务工者中健康档案覆盖比例较低人群的宣传力度，针对农村女性外出务工者的年龄、职业特点，精准地开展农村女性外出务工者健康教育，宣传普及基本健康知识和理念，倡导健康生活方式和行为，传播基本健康技能，从基本医疗、传染病防治、妇科病防治、老幼健康、慢性病防治、心理健康等方面，系统地提高农村女性外出务工者的健康意识和预防疾病的能力。我们以社会工作专业为技术手段，以媒体宣传、公益路演为宣传方式，结合农村女性外出务工者文化程度低、健康知识少、疾病预防意识差等现实情况，通过活泼、形象、易懂的课程设计与服务活动策划，指导其向家庭成员传播健康知识和技能，提升家庭整体健康素养水平。通过致力于农村女性外出务工者心理能力建设可帮助她们培养积极乐观的生活信念。

（5）建立信息库，加大社会关爱和支持的力度，不断促进女性社会组织服务综合能力的提升。一是构建社区健康信息网络。城乡居民健康档案管理是人口统计信息的重要组成部分，有利于职能部门了解和掌握居民的健康状况和疾病构成，使职能部门能有针对性地开展健康管理。社会组织可以通过信息联网的方式配合完善人口健康档案信息系统的构建，将健康档案建立与社区家庭服务、女性健康体检等相结合，提高农村女性外出务工者的获得感。二是发挥各级妇联、计生协等社会组织的社会支持作用，促进农村女性外出务工者自我发展和身心健康，积极促进出台有利于农村女性外出务工者公平参与城市生活、享有公平权利的政策措施。三是在社会支持服务方面，通过社会组织专业健康知识传授、心理辅导、健康资料链接、社会支持系统建设、健康政策倡导等，开展关爱农村女性外出务工者健康的宣传活动，改变农村女性外出务工者的健康理念，并营造关爱农村女性外出务工者的社区氛围。四是借助社区或企业同乡会、交友会，开展参观、交流、联谊等活动，增进农村女性外出务工者的家庭关系与同事关系，提升她们的家庭经营和社会交往能力，扩大社会资本，建立和增强她们在家庭、社区和企业中的非正式社会支持网络。

参考文献

[1] 魏礼群．党的十八大以来社会治理的新进展［N］．光明日报，2017－08－07（7）．

[2] 杨宝．政社合作与国家能力建设：基层社会管理创新的实践考察［J］．公共管理学，2014（2）．

[3] 王正攀．新型城镇化进程中公共服务精细化治理逻辑——基于重庆南坪的个案分析［J］．重庆理工大学学报（社会科学），2017，31（2）：56－62.

[4] 张鹏，郝宇彪，陈卫民．幸福感、社会融合对户籍迁入城市意愿的影响——基于2011年四省市外来人口微观调查数据的经验分析［J］．经济评论，2014（1）：58.

[5] 石智雷，朱明宝．财政转移支付与农业转移人口市民化研究［J］．西安财经学院学报，2015（2）：5－10.

[6] 张静雅，汪海琴，侯志远．城市公共服务可及性对流动人口居住意愿的影响［J］．医学与社会，2017，30（5）：8－10.

[7] 许叶萍，石秀印．新生代农业转移人口的价值追求及与老一代农业转移人口的比较［J］．思想政治工作研究，2010（3）：11－13.

[8] 祁静，郑笑．健康对流动人口城市居留意愿的影响研究——基于2014年全国流动人口社会融合与心理健康专项数据的分析［J］．调研世界，2018（4）：32－38.

[9] 郑真真，连鹏灵．劳动力流动与流动人口健康问题［J］．中国劳

动经济学，2006（1）：82－93.
［10］岳经纶，李晓燕．社区视角下的流动人口健康意识与健康服务利用——基于珠三角的研究［J］．公共管理学报，2014（4）：125－135.
［11］林森．城乡医疗保险制度整合的实践与思考［J］．长春大学学报，2013（1）：1－5.
［12］张国英，吴少龙．流动人口医疗保障参保条件研究：广州市的案例分析［J］．华南师范大学学报（社会科学版），2011（3）：138－141.
［13］黄乾．教育与社会资本对城市农业转移人口健康的影响研究［J］．人口与经济，2010（2）：71－75.
［14］牛建林，郑真真，张玲华，等．城市外来务工人员的工作和居住环境及其健康效应——以深圳为例［J］．人口研究，2011（3）：64－75.
［15］朱玲．农村迁移工人的劳动时间和职业健康［J］．中国社会科学，2009（1）：133－149.
［16］王培刚，陈心广．社会资本、社会融合与健康获得——以城市流动人口为例［J］．华中科技大学学报（社会科学版），2015（3）：81－88.
［17］杨菊华．新型城镇化背景下户籍制度的“双二属性”与流动人口的社会融合［J］．中国人民大学学报，2017，31（4）：119－128.
［18］郭春甫，王翠霞．群团组织参与政府购买公共服务的“重庆试点”［J］．中国社会组织，2017（8）：25－26.
［19］樊怡敏．重庆市政府向社会组织购买社区公共服务研究——以江北区、渝北区为例［D］．重庆：中共重庆市委党校，2016.
［20］国家统计局发布2012年全国农业转移人口监测调查报告［EB/OL］．http：//www.gov.cn/gzdt/2013－05/27/content_2411923.htm.
［21］黄晨熹．城市外来人口居留意愿的影响因素研究：以苏州市为例［J］．西北人口，2011（6）：23－30.
［22］罗仁朝，王德．上海流动人口聚居区类型及其特征研究［J］．城市规划，2009（2）：31－37.
［23］李志刚．中国城市“新移民”聚居区居住满意度研究：以北京、上海、广州为例［J］．城市规划，2011（12）：75－82.
［24］俞林伟．居住和工作环境是影响农业转移人口健康的关键因素［N］．中国人口报，2016－10－24（3）.
［25］张灵敏．中国大陆流动女工健康研究述评［J］．妇女研究论丛，2014（4）：104－113.
［26］王晖，刘鸿雁，龚双燕，等．社区流动人口健康档案管理研究

[J]．社区医学杂志，2014，12（10）：67－69.

[27] 郭静，翁昊艺，周庆誉．流动人口基本公共卫生服务利用及影响因素分析[J]．中国卫生政策研究，2014（8）：51－56.

[28] 宋月萍，李龙．流动人口健康档案现状调查分析[J]．档案学通讯，2015（3）：84－88.

[29] 悦中山，李树茁，费尔德曼. 农业转移人口的社会融合研究现状、影响因素与后果[M]. 北京：社会科学文献出版社，2012.

[30] 童雪敏，晋洪涛，史清华．农业转移人口城市融入：人力资本和社会资本视角的实证研究[J]．经济经纬，2012（5）：33－37.

[31] 宋笑蕾，邹冠炀，石景容，等．从家庭化流动视角研究广东省流动人口卫生服务利用的影响因素[J]．现代预防医学，2017，44（8）：1454－1459.

[32] 张苏萍．企业女工工作压力的现状、影响因素及应对措施[D]．苏州：苏州大学，2014.

青年流动人口健康支出及其影响因素分析

——基于北京、上海和深圳的调查数据

梁海艳[1]

一、研究目的

近年来，随着我国现代化进程的加快，流动人口成为这一特殊社会背景下的产物，而青年流动人口则成为我国流动人口的主力军，为我国的经济发展做出了巨大的贡献。研究青年流动人口的健康状况、健康支出及其影响因素也显得尤为重要。研究我国北京、上海、深圳等大城市青年流动人口健康支出影响因素，对国家相关政策法规的制定，尤其是对我国流动人口的长足发展和社会的稳定繁荣发展都起到了举足轻重的作用，具有重要的现实意义。

要了解青年流动人口的健康支出状况，首先要对影响青年流动人口健康的相关因素进行分析。国内外相关研究都发现，健康水平因素直接影响健康相关支出，健康相关危险因素与医疗支出之间存在着一种正相关的关系，也就是说低风险人群的医疗花费明显要低于高风险人群的相关支出，一系列国际研究都证实了这一观点。自二十世纪七八十年代以来，美国学者就健康相关危险因素与医疗支出的关联展开了一系列研究。结果发现，高风险个体的医疗支出确实比低风险个体的要高。澳大利亚学者对其国内的商业保险公司/澳大利亚健康管理组织（Australia Health Management Group，HMG）1995—1999 年的客户数据进行分析（共涉及 1 568 人），对个体进行健康风险评估（HRA）并给出风险水平，同时计算个体的医疗支出。研究发现，不同的危险因素对应不同的医疗支出，可以看到各个危险因素相关的医疗支出由高到低的顺序是：患病 > 高血压 > 因疾病引起的缺勤 > 高血脂 > 超重 > 酗酒 > 缺乏体育锻炼 > 吸烟。鉴于个人的生活方式会影响到其健康支出状况，众多美国公司开始战略性地实施机构内的健康促

① 云南师范大学旅游与地理科学学院地理学博士后，曲靖师范学院法律与公共管理学院讲师。研究方向：人口与社会发展。邮箱：lhy2005042234@163. com。

进项目，以降低医疗保险的支付。通过健康促进项目实施后的效果评价可以发现，改善不良生活方式，如减少熬夜次数、改掉不正确的饮食习惯等，加之定期参加健康讲座、定期进行检查等，确实可以减少与健康相关的支出。

通过对相关文献的梳理，目前就健康支出方面的研究较少，对健康影响因素的研究也缺乏系统完善的理论框架。笔者选取人口学特征、个人社会经济水平、健康水平和健康观念三个方面，对青年流动人口的健康支出及其影响因素进行探索性研究。人口学特征方面的研究发现，性别和健康存在很强的相关性，女性患病率比男性高，同时具有较长的预期寿命，由此女性在一生中的健康消费往往要高于男性。婚姻状况也会对个人的健康支出产生影响，未婚、离婚和丧偶人群的健康状况不如已婚人群，因此这三类人群的健康支出要高于已婚人群。在现行的医疗保险制度中，不同收入水平的青年流动人口的健康支出层次存在较大差别。收入越高的青年流动人口不仅能够满足对疾病的治疗需求，而且还能够满足促进身体健康的生活保健需求。收入比较低的青年流动人口，疾病的经济负担则更为沉重。学者们普遍认为，随着个体健康状况的提升，其健康支出会相应地减少。个人的生活方式会影响到其健康支出状况。

根据文献回顾的结果，本文利用2010年中国流动青少年健康风险意识调查数据，通过最小二乘法对流动人口的月平均健康支出进行多元线性回归，以期找到青年流动人口健康支出水平的影响因素。

二、数据与方法

（一）数据说明

本文所用数据来自中国人民大学社会与人口学院健康研究所于2010年11月14日至2010年12月14日组织实施的中国流动青少年健康风险意识调查。该调查采用面对面问卷调查方式，被调查对象为1975年1月1日至1992年12月31日出生的现有流动人口。调查地点为北京、上海、深圳这三个典型的流动人口聚集的大城市，这三个城市中流动人口的生存发展状况对我国流动人口的整体特征具有很强的代表性。调查内容主要包括九大方面：青年流动人口及其家庭基本信息、基本健康状况、健康知识态度与行为、有关传染病知识、有关营养知识、有关生活习惯、有关生殖健康知识、健康知识的获取途径、社会支持情况。该调查数据时效性强，样本量较大，具有代表性，为我们的研究主题提供了较为详尽的信息。在本研究中，共获得有效样本 3 034 个。被调查对象的基本情况如表 1 所示。

表 1　被调查对象的基本情况

		人数（人）	比例（%）	均值	标准差
性别	男	1 562	51. 48		
	女	1 472	48. 52		
年龄				26. 5	4. 9
户口类型	非农业	778	25. 64		
	农业	2 256	74. 36		
婚姻状况	在婚	1 608	53. 00		
	不在婚	1 426	47. 00		
受教育程度	小学及以下	147	4. 85		
	初中	1 340	44. 17		
	高中/中专	1 101	36. 29		
	大专及以上	446	14. 70		
月健康支出（元）				43. 1	103. 5
月收入（元）				2 278. 3	1 751. 3
BMI 指数				21. 6	2. 5
健康自评	非常好	409	13. 48		
	比较好	1 929	63. 58		
	一般	638	21. 03		
	比较差	54	1. 78		
	非常差	4	0. 13		
熬夜状况	经常	575	18. 95		
	从不	2 459	81. 05		
参加体育锻炼	经常	185	6. 10		
	偶尔	1 224	40. 34		
	从不	1 625	53. 56		

（续上表）

		人数（人）	比例（%）	均值	标准差
定期做医疗检查	是	1 041	34.31		
	否	1 993	65.69		
愿意放弃不正确的饮食习惯	是	1 895	62.46		
	否	1 139	37.54		
参加社区免费健康讲座	一定会去	575	18.95		
	有时间就去	1 767	58.24		
	不会去	692	22.81		
碰到常见病选择的医疗机构	大医院	472	15.56		
	社区服务中心	860	28.35		
	个体诊所	236	7.78		
	自己买药	1 361	44.86		

（二）模型方法

在研究青年流动人口健康支出的影响因素时，我们建立一般多元线性回归模型（Multiple Linear Regression Model）。一般多元线性回归模型在总体中可以写成：

$$Y = \beta_0 + \beta_1 X_1 + \beta_2 X_2 + \ldots + \beta_k X_k + \delta$$

其中，β_0 为截距，β_1 为自变量 X_1 的参数，β_2 为自变量 X_2 的参数，依此类推。由于有 K 个解释变量和一个截距项，上式包含了 $K+1$ 个未知的总体参数。变量 δ 表示误差项或干扰项，它包括了除 K 个解释变量之外的其他影响 Y 的因素。无论回归模型中包含了多少个解释变量，总有一些因素没有包括进来，这些因素就包括在 δ 中。

本研究中的回归模型，Y 为因变量，即每月健康支出；X_1，X_2，…，X_k 为影响 Y 的解释变量，代表纳入到模型中的可能影响青年流动人口健康支出的各个因素；δ 为误差项，代表其他可能影响健康支出的因素。在含有 K 个解释变量的一般多元线性回归模型中，$\hat{\beta}_1$ 度量的是排除了其余 $K-1$ 个自变量的影响之后，X_1 对 Y 的影响。这样，利用一般多元线性回归模型，可以在控制其他因素保持不变的条件下，度量各个解释变量对于青年流动人口健康支出的直接影响。

我们将人口学因素、社会经济因素、健康水平因素三个方面的解释变量依次纳入一般多元线性回归模型中，通过模型之间回归结果的比较，确定最终的回归模型。使用一般多元线性回归模型，必须满足五个假设：第一，因变量与参数呈线性关系；第二，构建模型所用的样本是随机样本；第三，自变量之间不存在完全共线性；第四，条件均值为零，即残差项与自变量无关，且均值为零；第五，误差项同方差性。本文将使用模型设定检验、异方差检验、自变量共线性检验等方法来检查回归模型的假设满足情况。

（三）变量选择与说明

1. 因变量选择

本文旨在了解青年流动人口的健康支出情况及其影响因素，因此，选取的因变量为青年流动人口的月平均健康支出水平。

2. 自变量选择

通过上文的文献回顾，本文认为流动人口的人口学特征、个人社会经济水平、健康水平和健康观念都可能会对其在健康方面的支出水平产生影响。在研究中，我们将这三方面因素作为自变量纳入回归模型中。

人口学特征变量。人口学特征主要指被调查对象的性别、年龄、受教育程度、户口类型及婚姻状况。其中，性别以女性作为参照类；年龄为调查对象在调查时点的实际年龄；受教育程度分为小学及以下、初中、高中/中专、大专及以上，以小学及以下作为参照类；户口类型分为农业和非农业，以非农业为参照类；婚姻状况分为在婚和不在婚，以不在婚为参照类。

个人社会经济水平变量。我们用个人平均月收入来测量青年流动人口的个人经济水平。此处，个人月收入包括个人工资、奖金、加班费、津贴及营业收入等。另外，在我国，不同级别医疗机构的就医成本差异很大，因此被调查对象在碰到常见病时选择的就医机构变量也可以在一定程度上反映其自身的经济水平。在本调查中，该变量分为四类，即大医院、社区卫生服务中心、个体诊所、自己买药。

健康水平和健康观念变量。本文认为，一个人的健康水平和健康观念会对个人的有关健康支出产生影响。因此，模型中健康方面的特征变量主要有两类。一是反映个人健康水平的变量：①BMI 指数，这是国际上通用的衡量个人胖瘦程度以及健康与否的标准。根据公式，BMI 指数 = 体重（kg） ÷身高 ^ 2（m），我们通过调查中获得的个人身高、体重信息计算得到每个被调查对象的 BMI 指数。②健康自评，共分五个类别：非常好、比较好、一般、比较差、非常差。③熬夜状况（指晚上 12 点以后睡觉），分为两类：经常熬夜、从不熬夜。④参加体育锻炼，分为三类：经常参加、偶尔参加、从不参加。二是反映个人健康观念的变量：①定期做医疗检查，分为是和否两类。②愿意放弃不正确的饮食习惯，分为是和否两类。③参加社区免费健康讲座，分为三类：一定会去、有时间就去、不会去。需要说明的是，健康自评、熬夜状况、参加体育锻炼、参加社区免费健康讲座这四个变量为定序变量，为了反映序次信息，我们将这些变量等距赋值后，纳入回归模型进行分析。

三、结果与分析

（一）青年流动人口健康支出状况

从表 2 可以看出，青年流动人口的平均每月健康支出为 43.05 元。分性别来看，女性青年流动人口的平均每月健康支出高于男性；非农业青年流动人口的平均每月健康支出高于农业青年流动人口近 65%；在婚者平均每月健康支出高于不在婚者；青年流动人口的受教育程度越高，平均每月健康支出越多；青年流动人口的健康自评状况越不好，平均每月健康支出相应越高。遇到常见病选择去大医院就医的青年流动人口的平均每月健康支出明显高于其他就医选择的青年流动人口。

表 2　青年流动人口健康支出状况

（单位：元）

		每月健康支出	
		均值	标准差
		43.05	103.5
性别	男	38.77	95.9
	女	47.58	110.7
户口类型	非农业	60.68	130.9
	农业	36.97	91.3
婚姻状况	在婚	48.66	118.7
	不在婚	36.70	82.5

（续上表）

		每月健康支出	
		均值	标准差
受教育程度	小学及以下	19.42	50.2
	初中	27.67	80.2
	高中/中专	52.53	108.8
	大专及以上	73.63	146.5
健康自评	非常好	33.83	102.2
	比较好	38.85	97.2
	一般	55.02	104.3
	比较差	105.66	182.5
	非常差	255.00	496.6
熬夜状况	经常	48.19	102.8
	从不	41.84	103.6
参加体育锻炼	经常	34.29	95.4
	偶尔	52.70	111.3
	从不	56.08	110.7
定期做医疗检查	是	57.33	134.6
	否	35.59	81.7
愿意放弃不正确的饮食习惯	是	47.42	116.3
	否	35.77	76.9
参加社区免费健康讲座	一定会去	59.68	140.3
	有时间就去	43.91	107.6
	不会去	34.76	71.4
碰到常见病选择的医疗机构	大医院	74.92	160.3
	社区服务中心	46.07	98.0
	个体诊所	33.01	79.8
	自己买药	33.28	83.5

（二）青年流动人口健康支出比较

在本次调查中，抽取了 1 522 名城市青年非流动人口作为对照组。表 3

对比分析了青年流动人口与青年非流动人口的健康支出水平。青年流动人口的平均每月健康支出为43.05元，比青年非流动人口的平均水平低28.27元。通过 t 检验分析，这种差异在统计上是显著的。由此看出，青年流动人口的健康支出明显低于同年龄段的青年非流动人口。流动人口在健康消费方面的相对劣势，正说明了研究青年流动人口健康支出影响因素的必要性。

表3 青年流动人口与青年非流动人口健康支出对比分析

	每月健康支出对比（元）					
	样本量	均值	标准误	标准差	[95%置信区间]	
流动青年	3 034	43.05	1.88	103.48	39.37	46.74
非流动青年	1 522	71.32	3.66	142.70	64.15	78.50
合计	4 556	52.50	1.76	118.78	49.05	55.95
差异		-28.27	3.71		-35.54	-21.00

（三）青年流动人口健康支出的影响因素分析

模型1主要讨论人口学特征因素对健康支出的影响；模型2在控制了人口学特征因素后，在模型中加入了个人社会经济因素，探讨其对健康支出的影响；模型3是在模型2的基础上，进一步加入健康水平因素；在模型3的基础上加入健康观念因素进行改进，形成模型4，综合考虑这些因素对健康支出的影响。四个模型的参数估计如表4所示。

表4 健康支出影响因素参数估计

	模型1	模型2	模型3	模型4
年龄	1.388 4**	0.580 1	0.532 4	0.609 8
性别（女性）				
男性	-11.692 2***	-18.627 6***	-19.116 1***	-18.043 9***
婚姻状况（不在婚）				
在婚	15.806 7***	11.940 0*	12.207 0**	12.010 0*
户口类型（农业）				
非农业	9.319 5*	-2.231 7	-2.364 1	-3.454 2

（续上表）

	模型 1	模型 2	模型 3	模型 4
受教育程度（小学及以下）				
初中	9.530 3	3.039 3	1.987 1	0.247 5
高中/中专	36.970 1***	20.413 2*	16.240 5	14.552 8
大专及以上	55.176 7***	27.309 7**	21.217 6*	18.140 8
月收入		0.012 1***	0.012 1***	0.012 1***
碰到常见病选择的医疗机构（自己买药）				
大医院		29.159 3***	26.258 8***	24.989 3***
社区服务中心		2.728 0	0.250 9	-2.965 0
个体诊所		5.748 9	1.732 8	1.952 0
BMI 指数			0.561 1	0.332 0
健康自评			-5.367 3***	-5.176 8***
熬夜状况（从不）				
经常			-1.140 5	-1.047 8
参加体育锻炼（从不）				
参加			3.386 8***	3.162 5***
定期做医疗检查（否）				
是				9.16*
愿意放弃不正确的饮食习惯（否）				
是				10.343 0**
参加社区免费健康讲座（不会去、有时间就去）				
一定会去				1.542 8

注：①括号内为参照组；②*表示 $p<0.05$；**表示 $p<0.01$；***表示 $p<0.001$。

从各模型参数的估计结果看到，模型 1 中男性、在婚、非农业、高中/

中专、大专及以上通过了自变量显著性检验，除男性这一变量外，其他变量对健康支出的影响均为正。模型2中男性、在婚、大专及以上、月收入、大医院通过了显著性检验，模型1中有显著作用的非农业在此失去了显著性，显著变量中依然是只有男性这一变量起负作用。模型3中男性、在婚、月收入、大医院、健康自评、参加体育锻炼通过了显著性检验，高中/中专变量不再显著，这些变量中男性和健康自评起负作用，其他变量的影响均为正。模型4中男性、在婚、月收入、大医院、健康自评、参加体育锻炼、愿意放弃不正确的饮食习惯、定期做医疗检查通过了显著性检验，男性和健康自评的影响为负。

回归结果表明，初中、社区服务中心、个体诊所、BMI指数、经常熬夜、参加社区免费健康讲座与健康支出无关。而男性、在婚、月收入、大医院、参加体育锻炼、定期做医疗检查和愿意放弃不正确的饮食习惯则始终与健康支出相关。

一般多元线性回归模型有几个前提假设：第一，因变量与参数呈线性关系；第二，构建模型所用的样本是随机样本；第三，自变量之间不存在完全共线性；第四，条件均值为零，即残差项与自变量无关，且均值为零；第五，误差项同方差性。

在此，我们用异方差检验、自变量共线性检验分别对第三、第四个假设进行检验。异方差用Breusch-Pagan检验，结果越显著说明存在异方差，自变量共线性用方差膨胀因子*VIF*检验，*VIF*越大，显示共线性越严重。经验判断方法表明：当$0<VIF<10$，不存在多重共线性；当$10\leqslant VIF<100$，存在较强的多重共线性；当$VIF\geqslant 100$，存在严重的多重共线性。由于自变量较多，单纯通过散点图很难判断各个自变量与因变量的关系是否完全符合线性关系，将自变量的平方、指数形式、对数形式一一代入方程进行比较也不可行，因此对第一、第二假设进行模型设定检验。模型设定检验有多种方法，本文使用的是Ramsey RESET test，这种方法可以对模型的函数形式误设问题进行一般性检验。在标准的线性回归模型中，误差项不仅与自变量无关，而且一般呈正态分布。我们用直方图查看误差项的分布情况，最后，用*AIC*和*BIC*对各个模型进行比较，这两个指标越大，模型越好。

结果如表5和下图所示。四个模型的Breusch-Pagan检验都很显著，说明均存在一定程度的异方差。通过残差概率分布图可以看到，随着模型的改进，残差分布逐渐向正态分布靠近。平均*VIF*均在1到10之间，说明自变量间不存在共线性，并且从模型1到模型4，平均*VIF*逐渐减小，即模型自变量的相互独立性逐渐增强。但是 Ramsey RESER test 的 *p* 值均显著，模型存在设定偏误，由 *F* 值逐渐变大的趋势可以看到，4 个模型的设定误差逐渐增大。比较4 个模型的 *AIC*、*BIC* 值，可以看到二者均有逐渐下降的趋势，这表明，模型 1 到模型 4 的解释能力逐渐提高。

表 5　模型检验结果

		模型 1	模型 2	模型 3	模型 4
Breusch-Pagan 检验	*Chi*2（1）	1 021. 58	3 455. 59	3 520. 36	3 210. 43
	p 值	0. 000 0	0. 000 0	0. 000 0	0. 000 0
平均 *VIF*		4. 07	3. 08	2. 57	2. 38
Ramsey RESET test	*F*（3，3 023）	9. 54	20. 44	25. 09	29. 19
	p 值	0. 000 0	0. 000 0	0. 000 0	0. 000 0
AIC		56 273. 95	55 977. 22	55 923. 21	50 784
BIC		56 325. 34	56 054. 31	56 026	50 904. 74

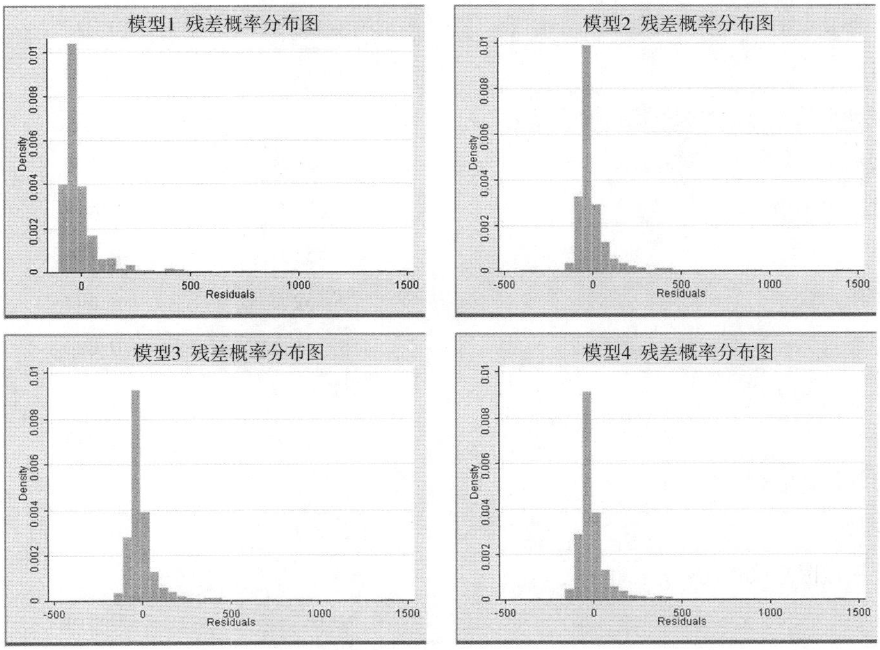

残差概率分布图

由以上分析可以看到，4 个模型都存在设定偏差，但是随着自变量因素的全面化，模型 4 的解释能力变得最好。对模型 4 进行 robust 矫正，得到最终模型，模型结果如表 6 所示。

表 6　最终模型结果

	系数	p 值
年龄	0.699 8	0.236
性别（女性）		
男性	−18.043 9***	0.000
婚姻状况（不在婚）		
在婚	12.010 0*	0.022
户口类型（农业）		
非农业	−3.454 2	0.405
受教育程度（小学及以下）		
初中	0.247 5	0.967
高中/中专	14.552 8*	0.030
大专及以上	18.140 8*	0.025
月收入	0.012 1***	0.000
碰到常见病选择的医疗机构（自己买药）		
大医院	24.989 3***	0.000
社区服务中心	−2.695 0	0.468
个体诊所	1.951 0	0.770
BMI 指数	0.332 0	0.648
健康自评	−5.176 8***	0.000
熬夜状况（从不）		
经常	−1.047 8	0.322
参加体育锻炼（从不）		
参加	3.162 5***	0.000
定期做医疗检查（否）		
是	9.16*	0.014

（续上表）

	系数	p 值
愿意放弃不正确的饮食习惯（否）		
是	10.343 0**	0.002
参加社区免费健康讲座（不会去、有时间就去）		
一定会去	1.542 8	0.095
F	13.29	
p 值	0.000 0	
R^2	0.119 9	
n	2 754	

注：①括号内为参照组；② * 表示 $p<0.05$；* * 表示 $p<0.01$；*** 表示 $p<0.001$。

最终模型中，对健康支出存在显著影响的变量有男性、在婚、高中/中专、大专及以上、月收入、大医院、健康自评、参加体育锻炼、定期做医疗检查、愿意放弃不正确的饮食习惯。

首先，在人口学特征方面。男性比女性的健康支出低 18.043 9，健康支出具有明显的性别差异。健康的影响因素主要分为生理因素和外部因素。被调查对象中，男女在生活环境上的差异较小，工作性质、工作环境和生理差异则很大。健康支出可能与工作性质有关，工作危险度越高的人健康支出可能越高。由于女性从事高危行业的可能性较低，因此导致男女健康支出差异的原因非外部因素。差异更可能源于男女生理特征的差异，如男女患病率的区别，以及女性特殊的医疗需求（如妊娠、流产等）。在婚青年流动人口比不在婚青年流动人口的健康支出高 12.010 0，婚姻状态对健康支出有显著影响。在婚青年流动人口的健康支出更高，可能与婚姻生活能得到更多的照料密不可分。相对于不在婚青年流动人口，他们会更加关注自身健康，对健康的投入也随之增加。相比小学及以下学历的青年流动人口，高中/中专学历的青年流动人口在健康支出方面高 14.552 8，大专及以上学历的青年流动人口在健康支出方面高 18.140 8。学历越高的人，健康意识越强，更注重对健康的投入。因此，较高学历的人群相对于较低学历的人群，健康支出更高。

其次，个人社会经济水平方面。收入每提高一个单位，健康支出提高 0.012 1。收入越高，可分配金额越高，更易满足较高的健康需求，健康支出也就越高。碰到常见病选择大医院的青年流动人口比自己买药的青年流动人口的健康支出高出 24.989 3。健康自评分数越高的青年流动人口，健康支出越低，评分每高出一个单位，健康支出下降5.176 8。

最后，健康水平和健康观念方面。经常参加体育锻炼的青年流动人口比不参加体育锻炼的青年流动人口的健康支出要低3.162 5，经常参加体育锻炼的青年流动人口身体更好，健康支出更低。定期做医疗检查的青年流动人口比不定期做医疗检查的青年流动人口的健康支出高9.16；选择放弃不正确的饮食习惯的青年流动人口的健康支出高，比不放弃的青年流动人口高出10.343 0，放弃不正确饮食习惯的青年流动人口可能更注重饮食的均衡搭配，在饮食方面的支出增加。

四、结论

（一）研究结论

本文通过对青年流动人口的月平均健康支出计量模型分析显示：①青年流动人口的健康支出存在明显的性别差异，不存在年龄差异。②婚姻状况和较高的受教育程度都会对青年流动人口的健康支出产生显著影响。③月收入水平高和到大医院就医都会显著增加个人的健康支出，说明个人社会经济水平对健康支出影响显著。④青年流动人口的个人健康状况越好，健康方面的支出越少，相反个人健康观念越强，其在有关健康方面的支出越多。

（二）政策建议

一是国家应该加强制定青年流动人口医疗保险方面的措施，减少青年流动人口的个人健康开支，确保青年流动人口的健康水平维持在较高的水平。二是应该在青年流动人口聚居区内增加体育健身设施，倡导全民运动的体育精神，促使青年流动人口增强体质，减少不必要的健康开支。三是根据在婚青年流动人口的健康支出比不在婚的高的情况，可以通过多种方式，给经济较困难的在婚流动青年人口健康支出上的补助。四是社区和医院应加强医疗健康方面的宣传，提高青年流动人口的自我保健意识。

参考文献

［1］ YEN L T，EDINGTON D W，WITTING P. Association between health risk appraisal scores and employee medical claims costs in a manufacturing company［J］. American journal of health promotion，1991（1）：46－54.

［2］ SHIRLEY A，MUSICH，LAURA A. Effectiveness of health promotion programs in moderating medical costs in the USA [J]. Health promotion international, 2000 (1): 5-15.

[3] SHIRLEY M, DAN H, BARNETT. The association between risk status and health care cost among the membership of an Australian health plan [J]. Health promotion international, 2003 (1): 57-63.

[4] TARANI C, PAUL C, MORRIS N, et al. Pathways between education and health: a causal modelling [J]. Journal of the royal statistical society, 2006 (2): 337-360.

[5] 张继可，杨莉，王宇，等．“个体化健康管理”探讨［J］．中国卫生事业管理杂志，2000（3）：152-153.

[6] 甘志高，卓加同．中国行为危险因素监测系统概述［J］．现代预防医学，2003（4）：550-551.

[7] 郭继志，吴炳义，朱棠，等．不良生活方式形成的原因探析[J]．医学与哲学，1998（9）：41.

[8] 郭继志．社会医学［M］．青岛：中国海洋大学出版社，2004：34.

[9] 齐良书，余秋梅．社会经济状况与健康关系的研究综述［J］．经济学家，2008（2）：108-115.

[10] 赵忠．我国农村人口的健康状况及影响因素［J］．管理世界，2006（3）：78-85.

[11] 卢新璞，吴明．北京市外来农村流动人口家庭医疗支出的影响因素——Tobit 模型方法［J］．北京大学学报（医学版），2010（5）：565-569.

[12] 李晓西，刘涛．老年人收入与健康支出状况研究——以北京市为例［J］．管理世界，2008（12）：75-82.

[13] 杨玲．我国公共卫生支出问题研究［J］．华中农业大学学报（社会科学版），2010（1）：99-103.

[14] 范远洋．从卫生服务视角看重庆市农村流动人口融入城市的现状［D］．重庆：重庆医科大学，2010.

[15] 戴佳慧．上海市流动人口卫生服务利用状况研究［D］．上海：复旦大学，2008.

第二编　新型城镇化与流动人口社会融合

农业转移人口参加城镇职工养老保险的影响因素研究

梁丹妮① 王丽丽②

一、引言

使农业转移人口能够享受平等的社会养老保障权利是推进农业转移人口市民化的重要内容。中央和地方纷纷制定政策鼓励农业转移人口积极参加城镇职工养老保险，一方面旨在完善符合中国国情的农业转移人口养老保险制度，满足该群体的养老保障需求，提高相关政策的针对性和可操作性，进一步促进农业转移人口在推进新型城镇化进程中所发挥的重要作用；另一方面拟通过现代社会养老保险制度替代传统的土地保障，减少农业转移人口养老保障的缺失，充分保障农业转移人口的养老权益，为农业转移人口的生存、发展和解决后顾之忧提供保障。《中华人民共和国社会保险法》第九十五条也做出明确规定：进城务工的农村居民依照本法参加社会保险。农业转移人口在企业工作，为企业和当地经济发展做出了贡献，应当享受相应的养老保险。然而，据统计2016年末全国参加城镇职工养老保险的农业转移人口为37 862万人，参保农业转移人口只占农业转移人口总数约20%[1]。在诸多维护农业转移人口社会保障权益政策先后出台的大环境下，其养老保险参与率较低的情况却普遍存在，这与中央和各地方的支持政策形成了相逆的趋势。因此，明确影响农业转移人口参加城镇职工养老保险的关键因素，进而在有效维护农业转移人口养老保险权益的基础上，通过完善相关制度和政策引导农业转移人口实现市民化转变，这对于推动新型城镇化发展进程，促进社会保障体系的全面建设具有重要的理论借鉴和现实参考意义。

---

① 大连理工大学公共管理系硕士研究生，邮箱：liangdanni1992@ mail. dlut. edu. cn。
② 大连理工大学公共管理系教授、博导，研究方向为社会管理与政策。

二、相关研究回顾

根据现有的研究，关于农业转移人口参加城镇养老保险的影响因素研究主要集中在个人特征层面（年龄、婚姻、学历、户籍类型）、流动层面（流动形式、居住时间、移民倾向）、经济层面（单位性质、住房状况、签订劳动合同情况、月收入水平）和社会心理层面（朋友构成、参与社会活动情况、城市融入感）。石人炳和陈宁基于全国流动人口动态监测调查数据的分析，发现男性、新生代、受教育程度高、月收入高、拥有商品房或自建房的流动人口参保率较高，且流入区域、时间及流动范围均对参保行为影响显著[2]。韩枫基于对京津冀流动人口动态监测调查数据的研究，揭示了非农业户口、教育程度的提高、单位的正规性和工作的稳定性对参保具有显著的正效应，而经济发展程度越高、体制机制越健全的地区，城镇流动人口的保障水平越高，但与本地人的差距也可能更大[3]。罗蓉和段娓娓以湖南省农业转移人口的调查数据为依据，通过建立 logistic 模型对农业转移人口参加养老保险的影响因素进行实证分析，涵盖了农业转移人口个人特征、就业状况、家庭状况、城市融入感以及其他社保的参与情况五大因素[4]。章莉根据中国家庭收入调查的面板数据，利用面板模型考察了农业转移人口参保状态及其变化趋势的影响因素，研究发现工资收入水平更高、在东部打工及受教育程度更高的农业转移人口参保的可能性更大，证实可支配工资收入和劳动合同对农业转移人口参保的正向影响[5]。陈慧敏则分别在主观和客观两个层面上，从个体特征、经济特征、社会特征以及心理特征角度出发进行研究，结果表明农业转移人口养老保险参保率低一方面受到制度的阻碍，另一方面也受到文化程度、婚姻状况、居住时间、流动形式、月收入水平、劳动合同签订情况以及住房情况、朋友构成及社区活动参与程度等因素的显著影响[6]。而朱垒和李放基于南京市农业转移人口的调查数据分析，认为新生代农业转移人口参保积极性高于传统农业转移人口，个人因素、就业非正规因素以及移民倾向等存在着代际差异，例如受教育程度对新生代农业转移人口的参保行为没有显著影响，但与传统农业转移人口的参保行为有正相关关系[7]。还有学者基于不同地区的调查数据，通过实证分析的方法进行研究后发现，制度性特征影响最为显著，社会人口特征的贡献较小，其他养老措施对农业转移人口参保意愿也产生一些影响[8]。卢小君则基于大连市农业转移人口的问卷调查数据，从理性选择视角出发，比较了具有不同社会养老保险参与行为的农业转移人口在人力资本、经济、社会和心理方面特征的差异性，研究发现农业转移人口针对不同类别的养老保险所做出的选择并非完全经济理性，而是受到文化观念和制度安排影响的有限理性选择[9]。

目前学界关于农业转移人口参加养老保险影响因素的研究成果已涉及诸多方面，同时也有研究指出了农业转移人口对不同养老保险类型的选择差异。但当前研究多集中于养老保险制度和政策的不合理以及不同类型社会养老保险的选择差异上，相对忽视政策的目标群体对城镇职工养老保险行为的选择，这不利于对该群体参保的具体化和非制度化特征进行考察，也不利于新型城镇化下农业转移人口市民化的相关政策与制度推动。因此，本文拟通过借鉴现有研究成果，以问卷调查获得数据为基础进行实证分析，探究农业转移人口参加城镇职工养老保险的影响因素，以期为相关部门的政策制定和制度完善提供更贴近现实情况的经验依据。

三、研究设计

（一）数据来源和样本特征

本文所用数据均来源于2015年6—8月课题组组织大学生调查员分别在辽宁省大连市、吉林省长春市、江苏省常州市等5个省的14个城市开展的农业转移人口市民化问题的调查。调查员通过判断抽样的方式从每个城市中选取3个农业转移人口聚居的社区，在社区居委会的协助下，以现场填答的方式在每个社区调查30名农业转移人口，共调查1 260名农业转移人口（针对文化水平较低的农业转移人口，调查员采用一对一的方式进行问卷填答）。本次调查共发放问卷1 260份，收回有效问卷1 098份，有效回收率为87. 14%。被调查对象的基本情况如表1所示。

表 1　被调查对象的基本情况（$n=1\ 098$）

特征		人数（人）	百分比（%）	特征		人数（人）	分百比（%）
性别	男	684	62.3%	婚姻状况	未婚	315	28.7%
	女	414	37.7%		已婚	702	63.9%
年龄	30 岁及以下	427	38.9%		离婚或丧偶	81	7.4%
	31～40 岁	569	51.8%	所从事行业	建筑业	253	23.0%
	41～50 岁	82	7.5%		制造业	289	26.3%
	50 岁以上	20	1.8%		住宿餐饮业	225	20.5%
文化程度	小学及以下	106	9.7%		批发零售业	91	8.3%
	初中	441	40.2%		居民服务业	37	3.4%
	高中及中专	350	31.9%		交通运输业	27	2.5%
	大学专科	117	10.7%		房地产业	51	4.6%
	大学本科及以上	84	7.7%		其他	62	5.6%

（二）变量选择和模型建立

本文采用二元 logistic 回归方法分析农业转移人口参加城镇职工养老保险的影响因素，以“是否参加城镇职工养老保险”作为因变量，并将变量进行虚拟化处理，即“参加城镇职工养老保险”=1，“没有参加城镇职工养老保险”=0。本文结合诸多学者的已有研究成果与调查问卷的问题设置，将农业转移人口参加城镇职工养老保险的影响因素大致归纳为四个层面：个体特征层面（年龄、文化程度、婚姻状况、务工年限）、流动与家庭特征层面（子女数量、住房情况、是否举家外出）、经济特征层面（签订劳动合同、月收入、有无承包地）和社会层面（身份认同、落户意愿、是否参加其他社会保险）。为了便于进行计量分析，本文同样对各个变量进行赋值（见表2）。

本文运用二元 logistic 回归方法分析各因素对农业转移人口参加城镇职工养老保险的影响。二元 logistic 模型的回归方程一般形式如下：

$$\mathrm{Logit}(Y) = \ln\left(\frac{P_i}{1-P_i}\right) = \alpha + \sum_{j=1}^{n}\beta_j X_{ij} + \mu$$

其中，P_i 表示农业转移人口购买城镇职工养老保险的发生概率，j 为影响因素编号，β_j 为影响因素的回归系数，X_{ij} 为影响因素，即解释变量，μ 为残差项，α 为截距项。本文检验二元 logistic 回归模型的整体质量通过以下两个方面进行：一是拟合优度，即 *Hosmer and Lemeshow* 指标，表示通过模型预测的与实际观测的时间发生与不发生的频数有无差别；二是 *Nagelkerke* R^2 指标，与线性回归分析的决定系数 R^2 相似，取值为 0 ~ 1，指标越大，说明描述因变量的变动中自变量所解释的比例越高，模型预测的准确度越高[10]。

根据本文所选择的自变量，可以建立如下计量经济模型：

$$\ln\left(\frac{P_i}{1-P_i}\right) = \beta_1 age + \beta_2 edu + \beta_3 mar + \beta_4 length + \beta_5 child + \beta_6 house + \beta_7 type + \beta_8 income + \beta_9 land + \beta_{10} job + \beta_{11} friend + \beta_{12} settled + \beta_{13} contract + \beta_{14} insurance + \varepsilon$$

表 2　变量设置及赋值说明

变量分类	变量名称	变量定义
个人特征层面	年龄	30 岁及以下 =1（参照组），31 ~ 40 岁 =2，41 ~ 50 岁 =3，50 岁以上 =4
	文化程度	小学及以下 =1（参照组），初中 =2，高中及中专 =3，大学专科 =4，大学本科及以上 =5
	婚姻状况	未婚 =1（参照组），已婚 =2，离婚或丧偶 =3
	务工年限	实际年限

（续上表）

变量定义	变量分类	变量名称
经济特征层面	月收入	1 000 元以下 =1（参照组），1 000 ~ 1 999 元 =2，2 000 ~ 2 999 元 =3，3 000 ~ 3 999 元 =4，4 000 元以上 =5
	有无承包地	有 =1，无 =0（参照组）
	签订劳动合同	是 =1，否 =0（参照组）
流动与家庭特征层面	子女数量	1 个及以下 =1（参照组），2 ~ 4 个 =2，4 个以上 =3
	住房情况	租住 =1（参照组），单位提供 =2，自购或亲友提供 =3，其他 =4
	是否举家外出	是 =1，否 =0（参照组）
社会层面	身份认同	是 =1，否 =0（参照组）
	落户意愿	愿意 =1，不愿意 =0（参照组）
	是否参加其他社会保险	是 =1，否 =0（参照组）
因变量	是否参加城镇职工养老保险	是 =1，否 =0（参照组）

四、结果分析与讨论

（一）农业转移人口参加城镇职工养老保险的总体状况

通过对农业转移人口参加城镇职工养老保险的行为进行描述性统计后发现（见表 3），参加养老保险的农业转移人口比例为 38.4%，其中 19.9% 选择城镇职工养老保险，18.5% 选择农村养老保险。整体来说，农业转移人口的参保率较低。2014 年 7 月 1 日起实施的《城乡养老保险制度衔接暂行办法》正是为了解决城镇职工基本养老保险制度与城乡居民基本养老保险制度的衔接问题而制定的[11]，然而农业转移人口的参保率仍呈现较低趋势，这说明农业转移人口真正关心的是参保的付出与回报比，因此政府部门应该在明确影响农业转移人口参加城镇职工养老保险的因素的基础上着重考虑如何使其真正享受均等化权利与公共服务。

表 3　农业转移人口参加养老保险情况

保险类型	是否参加	频数（人）	百分比（%）
城镇职工养老保险	是	219	19.9%
	否	879	80.1%
农村养老保险	是	203	18.5%
	否	895	81.5%

（二）各因素的 logistic 回归结果分析

将自变量逐步加入到回归模型中，其中第一步加入个人特征因素（模型 1），第二步加入经济特征因素（模型 2），第三步加入流动与家庭特征因素（模型 3），第四步加入社会层面因素（模型 4）。结果表明（表 4），4 个模型的 *Nagelkerke* R^2 值分别为 0.047、0.124、0.297、0.528，*Hosmer and Lemeshow* 指标的对应值分别为 $\chi^2 = 8.459$、9.261、11.609、9.563，说明模型对数据的拟合效果整体较好。

表 4　农业转移人口参加城镇职工养老保险影响因素的 logistic 回归分析结果

	自变量	模型 1		模型 2		模型 3		模型 4	
		B	Exp（*B*）	*B*	Exp（*B*）	*B*	Exp（*B*）	*B*	Exp（*B*）
个人特征层面	年龄	-0.017**	0.954	-0.025*	0.976	-0.024**	0.977	-0.014*	1.086
	务工年限	0.016	1.006	0.001*	0.999	0.085	1.088	0.072	1.074
	文化程度（参照组：小学及以下）								
	初中	0.103	1.108	0.057	1.058	-0.682	0.506	-0.563	0.569
	高中及中专	0.406	1.501	0.365	1.428	0.503	0.653	0.765	0.149
	大学专科	0.775*	2.170	0.718*	2.049	1.175	1.237	1.513	1.539
	大学本科及以上	0.832**	2.298	0.909*	2.481	1.408	2.088	1.767**	2.854
	婚姻状况（参照组：未婚）								
	已婚	0.904*	1.469	0.737	2.09	0.682	1.377	1.065	2.885
	离婚或丧偶	1.010	2.746	0.588	1.801	0.610	1.657	1.012	1.650

（续上表）

	自变量	模型 1		模型 2		模型 3		模型 4	
		B	Exp（B）	B	Exp（B）	B	Exp（B）	B	Exp（B）
经济层面	月收入（参照组：1 000 元以下）								
	1 000～1 999 元			-0.417	0.089	-0.283	0.056	-3.035	0.048
	2 000～2 999 元			0.778	1.178	-0.370	1.600	-0.378	1.459
	3 000～3 999 元			0.430	1.072	0.474*	1.647	0.945	2.573
	4 000 元以上			1.882*	2.315	1.381*	1.818	1.464	2.752
	有无承包地（参照组：无）			-0.054	1.655	-0.465*	1.593	-0.449*	1.567
	签订劳动合同（参照组：否）			0.591	2.720	0.612	2.019	0.054	1.655
流动与家庭层面	子女数量（参照组：1 个及以下）								
	2～4 个					-1.13*	2.097	-0.924	2.113
	4 个以上					-0.285	1.615	-0.728	1.798
	住房情况（参照组：租住）								
	单位提供					0.592*	0.598	0.675*	1.221
	自购或亲友提供					0.603	0.274	0.538***	1.083
	其他					0.241	0.561	0.271	0.319
	是否举家外出（参照组：否）					0.342	0.638	0.82	0.962
社会层面	身份认同（参照组：否）							0.145	0.144
	落户意愿（参照组：不愿意）							0.664**	1.764
	是否参加其他社会保险（参照组：否）							-0.399***	1.019
	Nagelkerke R^2	0.047		0.124		0.297		0.528	
	Hosmer and Lemeshow	$\chi^2=8.459$		$\chi^2=9.261$		$\chi^2=11.609$		$\chi^2=9.563$	

注：*、**、*** 分别表示在 5%、1% 和 0.1% 的水平上显著。

1. 只考虑个体特征层面（模型1）的影响因素分析

模型1中，年龄、文化程度及婚姻状况是农业转移人口参加城镇职工养老保险的显著影响因素。年龄是影响农业转移人口参加城镇职工养老保险的重要变量，对其参保行为具有显著的负效应。年轻的农业转移人口更加重视养老保险所带来的老年保障，而年龄较大的农业转移人口的养老意识相对保守且依靠土地和子女养老的观念较重。文化程度对农业转移人口参加城镇职工养老保险的影响是正向显著的，大学专科、大学本科及以上学历的农业转移人口参加城镇职工养老保险的概率分别是小学及以下的2.170倍和2.298倍。学历较高的农业转移人口接受新观念的意识也较强，对养老保险重要性的认识更加深刻。婚姻状况也是影响农业转移人口参加城镇职工养老保险的重要因素之一，已婚的农业转移人口发生参保行为的概率是未婚的1.469倍，这与已婚的农业转移人口对城镇职工养老保险的接受能力相对较高且防范风险意识较强有一定的关系。

2. 加入经济特征因素后（模型2）的影响因素分析

模型2中，年龄、务工年限、文化程度及月收入对农业转移人口参加城镇职工养老保险的行为均产生显著影响。年龄和文化程度的影响和模型1的结果相同，年龄较大的农业转移人口其就业质量和就业的稳定性往往较差，企业长期雇佣并提供养老保险的可能性较小，此外他们已接近退休年龄，若以前没有参加养老保险，即使现在参加也无法达到“累计缴费15年”的要求。文化程度越低的农业转移人口的参保可能性越小，大学专科和大学本科及以上的农业转移人口的参保概率是小学及以下的2.049倍和2.481倍，学历高的农业转移人口更具备城市竞争力，更加清楚和明确参保所带来的长期回报。务工年限也会对农业转移人口的参保行为产生显著的正效应，这可能与其接触到的社会养老宣传更加全面且更有可能达到规定的缴费年限有一定关系。月收入对农业转移人口参保行为的影响是显著正相关的，月收入4 000元以上的农业转移人口参保的概率是1 000元以下的2.315倍，高收入农业转移人口的生活已经具备较好的保障，完全有能力为自身选择一份收益更大的保险。

3. 加入流动与家庭特征因素后（模型3）的影响因素分析

模型3中，年龄、月收入、有无承包地、子女数量和住房情况对农业转移人口参加城镇职工养老保险的行为均产生显著影响。从年龄看，越年轻的农业转移人口的参保概率越高，这与模型1、模型2的结果相同。从月收入看，收入水平越高其发生参保行为的可能性越大，收入在3 000～3 999元、4 000元以上的农业转移人口发生参保行为的可能性分别是收入

1 000元以下的 1.647 倍和 1.818 倍，基本规律和模型 2 一致，这可能与收入高的农业转移人口具有较强的养老保险费用支付能力有一定关系。有无承包地也是重要的影响因素之一，老家没有承包地的农业转移人口发生参保行为的可能性是拥有承包地的 1.593 倍，表明老家土地对农业转移人口的约束性较强，农业转移人口对土地的依赖心理仍较重。子女数量对农业转移人口参保行为的影响是负向的，子女数量多意味着农业转移人口对下一代的人力资本的投资也越多，因此在其收入不变的前提下自然会降低自身的参保意愿。从住房情况看，居住条件越稳定的农业转移人口其参保行为发生的概率越高，单位提供住房的参保可能性是租房的 0.598 倍。

4. 加入社会因素后（模型 4）的影响因素分析

模型 4 中，年龄、文化程度、有无承包地、住房情况、落户意愿和是否参加其他养老保险对农业转移人口参加城镇职工养老保险的行为均产生显著影响。从年龄看，规律和前 3 个模型一致。从文化程度看，文化程度越高的农业转移人口越有可能参加城镇职工养老保险，与模型 1、模型 2 的规律相同。没有承包地的农业转移人口更有可能参加城镇职工养老保险，和模型 3 的规律相同。住房状况越良好、越稳定，农业转移人口的参保可能性越高，单位提供、自购或亲友提供住房的农业转移人口其参保的可能性分别是自己租房的 1.221 倍和 1.083 倍，规律和模型 3 基本相同。此外，落户意愿越强烈的农业转移人口越倾向于参加城镇职工养老保险，当这一群体从心理上愿意落户城镇时，他们的行为自然也会逐渐体现强烈的融入感和归属感，能够越发意识到城镇职工养老保险对未来生活的重要性，这对提高他们的参保率具有促进作用。农业转移人口若在老家参加了农村养老保险或新农合，那么说明他们的留城意愿不强，而且他们中大多数的年轻人的外出目的只是想在城市积累经验和资金，以便将来回乡创业或回乡镇企业发展，因此不愿意参加城镇职工养老保险[4]。

五、结论与建议

（一）研究结论

1. 农业转移人口参加城镇职工养老保险的比例较低

本文通过调查研究发现，仅有 19.9% 的农业转移人口参加城镇职工养老保险，而个人特征因素、经济特征因素、流动与家庭特征因素和社会因素是造成农业转移人口参保率低的主要原因。就现阶段而言，城镇职工养老保险对农业转移人口的吸引力尚且不够，这部分群体实际感受到的保障水平和地区转移的便捷度等和城市市民所享受的权利并不相同。因此，保障农业转移人口在城市化进程中应享受的权利，提升他们在城市生存和发展的能力，进而提高其参加城镇职工养老保险的比例，是当前政府在新型城镇化道路上所面临的重要问题。

2. 人力资本水平对农业转移人口参加城镇职工养老保险有显著影响

随着大量80后、90后农业转移人口的出现，新生代农业转移人口逐渐成为我国农业转移人口大军中的主要群体，新生代和老一代农业转移人口的生长环境完全不同，他们的思想活跃、跟得上社会发展的步伐，相对较高的文化程度和对政策和信息的掌握都促使他们更倾向于参加城镇职工养老保险。然而，他们缺少持之以恒的精神，政府部门应提高新生代农业转移人口在城镇所享受权益保障的水平，营造良好的社会舆论氛围，并根据不同城市和地区的实际情况制定并完善相关制度与政策，努力提高城镇职工养老保险政策的吸引力。

3. 流动与家庭特征因素、社会因素和经济特征因素对农业转移人口参加城镇职工养老保险的影响呈多元化态势

流动与家庭特征因素和社会因素对农业转移人口参加城镇职工养老保险的行为有较为显著的影响。住房情况相对稳定对农业转移人口参保具有正效应，同时落户意愿也将影响他们的参保行为，这是促进新型城镇化进程，加快农业转移人口市民化步伐的重要动力。是否参加其他社会保险同样也会对农业转移人口的参保行为产生显著作用，因为农业转移人口会考虑实际情况而做出有限理性选择，而其他社会保险会对其选择产生一定的制约。然而，经济特征因素的影响较弱，老家有承包地将成为农业转移人口参保的阻碍。与诸多研究不同，本文研究发现，收入水平并不是影响农业转移人口做出参保决定的重要因素。究其原因，一方面是这类群体的普遍收入水平较低，降低了收入因素对其参保行为的差异性作用；另一方面是尽管收入水平低，但他们能够在是否参加养老保险的问题上做出理性选择，会在可能的范围内尽量压缩其他开支而续交养老保险金，因此农业转移人口收入水平和参保行为之间的关系不是简单的因果关系[12]。

（二）建议

1. 完善城镇职工养老保险相关制度，减小农业转移人口参保的阻力

城乡养老保险的衔接困难和城—城流动养老保险转移存在问题是目前农业转移人口参保的最大顾虑之一。2016年7月国务院发布的《关于实施

支持农业转移人口市民化若干财政政策的通知》也提出支持创新城乡基本医疗保险管理制度，并且支持完善统筹城乡的社会保障体系[13]。因此，妥善处理好社会养老保险关系的跨地区流动转承接续问题有利于提高农业转移人口参保的积极性。需要注意的是，若农业转移人口转变为城镇居民，可将其农村养老保险的个人账户基金直接转入城镇养老保险的基金账户并进行累计，然后按照新的缴费基数和缴费比例继续为其缴纳养老保险费。因企业缴费形成的社会统筹基金与城镇职工的社会统筹基金的差额可以由地方、企业和个人共同补足。若这部分群体回到农村变回农民，参加新型农村社会养老保险后，其参加城镇职工养老保险的个人账户基金和社会统筹账户的基金将被合并，而后全部转入农村社会养老保险的个人账户，实行完全基金积累制。相关部门应提供多套缴费基数与比例，扩大农业转移人口参保受惠面。由于大多数农业转移人口的平均工资低于社会平均工资，因此用人单位与农业转移人口本人的缴费比例可以低于城镇职工养老保险制度的缴费比例，可以灵活设置个人账户，设立较为适中的缴费基数[14]。缩小与城镇企业职工缴费比例之间的差距，一方面可以效仿城乡居民社会养老保险制度政府财政补贴的方式，由国家财政及地方财政分别对农业转移人口及用人单位进行补贴；另一方面，可以通过适当降低农业转移人口的养老保险金待遇进行消化[15]。当然，降低费率和调整缴费基数均应统筹考虑不同群体及代际之间的公平性。同时，在未来保险收益的设计上，要坚持权利和义务对等的原则，即缴费水平与未来的保险收益成正比。

2. 大力推进相关配套政策的改革，提高新生代农业转移人口的政策期望值

农业转移人口养老保险制度设计与推进农业转移人口市民化的目标是相辅相成、相互推进的。应以我国新型城镇化规划及建设为契机，在推进农业转移人口市民化的目标下，大力完善养老保险制度的配套政策，总的来说，建议考虑农业转移人口在社会保障、就业和劳动培训、公共服务、住房等方面享受与市民同等的待遇，使其全面融入城市社会[16]。按照大数法则，养老保险费用应在较高层次上和较大范围内实现社会统筹与共济，因此应该发挥养老保险制度强制性功能，确立政府、企业、劳动者多方共同参与、共同负担的养老保险参保缴费模式，通过合理的养老保险制度可以为农业转移人口市民化提供配套和保障措施，从而提高新生代农业转移人口对政策的期望值，促进加快我国养老保险制度的顶层设计与可持续发展。此外，针对土地对农业转移人口具有特殊价值的问题，应进一步完善

农村土地改革政策，加快农村土地流转，提高土地的利用效率，促进农村土地的合理、集约化利用，弱化土地的社保功能，合理配置土地资源，使得农民逐渐接受由土地养老、子女养老向社会养老转变，增强他们的参保意愿。此外，积极推出一些具有吸引力的政策，例如“土地换户籍或住房”等，削弱他们对农村土地的依赖，从而增强农业转移人口的留城意愿。

3. 加强对城镇职工养老保险的宣传力度，提高农业转移人口的参保意识

首先，政府要增加城镇职工养老保险政策信息的获取渠道，提高新生代农业转移人口对政策的知晓度。一方面，政府可以通过网络、电视、广播等大众传播媒介加大力度向新生代农业转移人口宣传社会养老保险政策。针对学历不高的群体，政府应该实施通俗化的制度宣传策略，避免政策宣传的文本性，以提高政策宣传效果。另一方面，政府可以通过加强对新生代农业转移人口社会关系中的核心人物如村干部、包工头等的宣传力度，扩大养老保险的宣传效果，这些人对新生代农业转移人口参保行为的形成与决策有重要示范作用。其次，政府要继续完善相应的网络服务平台，农业转移人口普遍反映的问题需迅速发布到网络上，还可增加社保专题热线服务，及时解决农业转移人口的参保疑惑。再次，政府要对村里和城镇企业中的农业转移人口进行法律知识培训，让他们的社会养老保险有更强的法律保障，从而帮助他们转变观念，提高参保积极性。

参考文献

[1] 中华人民共和国2016年国民经济和社会发展统计公报[EB/OL]. http://www.stats.gov.cn/tjsj/zxfb/201702/t20170228_1467424.html.

[2] 石人炳，陈宁. 城—城流动人口养老保险参保影响因素研究——基于全国流动人口动态监测数据的分析 [J]. 人口研究，2015 (4): 102-112.

[3] 韩枫. 城镇流动人口社会保障参保率的影响因素研究——基于京津冀流动人口动态监测数据的分析 [J]. 人口学刊，2016 (1): 61-67.

[4] 罗蓉，段娓娓. 城镇化背景下农业转移人口养老保险问题研究 [J]. 当代农村财经，2015 (5): 16-19.

[5] 章莉. 农业转移人口参加城镇职工养老保险的影响因素——基于2008—2010年面板数据的分析 [J]. 中南财经政法大学学报，2016 (4): 149-156.

［6］陈慧敏．农业转移人口参加养老保险的影响因素的 Logistic 回归分析——基于大连市的调查数据［J］．人力资源管理，2015（9）：195－196.

［7］朱垒，李放．农业转移人口养老保险参保行为的代际差异：基于南京市的调查［J］．农村经济，2012（5）：86－90.

［8］姚建平．农业转移人口的社会养老保险参与问题：基于北京、深圳、苏州和成都四城市调查数据分析［J］．天水行政学院学报，2008（5）：36－41.

［9］卢小君．农业转移人口社会养老保险参与行为差异性分析：基于大连市 1 011 例农业转移人口的问卷调查［J］．南京人口管理干部学院学报，2013（4）：33－37.

［10］王济川，郭志刚．Logistic 回归模型——方法与应用［M］．北京：高等教育出版社，2001.

［11］李晓琳．2014 年改革推进情况［J］．中国经贸导刊，2015（1）：24－26.

［12］徐琴，鲍磊．农业转移人口养老保险参保行为及其影响因素分析——基于江苏五市（县）的调查数据［J］．南京师大学报（社会科学版），2009（5）：18－24.

［13］国务院关于实施支持农业转移人口市民化若干财政政策的通知［EB/OL］．http：//www.gov.cn/zhengce/content/2016－08/05/content_5097845.htm.

［14］俞贺楠，蔡泽昊．新型城镇化下农业转移人口养老保险参保需求及满意度研究：基于全国 31 省（自治区、直辖市）数据分析与实证研究［J］．兰州学刊，2015（7）：138－149.

［15］汤兆云．建立相对独立类型的农业转移人口社会养老保险制度［J］．江苏社会科学，2016（1）：32－39.

［16］张小强．新型城镇化视角下影响农业转移人口参与社会养老保险的内在因素分析：以福州市建新镇为例［J］．台湾农业探索，2015（1）：48－54.

户籍人口城镇化进程评价及城际差异分析

——以 50 个地级及以上城市为对象

刘金伟①

一、引言

党的十九大报告提出“以城市群为主体构建大中小城市和小城镇协调发展的城镇格局，加快农业转移人口市民化”，而通过户籍制度改革，打破城乡居民身份限制，是促进农业转移人口市民化的关键。2016 年 10 月 11 日国务院印发了《推动 1 亿非户籍人口在城市落户方案》，要求“十三五”期间，我国户籍人口城镇化率年均提高 1 百分点以上，年均转户1 300 万人以上。到 2020 年，全国户籍人口城镇化率提高到 45%，各地区户籍人口城镇化率与常住人口城镇化率差距比 2013 年缩小 2 百分点以上。这个目标的完成既要全国统筹规划实施，又要根据人口流动规律和区域差距，有针对性地选择一些城市，采取特殊政策，实现重点突破。

一般来说，地级及以上城市是农业转移人口的主要吸纳地，根据《2015 年农民工监测调查报告》，2015 年我国流入地级及以上城市的农业转移人口有 11 190 万人，占农业转移人口总量的 66. 3%。其中，8. 6% 流入直辖市，22. 6% 流入省会城市，35. 1% 流入地级市。跨省流动农业转移人口 80% 流入地级及以上大中城市，省内流动农业转移人口 54. 6% 流入地级及以上大中城市。因此，率先解决好大城市农业转移人口的落户问题，不仅有利于全国目标的实现，而且对于其他城市也将起到重要的示范和带动作用。

本文以 4 个直辖市、5 个计划单列市、27 个省会城市、14 个常住流动人口规模在 100 万以上的地级市为研究对象，通过对其相关人口数据的分析，评估这些城市户籍人口城镇化率的现状、常住人口城镇化率与户籍人口城镇化率的差距以及未来发展趋势。根据评估结果结合目前存在的主要

---

① 国家卫生计生委流动人口服务中心研究员、管理学博士，研究方向：流动人口社会融合。

问题，提出有针对性的对策建议，为“十三五”规划目标的实现提供参考依据。

二、概念界定与评价方法

（一）概念界定

户籍人口城镇化率是相对常住人口城镇化率而提出的一个概念，指拥有本地城镇户籍人口占本地常住人口的比例。[1]主要涉及两个指标的界定：①本地城镇户籍人口。按照公安部的统一部署，2016 年我国取消了农业户口和非农业户口的区分，统一登记为居民户口。户口统一登记后如何辨别城镇人口，公安部给出三条标准：一是长期在城镇居住的人口；二是长期在城镇就业的人口；三是在城镇缴纳社会保险的人口。本地城镇户籍人口就是指拥有本地户籍，同时满足以上三条标准的人口。②本地常住人口。指实际经常居住在某地区一定时间（半年以上，含半年）的人口，包括四部分：户口在本辖区，也在本辖区居住的人；户口在本辖区之外，但在户口登记地居住半年以上的人；户口待定（无户口和口袋户口）的人；户口在本辖区，但离开本辖区半年以下的人。

（二）评价方法与数据来源

1. 评价方法

（1）户籍人口城镇化率：指本地城镇户籍人口与本地常住人口的比值，用公式表示为：$U_h = \frac{P_{uh}}{P_t} \times 100\%$，其中：$U_h$表示户籍人口城镇化率；$P_{uh}$表示本地城镇户籍人口；$P_t$表示本地常住人口。[2]

（2）常住人口城镇化率：指本地城镇常住人口与本地常住人口的比值，用公式表示为：$U_t = \frac{P_{ut}}{P_t} \times 100\%$，其中：$U_t$表示常住人口城镇化率；$P_{ut}$表示本地城镇常住人口；$P_t$表示本地常住人口。

（3）户籍人口城镇化率与常住人口城镇化率差距：指常住人口城镇化率减去户籍人口城镇化率后的差值，用公式表示为：$U_d = U_t - U_h$。

2. 数据来源

本文所需要的数据①包括：①被评估城市 2011 年和 2016 年的统计年鉴数据；②被评估城市国民经济与社会发展计划公布的有关数据；③部分城市“十三五”规划中涉及的相关数据；④2015 年中国城市统计年鉴和人口与劳动就业统计年鉴涉及的部分数据；⑤“六普数据”和 2015 年中国 1% 人口抽样调查数据；⑥2011 年中国流动人口动态监测调查数据。

三、评价结果及分析

（一）城市户籍人口城镇化的现状

被评估的 50 个城市是中国工业化程度高、城镇化步伐推进快、流动人口聚集度高的城市。2015 年这 50 个城市的常住人口总量共 4.013 9 亿人，具有本地城镇户籍的人口有 1.870 9 亿人，按照户籍人口城镇化率公式，这 50 个城市的户籍人口城镇化率为 46.61%。2015 年全国户籍人口城镇化率为 39.90%，这 50 个城市的户籍人口城镇化率比全国平均水平高出 6.71 百分点。根据“十三五”时期全国户籍人口城镇化率达到 45% 的要求，从数据上看已经提前实现了预期目标。

户籍人口的城镇化，特别是农村迁出人口的城镇化，往往是个人社会经济地位提升的结果。[3] 从评估结果来看，户籍人口城镇化率排名前十位的城市分别是珠海市、南京市、西安市、太原市、大连市、青岛市、兰州市、银川市、沈阳市和成都市（见表 1）。排名前十位的城市中，西部地区有 5 个、东北地区有 2 个，东部沿海地区有 3 个。排名前十位的城市具有以下特点：一是本地城镇化推进速度比较快，随着本地城市规模的不断扩大，本地大量农业人口整体转为非农业人口，例如排名第二的南京市在 2013 年就完成了撤县设区，通过区划调整把仅有的两个县纳入城区范围。二是流动人口的规模相对较小，除了成都市和珠海市外，其他城市流动人口占常住人口的比例都相对较低，如西部地区的西安市、太原市、兰州市、银川市和东北地区的沈阳市。三是户籍制度改革比较早，城乡一体化进程推进快。比如排名第一的珠海市是我国最早推行户籍制度改革的地区之一，本地农业户籍人口已全部转为非农业户口；成都市是我国首批全国统筹城乡综合配套改革试验区，城乡一体化进程推进的速度比较快。

---

① 说明：由于在户籍制度改革的过程中，户籍人口的统计口径变化比较大，各地的统计口径也没有统一，本文在数据使用上把非农业人口与城镇户籍人口等同对待。

表1　50个城市户籍人口城镇化率及排名

（单位:%）

排名	城市	户籍人口城镇化率	排名	城市	户籍人口城镇化率
1	珠海市	68.81	26	南宁市	46.76
2	南京市	67.49	27	重庆市	46.11
3	西安市	62.71	28	长春市	45.96
4	太原市	61.28	29	拉萨市	44.18
5	大连市	59.47	30	苏州市	44.09
6	青岛市	58.88	31	惠州市	43.66
7	兰州市	57.99	32	厦门市	43.57
8	银川市	57.71	33	哈尔滨市	43.53
9	沈阳市	57.16	34	石家庄市	42.50
10	成都市	56.56	35	贵阳市	41.93
11	杭州市	54.93	36	泉州市	41.22
12	乌鲁木齐市	54.45	37	海口市	40.84
13	济南市	54.30	38	郑州市	40.10
14	上海市	53.73	39	合肥市	39.36
15	西宁市	53.73	40	呼和浩特市	39.04
16	无锡市	53.56	41	金华市	38.67
17	南昌市	53.23	42	嘉兴市	35.11
18	武汉市	52.94	43	长沙市	34.08
19	佛山市	52.35	44	深圳市	31.20
20	北京市	51.20	45	宁波市	29.66
21	福州市	50.78	46	台州市	26.33
22	广州市	50.44	47	中山市	25.66
23	天津市	49.53	48	榆林市	23.72
24	昆明市	47.58	49	温州市	18.20
25	常州市	47.05	50	东莞市	12.20

排名后十位的城市分别是东莞市、温州市、榆林市、中山市、台州市、宁波市、深圳市、长沙市、嘉兴市和金华市（见表1）。在排名后十位的城市中，除了中部地区的长沙市和西部地区的榆林市外，基本上都是长

三角和珠三角地区的沿海城市。排名后十位的城市具有两个特点：一是外来人口规模大、占比高。比如东莞市、深圳市、宁波市、中山市、嘉兴市、金华市外来人口占常住人口的比重均超过了50%，深圳市外来人口规模超过了800万，宁波市和东莞市超过了400万。二是部分城市城镇化推进速度慢、本地农业人口占比较高。比如温州市、台州市、榆林市和长沙市本地的农业人口比例较高，再加上大量外来人口流入，面临本地农业人口和外来流动人口的双重压力。

从区域间的比较来看，户籍人口城镇化率最高的区域是东北地区的四个城市，平均值为51.53%；其次是西部地区和中部地区的城市，平均值分别为48.65%和46.83%；东部地区的平均值最低，为43.92%。因此，提高我国户籍人口城镇化率的整体比例，东部地区是关键（见表2）。

表2　不同区域城市户籍人口城镇化率比较

地区	均值（%）	城市数量	标准差
东部地区	43.924 4	27	12.886 24
中部地区	46.831 7	6	10.495 25
西部地区	48.651 5	13	10.324 66
东北地区	51.530 0	4	7.953 31
总计	46.110 8	50	11.748 39

（二）常住人口城镇化率与户籍人口城镇化率差距

2015年我国常住人口城镇化率为56.1%，户籍人口城镇化率为39.9%，两者之间的差距是16.2百分点。从被评估的50个城市来看，常住城镇人口为2.991 4亿人，常住人口总量为4.013 9亿人，根据公式计算得出常住人口城镇化率为74.53%，比全国平均水平高出18.43百分点。常住人口城镇化率与户籍人口城镇化率的差距为27.92百分点，比全国平均水平高出11.72百分点，表明其户籍人口城镇化率虽高于全国平均水平，但并没有完成与其人口规模相对应的目标任务。

按照城市常住人口城镇化率与户籍人口城镇化率差距进行排名（差距小的城市排在前面），排名前十位的城市分别为拉萨市、西安市、青岛市、南宁市、长春市、济南市、南京市、重庆市、成都市和西宁市。排名后十位的城市分别为东莞市、深圳市、中山市、温州市、厦门市、佛山市、宁波市、长沙市、海口市与上海市。差距最大的三个城市分别是东莞市为

76.62 百分点、深圳市为 68.80 百分点、中山市为 62.49 百分点。其余的 7 个城市也都在 35～50 百分点之间，远远超过全国平均水平。这些城市都应该采取特殊措施，努力提高本地户籍人口城镇化率，争取在“十三五”期间缩小差距（见表 3）。

表 3　常住人口城镇化率与户籍人口城镇化率差距排名

（单位：百分点）

排名	城市	常住人口城镇化率与户籍人口城镇化率差距	排名	城市	常住人口城镇化率与户籍人口城镇化率差距
1	拉萨市	8.92	26	沈阳市	23.39
2	西安市	10.31	27	惠州市	24.49
3	青岛市	11.11	28	嘉兴市	25.79
4	南宁市	12.55	29	金华市	25.83
5	长春市	12.64	30	武汉市	26.47
6	济南市	13.66	31	呼和浩特市	28.45
7	南京市	13.91	32	郑州市	29.60
8	重庆市	14.83	33	苏州市	30.81
9	成都市	14.91	34	合肥市	31.04
10	西宁市	15.19	35	榆林市	31.28
11	石家庄市	15.80	36	贵阳市	31.32
12	福州市	16.92	37	天津市	33.11
13	银川市	18.09	38	台州市	33.97
14	南昌市	18.33	39	广州市	35.09
15	乌鲁木齐市	18.57	40	北京市	35.31
16	哈尔滨市	19.52	41	上海市	35.37
17	大连市	19.53	42	海口市	36.39
18	珠海市	19.89	43	长沙市	39.40
19	杭州市	20.37	44	宁波市	41.44
20	无锡市	21.84	45	佛山市	42.59
21	泉州市	22.34	46	厦门市	45.32
22	昆明市	22.47	47	温州市	49.80

（续上表）

排名	城市	常住人口城镇化率与户籍人口城镇化率差距	排名	城市	常住人口城镇化率与户籍人口城镇化率差距
23	常州市	22.95	48	中山市	62.49
24	兰州市	22.96	49	深圳市	68.80
25	太原市	23.12	50	东莞市	76.62

从四大区域城市之间的比较来看，东北地区差距最小，均值只有18.77百分点，稍微高于全国平均水平。西部地区的13个城市次之，均值只有19.22百分点。东部地区和中部地区差距较大，东部地区平均达到32.67百分点，城市内部差距也比较大，标准差为16.76。中部地区6个城市平均也达到27.99百分点，比全国平均水平高出11.79百分点（见表4）。

表4　不同区域城市常住人口城镇化率与户籍人口城镇化率差距比较

地区	均值（百分点）	城市数量	标准差
东部地区	32.667 0	27	16.755 28
中部地区	27.993 3	6	7.230 84
西部地区	19.219 2	13	7.568 31
东北地区	18.770 0	4	4.474 42
总计	27.498 0	50	14.446 70

（三）户籍人口城镇化率的进展及趋势

“十三五”时期我国户籍人口城镇化率的目标是每年增加1百分点以上，如果以这50个城市“十二五”期间户籍人口城镇化率的速度作为参照，可以对其“十三五”期间的发展趋势进行分析。根据数据测算，2010年这50个城市户籍人口城镇化率的整体水平为43.50%，2015年为46.61%，“十二五”时期提高了3.11百分点，平均每年增长0.622百分点。如果按照“十二五”期间的速度，完成“十三五”时期每年增加1百分点的目标有很大难度。考虑到这些城市流动人口规模比较大，“十三五”期间必须超过1%的目标，才能在全国目标实现的过程中不拖后腿，因此其任务完成的难度更大。

“十二五”时期户籍人口城镇化率增长幅度最大的是南宁市，其户籍人口城镇化率提高了20.93百分点，平均每年增长4.19百分点。增长幅度超过10百分点的有9个城市，分别为南宁市、西安市、金华市、泉州市、福州市、杭州市、昆明市、石家庄市和成都市。平均每年超过1百分点的有台州市、西宁市、重庆市、常州市、南昌市、深圳市、大连市和郑州市。其余33个城市年增长率均低于1百分点，有13个城市出现了负增长，济南市5年内下降了8.95百分点，广州市、海口市、榆林市、乌鲁木齐市、武汉市、太原市、哈尔滨市户籍人口城镇化率的下降也超过了1百分点（见表5）。

表5　“十二五”时期被评估城市户籍人口城镇化率的变化

（单位：百分点）

排名	城市	户籍人口城镇化率变化	排名	城市	户籍人口城镇化率变化
1	南宁市	20.93	26	兰州市	1.88
2	西安市	18.47	27	珠海市	1.68
3	金华市	18.26	28	合肥市	1.51
4	泉州市	17.05	29	长春市	1.27
5	福州市	13.35	30	东莞市	1.04
6	杭州市	12.95	31	无锡市	0.96
7	昆明市	12.56	32	佛山市	0.80
8	石家庄市	10.54	33	北京市	0.75
9	成都市	10.23	34	呼和浩特市	0.64
10	台州市	8.63	35	中山市	0.53
11	西宁市	8.34	36	惠州市	0.37
12	重庆市	7.73	37	长沙市	0.32
13	常州市	7.49	38	南京市	-0.26
14	南昌市	6.82	39	温州市	-0.46
15	深圳市	6.11	40	沈阳市	-0.73
16	大连市	5.14	41	上海市	-0.79
17	郑州市	5.14	42	贵阳市	-0.91
18	青岛市	3.82	43	哈尔滨市	-1.20

（续上表）

排名	城市	户籍人口城镇化率变化	排名	城市	户籍人口城镇化率变化
19	天津市	2.82	44	太原市	-1.32
20	拉萨市	2.81	45	武汉市	-2.38
21	宁波市	2.68	46	乌鲁木齐市	-3.15
22	苏州市	2.50	47	榆林市	-5.46
23	银川市	2.49	48	海口市	-6.43
24	厦门市	2.49	49	广州市	-6.56
25	嘉兴市	2.48	50	济南市	-8.95

从区域来分析，“十二五”时期户籍人口城镇化率增长最快的是西部地区的13个城市，平均增长了5.89百分点；其次是东部地区的27个城市，平均增长了3.47百分点；增长速度较慢的东北地区和中部地区，5年间分别增长了1.12百分点和1.68百分点（见表6）。

表6 “十二五”时期被评估城市户籍人口城镇化率变化的区域差异

地区	均值（百分点）	城市数量	标准差
东部地区	3.474 9	27	6.630 71
中部地区	1.683 1	6	3.624 97
西部地区	5.888 5	13	8.056 21
东北地区	1.120 6	4	2.885 17
总计	3.699 1	50	6.588 93

四、政策建议

（一）根据不同类别、区域的城市采取差别化的户籍政策

从国家历次户籍制度改革的导向来看，虽然户籍制度总体上是放开的，但国家对不同类型的城市采取了不同的政策控制措施。基本原则是规模越大的城市对户籍控制得越严格，特别是北京、上海、深圳三个城区人口超过1 000万的超大城市，虽然采取了积分落户的政策，但出于人口调控的需要，每年实际能够拿出的入户指标非常有限。实际上这三个城市存

在很大差别，深圳市是以外来人口为主的城市，2015 年常住人口城镇化率已经达到了 100%，但户籍人口城镇化率只有 31.2%，两者之间的差距达到 68.8 百分点。对于这种类型的城市，就应该区别对待，不能用超大城市的户籍政策标准来控制人口。根据本次评估结果，应该把户籍人口城镇化率排名较后、进展速度慢且户籍人口城镇化率与常住人口城镇化率差距较大的城市，列入“十三五”时期户籍制度改革的重点目标，分析存在的实际困难和问题，采取有针对性的政策措施，使更多外来人口能够在本地落户。

从区域来看，东北地区和西部地区是我国人口的主要流出地，随着本地中心城市规模的不断扩大，城市人口总量和规模不足给本地发展带来的影响逐渐显现，这些城市的流动人口以本省范围内的流动为主，流动人口的适应性较强，对于这类城市不仅不应该设置户籍障碍，而且应该通过激励政策鼓励外来人口到本地落户。东部地区是我国人口的主要流入地，2015 年东部地区流动人口总量占全国总量的 74.7%，东部地区的流动人口以跨省流动为主，流动人口融入当地的难度比较大。东部地区的城市要区别对待，城市容纳能力比较强、经济发达和公共服务设施基础较好的城市，可以通过降低户籍门槛等措施，鼓励外来人口在本地落户。对于流动人口聚集程度高、城市容纳能力有限的城市，不能过度追求户籍人口城镇化率的大幅度提高，而应通过居住证制度为流动人口提供基本公共服务。

（二）把重点从解决城乡“二元”分割转向解决区域内外有别上

随着国家户籍制度改革的推进，截至 2016 年，除了西藏自治区和港澳台地区以外，全国 30 个省、自治区和直辖市均出台了户籍制度改革方案，取消了农业户口与非农业户口的区别，实行统一的户籍登记制度。无论在社会福利上还是在基本公共服务上，本地农业居民与城市居民的差距逐渐缩小。也就是说，我们一直强调的以户籍制度为代表的城乡“二元”体制在区域内部正逐渐弱化，特别是在东部沿海开放城市和地区表现得更为明显。

但是由户籍制度造成的区域分割，即本地人和外地人的差距并没有得到有效解决，外地人无论是具有城镇户籍还是农村户籍在流入地城市获得本地户籍的难度均比本地人大得多。从整个国家层面来讲，增加财政支出可以提高户籍人口城镇化率[4]，但由于我国实行的是财政分权制度，地方政府是公共事务的主要承担者，出于地方利益的考虑，它们会在落户以及公共服务的提供上优先考虑本地居民。在这种情况下，越是公共服务和社会福利水平高的地区和城市，户籍准入的条件越高。[5]

从我国流动人口的流动范围来看，流动人口主要从中西部地区流入东部地区，从小城市流入大城市，跨区域流动特别是跨省流动比例很高。提高户籍人口城镇化率的根本目的是让流动人口更好地融入城市，因此未来我国要打破区域壁垒，尽快解决由本地户籍和外地户籍造成的内外有别问题。

（三）要尊重流动人口的意愿和选择，建立“用脚投票”的迁移机制

作为流动人口个体来讲，无论是从农村流入城市，还是从小城市流入大城市，抑或是从西部地区的城市流入东部地区的城市，都是权衡利弊、理性选择的结果。历年流动人口动态监测调查数据显示，近年来我国人口流动出现了相对稳定的趋势：由原来的暂时性流动变成长期性流动，2015年流动人口平均在外流动时间是4.4年，流入的城市相对固定；由原来的个体流动变成了家庭流动，已婚新生代流动人口中，近90%是夫妻双方一起流动，与配偶、子女共同流动的约占60%。[6]也就是说，以新生代农业转移人口为主体的流动人口，选择在哪类城市工作和生活不是盲目的，而是长期考虑和理性选择的结果。

我们利用2011年中国流动人口动态监测调查数据，根据“您是否愿意转为城镇户口”作为落户意愿的衡量标准，计算出50个被评估城市流动人口愿意落户流入地城市的比例。结果表明，流入地城市规模越大，流动人口的落户意愿越强。落户意愿最强的是上海市的流动人口，有68.20%的流动人口表示愿意在上海落户，北京、天津、广州、深圳、大连等城市均排在前列。因此，从流动人口的主观意愿来看，他们更愿意向东部沿海大城市集中，这些城市的共同特征是经济发达，就业机会多，公共服务设施完善，吸纳流动人口的能力强。因此，国家在制定人口调控政策时，要考虑和尊重流动人口的意愿和选择，在政策上向流动人口落户意愿高的地方倾斜，通过消除户籍壁垒，建立“用脚投票”的迁移机制。

（四）要维护农业转移人口的基本权益，从农村内部着手，解除农民进城的后顾之忧

农业转移人口是流动人口的主体，从国外发达国家城市化的历程来看，要想让他们安心地留在城市，必须先要从农村入手，解决他们流入城市的后顾之忧。英国工业化进程中，通过强制型的“圈地运动”使农民与土地永久脱离了联系，并通过实施一系列劳动就业和福利制度让进城农民安心在城市安家。20世纪50年代日本政府通过实施土地调整政策和鼓励

小农户“脱农”政策，为农民永久性进城创造条件，例如日本1952年颁布了《土地法》，允许土地转让，鼓励土地集中经营和农业委托经营。

综合各种调查结果，目前农业转移人口落户城市的意愿不高，主要顾虑是怕户口转移后农村权益得不到保护。主要包括：一是土地的“三权”问题，即农村土地的集体所有权、农户承包权和土地经营权。这些权利都是跟户籍制度直接挂钩的，一旦脱离农村户口也就意味着自己不属于集体成员。在现有的土地制度下，国家提出了土地“确权”“三权分置”等办法。但要打消农民的顾虑，必须通过立法的形式，保证农民离开农村后自己的权益不受到侵害。二是农民的住房和宅基地问题，由于宅基地所有权属于集体，大部分农民是无偿分配获得，农民的住房和宅基地能不能像城市住房一样具有抵押、担保、转让的权利，也是影响农民脱离农村永久进城的关键。

农民进城后担心的另一个问题是能不能在城市立足，如果不能，将来能不能再返回农村。现实的情况是，目前大多数地方农民进城落户相对比较容易，但把城市户口迁回农村地区比较难。目前很多具备城市落户条件的农业转移人口持观望态度，希望国家在政策上能够有所突破。今后户籍制度改革的方向应该是实行统一的户籍登记制度，对于已经进城落户的农民，允许其在一定时期、一定条件下，把户口迁回农村，给予其一定的反悔时间，彻底解除其顾虑，为新型城镇化战略的顺利实施创造条件。

参考文献

[1] 戚伟，刘盛和，金浩然．中国户籍人口城镇化率的核算方法与分布格局［J］．地理研究，2017（4）：616－617.

[2] 李爱民．中国半城镇化研究［J］．人口研究，2013（4）：82.

[3] 侯亚杰．户口迁移与户籍人口城镇化［J］．人口研究，2017（4）：85.

[4] 朱正天，唐礼智．中国户籍人口城镇化空间分异和机制研究［J］．沈阳大学学报（社会科学版），2017（3）：281.

[5] 刘金伟．我国城市户籍开放程度及其影响因素分析——基于全国63个样本城市的评估［J］．国家行政学院学报，2015（5）：94－95.

[6] 国家卫生和计划生育委员会流动人口司．中国流动人口发展报告.2016年版［M］．北京：中国人口出版社，2016：21－57.

农业转移人口城市定居意愿实证研究与市民化推进策略

——基于2015年武汉城市圈农业转移人口动态监测调查数据

张启春[①]　冀红梅[②]

一、引言

全面推进新型城镇化建设、加快农业转移人口市民化是国家“十三五”规划的重大战略部署，也是当前各地政府面临的重大任务。随着新型城镇化战略的推进，“以人的城镇化为核心，加快农业转移人口市民化”已经成为政府以及社会的主流认识。《国家新型城镇化规划（2014—2020年）》《国家“十三五”规划纲要》《国务院关于实施支持农业转移人口市民化若干财政政策的通知》等一系列国家政策相继出台，明确了新型城镇化的发展路径、主要目标和战略任务。《促进中部地区崛起规划（2016至2025年）》支持武汉建设国家中心城市，明确“一中心四区”的战略定位，即全国重要先进制造业中心、全国新型城镇化重点区、全国现代农业发展核心区、全国生态文明建设示范区和全方位开放重要支撑区，规划目标是到2020年全面建成小康社会，常住人口城镇化率达到58%左右，户籍人口城镇化率达到43%左右。“十二五”期间，武汉市净流入人口快速增长，从2011年的174.76万人增至2015年的231.1万人，根据最新城市规模标准，城区常住人口100万以上500万以下为大城市，武汉市2015年净流入人口相当于一座大城市的常住人口，其中以农业转移人口为主。规模庞大的农业转移人口“候鸟式”“钟摆式”的迁移，造成了“三留守”、耕地流失、农村自建房空置等问题，加剧了农村空心化，同时也给城市管理和城市公共服务管理带来困难。《湖北省2016年推进新型城镇化工作重点》明确提出“转移100万农业人口和其他常住人口在城镇落户，户籍人口城镇化率提升1～5百分点；加快城市群建设，完善城市群发展协调机制，推进武汉城市圈一体化进程；培育发展一批中小城市作为城镇化规模优化的主攻方向”。农业转移人口是否响应中央和地方

---

① 华中师范大学公共管理学院教授、博导。
② 华中师范大学公共管理学院讲师，2016级博士研究生。

政府的政策选择定居城市，这个看似农业转移人口的个体选择，却影响着新型城镇化战略的实施。

学术界围绕以农业转移人口为主体的流动人口的城市定居意愿开展了一系列有价值的研究。这些研究主要围绕三个问题展开：第一，流动人口城市定居意愿是高还是低；第二，流动人口城市定居意愿与哪些因素有关；第三，不同区域流动人口长期定居意愿及其影响因素是否存在差异。从定居意愿高低来看，大部分学者认为农业转移人口城市定居意愿比较高，超过50%。国家统计局2006年8月在全国进行的农业转移人口生活质量调查数据显示，55.14%的农业转移人口愿意在城市发展、定居。一项基于长三角、珠三角、成渝以及环渤海四个主要城市化地区调查数据的农业转移人口城市定居意愿分析显示，54.68%的农业转移人口愿意在城市定居，61.79%的农业转移人口在现居地城市有归属感。也有部分学者认为农业转移人口城市定居意愿不高，比较有代表性的是黄乾基于上海、天津、广州、沈阳和昆明五个城市的调查分析，发现仅有26.1%的农业转移人口愿意定居城市。从影响因素研究来看，经济收入是影响农业转移人口城市定居意愿的关键因素，谋求更高的经济收入是在城市长期居留的根本动机和目的。教育程度高、拥有住房产权、居住质量好、流动范围小、流入时间长、对城市生活水平的满意度高、流入地亲人数量多、朋友中的本地人数量多等因素，显著提高了农业转移人口的定居意愿。流动范围对定居意愿有显著影响，城市定居意愿与地理空间距离成负相关关系。拥有城镇居民医疗保险和城镇职工医疗保险对城市定居意愿有显著正向影响，社会保障水平提高，农业转移人口的定居意愿越高。受教育时间越长、未婚、工作需要技能越高以及配偶或恋人在同城的农业转移人口更愿意在城市定居；参与正式住房市场、与本地人的互动、掌握方言的熟练程度不仅直接对城市定居意愿产生正向影响，而且对归属感有积极影响，从而间接提升农业转移人口定居意愿。劳动强度具有反向影响。从流入区域研究来看，不同区域农业转移人口定居意愿的影响因素差异较大。北京市农业转移人口有较强烈的在京定居意愿，在北京居住时间越长、收入越高、就业身份越好，留京意愿越强烈；而性别、受教育程度、婚姻状况等因素影响并不明显。广州市农业转移人口长期居留以及户籍迁移意愿均较高，受教育程度越高、居留时间越长、家庭总消费越高、社会信任度越高的农业转移人口定居意愿越强烈；性别、婚姻状况、流动范围、平均月收入、子女是否随迁对定居意愿影响不显著。湖南省农业转移人口定居意愿也较高，现居地为长沙市、已婚、受教育程度高、家庭净收入高、亲生子女数量多、流动范围小、流动时间长等因素显著提高农业转移人口城市定居意愿；

工作类型对定居意愿影响不明显。目前尚未发现有文献对武汉城市圈这一区域的农业转移人口定居意愿进行研究。由于调查时间、选取样本、提取指标的差异，对农业转移人口城市定居意愿影响因素的分析依然没有形成一致性意见。至于不同地区，农业转移人口定居意愿的影响因素差异大，同一因素对不同地区农业转移人口城市定居意愿的影响也存在差异。农业转移人口如何有效地融入流入地城市，是推进新型城镇化战略的核心问题，其长期定居意愿可以看作是个体对流入地城市各种客观条件进行理性判断的结果。毫无疑问，持有积极的长期定居意愿是农业转移人口市民化的一个前提。因此，本文在已有研究的基础上，选取武汉城市圈数据为样本，对农业转移人口城市定居意愿及其影响因素进行实证分析，以期较为全面地呈现农业转移人口城市定居意愿的影响因素，为推进人口市民化提供决策参考。

二、数据来源与描述性统计分析

本文数据来源于2015年中国流动人口动态监测调查数据库。调查对象是在现居住地居住一个月以上的不具有本区（县、市）户口的且年龄在15~59岁的流入人口，采用分层、多阶段、与规模成比例的PPS方法进行抽样，调查涉及31个省（市、区）和新疆建设兵团。2015年的调查回收有效问卷20.6万份。根据流动人口的户籍类型和现居住地所在城市，筛选获得武汉城市圈①中武汉、黄石、鄂州、黄冈、孝感、咸宁、仙桃、潜江8个城市流入的农业转移人口有效样本量1 853个。

对流入地城市的长期定居意愿是农业转移人口个体根据自身情况对流入地客观条件理性判断的结果，体现了其在流入地的就业情况、收入水平、生活状态，也体现了流入地对农业转移人口的身份认同以及社会接纳。表1呈现的是武汉城市圈不同类型城市的农业转移人口的城市定居意愿。流入武汉城市圈的农业转移人口65.8%愿意在流入地城市长期定居，没想好的占26.0%，不打算在流入地城市长期定居的仅8.2%。农业转移人口流入不同类型城市，其定居意愿差异较大，流入中心城市武汉的农业转移人口定居意愿最高，其后依次是城市圈内中小城市、西翼中心城市仙桃、副中心城市黄石。从调查结果来看，农业转移人口流入地城市长期定居意愿具有很强的省会城市规模偏好。

---

① 武汉城市圈以中部地区最大城市武汉为圆心，覆盖黄石、鄂州、黄冈、孝感、咸宁、仙桃、天门、潜江周边8个城市。武汉城市圈规划武汉为城市圈中心城市，黄石为副中心城市，仙桃为西翼中心城市。2015年中国流动人口动态监测调查数据中没有统计天门市数据。

表1　武汉城市圈不同类型城市的农业转移人口的城市定居意愿

（单位:%）

城市类型	您是否打算在本地长期居住（5年以上）			
	打算	不打算	没想好	合计
中心城市——武汉	67.8	7.4	24.8	100
副中心城市——黄石	51.2	17.1	31.7	100
西翼中心城市——仙桃	57.6	24.2	18.2	100
中小城市——城市圈内其他城市	62.9	7.7	29.4	100
合计（n=1 853）	65.8	8.2	26.0	100

在调查问卷中提取指标，并对指标进行分类整理。具体包括：第一，将出生年份划分为四个区间，即1970年以前出生（70前）、1970—1979年出生（70后）、1980—1989年出生（80后）、1990—1999年出生（90后）；第二，婚姻状况指标中初婚和再婚合并为已婚，丧偶、离异、未婚合并为单身；第三，受教育程度指标中研究生、大学本科、大学专科合并为高等教育，初中、高中、中专合并为中等教育，小学及以下合并为初等教育；第四，由于物价水平差异，为了能够较准确反映经济因素对农业转移人口定居意愿的影响，引入家庭支出收入比、恩格尔系数和住房支出收入比三个指标；第五，就业单位性质指标中机关事业单位、国有及国有控股企业、集体企业合并为事业单位/国有企业，个体工商户、私营企业合并为个体/私营企业，港澳台资企业、外商独资企业、中外合资企业合并为合资企业。

表2给出了相关变量统计描述。人口变量中，男性占57.2%，“70后”和“80后”占67.5%，已婚占90.8%，平均流动年限5年，最长流动年限30年，有两个子女的家庭占93.9%，子女随迁率达70%以上，农业转移人口流动呈现家庭化流动特征。家庭流动除了考虑流入地就业机会、经济收入外，子女的教育问题是农业转移人口家庭面临的主要问题。农业转移人口自身受教育程度不高，9.4%的农业转移人口的受教育程度为初等教育，84.2%为中等教育，6.4%为高等教育。进一步细化统计发现，具备高等教育水平的农业转移人口样本119个，平均年龄30岁，66%的就业单位是个体/私营企业，大学专科占比77.3%，大学本科占比22.7%；50个样本现居住地为武汉市中心城区，其中受教育程度为大学本科的仅占22%。这一部分农业转移人口绝大多数是高等教育体系中较低的专科层次，且就业时间较短，工作不稳定，由于城市落户政策及其他条件

的限制，仍然没有实现户籍城镇化。从流动范围来看，武汉城市圈农业转移人口省内流动占 71.5%，省内流动相对于跨省流动成本低，政策障碍小，相似的生活习惯使其更容易融入流入地，因此农业转移人口倾向于短距离流动。

经济变量中，家庭月平均收入均值 6 766 元、中值 6 000 元、众数 5 000元。2015 年湖北省城镇高收入家庭月平均收入均值 9 708 元，低收入家庭月平均收入均值 2 264 元，全国农业转移人口月平均收入均值 3 072 元，这表明武汉城市圈农业转移人口收入并不低。家庭月平均住房支出均值 1 031 元，问卷统计显示 13.9% 的家庭有单位提供住宿，住房支出为零，51.8% 的住房支出低于 1 000 元，34.2% 的住房支出高于 1 000 元。一份来自中房网的数据显示，2016 年武汉市住房平均租金 28 元/月・平方米，仅相当于北京的 40%、上海的 42%，位列全国大中城市第 17 位，远远低于一线城市，也低于杭州、南京等二线核心城市。但是近两年武汉市房价逐年走高，农业转移人口家庭城市购房压力仍很突出。家庭月平均食品支出均值 1 572 元，若以恩格尔系数①衡量生活富裕程度，73.6% 的家庭达到小康及以上水平。家庭月平均总支出均值 3 826 元，总支出中扣除食品支出和住房支出后仍有 1 223 元用以满足其他生活支出，家庭月平均总收入扣除月平均总支出后剩余 2 940 元。

社会变量中，就业身份是雇主和自营劳动者的占 64.7%，就业单位性质是个体/私营企业的占 78.5%，农业转移人口流入城市后仍然面临着类似于城乡的二元经济结构，城市居民拥有较好的就业、居住和生活条件，而农业转移人口就业主要集中在城市工作条件及保障较差的非正规部门。医疗保险属于社会保障的范畴，是政府提供的一种重要公共服务，流入地政府对农业转移人口是否实施医疗保障政策可以看作其是否愿意接纳流动人口的一项指标。是否参加医疗保险、参加何种医疗保险、在何处参加医疗保险，均影响农业转移人口的切身利益。武汉城市圈流入的农业转移人口 77.4% 参加新型农村合作医疗保险，新型农村合作医疗保险由卫生部门承担管理职能，旨在保障农民获得基本卫生服务，缓解农民治病经济压力，以县级为统筹单位；1.6% 参加城乡居民合作医疗保险，湖北省城乡居民合作医疗保险是在整合城镇居民医疗保险和新型农村合作医疗保险过渡期间运行的医保政策，由人力资源和社会保障部承担管理职能；4.7% 参加城镇居民医疗保险，参保的前提条件是拥有城镇户籍；11.7% 参加城

① 恩格尔系数是家庭食品支出总额占家庭消费支出总额的比重。恩格尔系数达 59% 以上为贫困，50% ~59% 为温饱，40% ~50% 为小康，30% ~40% 为富裕，低于 30% 为最富裕。

镇职工医疗保险，城镇职工医疗保险是社会保险五大险种之一，参保范围广、不受户籍限制、统筹层次高，个人和单位共同负担缴费；参加公费医疗人数为零，公费医疗是国家为保障国家工作人员而实行的一种免费医疗制度，其享受对象主要是在国家预算内获得工资并在编制内的工作人员，较高的门槛致使农业转移人口无法进入该体系。

表2　主要变量的描述性统计

变量名称	变量赋值	频数	百分比（%）	平均值	标准差	最小值	最大值
城市圈城市选择	1 = 武汉	1 347	72. 7	1. 71	1. 22	1	4
	2 = 黄石	82	4. 4				
	3 = 仙桃	33	1. 8				
	4 = 城市圈内其他城市	391	21. 1				
人口变量							
性别	1 = 男	1 059	57. 2	1. 43	0. 49	1	2
	2 = 女	794	42. 8				
婚姻情况	1 = 已婚	1 682	90. 8	1. 09	0. 29	1	2
	2 = 单身	171	9. 2				
第一个子女现居地	1 = 随迁	1 247	67. 3	1. 5	0. 78	1	3
	2 = 户籍地	280	15. 1				
	3 = 其他	326	17. 6				
第二个子女现居地	1 = 随迁	531	71. 5	1. 37	0. 64	1	3
	2 = 户籍地	147	19. 8				
	3 = 其他	65	8. 7				
代际	1 = 70 前	338	18. 2	2. 48	0. 95	1	4
	2 = 70 后	553	29. 8				
	3 = 80 后	698	37. 7				
	4 = 90 后	264	14. 2				

（续上表）

变量名称	变量赋值	频数	百分比（%）	平均值	标准差	最小值	最大值
受教育程度	1 = 高等教育	119	6.4	2.03	0.4	1	3
	2 = 中等教育	1 560	84.2				
	3 = 初等教育	174	9.4				
流动范围	1 = 市内跨县	345	18.6	1.9	0.68	1	3
	2 = 省内跨市	980	52.9				
	3 = 跨省	528	28.5				
流动原因	1 = 务工经商	1 692	91.3	1.09	0.282	1	2
	2 = 其他	161	8.7				
本次流动时间（年）				5	4.612	1	30
第一次离开户籍地时间（年份）				2004	7.23	1972	2015
经济变量							
家庭月平均收入（元）				6 766	4 632	1 000	100 000
家庭月平均总支出（元）				3 826	2 334	500	50 000
家庭月平均食品支出（元）				1 572	840	0	6 500
家庭月平均住房支出（元）				1 031	1 051	0	10 300
家庭支出收入比				0.59	0.18	0.06	1.29
住房支出收入比				0.15	0.12	0	0.9
恩格尔系数				0.435	0.162	0	1

（续上表）

变量名称	变量赋值	频数	百分比（%）	平均值	标准差	最小值	最大值
社会变量							
就业身份	1 = 雇主	109	5.9	2.29	0.571	1	3
	2 = 自营劳动者	1 089	58.8				
	3 = 雇员	655	35.3				
就业单位性质	1 = 事业单位/国有企业	107	5.8	3.18	1.099	1	6
	2 = 股份/联营企业	67	3.6				
	3 = 个体/私营企业	1 455	78.5				
	4 = 合资企业	24	1.3				
	5 = 其他	200	10.8				
医疗保障							
新型农村合作医疗保险	1 = 参保	1 435	77.4	1.23	0.418	1	2
	2 = 未参保	418	22.6				
城乡居民合作医疗保险	1 = 参保	30	1.6	1.98	0.126	1	2
	2 = 未参保	1 823	98.4				
城镇居民医疗保险	1 = 参保	87	4.7	1.95	0.212	1	2
	2 = 未参保	1 766	95.3				
城镇职工医疗保险	1 = 参保	216	11.7	1.88	0.321	1	2
	2 = 未参保	1 637	88.3				
公费医疗	1 = 参保	0	0	2	0	1	2
	2 = 未参保	1 853	100				

三、模型回归结果与结论

农业转移人口对“您今后是否打算在本地长期居住（5 年以上）”问题的回答选项是“打算”“不打算”“没想好”，为方便数据处理，本文将选择“没想好”的受访对象归为“不打算”。采用二元 logistic 模型作为实证分析模型，具体模型如下：

$$\log \frac{p}{1-p} = \alpha + \beta_1 x_1 + \beta_2 x_2 + \cdots + \beta_k x_k$$

公式中 p 为农业转移人口打算长期居住的发生概率，x 是解释变量，α 是常数项，β 是自变量的待估计系数，Exp（β）是优势比 OR，表示农业转移人口打算长期居住概率与不打算长期居住概率的比值。在既定的参照水平下，优势比大于 1 意味着变量可以显著提高农业转移人口愿意长期居住的概率水平。

综合考虑人口、经济、社会变量对武汉城市圈农业转移人口城市定居意愿的影响，利用软件 SPSS19.0 对实证模型进行估计，获得实证研究结果见表 3。

（一）模型回归结果分析

流入武汉城市圈的农业转移人口城市定居意愿高，但是模型的回归结果表明不同类型城市对定居意愿影响有很大差异。以武汉城市圈内其他城市为参照样本，农业转移人口定居武汉市意愿最强，高于城市圈内其他城市 30%（$p<0.1$，$OR=1.3$）；定居副中心城市黄石的意愿低于城市圈内其他城市（$p<0.1$，$OR=0.456$），西翼中心城市仙桃对定居意愿影响不显著（$p>0.1$）。武汉城市圈内农业转移人口具有强烈的省会城市规模偏好，这与张翼（2011）、孙中伟（2015）的研究结果一致，农业转移人口迁移并非单纯地进入城市，而是考虑到该城市的经济、社会资源以及未来发展空间。武汉市在城市圈内具有明显的优势，就业机会、工资收入、教育、医疗、交通、城市设施、基本公共服务均是城市圈内其他城市无法比拟的。

人口变量中，性别和婚姻情况未通过显著性检验（$p>0.1$），不是城市定居意愿的显著影响因素。子女现居地是城市定居意愿的显著影响因素（$p<0.1$），子女随迁与否对定居意愿的影响比较复杂，第一个孩子随迁（$p<0.1$，$OR=0.477$）、第二个孩子留在户籍地（$p<0.1$，$OR=0.682$）均降低了农业转移人口城市定居意愿。农业转移人口第一个孩子的年龄众数是 5 岁，已接近接受义务教育年龄，尽管湖北省坚持“以流入地政府管理为主、以公办中小学为主，保障进城务工就业农民子女接受义务教育”的原则，并制定了促进随迁子女在流入地接受义务教育的措施，但是各市限于财政约束，具体实施情况各有差异，随迁子女在流入地入学仍存在困难；第二个孩子的年龄众数是 3 岁，孩子留守在户籍地由祖辈照顾虽然能够节约家庭在城市的生活支出，但是由于祖辈的精力有限、农村生活条件

较差、父母情感牵挂等原因，年龄较小的子女留守农村，降低了农业转移人口的城市定居意愿。代际对定居意愿的影响较为复杂，以 90 后为参照组，70 后通过显著性检验（$p<0.1$，$OR=1.429$），其定居意愿比 90 后高。90 后新生代农业转移人口人力资本积淀薄弱、社会资本难与老一代农业转移人口竞争、就业质量低，因而融入城市困难，游走于城市之间的“流动”特征突出[9]；70 后老一代农业转移人口在城市已经有一定的经济资本和社会资本，所以老一代农业转移人口城市定居意愿强于新生代农业转移人口。“70 前”“80 后”未通过显著性检验。高等教育（$p<0.1$，$OR=1.816$）显著提高农业转移人口城市定居意愿，具备高等教育水平的农业转移人口竞争力更强，人力资本优势明显，更容易进入收入较高的行业。流动范围、流动原因和第一次离开户籍地时间均通过显著性检验（$p<0.1$），对城市定居意愿有积极作用。与跨省流动相比，市内跨县（$p<0.1$，$OR=1.599$）、省内跨市（$p<0.1$，$OR=1.339$）的农业转移人口城市定居意愿高，这可能是因为现居地与原籍差异不大，迁移成本低，融入难度小，因此呈现出近距离流动特征。外出务工经商相比于其他流动原因，显著提高了武汉城市圈农业转移人口的城市定居意愿，说明现居地较好的就业机会对农业转移人口拉力大。流动时间越长，第一次离开户籍地时间越久，留在城市的意愿越弱，结合代际因素分析，流动时间越长其年龄越大，其“落叶归根”的返乡愿望越强。由人口变量分析结果可知，70 后、高等教育水平、省内流动对农业转移人口城市定居意愿有正向影响，流动时间长、学龄子女随迁、低龄子女留守有反向影响，性别、婚姻情况影响不显著。由此可见，人力资本较高的农业转移人口城市定居意愿更强，所以通过教育、培训提升人力资本能够有效促进农业转移人口在城市定居。

经济因素是人口流动迁移的重要影响因素，人口流向某一地区的决策是对流入地与流出地生活条件进行比较后的结果。农业转移人口在考虑是否长期定居城市时，经济条件是维持城市生活的前提和保障。相关研究运用“推拉理论”模型对中国人口流动进行分析，指出巨大的经济驱动力是促使大规模流动人口形成的主要动力[16]。然而通过对武汉城市圈数据的分析，发现家庭支出收入比、恩格尔系数和住房支出收入比均未通过显著性检验（$p>0.1$），这与传统观点不一致。前文统计结果显示，农业转移人口家庭月收入在扣除食品支出、住房支出①后还会有部分剩余，武汉城市

① 数据库中的“住房支出”统计资料没有区分租房支出、购房支出。

圈的农业转移人口家庭收入高于农村家庭收入水平，均值达到武汉城镇家庭收入中等水平。近年武汉城市圈经济运行状况较好，发展速度快，农业转移人口家庭收入随之提高，若无城市购房打算，当前收入已不是其维持当前城市基本生活的限制条件，所以武汉城市圈的现实仍符合经典模型，经济条件和生活条件的改善是人口流入的拉力。但是比较住房支出与武汉城市圈的房价和房租，我们发现农业转移人口城市居住条件和质量有待提高。相对于城市高企的房价，大部分农业转移人口城市购房愿望仍然难以实现，随着农业转移人口年龄的增长，将会出现城市居留意愿减弱而返乡愿望增强的情况。因此，在考虑收支水平与房价存在巨大差距的情况下，经济因素的统计指标不是定居意愿的显著影响因素。只有在收支水平、保障性住房、公积金等因素的相互作用下，解决好农业转移人口的城市住房问题，经济因素才会对定居意愿有显著影响。

社会资本是人们在社会结构中所处的位置给他们带来的资源，并以关系网络的形式存在。社会资本与人力资本、经济资本一样，对农业转移人口发展具有重要作用。社会资本通过个体的社会地位表现出来。就业身份作为社会地位的主要表现形式，显著影响农业转移人口的城市定居意愿。相对于雇员，雇主具有积极的城市居留意愿，比雇员高 70% 多（$p<0.1$，$OR=1.759$）；自营劳动者城市居留意愿也比雇员高近 40%（$p<0.1$，$OR=1.371$）。这表明较好的就业身份能够获得较好的城市生活资源，能够较好地解决城市住房、子女教育等问题，增强城市定居意愿。就业单位性质未通过显著性检验（$p>0.1$）。医疗保障体系中的新型农村合作医疗保险（$p>0.1$）、城乡居民合作医疗保险（$p>0.1$）、城镇居民医疗保险（$p>0.1$）均未通过显著性检验。新型农村合作医疗统筹层次低、保障水平低，城乡居民医疗保险是城乡医保一体化改革期间的过渡性政策，城镇居民医疗保险以户籍为参保依据，这三类社会医疗保险对农业转移人口的城市居留意愿影响不显著。城镇职工医疗保险却对城市定居意愿有反向影响（$p<0.1$，$OR=0.644$），单位参保必须同时办理“养老、医疗、失业、工伤、生育”五险，缴费负担较重。以武汉市为例，依据 2016 年 7 月至 2017 年 6 月武汉市职工最低社保缴纳基数（最低缴纳基数为上年度平均工资的 60%），每月最低社保费用 1 299.39 元，单位承担社保费用 958.89 元、个人承担 340.5 元，由于缴费基数不同社保缴费也不同。由社会变量的分析结果可知，较好就业身份对城市定居意愿具有正向影响，参加城镇职工医疗保险具有反向影响，就业单位性质、参加新型农村合作医疗保险、参加城乡居民合作医疗保险、参加城镇居民医疗保险影响不显著。这

表明只有提高社会保障水平、降低缴费负担、实现城乡医疗保险一体化，才能够对农业转移人口的城市定居意愿产生积极影响。

表3　模型回归结果

自变量	模型：武汉城市圈农业转移人口定居意愿			
	B	*S. E.*	*Sig.*	Exp（*B*）
城市圈城市选择			0. 001	
武汉	0. 263	0. 143	0. 066	1. 300
黄石	－0. 786	0. 270	0. 004	0. 456
仙桃	－0. 092	0. 401	0. 817	0. 912
人口变量				
性别	－0. 029	0. 110	0. 792	0. 971
婚姻情况	－0. 344	0. 275	0. 211	0. 709
第一个子女现居地			0. 000	
随迁	－0. 741	0. 174	0. 000	0. 477
户籍地	－0. 296	0. 199	0. 136	0. 744
第二个子女居住地			0. 132	
随迁	0. 101	0. 135	0. 453	1. 106
户籍地	－0. 383	0. 228	0. 094	0. 682
代际			0. 328	
70 前	0. 201	0. 243	0. 406	1. 223
70 后	0. 357	0. 213	0. 094	1. 429
80 后	0. 289	0. 185	0. 119	1. 335
受教育程度			0. 109	
高等教育	0. 597	0. 312	0. 056	1. 816
中等教育	0. 090	0. 196	0. 645	1. 095
流动范围			0. 011	
市内跨县	0. 469	0. 171	0. 006	1. 599
省内跨市	0. 292	0. 124	0. 019	1. 339
本次流动时间	－0. 112	0. 017	0. 000	0. 894
流动原因	0. 198	0. 092	0. 032	1. 219
第一次离开户籍地时间	－0. 024	0. 009	0. 007	0. 976

（续上表）

自变量	模型：武汉城市圈农业转移人口定居意愿			
	B	*S. E.*	*Sig.*	Exp（*B*）
经济变量				
家庭支出收入比	0.422	0.347	0.223	1.526
住房支出收入比	-0.637	0.568	0.262	0.529
恩格尔系数	-0.347	0.363	0.339	0.707
社会变量				
就业身份			0.024	
雇主	0.565	0.256	0.027	1.759
自营劳动者	0.316	0.137	0.021	1.371
就业单位性质			0.517	
事业单位/国有企业	0.364	0.330	0.269	1.440
股份/联营企业	-0.155	0.336	0.646	0.857
个体/私营企业	0.005	0.176	0.979	1.005
合资企业	0.921	0.619	0.137	2.512
医疗保障				
新型农村合作医疗保险	-0.045	0.203	0.825	0.956
城乡居民合作医疗保险	-0.249	0.464	0.592	0.780
城镇居民医疗保险	-0.433	0.334	0.194	0.648
城镇职工医疗保险	-0.441	0.266	0.098	0.644

（二）研究结论

通过对模型回归结果的分析，可以得出以下结论：

（1）农业转移人口定居选择偏好大城市，呈现由大到小的层级性。中国城镇化推进路径一直存在“中小城市优先”还是“大城市优先”的争论。持“中小城市优先”观点的学者认为，农村剩余劳动力首先选择低成本转移渠道，中小城市是农村和大城市的连接点，是构筑农村剩余劳动力转移的第一级“蓄水池”[17]，农村剩余劳动力的流动层级应是镇、中小城市、大城市、特大城市这样的由小到大的序列[18]；但是也有一些学者认为大城市化或者大都市圈模式才是中国最优的城镇化模式[19]，大城市在资源利用、经济发展、城市建设、公共服务等方面具有规模优势。基于对武汉城市圈数据的分析，我们发现农业转移人口偏好大城市，符合“大城市优先”的观点，在城市选择上呈现由大到小的层级，首选城市圈中心城市，其次是圈域内中小城市。武汉是长江经济带核心城市、国家中心城市，具备经济与服务的规模优势，与圈域内中小城市相比，拥有更多的经济、教育、文化、医疗资源，尽管中小城市物价低、生活压力小，但为了获得更多的公共资源，农业转移人口依然倾向于大城市。因此，重点发展武汉市的城镇化道路更能得到农业转移人口的积极响应，但这并不意味着忽视城市圈中小城市，而是应该通过发展武汉市来带动和辐射中小城市。

（2）农业转移人口定居意愿是外部环境、自身条件等多种因素共同作用的结果。基于对武汉城市圈数据的分析，70 后、高等教育、省内流动、较好就业身份对定居意愿有正向影响，流动时间长、学龄子女随迁、低龄子女留守、城镇职工医疗保险具有反向影响，性别、婚姻情况、家庭支出收入比、住房支出收入比、恩格尔系数、就业单位性质、参加新型农村合作医疗保险、参加城乡居民合作医疗保险、参加城镇居民医疗保险影响不显著。在以中等教育程度为主体的农业转移人口中，具备高等教育程度的人口其获取城市生活资源的能力更强，定居意愿呈现出和受教育程度正相关的关系，这与前文提到的北京流动人口定居意愿分析结果不一致。农业转移人口流动范围越小，则适应流入地城市生活的能力越强，能够较好地融入流入地，定居意愿也越强，这与前文提到的广州流动人口定居意愿分析结果不一致。北京、广州、湖南流动人口分析结果显示农业转移人口流动时间越久，定居意愿越强，然而流动时间对武汉城市圈不同年龄段的人口定居意愿影响不同。雇主和自营劳动者能够在城市中获取维持家庭生活的资源，城市定居意愿更强，这与北京、广州、湖南的分析一致。当前武汉城市圈内随迁子女的教育、流入地的社会保障等公共服务问题对定居意愿影响较突出。

（3）流入地基本公共服务缺位弱化了农业转移人口定居意愿，阻碍了农业转移人口的市民化进程。家庭化流动首先需解决的是随迁子女在流入地的教育问题，但是随迁子女在流入地入学仍存在入学门槛高、享受教育资源不平等问题。武汉城市圈流入的农业转移人口 77.4% 参加新型农村合作医疗保险，城市“看病难、看病贵”仍是困扰农业转移人口的突出问题，之所以仍有大部分农业转移人口滞留在农村保障系统内，原因在于社会保障跨制度、跨区域转移、接续存在着政策性和制度性障碍，整合进程缓慢。当前中国的财政分权以及基于政绩考核下的地方政府竞争，造成了地方政府公共支出结构“重基本建设、轻公共服务”的明显扭曲。基础设施投资能够直接促进经济增长，而基本公共服务不能直接促进经济增长，且其效应在短期内也无法体现，此外地方政府在跨区域经济互动上表现出较强的地方保护主义，因此流入地政府没有积极性和动力为农业转移人口提供公共服务。

四、政策建议

从全面推进新型城镇化建设、加快农业转移人口市民化的目的出发，笔者依据农业转移人口的城市定居意愿实证分析结果，提出如下推进策略：从经济、空间布局、政府基本公共服务出发，以产业结构优化与经济增长互动为基础，以武汉城市圈协同发展提升城市圈综合承载能力为支撑，以城镇基本公共服务常住人口全覆盖为保障，打造促进农业转移人口市民化的经济、政策以及社会环境，解决好农业转移人口非农就业、子女教育、社会保障、住房建设等问题。

（1）优化产业结构，推动经济持续稳步增长，为农业转移人口提供稳定的就业机会，营造良好的经济环境。农业转移人口市民化的关键问题在于就业，稳定的非农就业收入是农业转移人口进入城市的动力和原因。经济发展到一定阶段能促进产业结构优化升级，产业结构优化升级又是经济增长的主要推动力。湖北省“十一五”期间综合经济实力快速增长，全省生产总值年均增长 13.9%，改革开放以来首次明显高于全国水平，第一、二、三产业比重为 13.6：49.1：37.3。“十二五”期间全省生产总值年均增长 10.7%，经济总量跨越提升，“十二五”期末，地区生产总值逼近 3 万亿大关，跃居全国第 8 位，第一、二、三产业比重为 11.2：45.7：43.1[24]。制造业依然是湖北省重要的支柱和优势产业，第三产业对经济社会发展的贡献不断提高。“十二五”期间服务业新增就业占全省新增就业的 46.6%，服务业已经成为吸纳就业的“蓄水池”。因此，武汉城市圈应以武汉市建设国家中心城市为契机，以全国经济中心、高水平科技创新中心、商贸物流中心和国际交往中心四大功能为支撑，集聚优势资源，实施“一中心四区”战略。落实湖北省“十三五”规划，着力加强供给侧结构改革，化解钢铁、造纸等行业过剩产能，以智能制造为主攻方向，重点发展高档数控机床及系统、机器人、智能光电子设备、智能增材制造装备、智能交通运输装备、智能医疗装备和智能制造核心基础设施七大领域。巩固和提升武汉市现代服务业核心城市功能，推动金融、软件信息、商务服务、科技服务等生产性服务加快发展，促进现代物流、现代商贸等流通服务转型升级，扩大文化服务、健康服务等社会服务有效供给。以产业结构优化为基础的经济持续稳步增长，将为农业转移人口提供较多的就业机会，吸引农业转移人口的流入；农业转移人口流入也对流入地房地产市场、消费、就业、城市规模效应等方面有正面影响，有利于流入地的繁荣和经济增长。

（2）依托长江经济带战略机遇，统筹武汉城市圈协同发展，引领长江经济带中游城市群崛起，提升农业转移人口市民化的综合承载能力。武汉城市圈地处长江经济带“一轴、两翼、三极、多点”格局的轴带腹地，是推动长江上中下游协同发展、东中西部互动合作的战略支点，是促进中部地区全面崛起和长江经济带建设的重要增长极。《促进中部地区崛起规划(2016至2025年)》中指出，坚持以城市群为主体形态，以城市综合承载能力为支撑，加快新型城镇化步伐。城市圈的实质是经济一体化，关键是产业分工[25]。中心城市通过增长极的示范效应和辐射效应，引领城市圈的持续健康发展。武汉城市圈利用中心城市的优势资源，在优化投资环境的同时提高城市圈内各地区间的资源配置效率，以完善基础设施、提升中心城市功能、促进协作为重点，深入推进武汉城市圈协同发展。从纵向来看，武汉市与圈域内其他城市之间需在制造业和服务业上形成合理的分工，制造业逐步由武汉市向副中心城市、西翼中心城市以及圈域内其他中小城市转移，武汉市则以第三产业，特别是现代服务业为主导。从横向来看，武汉城市圈的各个城市也要依据一定的产业关联和功能互补，立足自身优势，打造优势特色产业，实现圈域内产业结构转型升级和融合，构建产业新体系。同时，在体制改革、自主创新、节能减排、优化结构等领域统筹推进，着力推进圈域一体化、同城化，提升城市圈综合承载能力，为进一步深入推进新型城镇化战略提供有力的支撑。从省级层面加强部门间政策制定和措施实施的协调配合，推动户籍、土地、财政、住房、教育、社会保障等相关政策形成合力，确保城市圈内的政策联动，营造农业转移人口“进得来、留得住、过得好”的政策环境。以产业布局和政策合力为抓手，兼顾区域生态容量和农业转移人口市民化的社会效益，引导农业转移人口有序流动以及在城市圈内不同层级的城市间合理分布，形成大中小城市协同发展的城市结构体系，进而全面提高农业转移人口市民化的质量。

（3）推进城镇基本公共服务常住人口全覆盖，促进农业转移人口市民身份转换。农业转移人口市民化能够促进居民消费和固定资产投资增长，提高服务业比重，优化经济结构，提升经济增长速度[22]。流入地政府应改善公共支出结构，增加公共服务投资，更加突出以人为本，增加对农业转移人口的公共服务支出，包括农业转移人口的子女教育、社会保障和就业、公共医疗和卫生等民生支出，推进保障性住房建设，加大公共产品供给，降低公共产品的拥挤性，将农业转移人口纳入基本公共服务范围，推进内涵型人口市民化进程。城镇基本公共服务均等化是农业转移人口市民化的重要保障，是增进流入地社会融合的重要手段。结合武汉城市圈的现实和实证分析结果，考虑政府的财政支付能力以及农业转移人口对基本公共服务的关注度，可以按以下顺序分步骤向农业转移人口提供均等的城镇基本公共服务：①将农业转移人口及其他常住人口随迁子女义务教育纳入公共财政保障范围，实行以居住证为主要依据的随迁子女入学和升学考试政策，确保农业转移人口随迁子女平等接受教育的权利；②加大对农业转移人口就业的支持力度，实施农业转移人口技能提升计划，积极提供职业指导、介绍、培训及技能鉴定等公共就业服务和扶持政策；③积极推进城镇基本养老、基本医疗、最低生活保障等方面的制度衔接，落实城乡基本医疗保险关系转移接续、异地就医结算等政策，试点跨省医保结算；④将符合条件的农业转移人口纳入流入地城镇住房保障范围，流入地政府应加大相关投入，在向农业转移人口提供租房服务上下功夫。流入地政府解决好子女教育、社会保障、住房建设问题，加强就业服务支持，有利于农业转移人口扎根城市，更有利于其市民身份的转换。

参考文献

[1] 国家统计局课题组．城市农业转移人口生活质量状况调查报告［J］．调研世界，2007（1）：25－30.

[2] 王玉君．农民工城市定居意愿研究——基于十二个城市问卷调查的实证分析［J］．人口研究，2013（4）：19－32.

[3] 黄乾．农民工城市定居意愿的影响因素——基于五城市调查的实证分析［J］．山西财经大学学报，2008（4）：21－27.

[4] 孙鹃娟，刘洋洋．北京市农民工的群体特征及其留京意愿探讨［J］．北京社会科学，2015（9）：76－80.

[5] 梁士绅．流动人口定居意愿影响因素分析［J］．人口与社会，2016（2）：63－74.

[6] 王良健，陈坤秋，王奔．流动人口城市定居意愿及其影响因素研究——基于湖南省流动人口动态监测数据［J］．调研世界，2016（7）：21－26.

[7] 杨东亮．东北流出流入人口的城市居留意愿比较研究［J］．人口

学刊，2016（5）：34－44.

［8］石智雷，施念．新型城镇化进程中农业转移人口的长期保障与市民化研究［J］．学习与实践，2016（4）：50－58

［9］杨菊华．90后流动人口社会融合困难［N］．中国社会科学报，2015－11－18.

［10］董延芳，刘传江，胡铭．新生代农业转移人口市民化与城镇化发展［J］．人口研究，2011（1）65－73.

［11］谢建社，张华初，罗光容．广州市流动人口四种迁移意愿的统计分析［J］．统计与决策，2016（6）：106－109.

［12］湖北省统计局．湖北省统计年鉴2016［EB/OL］．http：//www. stats－hb. gov. cn/info/iIndex. jsp？cat_ id＝10055.

［13］中国社会科学院．中国劳动保障发展报告2016［EB/OL］．http://marx. cssn. cn/zk/zk_ zkbg/201610/t20161013_ 3233176_ 2. shtml.

［14］张翼．农民工"进城落户"意愿与中国近期城镇化道路的选择［J］．中国人口科学，2011（2）：14－26.

［15］孙中伟．农民工大城市定居偏好与新型城镇化的推进路径研究［J］．人口研究，2015（5）：72－86.

［16］李强．影响中国城市流动人口的推力与拉力因素分析［J］．中国社会科学，2003（1）：125－136.

［17］宋林飞．中国农村劳动力的转移与对策［J］．社会学研究，1996（2）：105－117.

［18］符钢战．中国：劳动力市场发育的经济分析——从微观到宏观［M］．上海：上海人民出版社，1992.

［19］王小鲁．中国城市化路径与城市规模的经济学分析［J］．经济研究，2010（10）：20－32.

［20］省政府办公厅．湖北省服务业发展"十三五"规划［EB/OL］．http：//gkml. hubei. gov. cn/auto5472/auto5473/201704/t2017040 1_977381. html.

［21］辜胜阻，李华，易善策．均衡城镇化：大都市与中小城市协调共进［J］．人口研究，2010（5）：3－11.

［22］国务院发展研究中心课题组．农业转移人口市民化对扩大内需和经济增长的影响［J］．农业经济研究，2010（12）：4－17.

城镇化、房价与流动人口户籍迁移

董丽霞[①] 边彩云[②] 赵文哲[③]

一、引言

近年来，由于美国次贷危机的冲击，我国经济增长从高速换挡到中高速，并逐渐进入“新常态”。过去30多年高速增长的经济使得我国居民人均收入水平大幅升高的同时，也导致了地区发展失衡和收入分配不公等问题。面对经济增长的“新常态”，要实现经济持续增长，避免掉入“中等收入陷阱”，我国需要寻找新的经济增长动力。2015年12月，中共中央召开了中央城市化工作会议，会议提出要推动以人为核心的新型城镇化，发挥扩大内需的最大潜力，从而促进我国经济社会健康发展。

我国城镇化建设较快的增长开始于1994年体制改革。根据国家统计局和发改委公布的数据，1995—2016年的20年间，中国城镇人口比重增加了28%左右，年均增长1.33百分点。截至2016年末，我国城镇常住人口占比已达到57.35%。虽然我国城镇化率增长较快，但相比欧美发达国家，我国城镇化率并不算高，并且存在着人口城镇化落后于土地城镇化、户籍人口城镇化率远低于常住人口城镇化率的特征。

在我国，土地城镇化领先于人口城镇化（桂江丰等，2012；范进、赵定涛，2012）。在1981—2015年间，城市建成区扩大了6倍，而城镇人口数只是原来的3.6倍。土地城镇化与人口城镇化的不平衡也造成了城市的土地利用率低下、城市发展方式粗放等问题（陆铭，2011）。因此，加快人口城镇化，实现土地城镇化与人口城镇化的协调发展在“新常态”下的

① 中国社会科学院经济研究所副研究员，研究方向为教育经济学，收入分配、劳动经济学，邮箱：donglixiabest@163.com。

② 中国石油大学（北京）中国能源战略研究院硕士研究生，邮箱：bianyuan1513@163.com。

③ 中央财经大学经济学院副教授，研究方向为经济增长和人口转型、城市公共财政与区域经济、人口流动与城镇化，邮箱：zwenzhe@163.com。

城镇化建设中至关重要。

户籍人口城镇化率低于常住人口城镇化率是我国城镇化的另一特点。国家发展改革委员会发布的《国家新型城镇化报告 2015》指出，截至 2015 年末，我国户籍人口城镇化率仅为 39.9%，比常住人口城镇化率少 16.2 百分点。这部分流动人口在城市就业与居住却未加入城镇户籍，因此无法享受与当地居民同等的公共服务和社会福利。一方面，这导致了企业雇佣劳动力的成本较低（范剑勇等，2015），加速了经济增长与城市化过程；另一方面，也造成了农业转移人口利益缺乏保障，收入分配不公等问题，成为城市可持续发展的阻力（陶然、徐志刚，2005）。

近些年来，国内对人口迁移和劳动力流动的研究大部分关注迁移或者流动的原因和后果（王格玮，2004；李培，2009；李楠，2010；郭云南、姚洋，2013；邢春冰等，2013；潘静、陈广汉，2014；刘生龙，2014；张耀军、岑俏，2014），而相对较少关注常住流动人口的城市落户意愿问题，因此，对于户籍城镇化问题的研究也比较少。

户籍人口城镇化率较低其中一个重要的原因是户籍制度阻碍了常住人口的市民化。一些研究指出，我国目前的户籍制度是阻碍人口流动的重要原因（路易龙，2008；梁琦，2013）。为了合理分配有限的公共服务资源和争夺发展所需的投资和人才，不同区域的城市设置了不同的落户条件和门槛，东部城市的落户门槛普遍较高（陈筱等，2011）。这种户籍制度会带来一些不利影响，因此户籍制度改革会带来很多好处，张伟进等（2014）认为适当的户籍制度改革可以降低农业转移人口迁移成本，提高城乡居民消费与收入，缩小城乡差距，而朱江丽、李子联（2016）指出，改革会促进在城市工业部门务工的农业转移人口的市民化，改革后户籍人口城镇化率将先经历快速上升而后减速增长，直至达到相对稳定。目前，我国户籍改革调整体现出落户渠道增加、决定权下放和准入条件筛选性明显等特点（吴开亚等，2010），未来深化户籍改革还需实行更加有效的措施，如根据落户成本施行差别化的户籍开放和土地开发政策，让中小城市和小城镇成为吸纳人口进城落户的主要场所（王平、肖文，2011），或给予农民在土地和城镇社会保障之间的自由选择权（陶然、徐志刚，2005），以及实行户籍对价来解决迁移劳动力的土地退出和城市安置问题（张良悦，2011），更深层次的建议是缩小城市之间的经济社会发展水平差距，避免人口向大城市过度集中，然后逐步消除城市内部基于户籍身份的福利差异，以此实现农业转移人口市民化所带来的内需增长红利（邹一南，2015）。

但也有研究认为，当前户籍制度改革对于引导农业转移人口流动方面作用很有限（孙文凯等，2011）。事实上存在着一些农业转移人口并不愿意将自己的户口“非农化”的现象，即他们从主观上并不愿意进行户籍迁移。具体原因包括不愿放弃农村承包地和相关优惠政策，城内高房价、高物价会带来巨大的生活压力（张翼，2011）、子女教育压力和自身人力资本不足会导致就业的压力（黄江泉、李晓敏，2014）等。并且不同特征的人群的迁户意愿也有所差别，年龄、婚姻状况、受教育程度、本地滞留时间、迁入地家庭相对经济地位、家庭成员比、流出地和流入地特征以及社会融合程度等都对落户意愿有所影响（张翼，2011；胡陈冲等，2011），稳定的收入和好的保障水平也是影响流动人口做出永久迁移决定的重要原因（朱宇，2004）。此外，一些地域性和制度性因素也很关键，农业转移人口在城市户籍迁移问题上存在大城市和本省偏好，同时他们在城市中遭遇的诸多不公平待遇迫使其通过落户来寻求制度保障，以改变其在城市的生活境遇（蔡禾、王进，2007）。因此，政府应该针对不同特征的流动人口和不同的户籍迁移行为模式制定更为有的放矢的政策措施，逐步实现流动人口的有序城镇化（胡陈冲等，2011）。

但是，目前的研究都没有明确指出我国城镇化背景下房价的升高对于流动人口落户意愿的影响。随着 20 世纪 90 年代末我国城镇化的加速以及住房政策的市场化改革，我国房价水平不断升高。图 1 显示了 1999—2016 年全国商品住宅季度平均销售价格及季度增长率（名义值）。1998 年我国进行住房商品化改革，开启了商品房涨价的大幕。1999 年第一季度全国商品住宅平均销售价格仅为 1 865 元/平方米，而 2016 年第四季度已上升到了7 203元/平方米，增长了大约 3 倍。其中，大城市商品住宅销售价格增长更快。如图 2 所示，35 个大中城市商品住宅平均销售价格从 1999 年的2 529元/平方米增长到 2016 年的 10 502 元/平方米，北京、上海等地商品住宅平均销售价格超过 2. 5 万元/平方米，深圳更是超过了 4 万元/平方米。

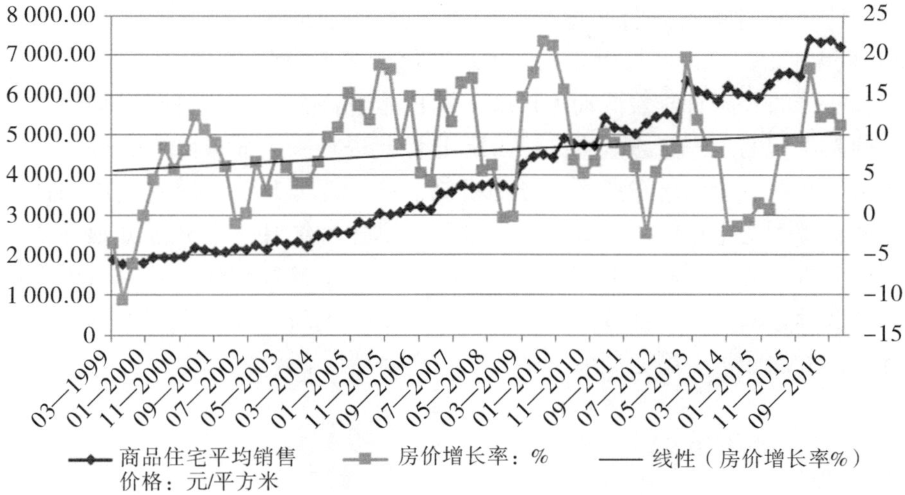

图1 1999—2016 年全国商品住宅季度平均销售价格（左轴）及季度增长率（右轴）

注：数据来源于 CEIC。

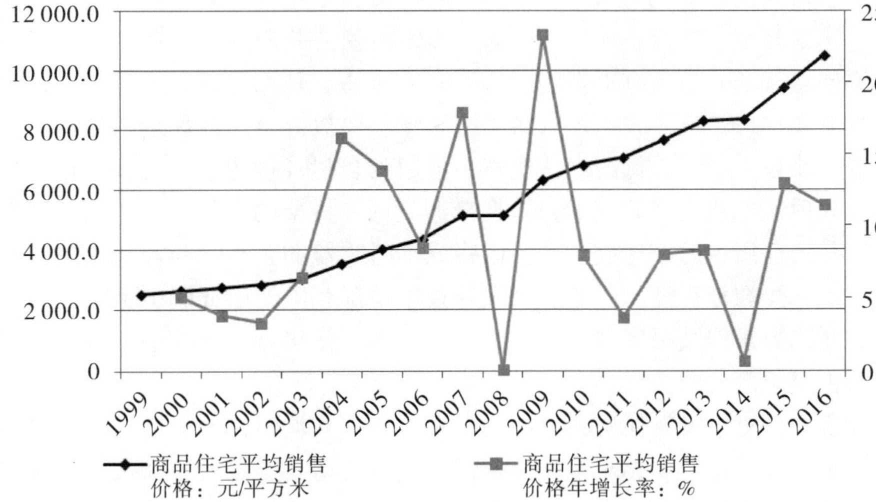

图2 35 个大中城市商品住宅平均销售价格（左轴）及名义增长率（右轴）

注：数据来源于 CEIC.

从增长率来看，从 1998—2008 年，我国平均房价增长率呈明显持续升高的趋势。2008 年全球金融危机后我国房价增长率波动较大，其中增长最快的年份为 2009 年，这主要是因为 2008 年底中央政府大规模的财政刺激计划使得大量资金进入房地产领域，刺激了房价快速升高。此后，经济形势的持续低迷和国家对房地产的调控，使得房价增长率比较缓慢。但从2014 年开始，可以明显看出我国房地产价格又开始大幅升高。

房价的升高意味着流动人口落户的成本升高，因而这可能在某种程度上抑制人们的落户意愿。本文第二部分将要进行一个简单的理论分析，分析房价升高对人们落户意愿的影响机制；第三部分介绍了研究使用的计量模型和相关变量；第四部分对数据进行了描述性统计；第五部分则是初步实证分析，分别用 OLS 模型和 Probit 模型进行了参数估计，并对结果进行了经济学分析；第六部分进一步用工具变量法重新估计了模型参数，并进行了稳健性分析；第七部分总结全文，得出结论。

二、分析框架

从经济学的角度来分析，人们选择是否在城市落户是基于成本与收益权衡后做出的理想选择。在我国二元经济结构下，农村居民向城市迁移并落户既有收益，也有一定的风险和成本。

获得城镇户口的收益主要是能够得到与城镇户口相关的诸多社会保障，例如教育、医疗、住房、养老等多方面的公共服务，这些公共服务的获得使得流动人口具有更强的归属感和安全感，从而提高其幸福程度。而获得城镇户口、成为城市永久居民则意味着要放弃自己在原居住地的一切权益，比如土地、较低的生活成本、舒适的自然环境等，并且在城市负担自己和后代生存发展的成本，如拥挤的交通、污染的空气、孩子的教育费用以及背井离乡的心理成本等。这些成本与收益的大小也与流动人口本身的年龄、受教育程度、职业、收入等基本情况相关，因此影响流动人口落户意愿的因素涉及很多方面。在诸多成本中，住房是影响流动人口落户城市的主要因素之一。

首先，对于没有住房的流动人口来说，要在城市落户，首要考虑的是有一个稳定的住所。相对于农村来说，城市购房具有花费数额大、付款集中化且弹性小的特点。房价升高意味着流动人口落户时往往需要一大笔开支，并且未来多年可能需要不停偿还银行贷款。这对于工资收入本来就不高的流动人口来说是一笔不小的负担，因此，房价升高会抑制流动人口的落户意愿。这种效应可以称为成本效应。

其次，对于已有住房的人来说，房价升高可能意味着家庭名义财富增加，这可能会提高流动人口的落户意愿。而且，如果一个家庭已经在城市购买了住房，这可能意味着子女和配偶也会随迁到城市，为未来获得更多的公共服务，例如子女教育、社会保障等，房价升高会大大刺激流动人口的落户意愿。这种效应可以视为一种财富效应。

成本效应意味着房价升高对户籍迁移的影响是负的，财富效应意味着房价升高对户籍迁移的影响是正的。成本效应和财富效应的发生与流动人口的个人特征和家庭状况等变量有关，因为拥有不同个体特征和家庭状况的流动人口对房价升高的反应是不一样的。

三、模型设计与变量说明

本文运用流动人口动态监测调查数据进行研究。该数据是由国家卫计委人口流动司在全国范围内进行的调查活动，旨在把握我国流动人口总量、结构、分布和变化趋势，引导人口有序流动。调查样本覆盖全国31个省（区、市）和新疆生产建设兵团的410个地、县级单位。该调查采取了分层、多阶段、与规模成比例的PPS抽样方法，抽样方法科学有效，使得调查结果更具有代表性。抽样调查问卷按照流动人口的基本信息、就业状况、居住情况、子女与计划生育服务、社会参与及心理感受五个部分为基本框架进行设计，内容较为全面具体，为各种影响因素的回归分析提供了必要的条件。从2009年开始到现在，卫计委已经进行了7次调查，涵盖了2009—2016年的数据，其中2009年是预调研。但是，关于流动人口落户的问题仅在2011年、2012年和2013年的问卷中出现。2011年和2012年对该问题的调查涵盖了所有的样本，2013年的调查仅包括上海市松江区、苏州市、无锡市、武汉市、长沙市、西安市、泉州市7个城市和地区。这三年的问卷中关于落户意愿的问题大同小异，2011年的问题是“您是否愿意转为城镇户口”，选项是“愿意”“不愿意”和“说不准”；2012年和2013年的问题都是“若没有任何限制，您是否愿意把户口迁入本地”，但选项稍有不同，2012年的选项是“愿意”“不愿意”和“没想好”，2013年的选项更为简洁，只有“是”或“否”两个选项。为了增强可对比性，本文剔除了2011年和2012年问卷中回答“说不准”和“没想好”的样本。我们将落户意愿变量定义为*migra*。如果回答“愿意”或“是”，我们将该变量赋值为1，如果回答“不愿意”或“否”，我们将该变量赋值为0。

为了考察房价升高对流动人口落户意愿的影响，以及流动人口的迁移特征对落户意愿的影响，本文构建如下模型：

$$migra_{it} = \beta_0 + \beta_1 hp_{it} + \beta_2 X + \varepsilon_{it}$$

模型中主要关注的自变量为城市房价变量（hp）。房价变量是供给和需求两个方面决定的，它可能更容易受到人口流动的影响，为了避免这种内生性，我们用房价增长率作为因变量。同时，房价增长率作为因变量的好处是其可以反映人们对未来房价的预期，而房价变量无法做到这一点。在预期功能上，过去连续几年的房价增长率可能比当年房价增长率有更好的作用，因此，我们分别用住房价格当年增长率（hpr）和近三年增长率（av3hpr）两个指标作为核心解释变量。此外，房价增长率的预期可能与本地 GDP 增长率有关，因而我们在回归中也会逐步控制城市 GDP 增长率。住房价格和 GDP 增长数据来自于中国经济数据库，房价增长率根据城市所在省的 2000 年定基 CPI 进行了调整。

方程中变量 *X* 则表示相应的控制变量。居民落户意愿从本质上来说考察的是流动人口永久迁移的意愿，因而在控制变量的设置上与考察人口迁移的文献有相似之处。主要包含四个方面的特征，个人特征方面包括性别、年龄、年龄平方、受教育程度、技能培训、婚姻状态，这些基本特征可能会导致流动人口的思想观念与生活追求的不同，从而对是否在城市落户产生影响；家庭特征包括是否拥有住房和家庭月收入自然对数（以 2000 年定基 CPI 计算），这刻画了流动人口在城市落户之后的生存能力和发展前景。这里的拥有住房是指自己购买的住房，不包括各类租房和集体宿舍。社会保障情况也是影响流动人口落户意愿的重要因素，本文中用是否有本地社会保险和子女是否在本地上学来衡量，社会保险采用的指标是被访者是否在现居地拥有各类保险（包括养老保险、医疗保险、工伤保险、失业保险、生育保险和住房公积金中的任一种），而子女教育采用是否有子女在所在城市上学作为变量。社会融合方面包括人际交往（即是否与当地人交往最多）和在本地的幸福感。一些研究人口迁移的文献发现，流动人口的社会网络和幸福感会提高居民的迁移意向（Polgreen & Simpson，2010；张鹏等，2014）。此外，回归中还控制了流动人口的现居城市性质、流动范围、居留时间等其他因素。上述关于流动人口特征的自变量均来自于 2011—2013 年流动人口动态监测调查数据。变量名称和具体说明如表 1 所示：

表 1　变量说明

变量性质			变量名	变量含义	变量说明
被解释变量			migra	是否愿意迁移户口	愿意或是 =1； 不愿意或否 =0
解释变量	研究变量	住房价格	hpr	实际房价增长率	当年增长率
			av3hpr	实际房价增长率	近三年增长率
	控制变量	个人特征	gender	性别	男性 =1；女性 =0
			age	年龄	16 ~ 59 岁
			ageaq	年龄平方	$ageaq = age^2$
			edu	受教育程度	小学及以下 =1； 初中 =2； 高中及中专 =3； 大专及以上 =4
			skill	技能培训	参加过 =1；未参加 =0
			marriage	婚姻状态	在婚 =1；其他 =0
		家庭特征	house	是否拥有住房	有 =1；无 =0
			lginc	家庭月收入自然对数	$lginc = \log(inc+1)$
		社会融合	relation	人际交往	本地人 =1； 非本地人 =0
			happier	在本地的幸福感	更幸福 =1； 非更幸福 =0
		社会保障	insure	是否有本地社会保险	有 =1；无 =0
			child_ edu	子女是否在本地上学	有 =1；无 =0
		流动特征	rang	流动范围	省际 =1；省内 =0
			time	居留时间	本次在当地居留的时间
		城市特征	gdpr	GDP 增长率	近三年 GDP 增长率平均值

四、样本的描述分析

本文使用的流动人口调查样本均为在本地居住一个月以上，年龄为16～59岁，户口不在本区（县、市）且为农业户口的人群，即我们这里主要关注的是农业转移人口市民化的问题。符合本文研究要求的流动人口监测样本在不同年份数量也不同，且将该数据和中国经济数据库城市数据作合并处理时，一部分城市的数据（如新疆生产建设兵团）因无法匹配而缺失，因此匹配成功后的样本量有一定的减少，但总样本量仍然很可观，最终三年总样本量为158 204个，覆盖200多个地级市。

表2　样本量

	原样本总量	原城市数	可用样本量	最终城市数
2011年	128 000	326	69 374	241
2012年	114 749	336	73 910	248
2013年	16 878	8	14 920	8
总计	259 627		158 204	

注：2013年8个城市分别是：上海市、无锡市、苏州市、泉州市、武汉市、长沙市、西安市、咸阳市。

图3显示了2011—2013年不同类型城市流动人口的落户意愿。从总体上来看，2011年流动人口落户意愿最低，超过47%的流动人口并不愿意把户口迁移到现居城市，而2012年流动人口的落户意愿有所提高，达到了66.3%。2013年所选样本城市仅包含上海市、无锡市、苏州市、泉州市、武汉市、长沙市、西安市、咸阳市8个城市，样本中有52.6%的流动人口愿意落户城市。从城市类型方面来看，普通城市、省会及副省级城市、直辖市的流动人口的落户意愿依次递增，2013年直辖市中有71.5%的流动人口愿意将户口迁到城市，而省会及副省级城市、普通城市则只有50%左右的流动人口愿意在现居城市落户。

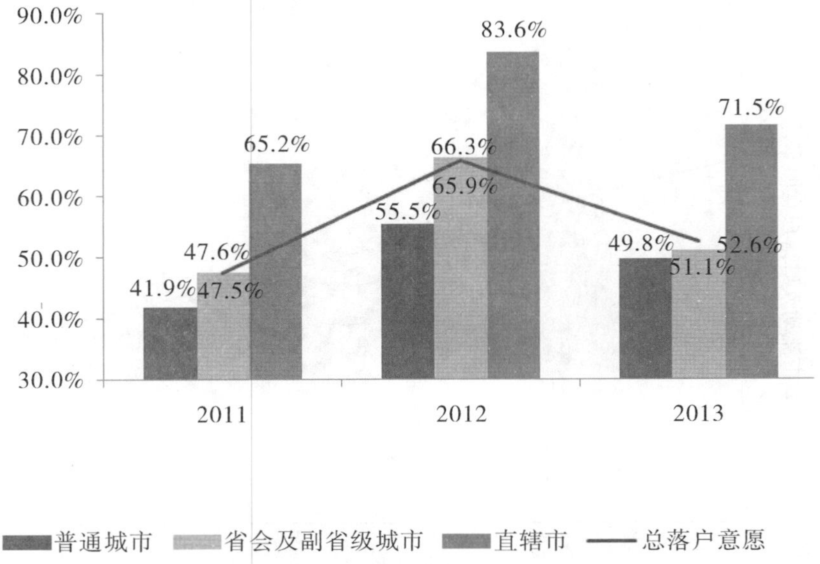

图 3　2011—2013 年不同类型城市流动人口的落户意愿

注：流动人口落户意愿 = 愿意迁移户口到城市的流动人口数/总流动人口数。

图 4 显示了流动人口落户意愿与房价增长率之间的散点图和线性拟合。从中我们可以很清楚地看到，流动人口落户意愿与房价增长率有非常明显的负相关关系。表 3 显示了有住房者和无住房者的落户意愿。从数据来看，拥有住房的流动人口为少数，所有样本中 89. 71% 的流动人口并没有自有房，而是租住房屋或者单位提供住所。其中的原因可以从房价及房价增长率的数据中看出，所有城市三年的平均房价为 7 614 元/平方米，房价最高的城市达到了 21 037 元/平方米，而且房价还在不断地增长，2011—2013 年城市房价增长率平均值为 13% 左右，这样的高房价和高房价增长率使得大多数流动人口承担不起在城市买房的费用。有无住房者愿意落户比例的差异说明了有无住房对于落户意愿的影响，各年有住房者样本中愿意落户的比例均比无住房者高，其中 2013 年差异最大，有住房者愿意落户的比例比无住房者高出 21. 81% 。

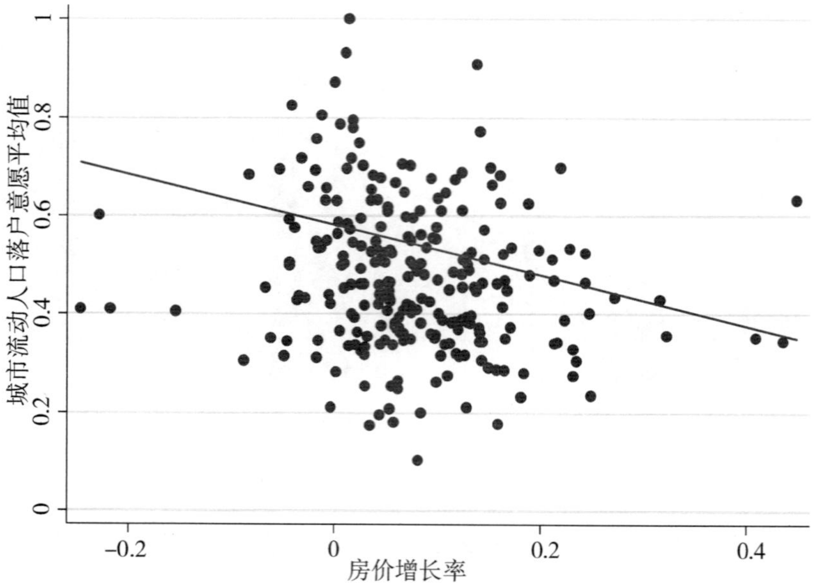

图4　房价增长率与流动人口落户意愿

表3　有无住房及落户意愿的交叉统计

变量	选项	样本量	占总样本比例	愿落户数量	愿落户比例
2011 年	无房	62 318	89. 83%	29 541	47. 40%
	有房	7 056	10. 17%	3 444	48. 81%
2012 年	无房	65 643	88. 81%	42 500	64. 74%
	有房	8 267	11. 19%	6 189	74. 86%
2013 年	无房	13 964	93. 59%	7 149	51. 20%
	有房	956	6. 41%	698	73. 01%
三年合计	无房	141 925	89. 71%	79 190	55. 80%
	有房	16 279	10. 29%	10 331	63. 46%

五、基准回归结果

以上模型是一个以因变量为离散变量的多元回归模型，其参数的估计有多种方法。本文首先使用普通最小二乘法（OLS）对模型进行了基准估计，得到了初步的结果。接下来为了解决因变量为虚拟变量时OLS估计的不适用问题，以便得到更加稳健的结果，又使用了Probit模型进行参数估计，并将其结果与OLS模型相比较。

（一）普通最小二乘回归

表4列出了2011—2013年样本的OLS初步回归结果，回归因变量为流动人口落户意愿（是否愿意将户口迁到城市），主要自变量为经过2000年不变价格调整的房价增长率，第（1）、（3）、（5）列为当年房价增长率，而第（2）、（4）、（6）列为近三年平均房价增长率。其中第（1）、（2）列是分别只加入当年房价增长率、近三年平均房价增长率为自变量的估计结果，并且最后一行2011—2013年样本中加入了年份虚拟变量；第（3）、（4）列中除了前两列的变量，还加入了个人特征、工作与收入、社会保障、社会融合、流动特征和城市特征等方面的12个控制变量；第（5）、（6）列则在第（3）、（4）列的基础上进一步加入了城市GDP增长率。由于同一个城市的样本在经济水平、社会制度、风俗习惯和思想观念等方面有一定的共性，样本间的相关性不可忽视，因此在地级市层面做标准误的调整是必要的，后文的回归均在地级市层面上进行了cluster标准误调整。

表 4　OLS 初步回归主要自变量参数结果

因变量		是否愿意将户口迁到城市					
主要自变量		(1)当年房价增长率	(2)近三年平均房价增长率	(3)当年房价增长率	(4)近三年平均房价增长率	(5)当年房价增长率	(6)近三年平均房价增长率
控制变量		2011—2013 样本中加入年份虚拟变量		性别、年龄及年龄平方、受教育程度、婚姻状态、收入、技能培训、保险、子女教育、人际交往、流动范围、居留时间、年份		在(3)、(4)基础上又加入了城市 GDP 增长率	
主要自变量系数	2011 年 ($n=69\ 374$)	-0.181 (0.200) $R^2=0.003$	-0.206 (0.193) $R^2=0.001$	-0.106 (0.166) $R^2=0.045$	-0.262^{*} (0.156) $R^2=0.046$	-0.087 (0.160) $R^2=0.055$	-0.272^{*} (0.158) $R^2=0.057$
	2012 年 ($n=73\ 910$)	-0.160 (0.135) $R^2=0.001$	-0.444 (0.350) $R^2=0.004$	-0.049 (0.093) $R^2=0.047$	-0.451^{*} (0.264) $R^2=0.051$	-0.094 (0.105) $R^2=0.061$	-0.514^{**} (0.229) $R^2=0.066$
	2013 年 ($n=14\ 920$)	1.335^{***} (0.370) $R^2=0.014$	-1.882^{*} (0.842) $R^2=0.020$	1.483^{***} (0.342) $R^2=0.056$	-2.281^{**} (0.843) $R^2=0.064$	1.308^{***} (0.356) $R^2=0.058$	-2.111^{*} (0.901) $R^2=0.065$
	2011—2013 年 ($n=158\ 204$)	-0.154 (0.139) $R^2=0.033$	-0.325^{*} (0.186) $R^2=0.034$	-0.085 (0.108) $R^2=0.071$	-0.341^{***} (0.145) $R^2=0.074$	-0.085 (0.106) $R^2=0.082$	-0.360^{***} (0.126) $R^2=0.085$

注：括号中是标准误，＊＊＊表示 $p<0.01$，＊＊表示 $p<0.05$，＊表示 $p<0.1$，下同；由于本表涉及多达 24 个回归过程，为节省空间，回归中控制变量和常数项参数值均未列出，但解释力最好的第(6)列的控制变量参数估计值将在下文中给出。所有回归均在地级市层面上进行了 cluster 标准误调整。

从表中结果我们可以看出，除了2013年部分回归外，房价增长的参数均为负数，即房价增长对于落户意愿的影响是负的，当房价增长加快时，流动人口在城市落户的意愿会降低，系数在（-2.281，-0.029）之间波动。2013年，用当年房价增长率衡量房价变动时，房价增长与落户意愿是正相关的，这显然不符合一般的经济规律，这样的结果可能是由样本量较小时内生性更明显造成的，在后面的研究中我们将试图解决这样的问题。

从不同列的差异来看，以当年房价增长率衡量房价时（奇数列），参数几乎都不显著，即回归分析无法识别房价对落户意愿的影响；而当我们采用近三年平均房价增长率为主要自变量时（偶数列），房价对于落户意愿的影响则在1%~10%的水平上显著，且最后一列显著性最好。其中用近三年平均房价增长率衡量房价变动、对三年合并数据进行回归时显著性达到了1%，并且各偶数列参数结果也比较相近（除去2013年）。流动人口对于房价增长的认知往往有一定的滞后性，很难敏感地感知到每一年的即时房价增长率，因此近三年平均房价增长率能够更好地刻画房价对落户意愿的影响。此外，从第（1）到第（6）列的 R^2 值均在递增且第（6）列的显著性水平最好，说明加入更多的自变量时模型对因变量的解释程度逐渐增加，某种程度上来说，第（6）列加入全部控制变量并采用近三年平均房价增长率为主要自变量时对于模型的解释最好，因此后文中将主要针对该列的变量设置进行分析。

除去比较特殊的2013年外，从2011年、2012年及三年合并数据不同样本的结果对比可以得出，不同年份的估计结果差异不是很大，系数的显著性、正负和大小都有一定的相同性，这也初步说明了回归结果的稳健性。

控制变量对于落户意愿的影响也可以被上述回归模型识别，但由于篇幅限制，本文无法显示以上所有24个回归涉及的百余个控制变量系数估计值，而只给出解释力较强的第（6）列所对应的所有变量的参数估计。从表5可以看出，所选自变量大多对于因变量有显著的影响，即性别、年龄、年龄平方、受教育程度、婚姻状态、技能培训、收入对数、保险、子女教育、人际交往、在本地的幸福感、流动范围、居留时间、年份和GDP增长率在多数情况下都会对流动人口的落户意愿产生显著影响；具体来说，女性、高学历、参加过技能培训、高收入、有保险、被提供子女教育、与本地人交往密切、幸福感更强、跨省流动且居留时间更久的群体在城市落户的意愿更强，年龄与落户意愿呈倒U形关系，即年龄适中者落户意愿最高，这些结果与我们的预期均相符合，而婚姻状况则在多数情况下未通过显著性检验，GDP增长率内生性较强，结果与预期不符。

表5　第（6）列（全变量）OLS 回归各年份变量的参数

	2011 年	2012 年	2013 年	2011—2013 年
房价增长率	-0.272*	-0.514**	-2.111*	-0.360***
	(0.158)	(0.229)	(0.901)	(0.126)
性别	-0.019***	-0.016***	-0.004	-0.017***
	(0.006)	(0.005)	(0.007)	(0.004)
年龄	-0.008***	0.006***	0.006	0.000
	(0.002)	(0.002)	(0.004)	(0.002)
年龄平方	0.000***	-0.000***	-0.000*	-0.000
	(0.000)	(0.000)	(0.000)	(0.000)
初中	0.019**	0.025***	0.052***	0.025***
	(0.009)	(0.009)	(0.011)	(0.007)
高中及中专	0.045***	0.060***	0.114**	0.059***
	(0.010)	(0.013)	(0.035)	(0.011)
大专及以上	0.051***	0.105***	0.188***	0.093***
	(0.014)	(0.017)	(0.035)	(0.012)
婚姻状态	-0.021**	-0.005	0.005	-0.010
	(0.010)	(0.013)	(0.013)	(0.009)
技能培训	0.019	0.025***	0.034	0.024***
	(0.013)	(0.008)	(0.024)	(0.006)
收入对数	0.001	0.020***	0.041	0.013***
	(0.006)	(0.005)	(0.024)	(0.005)
保险	0.044***	0.047***	-0.004	0.042***
	(0.011)	(0.014)	(0.024)	(0.010)
子女教育	0.005	0.021*	0.092***	0.025***
	(0.008)	(0.012)	(0.020)	(0.009)
人际交往	-0.039***	0.037***	0.050***	0.006
	(0.014)	(0.009)	(0.010)	(0.009)
在本地的幸福感	0.125***	0.122***	0.090***	0.122***
	(0.010)	(0.018)	(0.023)	(0.010)

（续上表）

	2011 年	2012 年	2013 年	2011—2013 年
流动范围	0.072***	0.013	-0.057*	0.037 *
	(0.024)	(0.022)	(0.025)	(0.022)
居留时间	0.009***	0.011***	0.007***	0.010***
	(0.001)	(0.001)	(0.001)	(0.001)
2012 年				0.106***
				(0.028)
2013 年				-0.127***
				(0.055)
GDP 增长率	-1.152***	-1.564**	-0.764	-1.307***
	(0.410)	(0.607)	(0.666)	(0.481)
常数项	0.792***	0.570***	0.194	0.574***
	(0.092)	(0.136)	(0.232)	(0.100)
R^2	0.057	0.066	0.065	0.085
样本量	69 374	73 747	14 811	157 932

注：本表给出了加入所有控制变量并采用近三年平均房价增长率为主要自变量时，不同年份所对应的变量的 OLS 参数估计。所有回归均在地级市层面上进行了 cluster 标准误调整。

（二）Probit 模型回归

表 6 是加入了所有控制变量并采用近三年平均房价增长率为主要自变量时，采用 Probit 模型得到的变量边际效应系数和标准误。

将 Probit 估计结果与表 5 普通最小二乘结果对比可以看出，二者估计结果很相近，主要自变量的显著性和系数相近，均在 1% ~10% 的显著性水平上显著为负。因此大致可以看出，以上两种模型对于我们研究的落户意愿的二元选择问题所得到的结果基本是一致的，回归结果并不因模型变化而产生很大差异，这也侧面说明了在不考虑内生性的情况下初步回归结果的稳健性和可靠性。

表 6　全变量 Probit 回归边际系数结果

	2011 年	2012 年	2013 年	2011—2013 年
房价增长率	-0.284*	-0.495**	-2.214**	-0.372***
	(0.168)	(0.241)	(0.959)	(0.139)
性别	-0.020***	-0.017***	-0.005	-0.018***
	(0.006)	(0.005)	(0.007)	(0.004)
年龄	-0.008***	0.007**	0.007	0.000
	(0.002)	(0.003)	(0.004)	(0.002)
年龄平方	0.000***	-0.000***	-0.000**	-0.000
	(0.000)	(0.000)	(0.000)	(0.000)
初中	0.020**	0.027***	0.056***	0.028***
	(0.009)	(0.009)	(0.011)	(0.008)
高中及中专	0.048***	0.063***	0.119***	0.064***
	(0.011)	(0.013)	(0.036)	(0.011)
大专及以上	0.054***	0.110***	0.191***	0.101***
	(0.014)	(0.016)	(0.033)	(0.012)
婚姻状态	-0.021**	-0.004	0.005	-0.010
	(0.010)	(0.014)	(0.013)	(0.009)
技能培训	0.020	0.026***	0.035	0.026***
	(0.013)	(0.009)	(0.026)	(0.007)
收入对数	0.001	0.022***	0.044*	0.014***
	(0.006)	(0.005)	(0.026)	(0.005)
保险	0.045***	0.051***	-0.005	0.045***
	(0.012)	(0.014)	(0.026)	(0.010)
子女教育	0.005	0.022*	0.095***	0.027***
	(0.008)	(0.012)	(0.021)	(0.010)
人际交往	-0.040***	0.039***	0.053***	0.006
	(0.015)	(0.010)	(0.010)	(0.010)
在本地的幸福感	0.129***	0.125***	0.094***	0.127***
	(0.010)	(0.017)	(0.023)	(0.010)

（续上表）

	2011 年	2012 年	2013 年	2011—2013 年
流动范围	0.075***	0.015	−0.059**	0.040*
	(0.025)	(0.023)	(0.026)	(0.024)
居留时间	0.010***	0.013***	0.007***	0.011***
	(0.001)	(0.001)	(0.001)	(0.001)
2012 年				0.110***
				(0.029)
2013 年				−0.140**
				(0.061)
GDP 增长	−1.208***	−1.645**	−0.841	−1.408***
	(0.442)	(0.671)	(0.687)	(0.552)
Wald chi2	658.72	803.99		1 747.53
Pseudo R^2	0.042	0.055	0.049	0.065
样本量	69 374	73 747	14 811	157 932

注：本表给出了加入所有控制变量并采用近三年平均房价增长率为主要自变量时，不同年份所对应的变量的 Probit 参数边际系数估计。所有回归均在地级市层面上进行了 cluster 标准误调整。

六、稳健性分析

对于大多数人，买房的费用是一生中最大的一次性支出，流动人口在城市永久居住的最大障碍之一就是无法负担高昂的房价，并且往往城市越发达、居住环境和社会条件越好，房价及房价增长率也就越高，这些因素往往也与落户意愿有直接关系。也就是说，房价增长率高低与当地的经济地位、居住环境、文化氛围、社会制度等方面的遗漏变量高度相关，其中一些因素我们可以用变量衡量，如城市类型、城市 GDP 增长率，而另外一些相关因素如城市的文化氛围可能完全不可观测，此时房价增长率与残差项就会具有相同性，造成内生性问题。同时，如果更多的流动人口打算落户到现居城市，该城市房价也会被抬高，即房价增长和落户意愿可能会相互影响，存在着反向因果关系，也同样会造成内生性问题，从而可能导致结果存在有偏性。因此在这一部分讨论中我们将使用工具变量法，寻找一些与房价增长相关，但不与残差项中的不可观测因素相关的工具变量来进行回归，以期克服回归中可能存在的内生性问题，得到更加可信的结果。

此外，由于房价增长率可能与当地经济地位、居住环境、社会制度等方面的一些不可观测因素相关，若这些因素也会影响落户意愿，就会导致房价增长率与残差项具有相同性。同时，如果更多的流动人口打算落户到所在的城市，将造成住房需求的增加，房价会随着升高，因而落户意愿与房价增长之间也可能存在着反向因果关系。综合上述两个方面的原因，我们认为自变量房价增长可能存在内生性问题，因此在进一步讨论中使用了工具变量法，试图克服内生性问题，得到更加可信的结果。

（一）工具变量回归

为了进一步分析工具变量结果的稳健性，本文使用两类工具变量进行进一步分析，如表7。第一类工具变量实质上是用与回归点相邻的城市房价增长率作为房价增长率的工具变量，即用回归点到其他城市距离平方的倒数对房价增长率进行加权平均，房价增长率分别可以用当年房价增长率和近三年平均房价增长率来衡量，表达公式为：

$$wbin\_hpr = \sum_{j\neq i} \frac{1}{d_{ij}^2} hpr_j$$

$$wbin\_av3hpr = \sum_{j\neq i} \frac{1}{d_{ij}^2} av3hpr_j$$

其中 d_{ij} 表示第 i 个城市与第 j 个城市之间的球面距离，hpr_j 表示第 j 个城市当年房价增长率，$av3hpr_j$ 表示第 j 个城市近三年平均房价增长率。选取相邻城市房价作为工具变量是因为经济发展具有地域性特点，距离越近的城市房价增长相关性越大，距离越远相关性越小，因此工具变量与内生变量的相关性可以得到保证。同时，表达式中的房价均取自其他城市，与本城市的各种不可观测因素显然关系不大，所以直观上来看这些工具变量只会通过影响该城市的房价来影响流动人口的落户意愿，所以我们预期其具有外生性。

第二类工具变量则用土地价格增长率作为房价增长率的工具变量，土地为房屋建设最关键的投入品之一，其价格与房价密切相关，且土地价格相对外生，与回归中的不可观测因素相关性较弱，因此相关性和外生性条件也基本满足。

表7　工具变量说明

类型	解释变量	工具变量
第一类	当年房价增长率	相邻城市当年房价增长率
	近三年平均房价增长率	相邻城市近三年平均房价增长率
第二类	当年房价增长率	当年土地价格增长率
	近三年平均房价增长率	近三年平均土地价格增长率

表8给出了用相邻城市房价作为工具变量进行ivprobit回归的边际系数估计结果，其中奇数列为用相邻城市当年房价增长率作为回归城市当年房价增长率的工具变量，偶数列为用相邻城市近三年平均房价增长率作为回归城市近三年平均房价增长率的工具变量，从结果可以看出，除2013年外，其他年份房价增长均为负影响，即房价增长较快时，流动人口的落户意愿会显著下降，但工具变量识别的负影响比OLS和Probit估计结果更大。

表8　用相邻城市房价作为工具变量ivprobit回归边际系数

	2011年		2012年		2013年		2011—2013年	
当年房价增长率	-1.076 (1.591)		-2.085* (1.216)		10.994 (7.640)		-1.790 (1.291)	
近三年平均房价增长率		-2.492 (1.576)		-7.345** (3.516)		-17.097 (12.930)		-3.689* (1.952)
样本量	69 374	69 374	73 747	73 747	14 811	14 811	157 932	157 932

注：本表列出了用相邻城市房价做工具变量时，各年份ivprobit回归结果中主要自变量的边际系数值。

表9列出了用土地价格作为工具变量进行ivprobit回归的边际系数估计结果，其中奇数列为用当年土地价格增长率作为回归城市当年房价增长率的工具变量，偶数列为用近三年平均土地价格增长率作为回归城市近三年平均房价增长率的工具变量，从结果可以看出，当使用更加合理的近三年平均房价增长率衡量房价与土地价格时，房价对于落户意愿的影响均是负的。

表 9　用土地价格增长作为工具变量 ivprobit 回归边际系数

	2011 年		2012 年		2013 年		2011—2013 年	
当年房价增长率	1.483***		-6.695		0.115		1.560**	
	(0.482)		(1.216)		(8.414)		(0.771)	
近三年平均房价增长率		-3.733		-3.676**		-4.112		-3.949**
		(3.777)		(1.478)		(9.612)		(1.864)
样本量	69 374	69 374	73 747	73 747	14 811	14 811	157 932	157 932

注：本表列出了用土地价格做工具变量时，各年份 ivprobit 回归结果中主要自变量的边际系数值。

表 10 还列出了同时使用土地价格与相邻城市房价工具变量时的结果，同理奇数列为当年房价或土地价格增长率，偶数列为近三年平均房价或土地价格增长率，从表中同样可以看出，当用近三年平均房价增长率衡量时，回归结果仍与前文结果相近。这可进一步说明高昂的房价及较快的增长率是很多流动人口不愿意在城市落户的重要原因，城市的高房价使得流动人口无力负担居住费用，从而不愿意将户口迁到城市并永久居住在城市中。

表 10　同时用两类工具变量 ivprobit 回归边际系数

	2011 年		2012 年		2013 年		2011—2013 年	
当年房价增长率	0.632		-2.087*		10.654		-0.478	
	(0.843)		(1.224)		(7.826)		(1.463)	
近三年平均房价增长率		-2.496		-7.151**		-10.729		-3.692*
		(1.575)		(3.210)		(9.410)		(1.934)
样本量	69 374	69 374	73 747	73 747	14 811	14 811	157 932	157 932

注：本表列出了同时用两类工具变量时，各年份 ivprobit 回归结果中主要自变量的边际系数值。

（二）交叉项

房价对于落户意愿的影响程度在不同特征的群体中可能存在差异，为了识别其对各群体的不同影响，在加入其他所有控制变量的前提下，我们还在回归中加入了若干交叉项。由于使用相邻城市近三年平均房价增长率作为近三年平均房价增长率的工具变量时统计量显示回归效果更好，因此我们使用 ivreg 对 2011—2013 年合并数据进行了交叉项回归分析。

不同年份中，各个交叉项的参数估计结果分布如表 11。结果表明，有无住房、城市类型、流动范围、婚姻状态、受教育程度、年龄、性别与房价的交叉项估计结果显著，表明房价对落户意愿的影响受到这些特征的影响。具体来说，无房、流向普通城市、省内流动、未婚、低学历、年龄小、女性的流动人口对于房价增长更加敏感。这与预期和现实也是相吻合的，具有这些特点的人往往经济条件更差，负担房屋购买成本的能力也更弱，当房价发生变动时，会首先受到影响，因此对于房价增长更加敏感。

表 11　用相邻城市近三年平均房价增长率作为工具变量时交叉项 ivreg 回归结果

	(1)	(2)	(3)	(4)	(5)	(6)	(7)	(8)
房价增长	-1.341*** (0.072)	-2.216*** (0.139)	-4.984*** (0.336)	-1，307 (2 177)	-4.016*** (0.273)	-7.042*** (0.513)	-241*** (73.066)	-2.328*** (0.140)
房价增长*有无住房	0.827*** (0.088)							
房价增长*省会及副省级城市		1.579*** (0.139)						
房价增长*直辖市		1.989*** (0.134)						
房价增长*流动范围			4.688*** (0.331)					
房价增长*收入对数				159 (265)				
房价增长*婚姻状态					3.603*** (0.270)			

(续上表)

	(1)	(2)	(3)	(4)	(5)	(6)	(7)	(8)
房价增长*初中						6.660*** (0.509)		
房价增长*高中及中专						6.547*** (0.508)		
房价增长*大专及以上						6.418*** (0.512)		
房价增长*年龄							14*** (4.417)	
房价增长*年龄平方							-0.204*** (0.062)	
房价增长*性别								1.946*** (0.138)
有无房	-0.065*** (0.012)	0.043*** (0.004)	0.058*** (0.005)	0.724 (1.122)	0.045*** (0.004)	0.037*** (0.004)	0.043*** (0.013)	0.042*** (0.004)
省会及副省级城市	0.071*** (0.003)	-0.139*** (0.019)	0.061*** (0.003)	0.320 (0.399)	0.066*** (0.003)	0.070*** (0.003)	0.056*** (0.012)	0.070*** (0.003)
直辖市	0.193*** (0.004)	-0.083*** (0.019)	0.206*** (0.004)	0.094 (0.191)	0.187*** (0.004)	0.191*** (0.004)	0.131*** (0.026)	0.197*** (0.004)
流动范围	0.021*** (0.003)	0.024*** (0.003)	-0.585*** (0.042)	0.119 (0.174)	0.022*** (0.003)	0.017*** (0.003)	0.051*** (0.014)	0.019*** (0.003)
收入对数		0.013*** (0.002)	0.011*** (0.002)	-21.121 (35.154)	0.015*** (0.002)	0.012*** (0.002)	0.044*** (0.013)	0.012*** (0.002)

(续上表)

	(1)	(2)	(3)	(4)	(5)	(6)	(7)	(8)
婚姻状态	-0.004	-0.013***	-0.009*	0.168	-0.494***	-0.010**	0.009	-0.009***
	(0.004)	(0.004)	(0.005)	(0.301)	(0.036)	(0.004)	(0.015)	(0.004)
初中	0.014***	0.011***	0.004	-0.090	0.019***	-0.919***	0.068***	0.010***
	(0.004)	(0.004)	(0.004)	(0.192)	(0.004)	(0.071)	(0.020)	(0.004)
高中及中专	0.039***	0.035***	0.020***	-0.196	0.040***	-0.874***	0.092***	0.035***
	(0.004)	(0.004)	(0.005)	(0.416)	(0.004)	(0.071)	(0.020)	(0.004)
大专及以上	0.065***	0.061***	0.047***	-0.475	0.065***	-0.834***	0.137***	0.059***
	(0.007)	(0.007)	(0.007)	(0.917)	(0.007)	(0.072)	(0.028)	(0.007)
年龄	-0.000	-0.000	-0.000	0.028	-0.001	0.001	-1.981***	-0.000
	(0.001)	(0.001)	(0.001)	(0.049)	(0.001)	(0.001)	(0.604)	(0.001)
年龄平方	-0.000**	-0.000**	-0.000**	-0.000	-0.000*	-0.000***	0.028***	-0.000***
	(0.000)	(0.000)	(0.000)	(0.001)	(0.000)	(0.000)	(0.008)	(0.000)
性别	-0.011***	-0.010***	-0.007***	0.059	-0.010***	-0.012***	-0.015*	-0.270***
	(0.002)	(0.002)	(0.003)	(0.127)	(0.003)	(0.003)	(0.009)	(0.018)
样本量	158 182	157 932	157 932	157 932	157 932	157 932	157 932	157 932
R^2	0.079	0.046	-0.095	-323	0.011	-0.120	-11.114	0.059

注：交叉项中用到的房价变量均为近三年平均房价增长率。

七、结论

本文利用2011—2013年流动人口动态监测调查数据和2009—2013年中国数据库城市数据研究了房价对流动人口落户意愿的影响。OLS模型、Probit模型以及工具变量法实证分析均表明，城市的房价增长越快，流动人口越不愿意定居该城市，并且工具变量法识别的负影响比OLS模型和Probit模型所得结果更加明显；此外，交叉项分析还发现不同性质的人群中房价的影响程度也不同，具体来说，无房、流向普通城市、省内流动、未婚、低学历、年龄小、女性的流动人口对于房价增长更加敏感。

因此，在中国的城镇化过程中，应加强民生建设，逐步解决流动人口租房、住房贵等问题，提高城市对于流动人口的吸引力，进而才能提高流动人口在城市落户的意愿，进一步推动人口城镇化发展，实现土地城镇化与人口城镇化的协调发展。

（本文发表于《财经问题研究》2018年第6期）

参考文献

[1] 蔡禾，王进．“农民工”永久迁移意愿研究［J］．社会学研究，2007（6）．

[2] 陈筱，彭希哲，张力，等．城市落户条件的区域差异——基于全国46个样本城市的分析［J］．人口与发展，2011（4）．

[3] 范剑勇，莫家伟，张吉鹏．居住模式与中国城镇化：基于土地供给视角的经验研究［J］．中国社会科学，2015（4）．

[4] 范进，赵定涛．土地城镇化与人口城镇化协调性测定及其影响因素［J］．经济学家，2012（5）．

[5] 郭云南，姚洋．宗族网络与农村劳动力流动［J］．管理世界，2013（3）．

[6] 胡陈冲，朱宇，林李月，等．流动人口的户籍迁移意愿及其影响因素分析——基于一项在福建省的问卷调查［J］．人口与发展．2011（3）．

[7] 黄江泉，李晓敏．农民工进城落户的现实困境及政策选择——一个人力资本分析视角［J］．经济学家，2014（5）．

[8] 李楠．农村外出劳动力留城与返乡意愿影响因素分析［J］．中国人口科学，2010（6）．

[9] 李培．中国城乡人口的时空特征及其影响因素［J］．经济学家，2009（1）．

[10] 刘生龙．中国跨省人口迁移的影响因素分析［J］．数量技术经济研究，2014（4）．

[11] 陆铭．建设用地使用权跨区域再配置：中国经济增长的新动力［J］．世界经济，2011（1）．

[12] 潘静，陈广汉．家庭决策，社会互动与劳动力流动［J］．经济评论，2014（3）．

[13] 孙文凯，白重恩，谢沛初．户籍制度改革对中国农村劳动力流动的影响［J］．经济研究，2011（1）．

[14] 陶然，徐志刚．城市化、农地制度与迁移人口社会保障：一个转轨中发展的大国视角与政策选择［J］．经济研究，2005（12）．

[15] 王格玮．地区间收入差距对农村劳动力迁移的影响——基于第五次全国人口普查数据的研究［J］．经济学（季刊），2004（3）．

[16] 王平，肖文．二次城市化、土地开发与经济增长［J］．财经研究，2011（9）．

[17] 张伟进，胡春田，方振瑞．农民工迁移、户籍制度改革与城乡居民生活差距［J］．南开经济研究，2014（2）．

［18］吴开亚，张力，陈筱．户籍改革进程的障碍：基于城市落户门槛的分析［J］．中国人口科学，2010（1）．

［19］邢春冰，贾淑艳，李实．教育回报率的地区差异及其对劳动力流动的影响［J］．经济研究，2013（11）．

［20］张良悦．户籍对价、劳动力迁移与土地流转［J］．财经科学，2011（1）．

［21］张鹏，郝宇彪，陈卫民．幸福感，社会融合对户籍迁入城市意愿的影响［J］．经济评论，2014（1）．

［22］张耀军，岑俏．中国人口空间流动格局与省际流动影响因素研究［J］．人口研究，2014（5）．

［23］张翼．农民工"进城落户"意愿与中国近期城镇化道路的选择［J］．中国人口科学，2011（2）．

［24］中国人口与发展研究中心课题组．中国人口城镇化战略研究［J］．人口研究，2012（3）．

［25］邹一南．户籍制度改革的内生逻辑与政策选择［J］．经济学家，2015（4）．

［26］朱江丽，李子联．户籍改革、人口流动与地区差距［J］．经济学（季刊），2016（2）．

［27］朱宇．国外对非永久迁移的研究及其对我国流动人口问题的启示［J］．人口研究，2004（3）．

［28］BOGUE D J. A migrants-eye view of the costs and benefits of migration to a metropolis［J］. Internal migration, 1977: pp. 167 – 182.

［29］LEWIS W A. Economic development with unlimited supplies of labor［J］. The manchester school of economic and social studies, 1954, 22（2）.

［30］POLGREEN L A & SIMPSON N B. Happiness and International migration［J］. Journal of happiness studies, 2010, 12（5）: pp. 819 – 840.

［31］TODARO M P. A model of labor migration and urban unemployment in less developed countries［J］. The American economic review, 1969, 59（1）: pp. 138 – 148..

［32］STARK O. Research on rural-to-urban migration in LDCs: The confusion frontier and why we should pause to rethink afresh［J］. World development, 1982, 10（1）: pp. 63 – 70.

［33］ZIPF G K. The P1P2/D hpothesis: on the intercity movement of persons［J］. American sciological review, 1946, 11: pp. 677 – 686.

流动人口医疗保险参与及其收入分配效应

张　昭[①]　田　雨[②]　陈　晶[③]

一、引言

流动人口（Migrant Population）这一概念与中国的户籍制度有着密切关系，其界定范围一般为户口登记地与居住地分离，但长期居住的人口（张展新、杨思思，2013）。国家统计局在对流动人口的统计中，分为人户分离人口和流动人口，其中前者的覆盖范围相对更广。随着我国城镇化进程的不断推进，现阶段的流动人口主要以从农村向城镇地区流动的人口为主。根据国家卫计委发布的《中国流动人口发展报告 2016》显示，我国流动人口规模达 2.47 亿人，每 6 个人当中就有 1 个流动人口，流动人口成为我国总人口中不可忽视的一个群体。目前，我国城镇化水平相比于西方发达国家还有差距，保持一定量的流动人口数量，有利于促进人口的流动和剩余劳动力资源的合理分配。自 2014 年以来，我国流动人口数量却出现了下降趋势（如下图所示），这是否意味着今后城镇化进程将会减速还有待考证，但流动人口数量下降背后的原因值得思考。大城市的高房价、高消费固然加重了人口合理流动的成本，但流动人口福利水平的改善，如医疗保险的参与情况等，也可能是流动人口规模下降的原因之一。流动人口因其迁移性、工作的不稳定性等特点，其医疗保障状况和整体福利状况的改善不仅对于我国整体福利的改进具有重要贡献，而且还将有利于促进人口的合理流动，加速城镇化水平。

① 北京师范大学经济与工商管理学院博士研究生，邮箱：zzhang@ mail. bnu. edu. cn。
② 国家卫计委流动人口服务中心助理研究员。
③ 国家卫计委流动人口服务中心研究员。

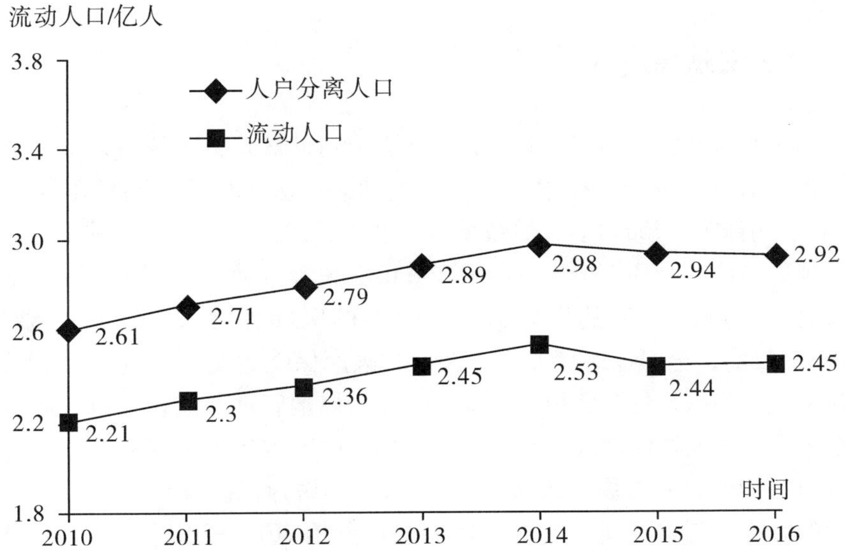

我国流动人口数量变化趋势图

注：数据来自国家统计局。

我国早在20世纪80年代末就开始逐步推进医疗保险制度，1998年，我国政府颁布了《关于建立城镇职工基本医疗保险制度的决定》，开始在全国建立城镇职工基本医疗保险制度。截至目前我国基本建立了三种类型的医疗保险制度：一是适用于企业职工的劳保医疗制度；二是适用于机关事业单位工作人员的公费医疗制度；三是适用于农村居民的合作医疗制度。目前并未有专门针对流动人口的医疗保险制度，其医疗保险的参与主要还是纳入以上三种医疗保险之中。相对于拥有流入地户籍的人口而言，流动人口在医疗保险的参与方面属于弱势群体，其医疗保险参与比例较低（王亨等，2015）。随着我国医疗保障体系的不断完善，近年来，流动人口医疗保险的参与比例在不断提升，据《中国流动人口发展报告2016》显示，2015年，89.3%的流动人口至少参加一种医疗保险，比2011年提高21百分点。

医疗保险参与比例提高将有利于改善流动人口整体的健康状况，进而也会影响其劳动参与情况和劳动生产率。因此，流动人口医疗保险体系的完善也可能会通过影响流动人口劳动生产率而间接影响其收入水平。本文着重考察流动人口医疗保险参与对其收入水平的影响，旨在通过分析流动人口的医疗保险参与的收入再分配效应探寻我国流动人口规模变化的原因。研究意义在于既为流动人口的医疗保险体系的完善提供参考，又从医疗保险参与的收入再分配效应的视角为流动人口数量的变化提供解释。

二、文献综述

由于我国并没有国家层面的关于流动人口的医疗保险体系，很多城市结合自身的发展情况，探索出了关于流动人口医疗保险参与的不同模式（李孜、杨洁敏，2009）。在城镇化的大趋势下，流动人口也在不断地融入流入地的经济社会环境中，因而很多城市在关于流动人口的医疗保险制度的设计上，倾向于将其作为一种过渡性的医疗保险政策（樊士德等，2016）。目前，全国各地有关流动人口的医疗保险制度在一定程度上减轻了流动人口的医疗保险负担，但医疗保险的属地管理与流动人口的流动性存在矛盾，因而对流动人口医疗支出负担的改善效果还是要低于流入地户籍人口（周钦、刘国恩，2016）。流动人口的医疗保险参与意愿受到多种因素的影响。刘志军和王宏（2014）通过分析 2011—2012 年两次全国流动人口动态监测调查数据发现，影响流动人口参与医疗保险的因素呈现出多元化态势，性别、年龄、婚姻状况、流动经历、定居意愿以及所在社区流动人口比重等都可能影响流动人口参与医疗保险的意愿。

医疗保障制度是社会保障制度的重要组成部分，合理的医疗保障制度不仅能使医疗资源在城乡、不同收入阶层之间合理分配（李佳佳等，2013），还将对收入分配起到调节作用。例如，Finkelstein 等（2012）通过对美国俄勒冈州的医疗补助计划（Medicaid）进行评估发现，医疗补助计划改善了低收入群体的预防保健情况，并使其自我承担的医疗支出明显减少，改善了其福利状况。Spadaro 等（2013）关于西班牙的相关研究也证实了医疗服务收入再分配效应的存在，Spadaro 等发现医疗服务支出的补助影响了居民的可支配收入，在减贫和改善社会公平方面效果显著。目前我国的医疗保障制度还在不断完善之中，医疗保险对收入分配的调节作用还比较微弱（金彩红，2005）。李永友和郑春荣（2016）研究了公共医疗服务的收入再分配效应，发现新医改之后，公共医疗服务地区向最低收入群体有所倾斜，但其产生的再分配效应并不是在最低收入组和最高收入组之间。甚至有研究发现（初可佳，2015），我国的社会医疗保险的发展在一定程度上存在逆向分配的效应，扩大了收入差距。

关于流动人口医疗保险参与的收入再分配效应的相关研究目前还比较少。邓曲恒（2007）在比较城镇居民与流动人口收入差距时指出，歧视是造成流动人口和城镇居民收入差距的主要原因。由于目前医疗保险体系的管理具有属地性（周钦、刘国恩，2016），这在很大程度上对流动人口构成了歧视，如其享受的公共医疗服务在很大程度上受到限制将导致其医疗支出的相对负担要高于流入地的户籍人口，因而其扣除医疗支出以外用于满足生活其他需求的可供支配的收入将会减少。因此，流动人口的医疗保险制度在影响收入再分配方面是一把“双刃剑”。当医疗保险制度的设计有助于缓解较低收入的流动人口的医疗支出负担时，医疗保险参与意愿的提升将会缩小流动人口内部的收入差距，进而也会缩小全社会整体的收入差距，反之，当医疗保险制度的设计没有降低流动人口的医疗支出负担时，尤其是某些潜在的“歧视”增加了流动人口医疗支出的相对负担时，参与医疗保险并不会缩小流动人口的收入差距。

本文在前人有关医疗保险参与的收入再分配效应研究的基础上，基于北京师范大学中国收入分配研究院关于“中国收入分配调查项目”（CHIP）2013 年的调查数据，以流动人口为研究对象，考察其医疗保险的参与对其收入水平的影响，并分析医疗保险参与对于不同收入阶层的流动人口的收入再分配效应。研究的边际贡献体现在：首先，考察流动人口医疗保险参与意愿的影响因素，分析流动范围、工作单位性质、劳动合同性质以及与本地人相比的生活水平和幸福感等因素对流动人口医疗保险参与意愿的影响；其次，分析流动人口医疗保险参与意愿对其收入水平的影响，并分析背后的原因；再次，比较医疗保险参与意愿对于不同收入阶层的流动人口收入水平影响的差异，并分析医疗保险参与的收入再分配效应背后的原因。

三、研究设计与变量说明

（一）计量模型

根据以上理论模型，构建医疗保险对流动人口收入影响的计量模型如下：

$$\ln y_i = \beta_0 + \beta_0 \cdot medicare + \lambda \cdot Z_i + \mu_i$$

上式中，$\ln y$ 为流动人口收入水平的对数，*medicare* 为医疗保险参与情况（参与取 1，未参与取 0），Z 为一组与流动人口收入水平相关的控制变量。当估计参数 β_1 为正时，表明参与医疗保险将有助于流动人口收入水平的提升，反之，当 β_1 为负时，表明参与医疗保险并没有起到提升流动人口收入水平的效果。

进一步地，为了考察参与医疗保险对处于不同收入阶层流动人口收入水平的影响，即流动人口医疗保险参与情况的收入再分配效应，这里以流动人口收入水平的对数 $\ln y$ 为被解释变量，各维度下的特征变量 X 为解释变量，构建分位数回归模型如下（Koenker，2005）：

$$\ln y_q(X) = X_i\beta_q$$

上式中，y_q（X）为给定特征变量 X 下的条件分布 $y \mid X$ 的总体 q 分位数，β_q 为 q 分位数回归系数，其中估计量 $\hat{\beta}_q$ 可以由以下最小化问题来定义：

$$\min_{\beta_q} \sum_{i:\ln y_i \geqslant x_i\beta_q}^{n} q \mid \ln y_i - X_i\beta_q \mid + \sum_{i:\ln y_i \geqslant x_i\beta_q}^{n} (1-q) \mid \ln y_i - X_i\beta_q \mid$$

在上式的特征变量 X 中，假设医疗保险参与的情况（medicare）在分位数 q 下的估计系数 β_{mq}，是对于以分位数衡量的不同收入水平 q_1 和 q_2 而言（其中 $q_1 \neq q_2$）。当 $\beta_{mq_1} \neq \beta_{mq_2}$ 时，意味着不同收入水平 q_1 和 q_2 下，医疗保险参与对收入的影响有所差异，因此存在收入再分配效应。

（二）变量说明

本文研究数据来自“中国收入分配调查项目”2013 年的调查数据，该数据是目前少数公开的包含流动人口的调查数据。该数据总共包括 726 户流动人口家庭，涉及流动人口 2 210 人。考虑到流动人口的特殊性，这里以家庭为单位，主要考察以户主为主要代表的流动人口的医疗保险参与情况，以进一步考察医疗保险参与对流动人口收入水平的影响。研究中的主要变量说明如下：

（1）被解释变量。研究中着重考察流动人口医疗保险参与情况对其收入水平的影响及其收入再分配效应，因此这里以流动人口的收入水平作为被解释变量。具体而言，根据流动人口家庭的可支配收入总额和家庭规模计算其人均可支配收入，并对其取对数。

（2）医疗保险参与情况。在“中国收入分配调查项目”的调查数据中，涉及的医疗保险参与情况的选项有以下几种：城镇职工基本医疗保险、公费医疗或统筹、（城镇）居民基本医疗保险、新型农村合作医疗保险、商业医疗保险、其他医疗保险和没有参与任何医疗保险。这里将没有参与任何医疗保险视作“未参与”（取值为 0），其他几种情形视作“参与”（取值为 1）。

（3）其他控制变量。在影响流动人口收入水平的控制变量的选择中，需要综合考虑两方面因素：一方面，需要考虑影响收入的一般因素，例如流动人口的基本特征（如性别、年龄、民族、受教育年限）和工作特征（如工作性质、工作时间、劳动合同性质、工作单位性质等）；另一方面，还需要考虑流动人口的流动特征，流动范围是流动人口相对于流入地户籍人口最重要的特征，宁光杰和李瑞（2016）在其研究中将流动人口的流动范围区分为本地流动和异地流动，这里借鉴其做法，并结合“中国收入分配调查项目”数据中流动人口的户籍登记特征，将流动范围区分为乡镇内流动、乡镇外县内流动、县外市内流动、市外省内流动和省外流动几种情形。

四、实证分析

（一）不同维度下流动人口的医疗保险参与情况

本文从流动人口的流动范围、工作单位性质、劳动合同性质、与本地人相比的生活水平和幸福感四个维度考察流动人口的医疗保险参与情况。

1. 流动范围

在调查数据中，流动人口的流动范围可以按照其户口登记所在地分为五种情形：乡镇内流动、乡镇外县内流动、县外市内流动、市外省内流动和省外流动。表 1 反映了不同流动范围的流动人口的医疗保险参与情况。

表 1 不同流动范围的流动人口的医疗保险参与情况

流动范围	流动人口数量（人）	未参保（人）	参保（人）	医保参保比例（%）
乡镇内流动	47	3	44	93.62
乡镇外县内流动	208	11	197	94.71
县外市内流动	127	18	109	85.83
市外省内流动	178	29	149	83.71
省外流动	166	40	126	75.90
合计	726	101	625	86.09

从表 1 的结果来看，“中国收入分配调查项目”的调查数据所反映的流动人口整体的医疗保险参与比例为 86.09%，略低于《中国流动人口发展报告 2016》中的 89.3%，这是因为“中国收入分配调查项目”所反映的时点要略早于该报告所反映的时点，这也说明了本样本数据具有全国代表性。进一步地，从不同的流动范围来看，随着流动人口流动范围的扩大，其参与医疗保险的比例越低，县内流动的人口参与医疗保险的比例高达 90% 以上，而省外流动的人口参与医疗保险的比例仅为 75.90%。这一方面可能是因为流动范围的扩大在一定程度上影响了流动人口在流入地长期稳定发展的意愿，因而影响了其医疗保险的参与意愿，另一方面也可能是前文所提到的医疗保险的属地管理性质对流动人口的“歧视”所致。

2. 工作单位性质

在调查数据中，流动人口的工作单位性质可以分为以下三种类型：党政机关与事业单位、公有制企业（国有、国有控股及集体所有）、民营企业（中外合资或商独企业、个体户、私营企业、土地承包者和其他）。表2反映了不同工作单位性质的流动人口的医疗保险参与情况。

表2 不同工作单位性质的流动人口的医疗保险参与情况

工作单位性质	流动人口数量（人）	未参保（人）	参保（人）	医保参保比例（%）
党政机关与事业单位	21	2	19	90.48
公有制企业	59	9	50	84.75
民营企业	646	90	556	86.07
合计	726	101	625	86.09

从表2可以看出，不同工作单位性质也可能影响流动人口医疗保险的参与情况。党政机关与事业单位的流动人口参与医疗保险的比例要明显高于公有制企业和民营企业，这也说明在党政机关与事业单位中有关流动人口的医疗保险制度已经比较完善。公有制企业流动人口的医疗保险参与比例似乎要低于民营企业，但二者的差异并不是很大。医疗保险参与比例在工作单位属性上的差异也意味着，我国目前有关流动人口医疗保险制度的建设还存在参差不齐的现象。

3. 劳动合同性质

在调查数据中，流动人口的劳动合同性质分为以下几种类型：长期合同（包括公务员、事业单位在编人员一类的固定职工）、短期或临时合同、没有合同（临时工和其他）。表3反映了不同劳动合同性质的流动人口的医疗保险参与情况。

表3 不同劳动合同性质的流动人口的医疗保险参与情况

劳动合同性质	流动人口数量（人）	未参保（人）	参保（人）	医保参保比例（%）
长期合同	132	17	115	87.12
短期或临时合同	118	18	100	84.75
没有合同	204	28	176	86.27
合计	454	63	391	86.12

从表3可以看出，劳动合同性质对流动人口医疗保险参与意愿也存在一定的影响，但差异并不是很大。有趣的是，有长期合同和没有合同的流动人口的医疗保险参与比例均要高于只有短期或临时合同的流动人口的医疗保险参与比例，这背后的原因却可能有所不同：拥有长期合同意味着流动人口将在流入地长期发展，很有可能融入流入地，因而有较高的医疗保险参与比例，没有劳动合同的流动人口的医疗保险参与比例较高很可能是因为其并没有参与流入地的医疗保险（劳动合同也是参与医疗保险的“门槛”之一），而是参与了其原籍的新型农村合作医疗保险（属于医疗互助共济制度，目前在我国几乎已经全部覆盖）。

4. 与本地人相比的生活水平和幸福感

在调查数据中，流动人口相比于本地人的生活水平和幸福感源自其主观评价，总共包含以下几个自评等级：高很多、略高、持平、略低和低很多。表4反映了不同生活水平和幸福感的流动人口的医疗保险参与情况。

表4　不同生活水平和幸福感的流动人口的医疗保险参与情况

与本地人相比的生活水平和幸福感	流动人口数量（人）	未参保（人）	参保（人）	医保参保比例（%）
高很多	17	4	13	76.47
略高	79	8	71	89.87
持平	358	48	310	86.59
略低	192	25	167	86.98
低很多	64	12	52	81.25
合计	710	97	613	86.34

从表4可以看出，流动人口相对于本地人的主观幸福感也会影响其医疗保险的参与情况。有趣的是，随着主观幸福感的不断提升，流动人口参与医疗保险的比例呈现出倒U形的趋势。相对于本地人，主观幸福感非常低的流动人口的医疗保险参与比例要低于平均水平，这可能是因为其在工作、就医等方面受到了某些显性的或隐性的“歧视”，在一定程度上影响了其自我感观的福利评价和相应的医疗保险参与意愿。随着主观幸福感的提升，流动人口参与医疗保险的比例有所提高，这背后很可能伴随着其收入水平的提升和福利状况的改善。对于主观幸福感非常高的流动人口而言，其收入水平或福利状况处于较好的状态，在医疗支出方面的相对负担可能并不大，因而其参与医疗保险的比例也不高。

（二）流动人口医疗保险参与情况对其收入水平的影响

下面我们通过定量分析考察流动人口医疗保险参与情况对其收入水平的影响。需要说明的是，这里着重考察医疗保险参与情况对收入水平影响的平均效应，因此采用普通最小二乘法（OLS）进行回归分析。此外，考虑到流动人口不同的特征也可能影响其收入水平，因此这里采用逐步加入控制变量的方法分析医疗保险参与情况对其收入水平的影响。估计结果如表 5 所示。

表 5　流动人口医疗保险参与情况对其收入水平影响估计结果

估计方程 因变量	(1) ln*inc*	(2) ln*inc*	(3) ln*inc*	(4) ln*inc*	(5) ln*inc*
医疗保险 参与情况	-0.173 2** (0.078 3)	-0.055 5 (0.078 6)	-0.160 3** (0.075 7)	-0.179 7* (0.096 9)	-0.087 9 (0.090 3)
个体流动特征					
流动范围 (flo)		0.160 4*** (0.019 2)			0.135 2*** (0.022 4)
个体基本特征					
性别 (gender)			0.114 0** (0.053 5)		0.202 8*** (0.058 1)
年龄 (age)			-0.009 7*** (0.002 6)		-0.007 7*** (0.003 2)
民族 (nation)			0.040 3 (0.090 3)		-0.054 6 (0.095 2)
教育年限 (eduy)			0.047 1*** (0.009 1)		0.035 5*** (0.010 4)
个体工作特征					
工作性质 (worktype)				0.014 0 (0.069 0)	-0.053 1 (0.062 4)
劳动合同性质 (laborc)				-0.136 9*** (0.035 6)	-0.062 8* (0.035 7)

（续上表）

估计方程 因变量	(1) lninc	(2) lninc	(3) lninc	(4) lninc	(5) lninc
工作时间 （worktime）				−0.095 0 (0.060 1)	−0.075 7 (0.055 3)
工作单位规模 （worksize）				0.038 2* (0.020 1)	0.034 9* (0.019 3)
常数项	10.043 3*** (0.073 6)	9.414 7*** (0.100 1)	9.899 4*** (0.198 9)	10.385 4*** (0.227 5)	9.753 1*** (0.338 0)
$A\ R^2$	0.006 3	0.093 2	0.099 5	0.073 8	0.225 6
F stat	4.888 0	35.685 2	18.059 9	6.270 9	16.535 2
n	719	719	717	449	449

注：*表示 $p<0.1$，**表示 $p<0.05$，***表示 $p<0.01$。

从表5的估计结果来看，总体而言，流动人口医疗保险参与情况对其收入水平产生了负向的影响，在逐步加入个体流动特征、基本特征和工作特征的控制变量之后，这一负向的影响依然存在（尽管不显著）。这一分析结果与初可佳（2015）在研究中所发现的医疗保险存在逆向收入分配效应扩大了收入差距的结论有相似性，背后的原因可能在于以下几个方面：首先，医疗保险的参与可能存在逆向选择效应（张昭，2017），即相对于未参与医疗保险的人群而言，已参与医疗保险的人群很可能出现一种错觉，即认为“反正有医疗保险来补贴自己的医疗支出，就可以不用太过于谨小慎微，放纵自己的身体健康”，这种逆向选择行为可能加剧了参与医疗保险人群的医疗支出（尽管其会得到一些补贴），因而降低了其可支配收入；其次，还有一种可能就是医疗保险的参与会产生一种跨期选择效应，即参与医疗保险意味着将会有一笔费用从当期的收入中用于参保的支出，这会直接降低流动人口当期的可支配收入，而流动人口获得的源自医疗保险的补贴只有在医疗支出在未来某一时期发生之后才会享有（这会增加其可支配收入），由于这里所考察的是流动人口当期的医疗保险参与对当期的可支配收入的影响，因而可能会出现这种负向的影响；再次，流动人口自身的特殊性导致了这种负向的影响，医疗保险的管理体系可能对于流动人口存在“歧视”（李永友、郑春荣，2016；周钦、刘国恩，2016），结合前面关于流动人口医疗保险参与意愿的影响因素分析也可以看出这一点，拥有省外流动、在民营企业工作、短期或临时劳动合同以及相对于本地人只有较低的幸福感等几个特征的流动人口均有着较低的医疗保险参与比例，因此流动人口在参与医疗保险方面显性的或隐性的成本较高。因而即使参与了医疗保险，流动人口也依然可能会在医疗方面承担相对较高的支出，这势必会降低其可支配收入水平。

综上来看，前两种原因属于一般性的原因，最后一个原因则可能是由于流动人口的特殊性。需要说明的是，流动人口医疗保险参与情况对其收入水平影响的负向作用很可能是以上三个原因共同作用的结果，而非某个单一原因所致。

（三）流动人口医疗保险参与情况对不同收入阶层收入水平的影响

进一步地，考察流动人口医疗保险参与情况的收入再分配效应。这里参与分位数将流动人口按收入水平分为最低、中低、中等、中高和最高几个层级，并进而采用分位数回归的方式考察流动人口医疗保险参与在几个分位点附近对其收入水平的影响的差异，以此评估医疗保险参与情况的收入再分配效应。估计结果如表6所示。

表6　流动人口医疗保险参与情况对不同收入阶层收入水平的影响

估计方程	(6)	(7)	(8)	(9)	(10)
收入水平	最低（10%）	中低（30%）	中等（50%）	中高（70%）	最高（90%）
因变量	ln*inc*	ln*inc*	ln*inc*	ln*inc*	ln*inc*
医疗保险	-0.110 0	0.070 3	-0.180 8**	-0.096 4	-0.217 5
参与情况	(0.159 8)	(0.097 4)	(0.086 6)	(0.102 1)	(0.148 9)
个体流动特征					
流动范围	0.127 3***	0.094 4***	0.122 9***	0.153 4***	0.113 5***
(flo)	(0.045 6)	(0.027 8)	(0.024 7)	(0.029 1)	(0.042 5)
个体基本特征					
性别	0.331 0**	0.288 8***	0.170 5**	0.126 7	-0.016 9
(gender)	(0.131 7)	(0.080 3)	(0.071 4)	(0.084 2)	(0.122 8)
年龄	-0.008 7	-0.006 7*	-0.009 9***	-0.006 6*	-0.000 3
(age)	(0.006 1)	(0.003 7)	(0.003 3)	(0.003 9)	(0.005 7)
民族	-0.322 9	-0.163 2	-0.051 5	0.101 9	0.006 5
(nation)	(0.263 5)	(0.160 5)	(0.142 8)	(0.168 4)	(0.245 6)

(续上表)

估计方程	(6)	(7)	(8)	(9)	(10)
收入水平	最低(10%)	中低(30%)	中等(50%)	中高(70%)	最高(90%)
因变量	ln*inc*	ln*inc*	ln*inc*	ln*inc*	ln*inc*
教育年限	-0.000 4	0.039 5***	0.028 7**	0.032 4**	0.057 2***
(eduy)	(0.021 9)	(0.013 3)	(0.011 9)	(0.014 0)	(0.020 4)
个体工作特征					
工作性质	-0.094 7	-0.006 5	-0.004 4	-0.136 7*	-0.123 2
(worktype)	(0.115 8)	(0.070 5)	(0.062 7)	(0.074 0)	(0.107 9)
劳动合同性质	-0.038 1	-0.044 6	-0.077 8**	-0.083 2*	-0.045 9
(laborc)	(0.069 2)	(0.042 2)	(0.037 5)	(0.044 2)	(0.064 5)
工作时间	-0.062 9	-0.114 7*	-0.040 0	-0.120 7*	-0.107 9
(worktime)	(0.110 4)	(0.067 2)	(0.059 8)	(0.070 5)	(0.102 8)
工作单位规模	0.018 1	0.040 5**	0.042 9**	0.028 2	0.047 2
(worksize)	(0.033 6)	(0.020 5)	(0.018 2)	(0.021 5)	(0.031 3)
常数项	9.817 3***	9.315 9***	9.910 3***	10.164 6***	10.248 9***
	(0.688 6)	(0.419 5)	(0.373 0)	(0.440 0)	(0.641 7)
Pseudo R^2	0.095 6	0.142 6	0.164 7	0.145 6	0.148 6
n	449	449	449	449	449

注：* 表示 $p<0.1$，** 表示 $p<0.05$，*** 表示 $p<0.01$。

从表6可以看出，医疗保险参与情况对于处于不同收入阶层的流动人口收入水平的影响在方向和大小上存在差异，这也意味着医疗保险参与情况的确存在收入再分配效应。总体而言，参与医疗保险情况仅对于中低收入的流动人口的收入水平有正向促进作用（尽管不显著），这与李永友和郑春荣（2016）在有关公共医疗服务收入再分配效应研究中指出的公共医疗服务使穷人受益的结论具有相似性。但也应当看出，医疗保险参与并没有显著改善最低收入群体的可支配收入水平，这也意味着当前针对流动人口的医疗保险体系还应当不断完善。此外，对于流动人口中的中等收入群体和中高收入群体而言，医疗保险参与对其收入水平有负向的影响，原因可能是前面提到的逆向选择效应、跨期选择效应和流动人口的特殊性所致。此外，医疗保险参与对于最高收入群体收入水平的负向作用也意味着医疗保险制度在一定程度上对流动人口当期的可支配收入起到了缩小收入差距的调节作用。

还需要进一步说明的是，医疗保险的收入再分配效应意味着其在改善流动人口福利方面是一把“双刃剑”，用得好不仅可以提升流动人口的收入水平，还可以对总人口的收入分配起到良好的调节作用。目前，我国流动人口数量呈现出下降趋势，这对于处于快速城镇化的我国经济是否有不利影响还有待进一步考证，但通过医疗保险制度改善流动人口的收入分配状况，无疑有利于流动人口福利的改进，亦有利于流动人口与流入地户籍人口的融合，也有利于我国城镇化水平的提升。

五、主要结论

本文基于“中国收入分配调查项目”2013 年的调查数据，以流动人口为研究对象，考察医疗保险参与情况对其收入水平的影响，并分析医疗保险参与情况对于不同收入阶层的流动人口的收入再分配效应。研究的主要结论如下：

首先，流动人口的医疗保险参与比例因其流动范围、工作单位性质、劳动合同性质和与本地人相比的生活水平和幸福感而有所差异。流动范围越大的流动人口，参与医疗保险的比例越低，这可能与其在流入地的长期发展意愿和在享受医疗保险服务方面受到“歧视”有一定的关系。工作单位性质也会对流动人口医疗保险参与比例产生影响，这意味着当前在流动人口医疗保险体系的建设和完善上还存在参差不齐的现象。流动人口参与医疗保险的比例也与其劳动合同性质及主观幸福感有关，但这背后的原因可能有所不同。

其次，流动人口医疗保险参与比例对其收入水平产生了负向的影响。在综合考虑流动人口的主要特征之后，其医疗保险的参与比例对收入水平产生了负向的影响作用，这背后固然有一般性的经济学原因，但也与流动人口自身的特征不无关系。从一般性的原因来看，参与医疗保险后产生的逆向选择效应和跨期选择效应可能降低了流动人口当期的可支配收入；从流动人口自身的特殊性来看，其面临的各种“歧视”可能增加了其参与医疗保险的显性或隐性成本，使得其参与医疗保险之后承担较高的支出，因而降低了可支配收入。

最后，医疗保险的参与对于流动人口有着收入再分配效应。总体来看，医疗保险的参与仅提高了中低收入流动人口的收入水平，这意味着医疗保险在提升最低收入流动人口的收入水平方面还有进一步改善的空间。

此外，医疗保险参与对于最高收入流动人口收入水平的负向作用也意味着医疗保险制度在一定程度上对流动人口当期的可支配收入起到了缩小收入差距的调节作用。医疗保险的收入再分配效应意味着其可以改善流动人口的福利状况、促进流动人口与流入地户籍人口的融合和城镇化水平的提升。

参考文献

[1] 张展新，杨思思．流动人口研究中的概念、数据及议题综述［J］．中国人口科学，2013（6）．

[2] 王亨，李佳佳，徐凌忠．流动人口医疗保险参保影响因素分析［J］．山东大学学报（医学版），2015（12）．

[3] 李孜，杨洁敏．我国城市流动人口医疗保障模式比较研究：以上海、成都、北京、深圳为例［J］．人口研究杂志，2009（3）．

[4] 樊士德，路秋菊，董宏伟，等．长三角地区流动人口医疗保险政策研究［J］．人口学刊，2016（1）．

[5] 周钦，刘国恩．医保受益性的户籍差异——基于本地户籍人口和流动人口的研究［J］．南开经济研究，2016（1）．

[6] 刘志军，王宏．流动人口医保参保率影响因素研究——基于全国流动人口动态监测数据的分析［J］．浙江大学学报（人文社会科学版），2014（5）．

[7] 李佳佳，顾海，徐凌忠．统筹城乡医疗保障制度的资源分配效应研究［J］．中国卫生经济，2013（4）．

[8] FINKELSTEIN A，TAUBMAN S，WRIGHT B，et al. The oregon health insurance experiment：evidence from the first year［J］. The quarterly journal of economics，2012，127（3）．

[9] SPADARO A，MANGIAVACCHI L，MORAL-ARCE I，et al. Evaluating the redistributive impact of public health expenditure using an insurance value approach［J］. European journal of health economics，2013，14（5）．

[10] 金彩红．中国医疗保障制度的收入再分配调节机制研究［J］．经济体制改革，2005（6）．

[11] 李永友，郑春荣．我国公共医疗服务受益归宿及其收入分配效应——基于入户调查数据的微观分析［J］．经济研究，2016（7）．

[12] 初可佳．社会医疗保险与养老保险发展对居民收入分配的影响研究［J］．现代财经（天津财经大学学报），2015（12）．

[13] 邓曲恒. 城镇居民与流动人口的收入差异——基于 Oaxaca - Blinder 和 Quantile 方法的分解 [J]. 中国人口科学, 2007 (2).

[14] KOENKER R. Quantile regression [M]. London: Cambridge University Press, 2005.

[15] 宁光杰, 李瑞. 城乡一体化进程中农业转移人口流动范围与市民化差异 [J]. 中国人口科学, 2016 (4).

[16] 张昭. 中国农村贫困人口多维特征分析 [J]. 西北农林科技大学学报 (社会科学版), 2017 (3).

长期居住意愿对流动人口消费行为的影响分析

周明海[①] 金樟峰[②]

一、引言

从需求侧看，近年来，中国经济正从投资驱动型向消费驱动型转换。国家统计局最新公布的数据显示，2017 年上半年最终消费支出对中国国内生产总值（GDP）增长的贡献率达 63.4%。与此同时，最终消费率在 2010 年跌入历史低谷后也实现了持续回升态势，并于 2016 年达到 53.6%，较 2010 年增加了 4.8%。另外，在城市务工的流动人口数量增加和居住稳定性的增强为消费型经济提供了一定基础。国家统计局发布的农民工监测数据显示，全国农民工（户籍所在地为农村的流动人口）总量从 2010 年的 2.42 亿增长到 2014 年的 2.73 亿。在流动人口数量增长的同时，流动人口居住稳定性也不断增强，具体表现为流动人口举家迁移比例和参与养老、医疗和失业等社会保险比例的不断上升。可以预见，流动人口居住稳定性的增强有助于释放流动人口的消费意愿。图 1 考察了 2010—2014 年我国流动人口家庭人均月支出与流动人口居住稳定性的变动情况及其相关关系，结果显示流动人口居住稳定性和流动人口家庭人均月支出存在显著的正相关关系。这意味着，流动人口居住稳定性的增强可能会促进其在流入地的消费，从而拉动所在城市甚至整个中国的消费能力。为了更好地考察流动人口居住稳定性对其消费的影响，本文从流动人口长期居住意愿的视角探讨其在流入地的消费行为，并为户籍制度进一步改革提供一定的参考和建议。

---

① 宁波诺丁汉大学经济学院助理教授，邮箱：Minghai. Zhou@ nottingham. edu. cn。
② 宁波诺丁汉大学经济学院博士研究生。

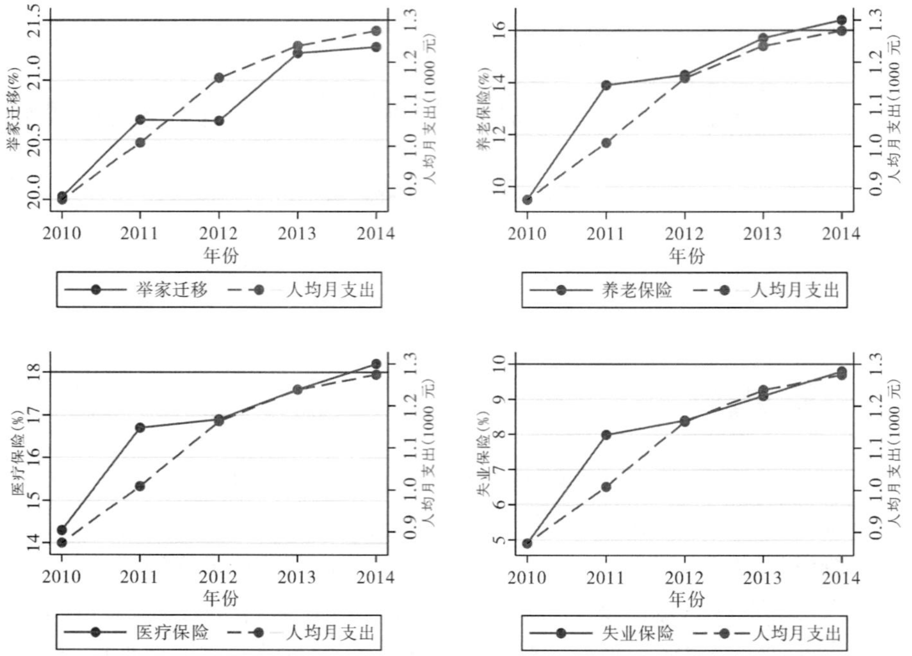

图 1　流动人口居住稳定性与流动人口家庭人均月支出

数据来源：举家迁移比例与养老、医疗和失业保险参与情况数据来自于国家统计局发布的农民工监测调查报告（2010—2014 年）；流动人口家庭人均月支出数据来自中国流动人口发展报告（2011—2015 年）。

已有大量文献对我国居民消费不足的现象进行讨论和解释。利用中国 1961—1998 年的数据，万广华等（2001）认为流动性约束型消费者所占比重的上升和消费者收入不确定性的增加是中国该时期内消费低增长和内需不足的主要原因。利用 1995—2002 年中国家庭收入调查中的城镇部分数据，罗楚亮（2004）的研究表明就业机会下降、收入不确定性增加以及医疗、教育等支出增加对城镇居民消费水平产生了严重的负面影响。利用中国 1989—2004 年省级面板数据，李文星等（2008）考察了中国人口年龄结构变化对居民消费的影响，研究发现中国人口年龄结构变化并不是导致居民消费过低的原因。运用 1995—2009 年省级面板数据，方福前（2009）对中国城乡居民消费需求的影响因素进行分析，研究发现中国居民人均可支配收入与人均消费支出高度相关，他认为居民人均可支配收入所占份额的下降是 1998 年以来城乡居民消费需求持续低迷的原因之一。陈斌开等（2014）认为现有理论和研究难以解释中国消费率持续下滑的事实，中国居民消费需求不足主要是由经济转型过程中的市场扭曲和地方政府行为导致的，他提出启动消费需求的长效机制需从供给侧改革入手。此外，陈斌开等（2010）、陈斌开和杨汝岱（2013）等的研究分别从住房价格和户籍制度等视角探讨造成居民消费不足的成因。

然而，已有研究主要关注本地居民的消费行为，对流动人口的消费行为的关注相对较少。一方面，流动人口数量庞大且呈快速上升态势。最新的 2015 年 1% 人口普查抽样数据显示，若将居住地与户口登记地所在的乡镇街道不一致的、离开户口登记地半年以上的人口定义为流动人口，其数量达到 2.92 亿，占同一时期总人口的 21%。与 2010 第六次人口普查相比，流动人口总数增加了 3 108 万，增长了 11.8%。此外，户籍所在地为农村的流动人口，即农民工，是流动人口中的主力军。根据国家统计局发布的《2015 年农民工监测调查报告》，2015 年农民工总量达到 2.77 亿，占总流动人口 95%，相比 2010 年增长了 14.5%。大量研究表明，受户籍制度影响，与本地居民相比，流动人口在就业机会、工作稳定性、子女教育和其他公共服务方面处于明显的劣势（都阳、王美艳，2001；姚先国、赖普清，2004；Knight，Yueh，2004；Meng，2012；Song，2014）。这些劣势将严重约束该部分人群的消费支出。随着我国流动人口规模日益扩大，理解流动人口的消费行为及其机制，对进一步拉动内需、稳定经济增长至关重要。

现有研究通过比较流动人口和城镇居民的消费行为，发现流动人口和城镇居民在消费行为上存在较大差异。Chen 等（2015）发现，在其他条件不变情况下，流动人口的平均消费水平比本地城镇居民低 16% ~20%。陈斌开等（2010）也发现流动人口的边际消费倾向比城镇居民低 14.6%。何种因素导致了上述消费行为的差异呢？Dreger 等（2017）指出，流动人口在流入地并不能完全享受教育和医疗等基本公共服务，因而导致其通过缩减消费、增加储蓄以应对未来可能出现的风险。Chen（2017）提出了户籍制度制约流动人口消费的两条机制：一方面，从收入角度看，严格的落户政策导致人口的短期流动，促使流动人口储蓄暂时性收入；另一方面，从储蓄角度看，由于就业壁垒、社会保障缺失引致的经济不确定性使流动人口进行预防性储蓄。尽管如此，已有研究主要利用中国特殊的户籍制度，考察其对不同户口持有者的消费行为的影响。目前，仅有 Chen（2017）直接关注流动人口的消费问题，其将流动人口在流入地的居住时间作为控制变量，发现居住时间和流动人口消费存在正相关关系，但并未就两者关系作进一步探讨。

本文主要探讨流动人口在流入地的长期居住意愿与其消费行为的关

系。在以往研究的基础上，本文的贡献在以下几方面：首先，直接关注流动人口本身的消费行为有助于避免流动人口与本地城镇居民的不可比问题。长期存在的户籍制度可能造成流动人口和本地城镇居民之间较大的不可观测偏差，通过比较不同类型的流动人口的消费行为能够减少上述不可观测偏差引起的内生性问题。其次，关注流动人口的长期居住意愿而非居住时间，能够减少现有微观数据的样本选择问题。具体地说，本文使用的流动人口动态监测调查数据不包括在流入地落户和返乡的流动人口。随着居住时间的增加，流动人口在当地落户或返乡的可能性也会增加。因此，居住时间较长的流动人口本身存在样本选择问题。对于那些居住时间较短的流动人口，考察其长期居住意愿则有助于减少因居住时间长短导致的样本选择问题。最后，分析长期居住意愿对流动人口消费行为的影响，有助于评估当前户籍制度改革的影响。国务院公布的《居住证暂行条例》自 2016 年 1 月 1 日起实施，意味着流动人口可以在未落户的情况下凭借居住证在流入地享受一定的基本公共服务。与此同时，流动人口享受当地基本公共服务的程度与其居住年限挂钩，这在一定程度上对流动人口的长期居住行为产生激励。

目前国外关于居住意愿对个体经济行为的研究主要集中于讨论国际短期移民问题（Dustmann，Görlach，2016）。国际短期移民指部分跨国移民到达迁入地并居住一段时间后，离开此迁入地，或返回原先迁出地，或到其他迁入地的情况。据经合组织（OECD）的国际移民报告（2008）显示，跨国移民在迁移后五年内离开迁入地的比例为 20% ~50%，其在不同国家和不同时期有所差异。本文认为，国内的流动人口问题和现有的国际短期移民问题存在一定的可比性。首先，中国的户籍制度与国际移民准入制都造成了对特定人群流动的限制，前者针对的是本地持有农业户口的居民群体以及其他持有非本地户口的居民群体，而后者针对的是非本国的外籍居民群体。我国户籍制度规定，本地户口和教育、医疗等公共服务挂钩，而流动人口需要返回户籍所在地才能享受相关公共服务，因而导致大量的短期流动现象。2014 年全国流动人口动态监测调查数据显示，本次流动居住时间不到 5 年的流动人口比例接近 70%。其次，无论是我国的短期移民还是国际的短期移民，都表现为从欠发达地区向发达地区迁移的动态特征，前者表现为我国居民从农村到城镇、从欠发达省市到发达省市的迁移动态，而后者表现为发展中国家（亚洲和拉美国家）到发达国家（英美和欧洲大陆国家）的迁移动态，都反映了经济发展过程中的劳动力和人口流动问题。据《2016 年农民工监测调查报告》，2016 年我国跨省流动人口主要从欠发达的中、西部地区向发达的东部地区迁移，其中来自于中、西部地区的跨省流动人口占比为87.2%，远高于东部地区的10.9%。最后，无论是我国的短期移民还是国际的短期移民，其在流入地的居住时间均受迁出地和迁入地的经济和非经济因素的共同影响。比如，我国流动人口在城镇的居住时间会受到迁出省市（农村）和迁入省市（城镇）居民的相对收入水平的影响，而国际短期移民在迁入国家的居住时间会受到迁出国家和迁入国家居民的相对收入水平的影响。尽管我国的短期移民与国际的短期移民的分析框架在地域、政治、语言和文化等方面存在差异，但对国际的短期移民在迁入地经济行为的研究对我国流动人口的研究具有重要参考价值。Dustmann 和 Görlach（2016）专门对国际的短期移民研究进行了梳理。作者提出，国际的短期移民行为会显著影响移民个体在迁入地的经济行为，如消费、劳动供给和人力资本投资等。尽管如此，受到微观数据的限制，学界关于国际短期移民问题的微观实证研究仍然较少。相比之下，我国日益丰富的微观人口调查数据为研究短期移民行为提供了较理想的分析样本。①

利用2014年全国流动人口动态监测调查数据，本文构建了流动人口长期居住意愿指标，并结合倾向性得分匹配法，研究流入地长期居住意愿对流动人口消费行为的影响。研究的主要结果如下：首先，在其他条件不变情况下，在流入地有长期居住意愿（未来5年及以上）的流动人口，其人均消费量比其他流动人口高出13.9%。其次，长期居住意愿对流动人口的住房消费支出影响最大，增幅达20.7%。分住房类型看，长期居住意愿不仅影响流动人口中未购房者的房租支出，还会影响流动人口中购房者的房贷支出。最后，长期居住意愿对省内流动人口的住房消费支出影响更大，增幅达28.3%。本文发现，长期居住意愿会显著增加流动人口在流入地的消费支出，尤其是在流入地的住房消费支出。

二、数据来源及变量选择

（一）数据来源

本文数据来自国家卫生计生委流动人口数据平台提供的2014年全国流动人口社会融合与心理健康专题调查数据库。调查范围涉及北京市朝阳

① 本文假设国内跨区域的流动人口行为近似于国际的短期移民行为。

区、山东省青岛市、福建省厦门市、浙江省嘉兴市、广东省深圳市和中山市、河南省郑州市和四川省成都市。调查对象为在本地居住一个月以上，非本区（县、市）户口的男性和女性流动人口（2014 年 5 月时年龄为15 ~ 59 周岁）。总样本量为 15 999 个。数据库包括流动人口的基本情况、就业与收入支出、社会融合等五部分。

（二）变量选择

（1）根据流动人口在流入地的平均每月总支出及家庭规模构建流动人口所在住户的每月人均消费量，并作为本文的主要被解释变量。

（2）本文的主要解释变量为在流入地是否有长期居住意愿的虚拟变量。该虚拟变量构建如下：①根据本次流动在流入地已完成的居住时间信息，确认该流动人口是否为短期流动人口。其中，将短期流动人口定义为本次流动在流入地居住时间为 5 年及以下的流动人口，其他流动人口则为居住时间为 5 年以上的长期流动人口。②根据未来 5 年是否打算在流入地长期居住信息，本文进一步确认短期流动人口是否具有长期居住意愿。具体的，有长期居住意愿的流动人口指未来 5 年及以上打算在流入地长期居住的流动人口，而没有长期居住意愿的流动人口指未来 5 年及以上不打算在流入地长期居住的流动人口。

相比长期流动指标，长期居住意愿指标具有以下优势：首先，相比在流入地的居住时间，未来 5 年的居住计划更能反映流动人口未来的居住意愿。其次，由于本文使用的流动人口数据库并不包括获得当地户口以及返乡的流动人口。随着流动持续时间的增加，流动人口选择落户或者返乡的可能性增加。根据居住时间定义的长期流动指标存在较大的样本选择问题。相比之下，选择短期流动人口样本进行分析有助于缓解样本选择偏差。最后，短期流动人口占总流动人口样本的 69%，具有较强的样本代表性。因此，本文主要关注短期流动人口，并根据未来 5 年流动计划区分该流动人口在流入地是否有长期居住意愿。

（3）本文选择以下控制变量：通过流动人口所在住户的人均收入、户主工作的所有制与行业类型等变量控制收入和工作因素对消费的影响；通过流动人口的社会保险参与情况控制预防性储蓄动机对消费的影响；通过流动人口的年龄、教育程度、当地语言掌握程度以及流出地的虚拟变量等信息控制个人教育和文化特征对其消费的影响。此外，本文还控制了流动人口的家庭规模及流入地的虚拟变量以考虑流入地经济规模的因素。

（三）描述性统计分析

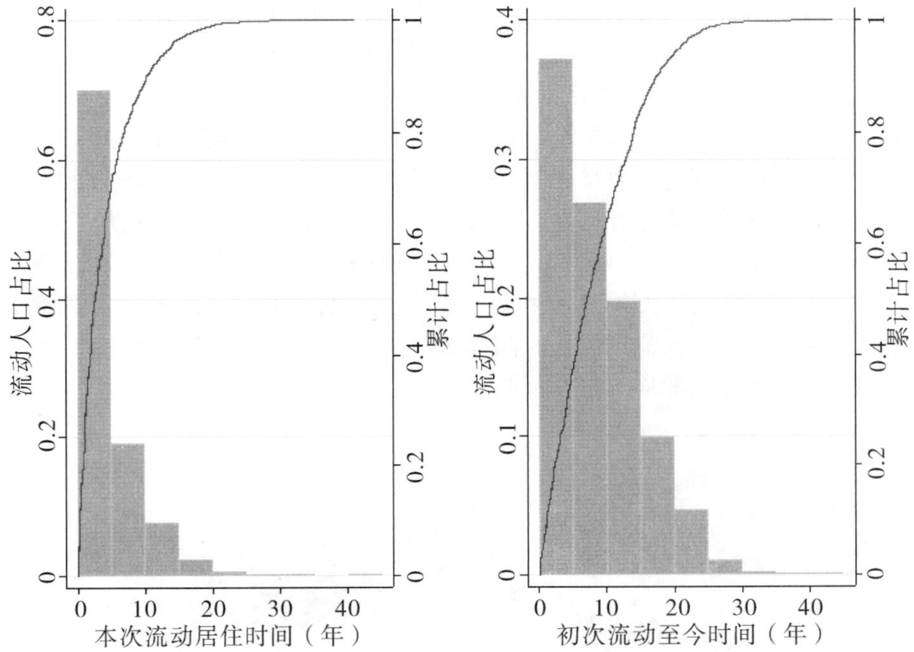

图 2　本次流动居住时间与初次流动至今时间的流动人口分布

上图分别描述了本次流动居住时间和初次流动至今时间的流动人口分布情况。其中，左图表明，本次流动时间 5 年及以下的流动人口比例接近 70%，仅有 11% 的流动人口在流入地居住时间超过 10 年。与左图比较，右图中流动人口初次离开户籍所在地至今的时间比本次流动至今时间要长，表明流动人口有在多地流动的特征。右图进一步表明，流动人口中初次离开户籍所在地时间为 5 年以内的比例仅为 38%，而离开 10 年以上的比例则高达 35%。因此，比较流动人口本次流动居住时间和初次流动至今时间可得，流动人口在某流入地的平均流动持续时间较短，在流入地的居住具有较大的不稳定性。

图 3 进一步分析了本次流动居住时间与流动人口特征之间的关系。结果显示，流动人口的平均年龄与本次流动居住时间呈正相关，而平均教育年限与本次流动居住时间呈负相关。一方面，年轻的、具有较高人力资本

水平（反映更高的能力）的流动人口往往流动性更强；另一方面，年龄偏大以及人力资本水平较低的流动人口除了流动性较弱，也更难在当地落户，导致本次流动居住时间更长。此外，人均月消费支出和收入与本次流动居住时间均呈非线性关系，在一定居住年限前，人均月消费支出和收入与本次流动居住时间存在较弱的正相关关系，而当达到一定居住年限后，人均月消费支出和收入与本次流动居住时间存在明显的负相关关系。根据上述解释，当流动人口本次流动居住时间达到一定年限后（如 10 年以上），其平均年龄较大，而平均受教育程度较低，因而人均月消费支出和收入相对更低。因此，直接通过本次流动居住时间考察其对消费的影响可能产生较严重的样本选择问题。本文以下分析主要基于在流入地居住时间不到 5 年的短期流动人口样本。一方面，短期流动人口占流动人口比例接近 70%，仍具有较强的代表性；另一方面，短期流动人口的人均月消费支出、收入水平与本次流动居住时间相关性较弱，在一定程度上缓解了由于流动居住时间导致的样本选择问题。

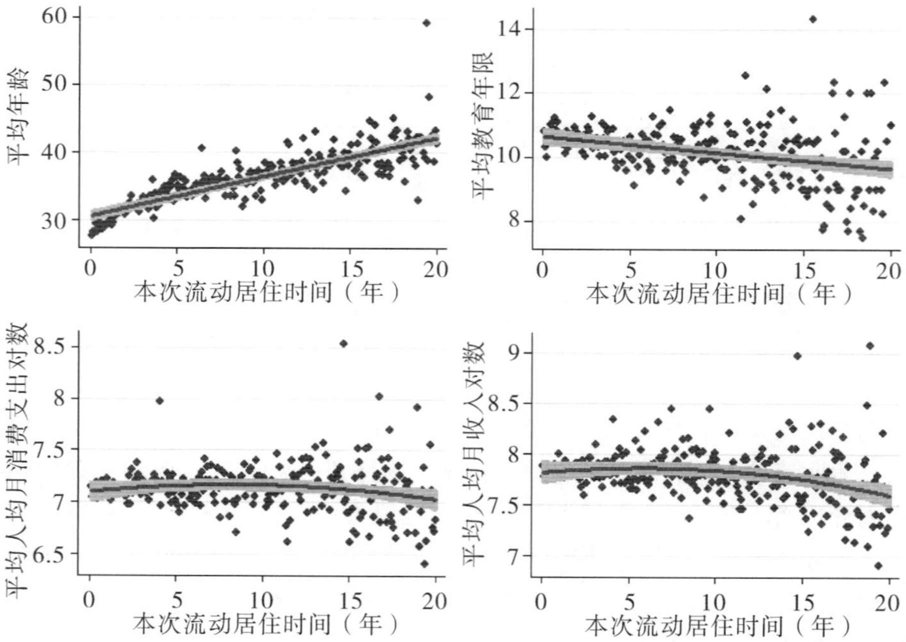

图 3　本次流动居住时间与流动人口特征

表 1 比较了有长期居住意愿和没有长期居住意愿的短期流动人口在流入地的基本特征。首先，在经济方面，有长期居住意愿的流动人口，其人

均月收入和人均月消费支出均显著高于没有长期居住意愿的流动人口。在消费方面，有长期居住意愿的流动人口享受雇主提供的免费住房和食品的比例更低。其次，在社会保障方面，有长期居住意愿的流动人口有更高的社会保险参与率。再次，在家庭特征方面，有长期居住意愿的流动人口家庭规模更大，在流出地拥有的土地更少，在流出地拥有的住房面积更小，在农村有留守儿童的可能性更低。最后，在个体特征方面，有长期居住意愿的流动人口年龄更大、受教育程度更高以及对当地的语言掌握程度更好。因此，有长期居住意愿的短期流动人口，其基本特征与没有长期居住意愿的短期流动人口存在显著差异。

表1　关于是否有长期居住意愿的描述性统计分析

变量	有长期居住意愿	没有长期居住意愿	均值差异（标准误）
	均值（标准差）	均值（标准差）	
家庭规模	2.86（1.18）	2.34（1.26）	0.52（0.03）***
人均月收入	2 719.17（3 781.36）	2 286.10（1 422.11）	433.07（99.71）***
人均月消费支出	1 360.97（2 816.30）	1 057.73（791.92）	303.24（73.68）***
户主年龄	31.97（8.18）	29.89（9.28）	2.08（0.24）***
户主教育年限	10.73（2.90）	10.19（2.77）	0.54（0.09）***
是否参加失业保险	0.28（0.45）	0.22（0.41）	0.06（0.01）***
是否参加养老保险	0.32（0.46）	0.26（0.43）	0.06（0.01）***
当地语言掌握程度	0.65（0.47）	0.57（0.49）	0.08（0.01）***
流出地是否有父母居住	0.68（0.46）	0.67（0.46）	0.01（0.00）
流出地是否有子女居住	0.16（0.37）	0.26（0.43）	-0.10（0.00）***
流出地耕地总面积（亩）	3.82（11.30）	4.70（14.11）	-0.88（0.34）**
单位是否“包吃包住”	0.16（0.37）	0.29（0.45）	-0.13（0.01）***

（续上表）

变量	有长期居住意愿	没有长期居住意愿	均值差异（标准误）
	均值（标准差）	均值（标准差）	
流出地住房面积（平方米）	143.99（91.85）	159.43（95.68）	-15.44（2.69）***
样本量	5 732	1 491	

注：有长期居住意愿的流动人口指在流入地居住未满 5 年且未来 5 年及以上打算在流入地长期居住的流动人口，没有长期居住意愿的流动人口指在流入地居住未满 5 年且未来 5 年及以上不打算在流入地长期居住的流动人口。家庭规模包括本人、配偶、子女以及在流入地同住的其他家庭成员。人均月收入为平均每月总收入除以家庭规模，人均月消费支出为平均每月总支出除以家庭规模。*、** 和 *** 分别表示在 10%、5% 和 1% 的显著性水平上显著。

三、计量模型和估计方法

（一）计量模型

本文的计量模型主要参考 Chen 等（2015）和 Dustmann 等（2016）的做法。其中 Chen 等（2015）比较了我国流动人口和本地城镇居民的消费差异，而 Dustmann 等（2016）比较了国际移民中非法移民和合法移民的消费差异。为了进一步估计长期居住意愿对流动人口消费行为的影响，本文构建以下计量模型①：

$$\log Y_i = \alpha + \beta_1 Temp_i + \beta_2 \text{logincomepc}_i + \beta_3 Unemployment_i + \beta_4 Pension_i + \beta_5 familysize_i + \beta_6 age_i + \beta_7 educ_i + \beta_8 locallanguage_i + \beta_9 Subsidies_i + \varphi ownership_i + \varphi industry_i + x regionhost_i + \psi regionhome_i + \varepsilon_i \quad (1)$$

其中 $\text{Log}Y_i$ 为流动人口所在住户人均月消费支出的对数值。$Temp_i$ 为流动人口是否有长期居住意愿的虚拟变量，没有长期居住意愿的流动人口取值为 1，有长期居住意愿的流动人口取值为 0。$\text{Log}incomepc_i$ 为流动人口所在住户上月人均收入的对数值。$Unemployment_i$ 和 $Pension_i$ 分别为流动人口在当地是否参加失业和养老保险的虚拟变量，参加失业保险和养老保险取值为 1，没有参加取值为 0。$familysize_i$ 为流动人口所在住户的家庭规模。

① 本文以下所指的流动人口如无特别说明均指短期流动人口。

age_i 为流动人口的年龄。$educ_i$ 为流动人口的受教育年限。$locallanguage_i$ 为流动人口对当地语言掌握程度的虚拟变量，掌握当地语言取值为 1，不掌握取值为 0。$Subsidies_i$ 为流动人口所在单位是否提供餐住补贴的虚拟变量，提供餐住补贴取值为 1，不提供取值为 0。$owenrship_i$ 为流动人口工作单位所有制的虚拟变量，包括国有企业、私营企业等 12 种类型。$industry_i$ 为流动人口所处行业的虚拟变量，包括制造业、建筑业等 20 种类型。$regionhost_i$和 $regionhome_i$ 分别为流入地和流出地的地区虚拟变量，流入地包括北京朝阳区、山东青岛市等 9 个地区，流出地包括北京市、河北省等 32 个地区。ε_i 为误差扰动项。其中，系数 β_1 反映是否具有长期居住意愿的流动人口在人均消费量上的差异。

（二）倾向性得分匹配法

上一节的描述性统计分析结果表明，在家庭规模、流出地耕地总面积、流出地住房面积、户主年龄和教育年限等方面，有长期居住意愿的流动人口显著不同于没有长期居住意愿的流动人口。因此，流动人口是否具有长期居住意愿可能通过流动人口不同的家庭和个体特征影响其消费行为，因而存在内生性问题，这可能导致基准的普通最小二乘估计结果存在偏误。因此，利用倾向性得分匹配法，本文处理了由可观测因素导致的内生性问题。倾向性得分匹配法的具体估计步骤如下：首先，估计关于长期居住意愿的 Probit 模型；其次，根据倾向性得分获取基本特征相似的处理组（有长期居住意愿的流动人口）和对照组（没有长期居住意愿的流动人口）；最后，根据匹配后的样本估计长期居住意愿对流动人口消费行为的影响。

倾向性得分匹配法的核心是模型变量的选择。首先，本文选取流入地的人均月收入作为影响流动人口长期居住意愿的关键变量。其次，通过流动人口流出地是否有父母居住、流出地是否有子女居住、流出地耕地总面积等信息控制流出地对流动人口长期居住意愿的影响。此外，本文用流出地住房面积作为流动人口拥有资产多少的代理变量。最后，本文利用流动人口所处行业进一步控制流入地的就业信息。关于上述变量的选择，本文参照了 Chen 等（2015）的做法，构建如下估计模型：

$$Temp_i = \alpha + \beta_1 \mathrm{log}incomepc_i + \beta_2 age_i + \beta_3 parentrural_i + \beta_4 childrural_i + \beta_5 \mathrm{log}land_i + \beta_6 \mathrm{log}house_i + \phi industry_i + \varepsilon_i \qquad (2)$$

除了公式（1）中出现的变量外，新增变量包括：$parentrural_i$ 指流动人口流出地是否有父母居住；$childrural_i$ 指流动人口流出地是否有子女居住；$\mathrm{log}hand_i$ 指流动人口流出地耕地总面积的对数值；$\mathrm{log}house_i$ 指流动人口流出地住房面积的对数值。

四、实证结果

首先，本文利用普通最小二乘法对全样本进行估计，估计结果见表2。在其他条件不变情况下，有长期居住意愿的流动人口相比没有长期居住意愿的流动人口的人均消费量高出14.3%。与此同时，所在住户人均月收入每提高1%，其人均消费率提高0.66%，说明流动人口的收入和消费存在高度正相关性。单位“包吃包住”使流动人口人均消费减少28.2%，这反映了住房和食品支出在流动人口日常消费支出中的重要性。有失业保险的流动人口人均消费要高出6.7%，但参与养老保险的流动人口的人均消费仅高出2.1%，且统计不显著。一方面，参加失业和养老保险能降低未来的收入不确定性并增加流动人口当期的消费（Chamon等，2013）；另一方面，养老保险较重的缴费负担会抑制家庭的现期消费（白重恩等，2012）。因此，我们的研究结果表明参加养老保险对流动人口现期消费的增加效应较失业保险更小。户主年龄与人均消费呈显著负相关关系，反映了年轻人有更强的消费意愿。最后，户主教育年限、当地语言掌握程度对人均消费具有正向影响，反映了较高的人力资本水平对流动人口消费具有促进作用。

考虑到流动人口的长期居住意愿可能是内生的，本文用倾向性得分匹配法选择基本特征相近的处理组（有长期居住意愿的流动人口）和对照组（没有长期居住意愿的流动人口）。利用公式（2），本文估计影响流动人口长期居住意愿的因素，结果见表3。经过匹配后，处理组与对照组在人均月收入、户主年龄、流出地耕地总面积、流出地是否有子女居住等方面不存在显著区别。通过匹配后的样本再次估计公式（1），结果表明，在其他条件不变情况下，有长期居住意愿的流动人口的人均消费要高出13.9%，略低于匹配前的估计结果。Chen等（2015）研究表明，由于户籍制度限制，流动人口相对本地城镇居民的消费要减少16%~20%，而我们的研究发现，流动人口的长期居住意愿可以显著减少由户籍制度带来的消费抑制作用。

为了使研究结果更具有说服力，本文进一步使用消费率（住户每月总消费/住户每月总收入）作为因变量估计长期居住意愿对流动人口消费行为的影响。样本匹配前后的估计结果见表2。估计结果显示，有长期居住意愿的流动人口的家庭消费率要高出6.7%，略低于匹配前的结果（7.1%）。Chen等（2015）发现流动人口的平均消费率比本地城镇居民低6.7%~8.5%。从消费率的角度，我们的研究再次表明长期居住意愿可以显著降低户籍制度对流动人口消费的抑制作用。

总之，实证结果显示，无论是人均消费量还是消费率，长期居住意愿均会显著增加流动人口在流入地的消费支出。值得注意的是，流动人口长期居住意愿的增加能够大幅降低由于户籍制度导致的流动人口与本地城镇居民的消费差异。

表2　长期居住意愿对流动人口消费的影响

	人均消费量的对数		消费率	
	匹配前	匹配后	匹配前	匹配后
没有长期居住意愿	-0.143***	-0.139***	-0.071***	-0.067***
	(0.013)	(0.016)	(0.008)	(0.008)
人均月收入对数	0.665***	0.684***	-0.187***	-0.161***
	(0.019)	(0.011)	(0.025)	(0.007)
单位“包吃包住”	-0.282***	-0.286***	-0.116***	-0.115***
	(0.009)	(0.013)	(0.021)	(0.008)
户主年龄	-0.003***	-0.004***	-0.002***	-0.002***
	(0.001)	(0.001)	(0.001)	(0.000)
户主教育年限	0.012***	0.012***	0.008***	0.006***
	(0.002)	(0.002)	(0.003)	(0.001)
家庭规模	-0.092***	-0.099***	-0.044***	-0.050***
	(0.006)	(0.006)	(0.010)	(0.004)
是否参加失业保险	0.067***	0.045*	0.057***	0.030**
	(0.014)	(0.018)	(0.027)	(0.012)
是否参加养老保险	0.021	-0.015	-0.001	-0.003
	(0.013)	(0.017)	(0.025)	(0.011)
当地语言掌握程度	0.031**	0.052**	0.004	0.028***
	(0.009)	(0.013)	(0.020)	(0.009)
行业和所有制亚变量	YES	YES	YES	YES
流入地和流出地亚变量	YES	YES	YES	YES
观测值	6 474	3 227	6 474	3 227
调整的 R^2	0.645	0.629	0.167	0.198

注：*、** 和 *** 分别表示在10%、5%和1%的显著性水平上显著。

表 3　影响长期居住意愿的因素

	匹配前	匹配后
人均月收入对数	-0.073***	0.010
	(0.020)	(0.010)
户主年龄	-0.006***	0.000
	(0.001)	(0.001)
流出地是否有父母居住	-0.009	-0.001
	(0.021)	(0.011)
流出地是否有子女居住	0.059***	0.012
	(0.024)	(0.012)
流出地耕地总面积对数	0.013**	-0.005
	(0.012)	(0.006)
流出地住房面积对数	0.043***	0.001
	(0.015)	(0.007)
行业亚变量	YES	YES
观测值	6 649	3 310
调整的 R^2	0.067 9	0.000 9

注：*、** 和 *** 分别表示在 10%、5% 和 1% 的显著性水平上显著。

五、异质性分析

本文已经发现，长期居住意愿有助于增加流动人口的消费。为了进一步考察长期居住意愿对流动人口在流入地消费行为的影响路径，本文进行了异质性分析。

（一）消费类型

本文分别估计长期居住意愿对不同类型的消费支出的影响，估计结果见表 4。在每月食品支出方面，有长期居住意愿的流动人口的人均消费量高出 15.4% ~16.9%。在住房支出方面，有长期居住意愿的流动人口的人均消费量则高出 20.1% ~20.7%。进一步估计长期居住意愿对不同住房消费（房租和房贷）的影响差异，本文在公式（1）的基础上加入是否在流入地购买商品房的虚拟变量（已购买商品房设为 1）以及该虚拟变量与长期居住意愿的交叉项，估计结果见表 5。研究发现，长期居住意愿对已购买商品房的流动人口的每月住房消费（房贷）的增幅达 183%，远高于长期居住意愿对没有购买商品房的流动人口的每月住房消费（房租）的增幅（16.6%）。这表明，长期居住意愿对有购房需求的流动人口的住房消费有更大影响。此外，在除食品和住房外的其他支出方面（如衣、行、教育、通信、医疗和娱乐等，不包括生产经营性支出和借贷支出），有长期居住意愿的流动人口的人均消费量要高出 8.7% ~9.1%。表 6 进一步估计了长期居住意愿对消费结构的影响。研究结果发现，长期居住意愿使得流动人口的住房支出比例增加 1.6%，同时使得流动人口其他支出比例减少 2.4%。再次证明，长期居住意愿对流动人口住房消费有更大影响。值得注意的是，长期居住意愿不仅会提高未购房者在流入地的房租支出，而且会大幅增加已购房者的房贷支出。

表 4 长期居住意愿对不同消费类型的影响

	食品支出		住房支出		其他支出	
	匹配前	匹配后	匹配前	匹配后	匹配前	匹配后
没有长期居住意愿	-0.169***	-0.154***	-0.201***	-0.207***	-0.087***	-0.091***
	(0.017)	(0.021)	(0.026)	(0.031)	(0.025)	(0.032)
观测值	6 474	3 227	5 332	2 563	6 151	3 075
调整的 R^2	0.454	0.448	0.503	0.521	0.345	0.329

注：*、** 和 *** 分别表示在 10%、5% 和 1% 的显著性水平上显著。

表 5 长期居住意愿对不同住房消费的影响

	匹配前	匹配后
已购买商品房且没有长期居住意愿	-1.741***	-1.665**
	(0.661)	(0.141)
没有长期居住意愿	-0.165***	-0.166***
	(0.024)	(0.030)
已购买商品房	0.935***	0.842***
	(0.038)	(0.079)
观测值	2 563	5 332
调整的 R^2	0.549	0.546

注：*、** 和 *** 分别表示在 10%、5% 和 1% 的显著性水平上显著。

表6　长期居住意愿对消费结构的影响

	食品支出比例		住房支出比例		其他支出比例	
	匹配前	匹配后	匹配前	匹配后	匹配前	匹配后
没有长期居住意愿	-0.005	-0.009	-0.013**	-0.016***	0.018**	0.024***
	(0.007)	(0.005)	(0.005)	(0.005)	(0.008)	(0.006)
观测值	3 227	6 474	3 227	6 474	3 227	6 474
调整的 R^2	0.087	0.079	0.307	0.226	0.218	0.153

注：*、** 和 *** 分别表示在10%、5%和1%的显著性水平上显著。

（二）流动类型

本文进一步区分省内跨市（县）流动人口和跨省流动人口，并估计长期居住意愿对不同流动类型消费支出的影响。本文在公式（1）的基础上进一步加入跨省流动虚拟变量以及该变量与长期居住意愿的交叉项，估计结果见表7。研究发现，在跨市（县）流动人口中，有长期居住意愿的流动人口的人均消费总量要高出14.3%～15.3%。在跨省流动人口中，有长期居住意愿的流动人口的人均消费总量则要高出13.5%～13.7%。研究发现，长期居住意愿与流动类型的交叉项系数统计性不显著。因此，长期居住意愿对不同类型流动人口的消费总量影响并无明显差异。尽管如此，长期居住意愿对不同类型流动人口的消费支出结构影响不同。在食品方面，有长期居住意愿的跨市（县）流动人口的消费总量要增加11.9%～15%，小于长期居住意愿对跨省流动人口的影响（18.5%）。在住房方面，有长期居住意愿的跨市（县）流动人口的消费总量要增加28.3%～30.7%，显著高于长期居住意愿对跨省流动人口的影响（12.2%～15.1%）。对于没有长期居住意愿的流动人口，不同流动类型对流入地的住房消费影响不显著。在其他消费方面，有长期居住意愿的跨市（县）流动人口的消费总量要增加9%～10.1%，略高于长期居住意愿对跨省流动人口的影响（7.9%～8.4%）。因此，长期居住意愿对不同流动类型人口的消费结构具有显著影响。有长期居住意愿的省内跨市（县）流动人口对流入地的住房消费需求更大。本文认为，对于有长期居住意愿的流动人口，省内跨市（县）流动人口比跨省流动人口更倾向于在流入地落户，进而在流入地有更高的住房消费需求。

表 7　长期居住意愿对不同流动类型消费支出的影响

	人均消费对数		人均食品消费对数		人均住房消费对数		人均其他消费对数	
	匹配前	匹配后	匹配前	匹配后	匹配前	匹配后	匹配前	匹配后
跨省流动且没有长期居住意愿	0.018 (0.025)	0.006 (0.030)	-0.035 (0.032)	-0.066 (0.042)	0.185 *** (0.050)	0.132 ** (0.059)	0.006 (0.048)	0.022 (0.060)
没有长期居住意愿	-0.153 *** (0.019)	-0.143 *** (0.023)	-0.150 *** (0.025)	-0.119 *** (0.031)	-0.307 *** (0.038)	-0.283 *** (0.045)	-0.090 ** (0.037)	-0.101 ** (0.046)
跨省流动	-0.023 (0.021)	0.018 (0.034)	0.022 (0.027)	0.048 (0.048)	-0.103 *** (0.040)	-0.006 (0.078)	-0.057 (0.041)	-0.072 (0.068)
观测值	6 474	3 227	6 474	3 227	5 332	2 563	6 151	3 075
调整的 R^2	0.645	0.628	0.454	0.449	0.505	0.522	0.345	0.329

注：*、** 和 *** 分别表示在 10%、5% 和 1% 的显著性水平上显著。

综上可知，长期居住意愿不仅影响流动人口在流入地的消费总量，而且影响流动人口在流入地的消费结构。分消费类型看，长期居住意愿对流入地的住房消费影响最大。从流动类型看，长期居住意愿对省内跨市（县）流动人口和跨省流动人口的消费支出影响无显著差异，但对消费结构的影响不同，其中，长期居住意愿对省内跨市（县）流动人口的住房消费影响相对更大。

六、研究结论

利用 2014 年全国流动人口动态监测调查数据，本文分析了长期居住意愿对流动人口消费行为的影响。研究表明，在其他条件不变的情况下，长期居住意愿导致流动人口在流入地的人均消费量增加 13.9%。Chen 等（2015）的研究表明，我国户籍制度使流动人口的平均消费水平比本地城镇人口低 16% ~20%。本文的研究表明，流动人口的长期居住意愿可以显著减少由户籍制度带来的抑制消费的作用。即使在未落户的情况下，有长期居住意愿也能够显著增加流动人口在流入地的消费支出。从消费类型看，长期居住意愿主要影响流动人口在流入地的住房消费。从绝对数来看，长期居住意愿导致流动人口在流入地的住房人均消费增加 20.7%。从相对数看，长期居住意愿会使流入地的住房消费占总消费支出比例提高1.6%。从流动类型看，长期居住意愿对省内跨市（县）和跨省流动人口的消费影响无显著差异，而对消费结构的影响不同。其中，长期居住意愿对省内跨市（县）流动人口的住房消费影响更大，增幅达28.3%，这反映了省内跨市（县）流动人口相比跨省流动人口在流入地有更高的落户意愿。

本文认为，通过进一步推动户籍制度改革，引导流动人口在流入地的落户预期，增加流动人口在流入地的长期居住意愿，可以显著增加流动人口在流入地的消费支出，从而为流入地的消费升级和经济转型提供有力支撑。与此同时，流动人口长期居住意愿的增加，有助于激活流入地的消费市场，尤其是住房市场的发展，流入地政府也应及时采取相关应对措施，一方面积极推进户籍制度改革，以提高流动人口的居住和落户意愿；另一方面增加低收入保障性住房的供给，以更好满足流动人口在流入地的住房需求。

（本文发表于《中国人口科学》2017年第10期）

参考文献

［1］白重恩，吴斌珍，金烨．中国养老保险缴费对消费和储蓄的影响［J］．中国社会科学，2012（8）．

［2］陈斌开，陈琳，谭安邦．理解中国消费不足：基于文献的评述［J］．世界经济，2014（7）．

［3］陈斌开，陆铭，钟宁桦．户籍制约下的居民消费［J］．经济研究，2010（A1）．

［4］陈斌开，杨汝岱．土地供给、住房价格与中国城镇居民储蓄［J］．经济研究，2013（1）．

［5］蔡昉，都阳，王美艳．户籍制度与劳动力市场保护［J］．经济研究，2001（12）．

［6］方福前．中国居民消费需求不足原因研究：基于中国城乡分省数据［J］．中国社会科学，2009（4）．

［7］李文星，徐长生，艾春荣．中国人口年龄结构和居民消费：1989—2004［J］．经济研究，2008（7）．

［8］罗楚亮．经济转轨、不确定性与城镇居民消费行为［J］．经济研究，2004（4）．

［9］万广华，张茵，牛建高．流动性约束、不确定性与中国居民消费

[J]．经济研究，2001（11）．

[10] 姚先国，赖普清．中国劳资关系的城乡户籍差异［J］．经济研究，2004（7）．

[11] CHAMON M，LIU K，PRASAD E. Income uncertainty and household savings in China［J］. Journal of development economics，2013，105.

[12] CHEN B，LU M，ZHONG N. How urban segregation distorts Chinese migrants'consumption［J］. World development，2015，70.

[13] CHEN X F. Why do migrant households consume so little［J］. China economic review，2017，49.

[14] DREGER C，WANG T，ZHANG Y. Understanding Chinese consumption：the impact of Hukou［J］. Development and change，2015（6）.

[15] DUSTMANN C，GÖRLACH J. The economics of temporary migrations［J］. Journal of economic literature，2016，54（1）

[16] KNIGHT J，YUEH L. Job mobility of residents and migrants in urban China［J］. Journal of comparative economics，2004，32（4）.

[17] MENG X. Labor market outcomes and reforms in China［J］. The journal of economic perspectives，2012，26（4）.

[18] SONG Y. What should economists know about the current Chinese Hukou system［J］. China economic review，2014，29.

第三编　流动人口就业与家庭发展

我国留守儿童现状

——认知、非认知能力的发展情况

吴　贾①

一、研究背景

自20世纪80年代后，随着改革开放的逐步深入，工业化与城市化日益加快，农村劳动力大量流入城市，形成了一个庞大的社会群体——农民工。这不仅推动了城市的繁荣与发展，也增加了农民的收入，有效促进了经济的发展和社会的稳定。据中国国家统计局资料显示，中国外出务工劳动力在2014年第三季度已超过1.7亿。农民工对经济的高速增长做出了巨大的贡献，但他们并没有享受到公平的待遇。“移民”到城镇中的农民工虽然可以在城里安身，但面临亲子分隔两地的问题：他们选择将子女留在了农村，并托付给其他人代为照看。从而导致一个弱势群体的出现——“留守儿童”。据中国妇联2013年发布的一份调查显示，中国留守儿童已超过6 000万。留守儿童产生的原因来自多个方面。首先，中国城乡收入分配严重不均（据农业部发布信息，2013年城乡收入比高达3.03：1），选择到城市工作是农村劳动者获得高收入的一个途径。其次，中国城镇劳动力开始短缺，亟须农村劳动力予以补充。虽然政府放开了对劳动力流动的管制，但户籍制度仍然将农村流动人口限制在城市发展的门外，农村流动人口选择移居城市也是临时性的，在获得一定的积蓄后，这些流动人口仍然会返回家乡（Meng，2012）。再次，农村流动人口可以在城里安身，但无法享受到和城市本地居民相同的福利待遇，子女教育更是难以得到保障。城市中公立学校大都将招生范围限制为拥有城市本地户籍的学生，或要求农村流动人口缴纳高昂的借读费用，这使得农村流动人口难以承担。最后，城市中大多数工作单位都可以为外来流动人口提供宿舍（几乎是免费集体宿舍），但若外来流动人口将子女带入城市，就需要离开集体宿舍

① 暨南大学经济学院副教授。

并独立租房，这使得外来流动人口要负担较高的租金。并且，外来流动人口大都只身来到城市，由于在城市中缺乏社会关系网络，在工作的同时很难兼顾对子女的照顾（Lee，Park，2010）。以上原因均导致了大部分农村流动人口不得不选择将子女留在农村上学。

父母外出打工对子女的影响主要体现在学业和心理两个方面。从影响机制上看，一方面，在对子女学习成绩的影响上，去城镇打工的父母可以获得较高的收入，从而可以为子女的教育提供更多的资金支持。比如，为子女请课外辅导教师，让子女参与更多的付费课程，购买多样化的教学资源等（Li，Han，Rozelle，et al.，2010；Antman，2012），这可能有助于子女学习成绩的提高。父母外出打工对学习成绩产生的负面影响在于：由于父母不在家，子女将要花费更多的时间在家务和农活上，这将减少子女用在学习上的时间和精力（Antman，2011）。另一方面，在对子女心理健康的影响上，由于留守儿童长期缺乏与父母的交流，在成长过程中不能得到父母在心理上的指导，而且这些儿童正处于成长发育的关键时期，与父母的长时间分离导致了他们缺少来自父母的必要的思想指导，父母的关注与呵护的缺失进一步导致留守儿童出现孤僻内向、情绪消极、自觉性差、胆小怕事等心理缺陷，从而使留守儿童在应对压力、焦虑，处理人际关系等方面的能力更为缺乏。

留守儿童问题已成为当前社会发展中的暗礁，甚至它可能会影响未来经济的潜在增长。留守儿童在心理、教育方面的负面遭遇无法体现社会主义公平发展的价值观，是亟须解决的问题。

二、研究结果

本文所取得的成果按照原项目计划目标分为三大部分：第一部分研究父母外出打工对留守儿童认知能力的影响；第二部分研究父母外出打工对留守儿童非认知能力的影响；第三部分研究高年级留守儿童辅导低年级留守儿童是否可以对父母教育投入缺失进行弥补，从而提高留守儿童的学习成绩。下面分别报告前两个部分的研究结果。

（一）父母双方均不在家会导致留守儿童语文成绩和数学成绩下降约5%

1. 模型

在控制了测量误差、个体异质性因素后，我们基于累计教育生产函数对父母教育投入缺失对学生认知能力的影响进行了评估，模型构建如下：

$$y_{it}^{*} = \lambda y_{i,t-1}^{*} + X_{it}\alpha_0 + \varepsilon_{it} \quad (1)$$

其中，y_{it}^{*} 表示第 i 个学生在学期 t 的认知能力的真实值（用学生的语文、数学成绩在班级中的百分比排名表示），λy_{it}^{*} 表示影响当期学习成绩的往期的累积效应，以上一期的学习成绩衡量。X_{it} 是一个包含父亲教育投入缺失、母亲教育投入缺失、父母双方教育投入缺失的虚拟变量，以及其他可能影响学生成绩变量的列向量。由于测量误差等因素，认知能力的观测值为 $y_{it} = y_{it}^{*} + e_{it}$，即真实值和扰动项的和。同时，误差项中包含着个体随时间不变的不可观测的异质性，即 $\varepsilon_{it} = \mu_i + v_{it}$。为了去除个体不可观测的异质性，对公式（1）取差分可得：

$$\Delta y_{it} = \lambda \Delta y_{i,t-1} + \Delta X_{it}\alpha_0 + \Delta\varphi_{it} \quad (2)$$

其中，$\Delta\varphi_{it} = v_{it} + e_{it} - (1+\lambda)e_{i,t-1} + \lambda e_{i,t-2}$。对公式（2）可应用动态广义矩估计法（Dynamic General Method of Moments，简称动态 GMM）进行估计，我们主要关注的是当父母一方或双方不在家时，学生的语文和数学成绩是否有显著的下降。

2. 研究结果

应用公式（2）进行估计时，我们发现，当父母双方都不在家时，学生的语文成绩在班级中的百分比排名将下降 5.07 百分点；学生的数学成绩在班级中的百分比排名将下降 5.49 百分点。以上结果均在 95% 的水平上显著。另外，通过对学生课余时间的分析，我们发现留守儿童（父母双方都不在家）花费更少的时间在家庭作业上，并且，留守儿童平均每周接受辅导（包括父母和其他人的辅导）的时间比其他儿童少 10 分钟。结果还显示，尽管留守儿童可以从除父母之外的家庭成员中获得一定的辅导作为弥补（2 分钟），但仍然无法完全补偿因父母不在家导致的辅导时间的下降。父母对子女辅导时间减少，可能是导致留守儿童学习成绩差的原因。

3. 研究意义

首先，本文的研究是对该领域文献研究的深入和扩展。关于父母外出打工对子女成绩的影响，过去有诸多学者进行过研究，但所得结论并不一致。De Leire 和 Kalil（2002）发现只有母亲在家的子女学习成绩较差。Jensen 等（1996）发现父母不在家会导致更高的辍学率。然而，Mansuri（2006）发现移民家庭的子女具有更高的入学率。中国的学者在这方面也进行过研究，Cheng 等（2009）应用陕西省的调查数据发现，父亲不在家的子女学习成绩表现更优。Zhao 等（2012）应用青海和宁夏的数据发现，父母一方或双方不在家都将对子女的数学成绩产生影响。胡枫和李善同

(2009) 利用 2007 年 5 个城市对农业转移人口的调查数据进行研究，发现父母远距离外出务工，会导致农村留守儿童学习成绩的下降。

其次，在理论方法上，以往的文献并没有区分父亲、母亲的效应，并且在内生性问题的处理上也没有找到完美的解决方案。我们控制了测量误差、个体不可观测异质性，并区分了父亲教育投入缺失、母亲教育投入缺失，以及父母双方教育投入缺失的效应，用以往父母外出打工状态作为工具变量，对父母外出打工的效应进行了分析。

同时，本文的研究成果也指明了留守儿童所面临的问题应当引起政策制定者的关注。尽管城市的发展需要农村年轻的劳动力，通过鼓励城乡的劳动力流动确实缓解了当前城市中劳动力不足的局面，但是由于城市中的配套及保障不完善，使得诸多农民工没有办法将子女带到城市中上学，这些儿童留守在家中，使得他们的学习成绩受到影响，这种负效应会引起人力资本的潜在损失。比如，当这一代的儿童进入劳动力市场时，由于他们的认知水平低于其他劳动者、缺乏应有的劳动技能，从而导致整个经济体产出的下降。针对这一问题，政策制定者采取的方法有两种：第一，完善城市中对外出打工子女教育的配套建设，减少留守的比例；第二，在农村中，用其他方式弥补留守儿童的父母教育缺失（这将在以后进行汇报）。

（二）父母双方都不在家会降低留守儿童的非认知能力

1. 模型

在测评非认知能力方面，我们采取了多项测量表，如 Piers-Harris (1969) 自我意识量表、情感量表以及自我满意度量表，以对学生心理进行全面的评价。同时，也由于心理健康衡量方法的多样性，对不同类型的被解释变量我们采取不同的估计方法去除固定效应。在考虑随时间不变的个体异质性后，我们构建模型研究当父母双方都不在家时，对子女非认知能力的影响。非认知能力的测量指标如下表：

非认知能力的测量指标

非认知能力量表	变量类型	估计方法	具体测量指标
Piers-Harris 自我意识量表	连续变量	线性固定效应模型	行为能力
			智力和学校状态
			外表
			焦虑程度
			受欢迎度
			幸福和满意度
情感量表	二元虚拟变量	固定效应logistic模型	感到伤心
			感到孤独
			感到生气
			感到开心
			感到来自家庭的关爱
			感到来自其他人的关爱
自我满意度量表	0—5 离散变量	BUC 估计	对成绩的满意度
			对自我努力程度的满意度
			对父母关系的满意度
			对学校及老师关系的满意度

首先，针对连续变量的 Piers-Harris 自我意识量表，我们采用线性固定效应模型消除随时间不变的个体异质性，采用的估计模型为：

$$y_{it} = \alpha + \beta_1 b_{it} + X'_{it}\gamma + v_i + \xi_{it}, t = 1,2 \quad (3)$$

其中，y_{it} 为非认知能力的具体衡量指标，b_{it} 表示 0—1 虚拟变量，如果父母双方均不在家，则 b_{it} 取值为 1，否则为 0。X_{it} 为其他控制变量，我们控制了学生在学期 t 是否是班干部、是否有人辅导、健康状况以及家中是否有电脑（作为家庭财富的代理变量）。在采用差分法消除个体固定效应后模型可以写为：

$$\Delta y_{it} = \alpha + \beta_2 \Delta b_{it} + \Delta X_{it}'\gamma + \Delta e_{it}, t = 1, 2 \quad (4)$$

基于该模型，可以发现，个体固定效应 v_i 已从模型中消除。

其次，针对二元虚拟变量作为被解释变量（情感量表）的回归方程，我们采用 logistic 模型进行估计：

$$Pr(y_{it} = 1 \mid b_{it}, X_{it}, v_i) = \Psi(\beta_3 b_{it} + X_{it}'\gamma + v_i), t = 1,2 \quad (5)$$

其中，$\Psi(\cdot)$ 表示 logistic 函数。由于模型中同样存在个体异质性，我们采用条件 logistic 模型极大似然估计对上述模型进行估计：

$$L(\beta_3,\gamma)=\sum_{i=1}^{N}\log\{1[y_{i1}=1,y_{i2}=0]\cdot P(y_{i1}=1,y_{i2}=0\mid y_{i1}+y_{i2}=1)+1[y_{i1}=0,y_{i2}=1]\cdot P(y_{i1}=0,y_{i2}=1\mid y_{i1}+y_{i2}=1)\} \quad (6)$$

最后，针对离散取值为0—5的被解释变量（自我满意度量表），我们构建估计量，基于条件极大似然估计法进行估计。估计模型可以写为：

$$L^{BUC}(\beta_3,\gamma)=\sum_{k=2}^{K}L(\beta_3,\gamma) \quad (7)$$

2. 研究结果

在以 Piers-Harris 自我意识量表中的六项指标作为非认知能力的被解释变量时，我们发现留守儿童在幸福和满意度方面评价较低，显示了他们有较悲观的情绪。在以 logistic 模型估计留守儿童情感感知时，发现他们更容易感到伤心，并且更少感受到来自家庭的关爱。在以 Ordered Logit 模型估计留守儿童满意度时，发现他们在与家长的关系方面表现出明显的低满意度。另外，我们发现留守儿童对自己行为能力的评价更高，这可能是由于父母不在家，留守儿童需要自我照顾，因此，对自己行为能力有着更高的评价。

3. 研究意义

在人力资本的构成中，非认知能力与认知能力同样重要（Heckman，2006），但是儿童非认知能力的发展却被部分忽视。认知能力，无疑对儿童的未来发展有重要的影响，它可能影响儿童未来进入劳动力市场后的工作表现、工资水平等。但是，认知能力的作用主要在于它可以提高从事较为复杂技术工作的劳动者的工作技能，比如教师、医生和律师。相反，Schmidt 和 Hunter（2004）认为，非认知能力的作用主要体现在提高从事非专业技能的劳动者的工作能力。因此，非认知能力所适用的情景和场合更为广泛和普遍。还有学者认为，非认知能力甚至可以影响一个人的认知能力（Nisbett，2009）。诸多研究发现非认知能力对工作业绩等产生影响（Lleras，2008；Duncan，Magnuson，2011；Cunha，Heckman，2009；Hall，Farkas，2011）。因此，本文研究的焦点在于当父母双方都不在家时，是否会影响留守儿童的非认知能力。结果发现，留守儿童的自我意识、情感和对父母关系的满意度等方面均受到影响。我们的研究结果是值得引起关注的，比如，对父母关系的满意度衡量了子女对父母的信任水平，它被看作是心理资本的一种。当父母与子女之间信任度下降时，父母在未来教育子女时会面临更多的问题：由于子女的不信任，父母的教育难以具有说服力。如果这样的问题存在，那么父母外出打工产生的负面影响是很难甚至无法被修复的。

这部分的研究成果再一次说明了父母外出打工，而将子女留在家中的情况对子女心理健康、情感等因素产生了损害，也肯定了本文研究的猜测。如何对留守儿童面临的父母教育投入缺失进行弥补，本文通过实验的方法，在学校高年级中选出成绩较好的学生作为小辅导员，对留守儿童进行课外辅导，以弥补父母教育投入缺失。这将在以后进行汇报。

参考文献

［1］ MENG，XIN. Labor market outcomes and reforms in China［J］. Journal of economic perspectives，2012，26（4）：pp. 75－102.

［2］ ANTMAN F M. Gender，educational attainment，and the impact of parental migration on children left behind［J］. Journal of population economics，2012，25：pp. 1187－1214.

［3］ ANTMAN F M. The Intergenerational effects of paternal migration on schooling and work：what can we learn from children's time allocations［J］. Journal of development economics，2010，96（2）：pp. 200－208.

［4］ EVANS G W. The environment of childhood poverty［J］. American psychologist，2004，59（2）：pp. 77－92.

［5］ SCHMIDT F L，HUNTER J. General mental ability in the world of work：occupational attainment and job performance［J］. Journal of personality and social psychology，2004，86（1）：pp. 162－173.

［6］ NISBETT R E. Intelligence and how to get it：why schools and cultures count［M］. New York：Norton and Company，2009.

［7］ LLERAS C. Do skills and behaviors in high school matter? The contribution of noncognitive factors in explaining differences in educational attainment and earnings［J］. Social science research，2008，37（3）：pp. 888－902.

［8］ CUNHA F，HECKMAN J. The economics and psychology of inequality and human development［J］. Journal of the European economic association，2009.

［9］ HALL M，FARKAS G. Adolescent cognitive skills，attitudinal/behavioral traits and career wages［J］. Social forces，2011，89（4）：pp. 1261－1285.

［10］ HECKMAN J，STIXRUD J，URZUA S. The effects of cognitive and noncognitive abilities on labor market outcomes and social behavior［J］. Journal of labor economics，2006，24（3）：pp. 411－482.

［11］ HECKMAN J. Skill formation and the economics of investing in disadvantaged children ［J］. Science, 2006, 312 (30): pp. 1900 - 1902.

［12］胡枫，李善同．父母外出务工对农村留守儿童教育的影响：基于5城市农民工调查的实证分析［J］．管理世界，2009（2）：67 - 74.

家庭策略视角下随迁类型对农民工城市定居可能性的影响研究

刘成斌[①] 向丽君[②]

一、问题的提出

伴随我国快速的工业化、城镇化进程，大量农民涌入城市成为农民工。国家统计局公布的《2016 年农民工监测调查报告》显示：截至 2016 年底，我国农民工总量达到 28 171 万人，比 2015 年增长 1.5%，增速比 2015 年加快 0.2 百分点。“城市化”侧重于国家、区域、社会结构、物质层面的变化，而“市民化”主要是指社会成员角色的转型，因此，在城市化的发展阶段中，市民化才是其最终的落脚点（文军，2004）。而定居地的选择正是市民化与否的直接表现形式，国家卫生和计划生育委员会 2014 年度调查数据显示，流动人口在现居住地居住 5 年及以上的占 37%，且半数以上流动人口有在现居住地长期居留的意愿。尽管流动人口有着较高的城市定居意愿，但高昂的城市生活成本与歧视性的制度安排使得流动人口难以真正实现城市落户（汪润泉、刘一伟，2017），同时，流动人口对迁入地工作生活的主观心理感受和社会认同也会影响流动人口定居地的选择。

近年来，人口流动逐渐呈现家庭化趋势，越来越多的农民工选择举家迁移（Wang，Fan，2012）。2014 年底，举家迁移的农民工占外出农民工总数的 21%（国家统计局，2015）。相较于个体的迁移，这种家庭式迁移的农民工在迁入地的工作生活和行为习惯可能会与个体迁移者有着较大的差异（王春超、张呈磊，2017）。农村人口迁移出从个体迁移向家庭式迁移的转变意味着农村外出者卷入城市生活的程度加深，而这一变化也将改变农村家庭生产及生活的组织方式（李代，张春泥，2016）。在此背景下，农民工的流动方式与类型越来越呈现出家庭决策特征，而家庭策略对于农

---

① 华中科技大学社会学院教授。
② 华中科技大学社会学院硕士研究生。

民工定居地的选择的影响是影响农民工市民化的重要因素。为此，本文试图从家庭策略的角度，分析农民工随迁类型对于农民工选择在城市安家落户的作用效果与作用机制，为农民工市民化的推进路径提供相关建议。

二、文献回顾与理论假说

（一）文献回顾

劳动力流动与人口迁移一直都是学术界关注的热点话题。我国早期的人口流动具有较强的就业导向，国内学者在国际人口流动理论范式的基础上（Lewis ，1954；Todaro，1969；Stark ，Bloom，1985），解读了改革开放以来我国农村劳动力向城市流动的行为（李强，2003；文军，2001；蔡昉、都阳，2002）。21 世纪以来，我国人口迁移模式发生了重大转变，以城市定居为最终目标的永久性迁移越来越普遍，相应的，国内学术界的研究重心也从就业导向的暂时性迁移转向定居导向的永久性迁移（汪润泉、刘一伟，2017）。

对定居导向的永久性迁移的较早研究侧重于对流动人口定居意愿的整体性描述，其关注点在于有多大比例的流动人口愿意在城市定居，以及流动人口城市定居意愿的结构性差异（朱宇，2004；任远、姚慧，2007）。后来，对流动人口定居地的研究逐渐细化到其影响因素方面，较多文献基于不同区域（如辽宁、四川、浙江、南京等）的调查数据进行了实证分析，研究发现，农民工的定居意愿受到个人基本特征（性别、婚姻、年龄、受教育程度）（赵耀辉，1997；夏怡然，2010）、家庭特征（夫妻团聚、家庭经济状况、人均耕地、非农化程度）（费喜敏、王成军，2014；黄庆玲，2013；王彦之，2014）、社会经济特征（职业类型、对工作满意程度、月收入、对居住条件满意程度、参加社会保险情况）（续田曾，2010；甘宇，2015；夏显力等，2012；刘燕，2013；王茂福、杨哲，2015；孙勇等，2015）、城市融合情况（打工年限、当地社会支持）（叶鹏飞，2011；张德元、刘萍，2016；张华初等，2015）、社会认同（李楠，2010；王玉君，2013）、户籍制度（吴兴陆，2005；汪润泉、刘一伟，2017）等方面的影响。

在家庭化流动问题的研究上，部分学者已经意识到家庭决策在农民工迁移以及定居过程中的重要作用，例如王春蕊等人（2015）的研究发现，有家属随迁能显著增强农民工城市居住稳定性；李楠（2010）发现与子女同住在城市能够增加进城务工者定居城市的概率；王玉君（2013）的研究发现，配偶或恋人在同城的农民工更愿意在城市定居；续田曾（2010）发现一个家庭的流动程度越高，农民工的留城意愿也就越强烈。但是目前对于农民工家庭随迁类型对定居地选择的影响研究还比较少。

纵观以上研究，我们不难发现：已有研究多在全面地探析影响农民工在城市安家落户的各种因素，很少有研究从某一特定视角切入，深入细致地剖析某个因素对于农民工定居地选择的作用机制；同时，在家庭式迁移对农民工定居地选择影响的研究上，已有研究对家庭随迁类型（配偶随迁，还是配偶携子女随迁或者是举家随迁）没有做系统的划分，而且对于随迁类型对定居地选择影响的作用机制与作用路径没有做深入的剖析，因此，本文将家庭随迁类型详细划分为个人流动、夫妻流动、夫妻携子女流动、三代同流（含老人）四种类型，深入分析其对农民工在城市安家落户的作用机制，尝试填补该领域研究的不足。

（二）理论假说

在绝大多数中国人的观念中，家庭具有极其重要的位置。农民工进入城市后，他们与家庭之间通常保持着紧密的联系，家庭往往是他们遇到失业和疾病等问题时的坚实后盾（叶鹏飞，2011）。农民工在城市务工意味着“离土不离乡”，在城市定居则意味着“离土又离乡”，农民工选择在城市安家落户不仅意味着居住地的变化，更重要的是代表着他本人以及家庭成员的生活方式、价值选择、人生规划的改变。农民工一旦在城市定居，其与乡土社会的联系将有可能被削弱，这促使他们将生活的重心放在城市。家庭策略（Family Strategy）这一概念，顾名思义是强调家庭本身的主体性、能动性和其应对复杂多元化社会中的调整与适应，并对家庭的运行和发展做出合理的安排。因此，在城市定居不再是个人选择，而是家庭经过多方博弈、理性考量的产物，是多种因素共同作用的结果。这主要取决于农民工在城市获得的福利和在农村获得的福利的比较，总结为两方面：显性福利与隐性福利。当在城市的显性福利与隐性福利之和大于农村时，农民工才会做出在城市长期定居的选择。显性福利主要包括在城市与在农村工作的收入差距、基础设施、生活便利程度、医疗卫生条件、教育资源与教学水平等；隐性福利主要体现为情感诉求（如陪伴、支持等）、垂直向上社会流动的可能性、获取社会最新信息的便捷程度、专业技能的学习机会等。

相较于个人流动，夫妻流动、夫妻携子女流动、三代同流（含老人）

的家庭在显性福利和隐性福利的获得上都是大于前者的，例如：夫妻共同在城市打工可以增加家庭收入，提高家庭的生活水平，同时利于夫妻感情的维持与家庭的稳定。夫妻携子女流动可以使子女在城市中接受较好的教育，从而增加农民工子女进行向上社会流动、实现阶级跨越的可能性，同时家庭的团聚能够让农民工子女在城市有家的感觉。将子女带在身边能够弱化农民工那种“漂”在城市的感觉，从而增强自己本地人的身份认同（王春超、张呈磊，2017）。三代同流的家庭可以使老人在城市获得较好的医疗卫生条件，同时便于子女照顾，减轻农民工的负担，让他们可以更加专心工作；家庭的团聚使得个体在面对城市艰难生活时，不是一个个无助的个体，他们背后是支撑他们努力向上的家，而整个家庭在融入城市时，不断地发挥着其多面和灵活的作用，帮助农民工个体更好地适应城市（麻国庆，2016）。

据此，本文提出：

假设1：相较于个人流动，有家属随迁的农民工在城市定居的可能性更大。

此外，劳动力市场上的就业身份（雇员、雇主与自营劳动者）直接关系着家庭的经济收入、流动成本与城市融入积极性，例如雇主与自营劳动者的收入通常高于雇员（通过比较雇员、雇主、自营劳动者的家庭月收入均值发现，雇员家庭月收入均值为6 308元，雇主家庭月收入均值为10 560元，自营劳动者家庭月收入均值为6 822元）、雇主的流动成本大大高于雇员等，因此他们在劳动力市场中的劳动参与决策以及迁移决策中的表现都是不同的，所以我们希望了解家庭随迁类型对农民工城市定居的影响是否存在着就业身份上的显著差异。

据此，本文提出：

假设2：家庭随迁类型对农民工城市定居的影响存在显著的就业身份上的差异。

三、研究数据与方法

（一）数据来源

本文实证分析使用的数据来源于2015年全国流动人口动态监测调查，该调查以31个省（区、市）和新疆生产建设兵团2014年全员流动人口年报数据为基本抽样框，采取分层、多阶段、与规模成比例的PPS方法进行抽样，调查结果有较好的代表性。个人数据的调查对象为在流入地居住一个月以上，非本区（县、市）户口的15周岁及以上流入人口，共获得有效样本20 600个。调查采用个人问卷和村/居问卷相结合的方式进行，其中，个人问卷主要包括四部分内容：①家庭成员与收支情况；②就业情况；③基本公共卫生和计划生育服务；④老年人医疗卫生服务。剔除非农业户口和与研究变量有关的缺失值后，共有69 729个有效样本进入研究模型。

（二）研究设计与变量处理

1. 因变量

本文的因变量为被访者是否会选择在城市定居，对应原调查问卷的问题：您今后是否打算在本地长期居住（5年以上）？剔除选择“没想好”的个案后，将其处理成二分变量，将“打算”赋值为1，将“不打算”赋值为0。

2. 核心自变量

家庭随迁类型是本文关注的重点维度，也就是本文的核心自变量，利用调查问卷中的家庭成员信息表，分别生成配偶、子女、老人随迁的类型。具体来看：

（1）配偶（已删除没有配偶的个案）：分随迁和不随迁两种情况。

（2）子女（已删除没有子女的个案）：分随迁、部分随迁、不随迁三种情况。

（3）老人：分有老人随迁、无老人随迁两种情况。

通过排列组合，家庭随迁类型有12种可能的情况：

1. 个人流动
2. 个人+配偶
3. 个人+部分子女
4. 个人+全部子女
5. 个人+老人
6. 个人+配偶+部分子女
7. 个人+配偶+全部子女
8. 个人+配偶+老人
9. 个人+配偶+部分子女+老人
10. 个人+配偶+全部子女+老人

11. 个人+部分子女+老人

12. 个人+全部子女+老人

考虑到某些情况个案太少，为了便于分类分析，删除了3、4、5、8、11、12六种类型，同时将6和7合并，9和10合并，最终形成个人流动、夫妻流动、夫妻携子女流动、三代同流（含老人）四种类型，并从家庭策略的角度进行分析。

3. 控制变量

结合已有研究，我们将有可能影响农民工在城市定居但本文并不着重关注的变量设置为控制变量，具体分为：

人口学因素：年龄、年龄的平方、性别、受教育程度。

经济因素：家庭月收入（加1之后取自然对数）、职业类型、就业身份。

社会因素：流入地所在的区域范围（西部地区、中部地区、东部地区、东北地区）、流入该地时长（不满一年按一年计算）、流入地参保种数（农民工在流入地参加或购买每一种保险视为“1”，没有参加或购买视为“0”，然后将所有参加或购买保险的种类数相加，得到参保种数）。

（三）统计方法

本文主要采用的是描述统计与二元logistic回归统计方法。描述统计用于年龄、性别、受教育程度、收入等控制变量分布与因变量的结构分析，回归统计用于探讨家庭随迁类型对于农民工是否会在城市定居的影响。

二元logistic回归模型建构：

$$\text{logit}(p) = \ln\left(\frac{p}{1-p}\right) = \beta_0 + \beta_1\chi_1 + \cdots + \beta_n\chi_n$$

其中，p为农民工选择在城市定居的概率，β_0为常数项，β_1，…，β_n分别为回归系数，χ为自变量。

四、数据分析与发现

（一）流动农民工结构特征分布

表 1　统计模型用到的变量分布情况

变量	样本量（个）	均值或比例	标准误
年龄	69 729	37.16	7.83
年龄的平方	69 729	1 442.20	598.46
年龄分层			
50 后及以上	592	0.85%	
60 后	10 694	15.34%	
70 后	27 374	39.26%	
80 后	27 424	39.33%	
90 后及以下	3 685	5.28%	
性别			
男	41 438	59.43%	
女	28 291	40.57%	
流入区域			
东部地区	31 437	45.08%	
中部地区	13 559	19.45%	
西部地区	21 099	30.26%	
东北地区	3 634	5.21%	
流入时长	69 729	6.55	5.19
受教育程度			
小学及以下	11 958	17.15%	
初中	40 999	58.80%	
高中或中专	12 935	18.55%	
大专	2 930	4.20%	
本科及以上	907	1.30%	

（续上表）

变量	样本量（个）	均值或比例	标准误
职业类型			
单位负责人	148	0.21%	
专业技术人员	3 414	4.90%	
公务员、办事人员和有关人员	686	0.98%	
商业、服务业人员	43 601	62.53%	
农、林、牧、渔、水利业生产人员	2 126	3.05%	
生产、运输设备操作人员及有关人员	18 025	25.85%	
其他	1 729	2.48%	
就业身份			
雇员	33 032	47.37%	
雇主	6 671	9.57%	
自营劳动者	30 026	43.06%	
收入（加 1 后取自然对数）	69 729	8.69	0.51
流入地参保种数			
一种都没有	55 627	79.78%	
有一种	14 069	20.18%	
有两种	33	0.05%	
随迁类型			
个人流动	5 793	8.31%	
夫妻流动	15 922	22.83%	
夫妻携子女流动	44 834	64.30%	
三代同流	3 180	4.56%	
是否打算在城市定居			
不打算	10 688	15.33%	
打算	59 041	84.67%	

表 2　年龄分组与家庭随迁类型的交互分类表

（单位:%）

随迁类型	50 后及以上	60 后	70 后	80 后	90 后及以下
个人流动	14.02	11.28	8.14	7.45	6.43
夫妻流动	30.57	32.07	22.29	19.47	23.96
夫妻携子女流动	54.73	55.47	66.77	66.54	56.28
三代同流	0.68	1.17	2.8	6.54	13.32
χ^2	2 330				

1. 年龄与性别结构分布

样本统计发现，外出务工的农民工基本都处于劳动年龄，以 70 后和 80 后为主，两者所占比例分别为 39.26% 和 39.33%，累计将近八成。处在此年龄段的农民工正值壮年，劳动技能较为纯熟，是我国劳动力大军中的绝对主力。外出务工的农民工中，男性占比稍高，所占比例为 59.43%，女性所占比例为 40.57%。

2. 受教育程度普遍较低

在农民工受教育程度上，高中或中专及以下文化程度的被访者累计占比为 94.5%，其中占比最多的受教育程度为初中，将近六成，其次为高中或中专。大专文化程度的占比为 4.2%，本科及以上文化程度的仅为 1.3%。受教育程度偏低是农民工群体中较为普遍的现象，受教育程度与农民工的职业选择、工资收入、生活理念都有密切的联系，这也是制约农民工在城市发展的核心问题之一。但据交互分类的结果显示，八成左右大专及以上文化程度者都属于 80 后和 90 后，这说明农民工受教育程度提高是一个较为普遍的社会现象，即农民工的人力资本正在显著提升（石庆焱、李伟，2014）。

3. 流入区域

流向东部地区的农民工所占比例最高，为 45.08%，这可能与东部地区经济发达、就业机会多有关；流向中部地区的农民工所占比例为 19.45%，中部地区人口密度较大，流出人口较多；流向西部地区的农民工所占比例为 30.26%，近年来随着“西部大开发”战略的逐步深入实施，西部地区发展日新月异，就业机会也较多；流入东北地区的农民工所占比例仅为 5.21%，这可能与东北地区资源逐渐枯竭、计划经济体制解体后向市场经济过渡艰难有关。

4. 职业分布与参保情况

外出务工的农民中，绝大部分为商业、服务业人员，生产、运输设备操作人员及有关人员，两者所占比例分别为62.53%和25.85%，累计将近九成。这两类行业对员工的文化水平、专业技能水平要求相对较低，所能吸纳的劳动力较多，对于文化水平普遍偏低、专业技能较为缺乏的大部分农民工来说，这是其不二选择。农民工在流入地没有参加任何保险的比例为79.78%，参保两种的仅有0.05%，两种以上的比例为0。理论上讲，参加各种社会保险可以为农民工本人的健康和预防各种风险提供可靠保障，但其参保率普遍较低是调查数据反映的现实情况，由此来看，农民工参保意识与参保行为不积极属于普遍情况（刘成斌、童芬燕，2016；姚俊，2010）。

5. 家庭化流动趋势明显，年龄结构差异较大

在家庭随迁类型分布中，个人流动和三代同流所占比例较低，分别为8.31%和4.56%，夫妻流动所占比例为22.83%，夫妻携子女流动比例为64.30%，家庭化流动趋势得到进一步的提升（刘成斌、童芬燕，2016；张永丽、黄祖辉，2008；盛亦男，2013）。但夫妻流动和夫妻携子女流动的比例远高于三代同流，这表明农民工在家庭化流动过程中的家庭轴心主要是以“横向”的夫妻关系和“向下”的亲子关系为主，而“向上”的养老关系较弱。交互分类的结果（表2）显示（卡方值检验显著：$\chi^2=2\ 330$），不论是哪个年龄群体，夫妻流动和夫妻携子女流动这两种类型占比都较高，累计达到八至九成，并且随着年龄结构的年轻化，个人流动的比例在逐渐降低，三代同流的比例在逐渐升高，这说明新一代的农民工在流动过程当中，越来越重视家庭完整的重要意义。

6. 农民工城市定居意愿强烈

数据分析显示，打算在城市定居的农民工比例为84.67%，不打算在城市定居的农民工比例为15.33%，表明大部分的农民工还是有很强的城市定居意愿。城市完善的基础设施、便利的生活条件、良好的医疗卫生条件、丰富的教育资源与较高的教学水平等，对农民工来说都是具有吸引力的因素。但是也有部分农民工不打算在城市长期居住，针对其影响因素，下文会做详细讨论。

（二）农民工在城市定居的影响因素

表 3　农民工城市定居影响因素的控制变量模型

变量	回归系数	标准误	优势比
年龄	0.110***	0.011	1.116
年龄的平方	-0.002***	0.000 1	0.998
性别（以女性为参照）			
男	-0.032	0.023	0.969
流入区域（以东部地区为参照）			
中部地区	0.204***	0.031	1.226
西部地区	0.098***	0.027	1.103
东北地区	0.856***	0.065	2.354
受教育程度（以小学及以下为参照）			
初中	0.042	0.030	1.043
高中或中专	0.175***	0.040	1.191
大专	0.543***	0.075	1.721
本科及以上	0.545***	0.134	1.725
家庭月收入对数	0.439***	0.025	1.551
职业类型（以单位负责人为参照）			
专业技术人员	-0.395	0.375	0.674
公务员、办事人员和有关人员	-0.252	0.396	0.777
商业、服务业人员	-0.404	0.372	0.668
农、林、牧、渔、水利业生产人员	-0.308	0.379	0.735
生产、运输设备操作人员及有关人员	-0.930*	0.372	0.395
其他	-0.639	0.377	0.528
就业身份（以雇员为参照）			
雇主	0.555***	0.050	1.742
自营劳动者	0.343***	0.028	1.409
流入时长	0.128***	0.003	1.137
流入地参保种数（以一种都没有为参照）			
有一种	0.699***	0.033	2.012

（续上表）

变量	回归系数	标准误	优势比
有两种	1.391	0.746	4.019
$-2LL$	54 202.30		
伪 R^2	0.093		
样本量	69 729		

注：* 表示 $p<0.05$，** 表示 $p<0.01$，*** 表示 $p<0.001$。

在农民工城市定居影响因素的控制变量模型中（如表 3 所示），我们可知：年龄对农民工在城市定居的可能性呈现倒 U 形的显著性影响，当年龄不超过 27.5 岁时，农民工在城市定居的可能性随着年龄的增长而升高，当超过这个年龄时，农民工在城市定居的可能性反而随着年龄的增长而下降。性别对农民工在城市定居的可能性没有显著性影响，这表明控制住其他条件后，男性农民工和女性农民工在城市定居的可能性并没有显著差异。

流入区域显著影响农民工在城市定居的可能性，在其他条件相同的情况下，流入中部地区的农民工在城市定居的可能性比流入东部地区的农民工高出 22.6%，流入西部地区的农民工在城市定居的可能性比流入东部地区的农民工高出 10.3%，流入东北地区的农民工在城市定居的可能性是流入东部地区的农民工的 2.35 倍，这可能与东部地区房价与生活成本相对较高、生活压力大有关。

在受教育程度上，在其他条件不变的情况下，初中文化程度的农民工与小学及以下文化程度的农民工相比，其在城市定居的可能性没有显著差异；高中或中专文化程度的农民工与小学及以下文化程度的农民工相比，在城市定居的可能性增长了 19.1%；大专文化程度的农民工与小学及以下文化程度的农民工相比，在城市定居的可能性增长了 72.1%；本科及以上文化程度的农民工与小学及以下文化程度的农民工相比，在城市定居的可能性增长了 72.5%。说明在其他条件相同的情况下，文化程度越高，在城市定居的可能性越大。这与学者们所得出的受教育程度更高的农民工对进城打工的收入预期要高于其他农民工，因而更愿意放弃土地而在城市定居（Fan，2012；侯红娅、杨晶、李子奈，2004）的结论相一致。同时，邢春冰（2010）利用 2002 年的 CHIP 数据也发现，永久移民的“正选择”效应非常明显，选择留城的农民工教育水平较高，处于收入分布较高位置。

家庭月收入对农民工城市定居的可能性影响非常显著，在其他条件不变的情况下，农民工家庭月收入每提高1.718元，其城市定居的可能性增加55.1%。家庭月收入的提高直接意味着家庭购买力、家庭生活水平、应对风险的能力的提高，为农民工在城市的生活提供了基本的物质性保障，这是其在城市立足的基础，所以其在城市定居的可能性才会提高。朱宇（2004）也发现稳定的工作和家庭收入对农民工长期居留在城市会产生积极影响。

流入时长对农民工城市定居的可能性具有显著的正向影响。在其他条件不变的情况下，农民工流入该地时间每增加一年，其城市定居的可能性增加13.7%。流入时间越长，意味着农民工对流入地的生活环境更加熟悉，对其生活方式更加适应，在当地构建社交网络的可能性也越大，所以也就越倾向于在城市定居。

在其他条件不变的情况下，在流入地购买了一种社会保险的农民工相对于一种保险都没有的农民工来说，在城市定居的可能性高出2倍左右。但是在流入地购买了两种保险的农民工与一种保险都没有的农民工在城市定居的可能性上没有显著区别，具体原因还有待进一步分析。

在控制变量模型的基础上，我们加入了本文的核心自变量——家庭随迁类型以及家庭随迁类型与就业身份的交互项进行新的模型分析，统计结果如表4所示：

表4　家庭随迁类型对农民工城市定居影响模型

	模型一	模型二
变量	回归系数	回归系数
控制变量	已控制	已控制
就业身份（以雇员为参照）		
雇主	0.501***	0.937***
	（0.051）	（0.136）
自营劳动者	0.191***	0.545***
	（0.029）	（0.078）

（续上表）

	模型一	模型二
家庭随迁类型（以个人流动为参照）		
夫妻流动	0.824***	0.824***
	(0.035)	(0.042)
夫妻携子女流动	1.705***	1.886***
	(0.034)	(0.041)
三代同流	1.904***	2.158***
	(0.076)	(0.109)
家庭随迁类型与就业身份的交互		
夫妻流动#雇主		-0.368*
		(0.157)
夫妻携子女流动#雇主		-0.583***
		(0.150)
三代同流#雇主		-0.788**
		(0.303)
夫妻流动#自营劳动者		-0.149+
		(0.086)
夫妻携子女流动#自营劳动者		-0.537***
		(0.083)
三代同流#自营劳动者		-0.668***
		(0.161)
$-2LL$	51 295.85	51 253.58
伪 R^2	0.141	0.142
样本量	69 729	69 729

注：+ 表示 $p<0.1$，* 表示 $p<0.05$，** 表示 $p<0.01$，*** 表示 $p<0.001$。

通过模型一我们可以看出，加入了核心自变量——家庭随迁类型之后，就业身份对农民工城市定居的可能性的影响依然显著：雇主相对雇员来说，城市定居的可能性增加了65.0%（$e^{0.501}-1$）；自营劳动者相对雇员来说，城市定居的可能性增加了21.0%（$e^{0.191}-1$）。在其他条件相同的情况下，雇主、自营劳动者、雇员定居城市的可能性是逐渐下降的。

夫妻流动相对于个人流动而言，在城市定居的可能性是个人流动的2.28倍（$e^{0.824}$）；夫妻携带子女流动相对于个人流动而言，在城市的定居的可能性是个人流动的5.50倍（$e^{1.705}$）；三代同流相对于个人流动而言，在城市的定居的可能性是个人流动的6.71（$e^{1.904}$）倍。有家人随迁的类型相对于个人流动来说，定居城市的可能性大大提高，可见家庭完整性在农民工城市定居的选择上具有重要影响，家庭完整不仅可以让农民工在陌生的城市中感受到家庭的温暖与亲情，同时，也是促进农民工积极向上奋斗的动力。另外，其他家庭成员迁入城市，也可以享受到城市生活的便利（如子女的教育、老人的医疗卫生服务等），提高农民工在城市长期定居的可能性。现代家庭观念更强调以“横向”的夫妻为轴心，而传统的家庭观念强调以“纵向”的老人与子女为轴心，农民工在家庭化流动过程中，从个人流动到夫妻流动，定居城市的可能性仅增加了1.28倍，但从个人流动到携子女流动和三代同流，定居城市的可能性却提高了4.50倍和5.71倍，这表明农民工在“移民”选择上是以“纵向”家庭关系为主，这与普遍的以“横向”家庭关系为轴心的现代家庭观念不同，即农民工群体仍然是以传统家庭观念为主。在“纵向”家庭关系内，夫妻流动的农民工定居城市的可能性是个人流动的2.28倍，夫妻携子女流动的农民工定居城市的可能性是个人流动的5.50倍，三代同流的农民工定居城市的可能性是个人流动的6.71倍，即夫妻携子女流动的农民工定居城市的可能性是夫妻流动的2.41倍（5.50÷2.28），三代同流的农民工定居城市的可能性是夫妻携子女流动的1.22倍（6.71÷5.50），由此可见，孩子在农民工定居地选择的过程中的影响作用大大超过老人，说明在“纵向”家庭关系中，不再是以“向上”的养老关系为轴心，而是发生了以子女为轴心的“向下转移”家庭观的变化。

加入了家庭随迁类型与就业身份的交互项之后，得到模型二，结果为：交互项的系数都较为显著，说明家庭随迁类型对于农民工定居城市的影响存在显著的就业身份上的差异。具体来说，相比于个人流动的雇员，夫妻流动的雇员定居城市的可能性是其2.28倍（$e^{0.824}$），夫妻携子女流动的雇员定居城市的可能性是其6.59倍（$e^{1.886}$），三代同流的雇员定居城市的可能性是其8.65倍（$e^{2.158}$）；夫妻流动的雇主定居城市的可能性是其4.03倍［$e^{(0.937+0.824-0.368)}$］，夫妻携子女流动的雇主定居城市的可能性是其9.39倍［$e^{(0.937+1.886-0.583)}$］，三代同流的雇主定居城市的可能性是其10.04倍［$e^{(0.937+2.158-0.788)}$］；夫妻流动的自营劳动者定居城市的可能性是其3.39倍［$e^{(0.545+0.824-0.149)}$］，夫妻携子女流动的自营劳动者定居城市的可能性是其 6.65 倍 $[e^{(0.545+1.886-0.537)}]$，三代同流的自营劳动者定居城市的可能性是其 7.65 倍 $[e^{(0.545+2.158-0.668)}]$。具体情况如表 5 所示：

表 5　农民工定居城市可能性增幅比较

	雇员	雇主	自营劳动者
夫妻流动	2.28	4.03	3.39
夫妻携子女流动	6.59	9.39	6.65
三代同流	8.65	10.04	7.65

注：都是以个人流动的雇员为参照；表内数字表示定居城市的可能性是个人流动的雇员的几倍。

从以上数据可以看出，同个人流动的雇员相比，从夫妻流动到三代同流，不论是雇员、雇主还是自营劳动者，定居城市的可能性增幅都在依次提高，可见家庭完整性对于农民工城市定居的重要影响。值得关注的是，不同就业身份的农民工其家庭随迁类型对于定居城市的可能性影响是不同的：大体来说，同样的流动类型中，雇员、自营劳动者、雇主定居城市的可能性是依次提高的，以夫妻流动为例，自营劳动者定居城市的可能性是雇员的 1.49 倍（3.39 ÷ 2.28），雇主定居城市的可能性是雇员的 1.77 倍（4.03 ÷ 2.28）。

五、总结与讨论

基于对农民工城市定居影响因素的文献回顾与理论阐释，本文试图从家庭策略的角度，说明家庭随迁类型对农民工城市定居决策的重要影响，另外，由于男性和女性在劳动力市场中的劳动参与决策以及迁移决策中的表现都是不同的，因此本文还试图研究家庭随迁类型对农民工城市定居的影响是否存在性别差异。本文利用 2015 年全国流动人口动态监测调查数据，运用二元 logistic 回归统计方法，在控制可能影响农民工城市定居选择的相关人口学类变量、经济类变量、社会类变量之后，进行回归模型分析。具体来看，本文发现如下：

对于全体农民工而言，家庭随迁类型对其定居意愿有显著的影响。相比于个人流动，夫妻流动、夫妻携子女流动、三代同流的农民工在城市定居的可能性都更高。后三者在城市获得的显性福利与隐性福利之和大于个人流动。分别体现在：

夫妻两人都在城市打工，多了一份收入来源，同时由于配偶流动的边际成本在降低，会使家庭收入提高。通过比较家庭月收入发现，个人流动家庭的月收入为5 343.58元，夫妻流动家庭的月收入为6 688.29元，家庭收入的提高是农民工在城市定居的基本条件之一；同时夫妻共同流动，减少了因夫妻分离所造成的情感疏离与家庭破裂的风险，利于夫妻感情的维持与家庭的稳定。

夫妻携子女流动，一方面可以减少留守儿童因环境影响和无人监管与陪伴所造成的心理问题和犯罪风险；另一方面，将子女带入城市，可以使其在城市中接受较好的教育，从而增加其进行向上社会流动、实现阶级跨越的可能性。相较于在农村，子女在城市的教育与发展会带来额外的家庭消费，子女随迁的农民工对这种“教育发展”型消费甘之如饴，自身的消费却很节俭。他们在这种利他型的为子女的投入中获得了隐性福利（既有对子女成才的乐观回报预期，也有完成父母应尽养育义务的心安与无愧之感），而这种隐性福利的获得使得他们在心理上更愿意融入城市，在行动上将更有动力去改善家庭的生活，从而更可能选择在城市定居生活。同时，子女随迁的农民工父母还能获得“家庭团聚”的额外效用，对独自在城市工作的农民工而言，其在情感上的孤独可能比经济上的压力更大，而家庭的团聚能够让其在城市有家的感觉，将子女带在身边能够弱化那种“漂”在城市的感觉，从而增加农民工本地人的身份认同（王春超、张呈磊，2017），增加其在城市定居的可能性。

三代同流的家庭本身在经济条件上已经有了一定的保障，将老人迁移到城市，一方面可以使老人获得较好的医疗卫生条件，同时便于子女照顾；同时老人可以帮忙料理家务，照顾孩子，减轻农民工的负担，让他们可以更加专心工作。三代同流的家庭结构更为完整，流动的农民工在城市所获得的家庭满足感也越强。这种举家迁移让农民工与乡村的生活更加遥远，与城市的联系更为紧密，也会越倾向于定居城市。

（一）传统的家庭观念对于农民工定居选择的影响更大

具体来说，相较于从个人流动到夫妻流动，从个人流动到夫妻携子女流动的农民工在城市定居的可能性上升更为明显，说明在定居地的选择上，相比于“横向”的夫妻关系，传统的血亲“纵向”关系对于农民工的影响更大。这是因为在现代家庭观念影响较为薄弱的农村，“纵向”亲子关系一直以来就在家庭结构中占据主导地位，是家庭关系的主轴，这种地位并没有随着物质条件改善、教育程度提升、文化观念创新等外部条件的改变而发生根本性动摇。费孝通（1936）的家庭三角形理论认为，丈夫和妻子以及子女是一个家庭的三大要素，如果把两个要素之间都用一条线连接起来，就是一个家庭三角形，这个三角形的每一边都表明一种家庭关系，没有子女的家庭，虽然经过夫妻两点可以引出一条线，表明情感彼此依托和生活相互牵挂，但毕竟还没有形成稳定的结构，隐含着摇摆不定的因素。夫妻流动意味着家庭“横向”关系的完整，可是这样的家庭在他们心中还不能称之为真正意义上的“家”，但是这样又比个人流动带给他们的福利要高，所以定居城市的可能性会提高，但是提高幅度较小；夫妻携子女流动的家庭，满足了家庭结构的三大要素，实现了基本的家庭完整，让他们真正在城市里寻找到“家”的归属感，带给他们的心理满足感更强，城市漂泊感更弱，同时对于子女在城市发展的投入将使他们更有动力留在城市打拼，所以，携子女流动的农民工定居城市的可能性会大幅度提高。

另外，通过纵向关系内部（向上与向下）的比较，笔者发现三代同流（有老人随迁）的农民工在携带子女流动的基础上，定居城市的可能性增幅较小，说明在农民工定居地选择的决策过程中，老人随迁起到的只是“锦上添花”的作用。子女与老人在农民工定居地选择的决策过程中所起到的不同作用，也是现代家庭代际关系失衡的体现。老人随着年龄的增长与经济地位的下降，在家庭事务中所起到的影响力在逐渐降低，与此同时，亲代对子代的经济支持、劳务支持的强度正在加大，家庭资源正在过多地向子代倾斜。因为父母受传统家庭观念的影响，对子女的付出总是不求回报，利他主义思想在父母一代的身上体现得非常明显（蒋鑫，2015），这进一步地造成了家庭资源较为有限的农村家庭的老人的家庭地位的相对下降。

（二）家庭随迁类型对农民工城市定居可能性的影响存在显著的就业身份上的差异

同与个人流动的雇员相比，同样的流动类型中，雇员、自营劳动者、雇主定居城市的可能性是依次提高的。就业身份的差异直观表现为以下几点：①职业自主性。雇主与自营劳动者自负盈亏或与合伙人共负盈亏，具有企业经营决策权，不受雇于人，自主度相对较高。②经济收入。雇主的经济收入与自营劳动者的收入通常高于雇员（前文已有数据说明），同时雇主的经济收入又高于自营劳动者（这与企业的经营规模有关）。③流动成本。雇主的企业经营规模一般较大，在城市的工作和生活一般都较为稳定，流动成本较高；自营劳动者的经营规模是低于雇主的，流动成本相对较低；雇员的流动成本最低，流动频率也最高。由此可见，职业自主性越强、收入越高、流动成本越高的农民工群体定居城市的可能性越高。

六、结语

“十三五”规划中提出，城镇化核心是“人的城镇化”，其实质就是农民工市民化，不仅要让农民进城实现地域转移和职业转换，还要实现身份的转换，实现就业方式、人居环境、社会保障等系列由乡到城的重大转变，圆进城农民的“市民梦、创业梦、安居梦”。本文证明有家属随迁将大大提高农民工城市定居的可能性，而在城市定居恰恰就是“人的城镇化”过程的直接体现。因此，政府应该鼓励这种家庭化迁移模式，推动“人的城镇化”概念落地生根。基于此，本文提出以下政策建议：

第一，政府应该以家庭为单位制订针对进城农民工的公共服务规划，提升家庭整体福利，如继续扩大城市住房保障体系的覆盖范围、在社区层面实现对农民工家庭的人性关怀等。第二，子女在农民工定居地的选择过程中扮演了非常重要的角色，而当前农民工的子女在流入地仍然面临着上学难、福利保障跟不上等障碍（王春超、张呈磊，2017），因此政府应该进一步出台配套措施，将城市教育资源与农民工子女共享，为其顺利入学提供便利。第三，老人随迁对于农民工定居城市的选择也有积极作用，对于随迁老人来说，如何快速适应城市的现代化生活方式、如何快速融入陌生的城市都是不小的挑战，因此，政府不但应该在医疗、养老等方面为随迁老人提供政策便利，同时还应该积极关注随迁老人的心理健康，如推动社区服务者或社工为随迁老人提供服务等。

以上三点，印证了农民工市民化分项目制推进的必要性，农民工子女教育、医疗卫生、社会保障、住房保障等紧迫性公共服务是当前农民工市民化建设的重点（俞雅乖、刘玲燕，2014），基本社会服务、文化设施和社会设施等提高型基本公共服务项目应在后续配套跟进。

家庭随迁类型对农民工城市定居可能性的影响存在显著的就业身份上的差异，而就业身份的差异在定居地的选择问题上最直观的体现就是职业自主性、经济收入与流动成本。因此农民工的市民化进程要分农民工内部阶层差异逐步推进，先主张在职业自主性强、经济收入高与流动成本高的“潜在市民”中有效推进，渐进式推进不同类型农民工的市民化进程。

需要指出的是，由于本文中夫妻仅携带老人流动的样本量太少，已被删除，因此对于夫妻携子女流动和三代同流（老人随迁）的比较都是以个人流动为参照所得出的相对结果。家庭随迁类型与农民工定居城市的意愿可能存在相互影响关系，也可能存在其他变量的共同影响，从而导致内生性问题，对此，一个可取的解决策略是采用工具变量，但受数据结构以及问卷内容的限制，我们无法找到有效的工具变量。同时，由于农民工具有较强的流动性，难以获取该群体的连续追踪调查数据，利用截面数据也难以处理好内生性问题。鉴于此，本文没有考虑家庭随迁类型与农民工定居城市的意愿之间可能存在的内生性问题，期待未来能够有更进一步的研究，以解决目前之困惑。

参考文献

[1] 文军. 农民市民化：从农民到市民的角色转型 [J]. 华东师范大学学报（哲学社会科学版），2004，36（3）：55－61.

[2] 汪润泉，刘一伟. 住房公积金能留住进城流动人口吗？——基于户籍差异视角的比较分析 [J]. 人口与经济，2017（1）：22－34.

[3] WANG W W，FAN C C. Migrant workers' integration in urban China：experiences in employment，social adaptation，and self－identity [J]. Eurasian geography and economics，2012（6）.

[4] 国家统计局. 2014 年全国农业转移人口监测调查报告[EB/OL]. http：//www. stats. gov. cn/tjsj/zxfb/201504/t 20150429_797821. html.

[5] 王春超，张呈磊. 子女随迁与农民工的城市融入感 [J]. 社会学研究，2017（2）：199－224.

[6] 李代，张春泥. 外出还是留守？——农村夫妻外出安排的经验研究 [J]. 社会学研究，2016（5）：139－163.

[7] W ARTHUR LEWIS. Economic development with unlimited supplies of labour [J]. The manchester school，1954，22（2）：139－191.

[8] TODARO M P. A model of labor migration and urban unemployment in less developed countries [J]. The American economic review，1969，59（1）：138－148.

[9] STARK D，BLOOM D E. The new economic of labor migration [J]. The American economic review，1985，75（2）：173－178.

[10] 李强. 影响中国城市流动人口的推力与拉力因素分析 [J]. 中国社会科学，2003（1）：125－136.

[11] 文军. 从生存理性到社会理性选择：当代中国农民外出就业动因的社会学分析 [J]. 社会学研究，2001（6）：19－85.

［12］蔡昉，都阳．迁移的双重动因及其政策含义——检验相对贫困假说［J］．中国人口科学，2002（4）：1－7.

［13］朱宇．户籍制度改革与流动人口在流入地的居留意愿及其制约机制［J］．南方人口，2004，19（3）：21－28.

［14］任远，姚慧．流动人口居留模式的变化和城市管理——基于对上海的研究［J］．人口研究杂志，2007，31（3）：71－78.

［15］赵耀辉．中国农村劳动力流动及教育在其中的作用——以四川省为基础的研究［J］．经济研究，1997（2）：37－42.

［16］夏怡然．农民工定居地选择意愿及其影响因素分析——基于温州的调查［J］．中国农村经济，2010（3）：35－44.

［17］费喜敏，王成军．基于推拉理论的农民工定居地选择意愿的实证研究［J］．软科学，2014，28（3）：40－44.

［18］黄庆玲．新生代农民工定居去向探析——以辽宁省5市（县）的调查为例［J］．中国青年研究，2013（5）：60－63.

［19］王彦之．农民工在务工地购房意愿及其影响因素研究：基于江西调查数据［D］．南昌：江西农业大学，2014.

［20］续田曾．农民工定居性迁移的意愿分析［J］．农业经济研究，2010（3）：120－128.

［21］甘宇．农民工家庭的返乡定居意愿——来自574个家庭的经验证据［J］．人口与经济，2015（3）：68－76.

［22］夏显力，姚植夫，李瑶，等．新生代农民工定居城市意愿影响因素分析［J］．人口学刊，2012（4）：73－80.

［23］刘燕．新生代农民工家庭式迁移城市意愿影响因素研究：以西安市为例［J］．统计与信息论坛，2013（11）：105－111.

［24］王茂福，杨哲．经济地位预期、社会保障参与度与农民工城镇购房意愿［J］．华中科技大学学报（社会科学版），2015（2）：100－108.

［25］孙勇，王滂，孙中伟．社会保障与外来务工人员城市定居意愿分析——基于2013年全国七城市的调查数据［J］．统计与信息论坛，2015，30（8）：74－79.

［26］叶鹏飞．农民工的城市定居意愿研究基于七省（区）调查数据的实证分析［J］．社会，2011（2）：153－169.

［27］张德元，刘萍．新生代农民工的定居意愿实证研究——基于安徽省807位农民工的调查［J］．经济与管理，2016（1）：77－83.

[28] 张华初，曹玥，汪孟恭．社会融合对广州市流动人口长期居留意愿的影响［J］．西北人口，2015（1）：7－11.

[29] 李楠．农村外出劳动力留城与返乡意愿影响因素分析［J］．中国人口科学，2010（6）：102－108.

[30] 王玉君．农民工城市定居意愿研究——基于十二个城市问卷调查的实证分析［J］．人口研究，2013，37（4）：19－32.

[31] 吴兴陆．农民工定居性迁移决策的影响因素实证研究［J］．人口与经济，2005（1）：5－10.

[32] 田艳平．家庭化与非家庭化农民工的城市融入比较研究［J］．农业经济问题，2014，35（12）：53－62.

[33] 盛亦男．中国的家庭化迁居模式［J］．人口研究，2014，38（3）：41－54.

[34] 麻国庆．家庭策略研究与社会转型［J］．思想战线，2016，42（3）：1－6.

[35] 石庆焱，李伟．教育年限总和法人力资本测算：基于2010年全国人口普查数据的修订结果［J］．中国人口科学，2014（3）：95－103.

[36] 刘成斌，童芬燕．农民工子女随迁现状与推进路径［J］．青年研究，2016（1）：11－19.

[37] 张永丽，黄祖辉．中国农村劳动力流动研究述评［J］．中国农村观察，2008（1）：69－79.

[38] 俞雅乖，刘玲燕．农民工市民化的“逐步推进”及其基本公共服务投入成本分担机制研究［J］．特区经济，2014（12）：130－131.

京津冀协同发展下的省际与省内劳动力流动对工资收入影响分析

——基于2015年全国流动人口动态监测调查数据的经验

袁青川[①] 易定红[②]

一、文献回顾

劳动力流动对地区收入差距的影响目前尚无定论，这主要取决于外来劳动力与当地劳动力之间的替代性。如果外来劳动力与当地劳动力之间存在替代性，那么劳动力流动就会拉大当地的劳动力收入差距；如果没有明显的替代性，则外来劳动力不会对当地劳动力内部收入差距造成影响。所以在研究结论方面，存在着两大争论，即一部分学者认为人口在产业和地区之间的流动可以减少地区收入差距（如：李实、赵人伟，1997；樊纲，2005；刘学军、赵耀辉，2009；阮晓波、周晓津，2012），其中阮晓波、周晓津（2012）采用1986—2010年的统计年鉴等数据，计算各地在每个年份的实际人均GDP的标准差，发现2000年之后跨省流动劳动力更多地纳入各省区常住人口范畴，中国各省区经济收敛的趋势逐步明朗；刘学军、赵耀辉（2009）认为外来劳动力可以减少当地居民的就业概率和工资收入。另一部分学者认为劳动力流动不会带来地区之间差距的减少（如：钟笑寒，2006；樊士德，2011；樊士德，2014）。其中钟笑寒（2006）采用《中国人口普查数据》《中国人口统计年鉴》等，在控制了投资相对规模、就业人数、外商投资占总投资比例等变量后，发现净流入人口占总人口的比例与每年的工资增长率呈正相关，通过职业的重新匹配有效地促进了劳动力资源配置的帕累托改进，但劳动力流动和地区收入差距改进并没有明显的伴随效应。樊士德（2014）在研究劳动力流动对收入分配影响时，采用2000—2012年的各地统计年鉴数据，以城市内部收入差距为因变量，以劳动力流动人口、劳动力流动人口的受教育结构等为解释变量，以城市经济发展水平等为控制变量，研究结论表明随着流动群体教育水平的

① 河北大学经济学院副教授，邮箱：circle21@163. com。
② 中国人民大学劳动人事学院教授，研究方向：劳动力流动。

提高，劳动力流动可以缩小城市内部收入分配差距。

另外，劳动力流动与产业转移关系密切，但在劳动力流动对产业转移的作用方面目前很多学者也存在着较强的争论：有些学者认为劳动力流动导致劳动成本上涨缓慢，最终阻碍了产业的转移（如：罗浩，2003；吴安，2004；山社武等，2010）；还有些学者认为劳动力流动往往导致劳动力成本比较优势的转变，进而引导着产业转移的方向（如：刘新争，2012；苏华等，2013）。虽然很多学者对劳动力流动和产业转移进行了研究，但关于京津冀三地劳动力流动形成的就业结构对收入分配的影响的研究是少之又少。

在京津冀一体化过程中，人口流动是一个亟待解决的问题。然而针对京津冀流动人口进行研究的文献相对较少。其中叶裕民等（2008）初步研究了京津冀人口流动的现状，发现京津冀流动人口主要集中在京津地区，河北是京津人口流动的重要来源地；张耀军、张振（2015）研究结果表明经济、社会和自然因素对京津冀三地人口区域分布的影响具有空间异质性；京津冀人口和地理重心向东北方向移动（郑贞、周祝平，2014）。区域经济差异、迁移距离、户籍制度、就业、医疗、交通等是影响京津冀三地劳动力流动的主要因素（李培、邓慧慧，2007；张耀军、张振，2015）。然而对工资收入差距、流动人口形成的就业结构等重要因素上述研究都没有考虑，因此，关于影响京津冀三地人口流动问题还需要进行深入研究。

通过文献回顾可以发现，虽然基于人口流动或劳动力流动视角研究的文献相对较多，但从京津冀协同发展角度进行研究的文献还并不多见，且呈碎片化，未看到系统的相关性研究，所以本文主要研究京津冀协同发展的推进带来的劳动力流动取向和趋势，以及影响劳动力流动取向的因素，并分析劳动力流动对地区收入差距的影响，探讨不同的劳动力流动形成的就业结构对收入分配的影响等。

二、实证策略及数据、变量选择

（一）基尼系数的 RIF 函数回归

1. 基尼系数的 RIF 函数构建

Firpo 等（2007）通过建立 RIF 和各种统计量之间的对应关系，将所需要的统计量表示成为其他变量的线性投影，进而计算所需要考察的变量对相应统计量的影响大小和显著性。

假设 $v = v(F)$ 是定义在任意分布函数 F 上的泛函数。根据本文目的，v 选择是刻画分布 $F(y)$ 的基尼系数。Y 的无条件分布函数（边缘分布函数）可以写为：

$$F_Y(y) = \int F_{Y|X}(y|X = x) \cdot \mathrm{d}F_X(X) \tag{1}$$

任意分布 $F(y)$ 的再中心化影响函数可以定义为：

$$\mathrm{RIF}(y;v) \equiv v(F) + IF(y;v) = v(F) + \lim_{\varepsilon \to 0} \frac{v(F_\varepsilon) - v(F_\varepsilon)}{\varepsilon} \tag{2}$$

基尼系数可以界定为：

$$v^{GC}(F_Y) = 1 - 2\mu^{-1}R(F_Y) \tag{3}$$

其中，$R(F_Y) = \int_0^1 GL(p;F_Y)\mathrm{d}p$，$p(y) = F_Y(y)$，$GL(p;F_Y)$ 代表的是洛伦茨曲线坐标，$GL(p;F_Y) = \int_{-\infty}^{F^{-1}(P)} z\mathrm{d}F_Y(z)$。

Monti（1991）将基尼系数的影响函数表达为：

$$IF(y;v^{GC}) = A_2(F_Y) + B_2(F_Y)y + C_2(y;F_Y) \tag{4}$$

其中：$A_2(F_Y) = 2\eta^{-1}R(F_Y)$，$B_2(F_Y) = 2\eta^{-2}R(F_Y)$，$C_2(y;F_Y) = -2\eta^{-1}\{y[1 - p(y)] + GL(p(y);F_Y)\}$。

根据公式（2）、（3）、（4），基尼系数的再中心化影响函数可以表示为：

$$\mathrm{RIF}(y;v^{GC}) \equiv 1 + B_2(F_Y)y + C_2(y;F_Y) \tag{5}$$

在估计中，GL 坐标是采用一系列的数据 $y_1,\dots,y_N$ 点计算出来的，并且按照 $y_1 \leqslant y_2 \leqslant \dots$ 依次进行排列而得到的。

2. 基尼系数的 RIF 函数回归估计

首先，为了书写方便，将 v^{GC} 的上标略写。根据影响函数定义 $IF(y;v,F) = \lim_{\varepsilon \to 0}[v(F_\varepsilon) - v(F)]/\varepsilon$，其中 $F_\varepsilon(y) = (1-\varepsilon)F + \varepsilon\delta_y, 0 \leqslant \varepsilon \leqslant 1$，为了简单起见，$IF(y;v,F) = IF(y;v)$。所以，$\int_{-\infty}^{+\infty} IF(y;v) \cdot \mathrm{d}F(y) = 0$。进一步可以推导出 RIF 函数的性质之一，即 $\mathrm{RIF}(y;v)$ 函数的积分等于泛函数 $v(F)$：

$$\int \mathrm{RIF}(y;v).\, \mathrm{d}F(y) = \int [v(F) + IF(y;v)] \cdot \mathrm{d}F(y) = v(F) \tag{6}$$

根据公式（1）、(6)，同时利用 $E[\mathrm{RIF}(Y;v)|X = x] = \int_y \mathrm{RIF}(y;v) \cdot \mathrm{d}F_{Y|X}(y|X = x)$ 可以得到 $\mathrm{RIF}(y;v)$ 在 X 条件下的条件期望值等于泛函数

$v(F)$ 的结论，即

$$v(F) = \int \mathrm{RIF}(y;v).\, \mathrm{d}F(y) = \int E[\mathrm{RIF}(y;v) \mid X = x] \cdot \mathrm{d}F_X(x) \tag{7}$$

令 $m_v(x) \equiv E[\mathrm{RIF}(y,v) \mid X]$，线性方程可以表示为：

$$\hat{m}_{v,\mathrm{RIF}-OLS}(x) = x^T \cdot \hat{\gamma}_v \tag{8}$$

其中，$\hat{\gamma}_v$ 表示导数 $\mathrm{d}m_v(x)/\mathrm{d}x$ 的估计量，估计系数向量可以表示一组投影系数：

$$\hat{\gamma}_v = (\sum_{i=1}^{N} X_i \cdot X_i^T)^{-1} \cdot \sum_{i=1}^{N} X_i \cdot \hat{\mathrm{RIF}}(y;v) \tag{9}$$

3. *省际流动人口基尼系数 RIF 函数回归分解*

为了实现对于省际流动人口和省内流动人口两个群体的基尼系数的分解，假设：$v_t = v(F_t)$；$t = u, n$。n 表示省际流动，u 表示省内流动，其中 $v_c = v(F_c)$，v_c 为反事实泛函。因此 v_t、v_c 的期望值表达式为：

$$v(F_t) = E[\mathrm{RIF}(y_n;v) \mid T = t],\ t = u, n$$

$$v(F_C) = E[\mathrm{RIF}(y_u;v) \mid t = n]$$

其中，$F_C(\cdot)$ 是反事实状态的分布函数。

那么 RIF 回归可以表达为：

$$m_v^t(x) \equiv E[\mathrm{RIF}(y,v) \mid X, T = t], t = u, n \tag{10}$$

$$m_c^t \equiv E[\mathrm{RIF}(y_u, v_c) \mid X, T = n] \tag{11}$$

那么，$D = E[m_v^n(X) \mid T = n] - E[m_v^c(X) \mid T = n] + E[m_v^c(X) \mid T = n] - E[m_v^u(X) \mid T = u]$。

即 $E[m_v^n(X) \mid T = n] - E[m_v^c(X) \mid T = n]$ 表示可解释部分，$E[m_v^c(X) \mid T = n] - E[m_v^u(X) \mid T = u]$ 表示不可解释部分。

同样，考虑线性投射，假设与 L 的联合分布函数 $m_v^{t,L}(x)$、$m_v^{c,L}(x)$ 关于 x 都是线性的，即

$$m_v^{t,L}(x) \equiv x^T \cdot \hat{\gamma}_v^t, m_v^{c,L}(x) \equiv x^T \cdot \hat{\gamma}_v^c \tag{12}$$

其中：

$$\hat{\gamma}_v^t = [E(XX^T \mid T = t)]^{-1} \cdot E[\mathrm{RIF}(Y_t;v_t) \cdot X \mid T = t], t = u, n$$

$$\hat{\gamma}_v^c = [E(XX^T \mid T = n)]^{-1} \cdot E[\mathrm{RIF}(Y_u;v_c) \cdot X \mid T = n]$$

如果条件分布函数关于 x 是线性的，那么：

$$E[m_v^{t,L}(x) \mid T = t] = E[m_v^t(x) \mid T = t], t = u, n$$

$$E[m_v^{c,L}(x) \mid T = 1] = E[m_v^c(x) \mid T = 1]$$

所以，分解方程式可以表示为：

$$\begin{aligned} D &= E[m_v^n(X) \mid T = n] - E[m_v^c(X) \mid T = n] + \\ &\quad E[m_v^c(X) \mid T = n] - E[m_v^u(X) \mid T = u] \\ &= E[X \mid T = n]^T \cdot (\hat{\gamma}_v^n - \hat{\gamma}_v^c) + E[X \mid T = n]^T \cdot \hat{\gamma}_v^c - \\ &\quad E[X \mid T = u]^T \cdot \hat{\gamma}_v^u \end{aligned} \tag{13}$$

由于假设 $m_v^{t,L}(x) = m_v^t(x)$，$m_v^{c,L}(x) = m_v^c(x)$，即如果条件分布函数是关于 x 的线性方程，那么 $\hat{\gamma}_v^c = \hat{\gamma}_v^u$，这样就可以采用 Oaxaca – Blinder 分解方法。其中，$E[X \mid T = n]^T \cdot (\hat{\gamma}_v^n - \hat{\gamma}_v^c)$ 是不可解释部分，$E[X \mid T = n]^T \cdot \hat{\gamma}_v^c - E[X \mid T = u]^T \cdot \hat{\gamma}_v^u$ 是可解释部分。

（二）数据、变量及描述

本文采用 2015 年全国流动人口动态监测调查数据。京津冀三地流动人口有跨省、省内跨市、市内跨县以及跨境四种类型，由于跨境流动的人口非常少，本文将京津冀三地的人口流动范围进一步分为省际和省内流动。为了研究劳动力流动对京津冀三地劳动收入分配的影响，选择有劳动收入，且当前处于就业状态的样本为研究对象，在此基础上探讨省际和省内劳动力流动对劳动收入分配的影响，最终筛选出的京津冀三地流动劳动力有效样本为 20 314 个。

主要选择月工资对数为因变量，自变量包括性别、年龄、民族、户口、婚姻状况等人口特征变量，以及周工作时间（小时）、外出打工年限、外出打工年限平方、学历、企业性质以及工作所在的产业等。在调查样本中，省际流动人口和省内流动人口在月工资对数、性别、年龄、婚姻状况、周工作时间、学历、企业性质、工作所在的产业等方面均存在着显著性差异（具体见表 1），这说明省际流动和省内流动受到多方面因素的影响，这些因素也进一步影响到流动后的劳动收入分配。所以，为了研究京津冀省际和省内劳动力流动对劳动收入分配的影响，还必须考虑这些流动人口的群体性因素。

表1　京津冀三地流动劳动力各变量均值及均值检验

变量名称	总体均值	省际流动均值	省内流动均值	均值差异	t统计量
月工资对数	8.228	8.292	8.023	−0.269***	(−29.33)
男性	0.547	0.540	0.567	0.027 1***	(3.61)
年龄	35.26	35.56	34.35	−1.209***	(−7.77)
汉族	0.959	0.961	0.953	−0.008 11**	(−2.71)
农业户口	0.784	0.765	0.845	0.080 4***	(12.98)
未婚	0.187	0.160	0.273	0.112***	(19.24)
周工作时间	51.08	50.37	53.33	2.960***	(11.08)
外出打工年限	8.764	9.057	7.841	−1.216***	(−12.19)
外出打工年限平方	120.8	126.0	104.3	−21.65***	(−8.17)
初中	0.490	0.486	0.503	0.017 2*	(2.29)
高中	0.208	0.195	0.247	0.052 2***	(8.54)
大专	0.107	0.101	0.127	0.026 1***	(5.59)
本科	0.073 9	0.083 9	0.042 2	−0.041 7***	(−10.60)
研究生	0.009 96	0.012 4	0.002 42	−0.009 93***	(−6.63)
国有及国有控股企业	0.056 5	0.056 1	0.057 9	0.001 78	(0.47)
集体企业	0.027 7	0.032 8	0.011 7	−0.021 1***	(−7.82)
股份/联营企业	0.062 4	0.065 1	0.053 8	−0.011 3**	(−2.84)
个体工商户	0.357	0.340	0.409	0.068 7***	(8.75)
私营企业	0.306	0.310	0.292	−0.017 8*	(−2.35)
港澳台独资企业	0.006 48	0.003 81	0.015 0	0.011 2***	(8.50)
外商独资企业	0.019 2	0.024 9	0.001 23	−0.023 7***	(−10.52)
中外合资企业	0.013 1	0.016 3	0.002 67	−0.013 7***	(−7.33)
社团/民办组织	0.002 31	0.001 81	0.003 90	0.002 10**	(2.66)
其他	0.032 9	0.033 9	0.030 0	−0.003 89	(−1.33)
无单位	0.094 8	0.095 3	0.093 2	−0.002 12	(−0.44)
第一产业	0.010 2	0.011 7	0.005 36	−0.006 39***	(−4.21)
第二产业	0.225	0.233	0.199	−0.006 39***	(−5.46)

注：* 表示 $p<0.05$，** 表示 $p<0.01$，*** 表示 $p<0.001$。

在有效的样本中，北京市、天津市、河北省的样本量分别为6 683个、

5 131 个、8 500 个。北京市流动人口主要来自于河北省、河南省、山东省和安徽省，占比分别为 20.91%、14.85%、11.96%、7.21%，这四个省份总体流入人口占北京市流动人口的 54.93%，其他均来自于省际流动，占比为 45.07%；天津市流动人口主要来自于山东省、河北省、河南省、黑龙江省，占比分别为 29.35%、17.60%、10.80%、8.08%，这四个省份总体流入人口占天津市流动人口的 65.83%，其他均来自省际流动，占比为 34.17%；河北省流动人口中主要是省内流动，省内流动占比达到 57.83%，省际流动人口主要来自河南省、黑龙江省、山东省，占比分别为 6.87%、5.42%、4.11%。所以，京津冀省际流动人口主要来自河北省、河南省、山东省等省份，河北省的流动人口主要是省内流动，京津地区的流动人口均是省际流动。

表 2 显示了京津冀三地流动人口的特征变量分布情况。在省际流动方面，北京市省际流动人口的工资水平最高，其月工资对数均值为 8.459；河北省省际流动人口月工资对数均值最低，为 8.136，省内流动人口的月工资对数均值只有 8.023。这说明省际流动人口劳动收入普遍高于省内流动人口，且在京津地区的省际流动人口获得的收入具有明显的优势。在户口方面，天津市省际流动人口中农业户口占比最高，达到 86.7%，北京市省际流动人口中农业户口占比最低，仅仅只有 65.1%。在周工作时间方面，河北省省际流动人口周工作时间相对较长，达到 55.27 小时，北京市省际流动人口周工作时间只有 46.94 小时，说明北京市流动人口加班时间较少。在外出打工年限方面，北京市省际流动人口的平均外出打工年限最长，达到 9.58 年。在学历方面，北京市省际流动人口中大专和本科学历者所占比重最高，河北省与天津市省际流动人口中初中、高中等较低学历者所占比重较高。

表 2　京津冀三地流动人口的特征变量分布情况

变量名称	河北省省际流动人口	河北省省内流动人口	北京市省际流动人口	天津市省际流动人口
月工资对数	8.136	8.023	8.459	8.187
男性	0.587	0.567	0.517	0.538
年龄	36.56	34.35	35.31	35.17
汉族	0.950	0.953	0.957	0.974
农业户口	0.836	0.845	0.651	0.867

（续上表）

变量名称	河北省省际流动人口	河北省省内流动人口	北京市省际流动人口	天津市省际流动人口
未婚	0.206	0.273	0.169	0.117
周工作时间（小时）	55.27	53.33	46.94	51.35
外出打工年限（年）	8.484	7.841	9.580	8.762
外出打工年限平方	119.8	104.3	134.9	118.4
初中	0.555	0.503	0.383	0.574
高中	0.176	0.247	0.225	0.168
大专	0.060 7	0.127	0.140	0.076 7
本科	0.033 7	0.042 2	0.149	0.033 0
研究生	0.002 85	0.002 42	0.025 5	0.001 50
国有及国有控股企业	0.023 1	0.057 9	0.068 9	0.063 1
集体企业	0.007 63	0.011 7	0.024 1	0.062 1
股份/联营企业	0.031 0	0.053 8	0.103	0.040 5
个体工商户	0.429	0.409	0.303	0.326
私营企业	0.333	0.292	0.337	0.258
港澳台独资企业	0.002 18	0.015 0	0.004 63	0.003 89
外商独资企业	0.001 36	0.001 23	0.019 6	0.048 7
中外合资企业	0.005 17	0.002 67	0.020 3	0.019 1
社团/民办组织	0.001 36	0.003 90	0.002 69	0.000 973
其他	0.031 9	0.030 0	0.038 1	0.029 8
无单位	0.126	0.093 2	0.051 2	0.131
第一产业	0.017 8	0.005 36	0.007 13	0.013 7
第二产业	0.282	0.199	0.130	0.336

在收入分配方面，京津冀三地流动人口的收入分配差距存在着明显的不同。按照流动人口月工资收入计算基尼系数，京津冀三地流动人口总体的基尼系数为0.346，其中北京市、天津市与河北省的流动人口的基尼系数分别为0.397、0.295、0.268，北京市省际流动人口的收入分配差距最大，河北省省际流动人口的收入分配差距最小。

表 3　京津冀地区流动人口基尼系数分布情况

	Estimate	*STE*	*LB*	*UB*
京津冀总体	0.346	0.004 88	0.337	0.356
北京市	0.397	0.009 01	0.380	0.415
天津市	0.295	0.006 93	0.282	0.309
河北省	0.268	0.003 53	0.261	0.275

为了对京津冀地区流动人口的收入分配情况进行分析，首先以京津冀三地有工资收入的流动人口为样本，分别就京津冀三地流动人口及相关因素对收入分配影响进行实证分析。

三、京津冀各地区人口流动对收入分配影响的实证结果

（一）京津冀三地省际流动人口平均工资收入的影响因素实证结果

分别以北京市、天津市、河北省的省际流动人口月工资对数为因变量，采用 OLS 方法，与相关影响因素进行回归估计，实证结果如下。在京津冀地区省际流动人口中，男性工资普遍比女性工资高，其中外省男性流动人口在天津市具有明显的工资优势，高出女性平均月工资对数的 26.2%，其次是河北省，男性的工资优势是 24.5%，北京市的男性工资优势为 20.1%。这说明京津冀地区中北京市对省际流动人口的性别歧视最低，天津市对流动人口的性别歧视最高。北京市的劳动用工没有明显的年龄歧视，但是在河北省和天津市均具有明显的年龄歧视，尤其是河北省，该省对省际流动人口的年龄歧视是年龄每增加一年，工资将下降 0.428%。北京市和天津市对省际流动人口的户口具有明显的歧视，尤其是北京市，具有农业户口的流动人口工资收入低于非农业户口流动人口工资收入的 14.3%，天津市具有农业户口的流动人口具有 12.1% 的工资劣势。北京市对于劳动者的打工经验回报情况符合一般的经验回报规律，即随着打工年限的增加，劳动者的工资收入回报先增加后减少，河北省省际流动人口的打工经验对工资收入没有明显的影响。在人力资本投资回报方面，北京市具有明显的回报优势，尤其是具有研究生学历的省际流动人口的月工资对数高出小学及以下学历人群 91.5%，河北省为 79.3%，而天津市则为 59.0%，说明北京市的人力资本投资回报率最高，其次是河北省，天津市最低。

表4　京津冀三地省际流动人口平均工资收入的影响因素实证结果

变量名称	北京市省际流动人口	天津市省际流动人口	河北省省际流动人口
男性	0.201***	0.262***	0.245***
	(0.013 6)	(0.013 2)	(0.017 4)
年龄	-0.001 37	-0.002 65***	-0.004 28***
	(0.000 966)	(0.000 950)	(0.001 10)
民族	-0.035 7	0.051 3	-0.054 7
	(0.032 7)	(0.040 2)	(0.039 2)
农业户口	-0.143***	-0.121***	-0.005 97
	(0.018 2)	(0.022 0)	(0.027 1)
未婚	-0.171***	-0.191***	-0.224***
	(0.020 5)	(0.022 7)	(0.024 7)
周工作时间	4.38×10^{-5}	0.002 44***	0.002 05***
	(0.000 471)	(0.000 403)	(0.000 491)
外出打工年限	0.030 5***	0.009 08***	0.005 15
	(0.003 22)	(0.003 02)	(0.003 81)
外出打工年限平方	-0.000 811***	-0.000 191	-0.000 120
	(0.000 123)	(0.000 119)	(0.000 150)
初中	0.187***	0.112***	0.105***
	(0.028 2)	(0.019 7)	(0.023 7)
高中	0.315***	0.196***	0.117***
	(0.030 6)	(0.024 7)	(0.030 6)
大专	0.569***	0.285***	0.231***
	(0.034 9)	(0.032 2)	(0.044 9)
本科	0.810***	0.447***	0.352***
	(0.036 3)	(0.043 7)	(0.056 8)
研究生	0.915***	0.590***	0.793***
	(0.052 1)	(0.154)	(0.148)
国有及国有控股企业	0.110**	0.139**	0.135
	(0.047 2)	(0.055 5)	(0.104)

（续上表）

变量名称	北京市省际流动人口	天津市省际流动人口	河北省省际流动人口
集体企业	-0.041 1	0.323***	0.309**
	(0.058 8)	(0.057 3)	(0.131)
股份/联营企业	0.220***	0.178***	0.120
	(0.044 8)	(0.058 6)	(0.102)
个体工商户	0.348***	0.316***	0.282***
	(0.042 4)	(0.050 5)	(0.092 7)
私营企业	0.229***	0.166***	0.236**
	(0.041 5)	(0.051 5)	(0.093 1)
港澳台独资企业	0.031 8	0.201*	0.337*
	(0.105)	(0.114)	(0.200)
外商独资企业	0.214***	0.205***	-0.087 4
	(0.062 1)	(0.058 4)	(0.239)
中外合资企业	0.263***	0.101	0.209
	(0.061 3)	(0.068 0)	(0.149)
社团/民办组织	0.074 5	0.350*	-0.039 9
	(0.134)	(0.208)	(0.238)
其他	0.030 9	0.067 4	0.192*
	(0.052 7)	(0.061 7)	(0.102)
无单位	0.152***	0.161***	0.183*
	(0.050 2)	(0.052 4)	(0.094 9)
第一产业	-0.241***	-0.054 7	-0.075 9
	(0.072 8)	(0.051 5)	(0.059 6)
第二产业	-0.007 85	0.003 09	0.128***
	(0.019 1)	(0.016 8)	(0.022 6)
常数	7.772***	7.672***	7.720***
	(0.076 4)	(0.081 7)	(0.117)
样本量	6 683	5 131	3 657
R^2	0.299	0.167	0.113

注：* 表示 $p<0.01$，** 表示 $p<0.05$，*** 表示 $p<0.1$。

京津冀三地省际流动人口在不同的企业性质中工作获得的工资回报也存在着显著的差别。天津市和北京市省际流动人口在国有及国有控股企业工作具有明显的工资优势，分别比在机关或事业单位工作明显高出13.9%、11.0%，但河北省省际流动人口在国有及国有控股企业工作与在机关或事业单位工作的工资收入没有明显的差异。所以，流动人口在天津市国有及国有企业工作工资回报相对较高。省际流动人口在天津市和河北省的集体企业工作相对机关或事业单位来说具有显著的工资优势，分别为32.3%和30.9%；省际流动人口在北京市和天津市的外商独资企业、股份/联营企业工作均具有显著的工资优势，且在北京市工作工资优势更加明显。在京津冀地区，省际流动人口以个体工商户的身份从事劳动都可以得到比机关或事业单位更高的工资，三地的工资优势分别为34.8%、31.6%和28.2%。

省际流动人口在北京从事第一产业工作具有明显的工资劣势，他们获得的工资显著低于第三产业24.1%，在第二产业和第三产业工作的工资收入没有显著性的差异。然而河北省省际流动人口从事第二产业工作具有明显的工资优势，比在第三产业工作平均高出12.8%。省际流动人口在天津市的三个产业中工作工资没有显著差别。

（二）京津冀各地区的省际流动人口工资收入基尼系数影响因素实证结果

分别以京津冀三地省际流动人口月工资收入对数计算基尼系数，采用RIF－OLS回归估计，结果如表5所示。性别歧视对京津冀三地的基尼系数的影响有着明显的不同，其中天津市与河北省的男性省际流动人口可以有效降低当地流动人口的基尼系数。在北京市，随着省际流动人口年龄的增长，其会提高当地流动人口群体的基尼系数；在河北省，随着省际流动人口年龄的增加，其会降低当地流动人口的基尼系数，这说明随着省际流动人口年龄的增加，北京市劳动力市场工资回报相对较高，这增加了当地流动人口的收入分配差距。京津冀三地省际流动人口由于农业户口降低了流动人口总体的基尼系数。另外，从实证结果可以看出，北京市省际流动人口随着学历的提高，基尼系数在不断地增加，尤其是高学历阶段提高了省际流动人口的工资收入差距。然而河北省并没有因为流动人口学历变化使得省际流动人口基尼系数出现明显的变化。

表 5　京津冀各地区的省际流动人口工资收入基尼系数影响因素实证结果

变量	北京市省际流动人口	天津市省际流动人口	河北省省际流动人口
男性	0.000 134 (0.000 839)	$-0.002\ 72^{***}$ (0.000 860)	$-0.004\ 69^{***}$ (0.001 33)
年龄	$0.000\ 169^{***}$ (8.43×10^{-5})	1.35×10^{-5} (5.94×10^{-5})	$-0.000\ 197^{**}$ (6.18×10^{-5})
民族	−0.002 14 (0.002 99)	0.000 670 (0.002 01)	0.001 72 (0.002 61)
农业户口	$-0.003\ 60^{***}$ (0.002 07)	$-0.004\ 34^{***}$ (0.001 12)	$-0.005\ 06^{**}$ (0.001 43)
未婚	$-0.002\ 90^{**}$ (0.001 89)	−0.001 98 (0.001 26)	−0.002 79 (0.001 47)
周工作时间	1.92×10^{-6} (3.75×10^{-5})	$4.65\times10^{-5*}$ (2.90×10^{-5})	1.67×10^{-5} (2.62×10^{-5})
外出打工年限	0.000 323 (0.000 291)	$0.000\ 664^{***}$ (0.000 198)	0.000 386 (0.000 196)
外出打工年限平方	1.85×10^{-7} (1.14×10^{-5})	-1.14×10^{-5} (7.54×10^{-6})	1.85×10^{-6} (7.77×10^{-6})
初中	$-0.004\ 33^{**}$ (0.001 81)	$-0.002\ 23^{*}$ (0.001 74)	$-0.004\ 36^{**}$ (0.001 28)
高中	$-0.003\ 67^{*}$ (0.002 34)	−0.001 28 (0.001 89)	−0.003 13 (0.001 61)
大专	−0.002 05 (0.003 43)	−0.001 21 (0.002 15)	$-0.007\ 27^{**}$ (0.002 10)
本科	$0.007\ 47^{***}$ (0.004 34)	0.003 45 (0.002 23)	$-0.010\ 0^{**}$ (0.002 84)
研究生	$0.013\ 1^{***}$ (0.011 3)	0.003 40 (0.003 21)	0.002 83 (0.010 0)
国有及国有控股企业	0.004 01 (0.007 97)	0.001 57 (0.002 90)	0.002 85 (0.003 61)

（续上表）

变量	北京市省际流动人口	天津市省际流动人口	河北省省际流动人口
集体企业	0. 010 7 ***	0. 004 39	0. 000 464
	(0. 010 0)	(0. 003 62)	(0. 003 73)
股份/联营企业	0. 004 99 *	0. 000 783	-0. 001 65
	(0. 007 78)	(0. 002 76)	(0. 003 81)
个体工商户	0. 007 78 ***	0. 006 31 *	0. 001 62
	(0. 007 08)	(0. 002 61)	(0. 003 28)
私营企业	0. 007 34 ***	0. 001 23	0. 000 694
	(0. 007 11)	(0. 002 55)	(0. 003 35)
港澳台独资企业	-0. 004 08	-0. 006 44	-0. 012 1
	(0. 015 3)	(0. 006 47)	(0. 007 39)
外商独资企业	0. 009 74 **	-0. 002 48	-0. 006 28
	(0. 018 2)	(0. 003 82)	(0. 003 80)
中外合资企业	0. 007 78 **	-0. 000 205	-0. 004 58
	(0. 011 4)	(0. 003 77)	(0. 004 42)
社团/民办组织	0. 000 744	-0. 003 35	0. 005 51
	(0. 018 2)	(0. 008 23)	(0. 013 5)
其他	0. 013 0 ***	0. 005 91	0. 000 829
	(0. 007 83)	(0. 003 24)	(0. 004 01)
无单位	0. 005 02	0. 002 35	0. 001 72
	(0. 007 25)	(0. 003 09)	(0. 003 40)
第一产业	-0. 002 61	-0. 003 86	0. 012 4 ***
	(0. 004 55)	(0. 004 48)	(0. 003 35)
第二产业	-0. 005 05 ***	-0. 008 13 ***	-0. 005 77 ***
	(0. 001 73)	(0. 001 18)	(0. 001 09)
常数	0. 032 5 ***	0. 031 6 ***	0. 045 4 ***
	(0. 008 97)	(0. 004 70)	(0. 005 31)
样本量	6 683	5 131	3 657
R^2	0. 048	0. 056	0. 026

注：*** 表示 $p<0.01$，** 表示 $p<0.05$，* 表示 $p<0.1$。

（三）京津冀地区省际与省内流动人口的收入分配影响因素分解实证结果

为了进一步研究省际和省内流动对流动人口收入产生的影响，以京津冀流动人口中有工资收入的劳动者为样本，在采用基于明瑟方程的最小二乘法回归估计基础之上进行 Oacaxa - Blnder 分解。通过对整体进行分解之后，可以发现省际流动人口的月工资对数平均为 8.298，省内流动人口的月工资对数平均为 8.029，两个群体的平均月工资对数差距为 0.269。根据对省内和省际流动人口的描述性分析可以发现，两个群体在诸多个体特征方面存在着显著性的差异，即省内和省际流动人口具有明显的群体特征，这些群体特征会导致明显的禀赋效应。禀赋效应可以在很大程度上将省内和省际流动人口的劳动收入合理化，所以由这些不同禀赋所导致的劳动收入差异是可以被解释的。从下面的实证结果可以发现，在两个群体的劳动收入差距中可解释部分为 0.042 4，不可解释部分为 0.227。这就意味着省内和省际流动人口的劳动收入差距主要是由于流动范围的不同导致的，而不是由于资源禀赋效应引起的。

表 6　省际和省内流动人口平均工资水平的影响因素实证结果

月工资对数	系数	稳健标准误	z	$p > \|z\|$	95% 置信区间	基尼系数
省内流动人口工资对数	8.029	0.006 65	1 208	0	8.016	8.042
省际流动人口工资对数	8.298	0.004 73	1 755	0	8.289	8.307
工资对数差异	-0.269	0.008 16	-33.02	0	-0.285	-0.253
可解释部分	-0.042 4	0.004 22	-10.04	0	-0.050 6	-0.034 1
不可解释部分	-0.227	0.008 03	-28.25	0	-0.243	-0.211
可解释部分						
人口特征	-0.025 7	0.002 81	-9.120	0	-0.031 2	-0.020 1
周工作时间	0.002 01	0.000 730	2.760	0.006 00	0.000 584	0.003 44
人力资本	-0.022 6	0.002 94	-7.670	0	-0.028 4	-0.016 8
企业性质	0.003 09	0.001 57	1.960	0.050 0	4.89×10^{-6}	0.006 18
行业	0.000 784	0.000 532	1.480	0.140	-0.000 258	0.001 83

（续上表）

月工资对数	系数	稳健标准误	z	$p>\|z\|$	95%置信区间	基尼系数
不可解释部分						
人口特征	0.124	0.062 0	2	0.046 0	0.002 30	0.245
周工作时间	-0.037 3	0.028 5	-1.310	0.190	-0.093 1	0.018 5
人力资本	-0.147	0.039 3	-3.730	0	-0.224	-0.069 6
企业性质	-0.021 1	0.040 6	-0.520	0.604	-0.101	0.058 4
行业	0.024 0	0.004 90	4.900	0	0.014 4	0.033 6
常数	-0.170	0.089 4	-1.900	0.058 0	-0.345	0.005 65

注：观测值共包含20 314个样本，其中省际流动样本15 471个，省内流动样本4 843个。人口特征：男性、年龄、汉族、农业户口、未婚；人力资本：小学、初中、高中、专科、本科、研究生、外出打工年限、外出打工年限平方；企业性质：机关或事业单位、国有及国有控股企业、集体企业、股份/联营企业、个体工商户、私营企业、港澳台独资企业、外商独资企业、中外合资企业、社团/民办组织、其他；行业：第一产业、第二产业、第三产业。

省内流动人口的劳动收入普遍低于省际流动人口的劳动收入，主要是人口特征和人力资本等造成的，即省际流动人口的人口特征、人力资本普遍优于省内流动人口。即使具有更长的工作时间，省内流动人口在人口特征、人力资本等方面的资源禀赋效应仍然低于省际流动人口。

在不可解释部分，省际流动人口在周工作时间、人力资本、企业性质等方面具有明显的回报优势，即省际流动的不可解释部分很大程度上是由于省际流动的工资率和人力资本回报率较高，以及流动人口进入回报丰厚的企业单位工作造成的。正如流动人口的劳动收入影响因素分析结果，流动人口在很多不同性质的企业工作，都要比在机关或事业单位工作获得的工资高。

根据实证结果，京津冀三地的省内流动人口劳动收入的基尼系数为0.030 3，省际流动人口劳动收入的基尼系数为0.037 6，二者的基尼系数差距为0.007 3。即省际流动人口劳动收入基尼系数明显高于省内流动人口劳动收入基尼系数。省际流动人口总体上提高了京津冀三地流动人口的收入分配差距。其中可解释部分为0.002 35，不可解释部分为0.004 93，说明省内流动人口劳动收入基尼系数与省际流动人口劳动收入基尼系数的差别主要是由流动方式的差别引起的，这种流动方式的不同可以解释67.7%的差异，另外的32.3%的差异是由于禀赋效应所造成的。

具体而言，省际流动和省内流动所形成的劳动收入基尼系数差异中可解释部分主要由于人口特征、人力资本等方面造成的。即省际流动人口通过人力资本优势、人口特征优势提高了省际流动人口劳动收入基尼系数，形成了与省内流动人口劳动收入基尼系数的差异。

表7　省际和省内流动人口基尼系数的影响因素实证结果

劳动收入	系数	稳健标准误	z	$p>\|z\|$	95%置信区间	基尼系数
省内流动人口基尼系数	0.030 3	0.000 445	68.01	0	0.029 4	0.031 2
省际流动人口基尼系数	0.037 6	0.000 291	128.8	0	0.037 0	0.038 1
基尼系数差异	-0.007 28	0.000 532	-13.68	0	-0.008 32	-0.006 24
可解释部分	-0.002 35	0.000 188	-12.48	0	-0.002 72	-0.001 98
不可解释部分	-0.004 93	0.000 549	-8.980	0	-0.006 01	-0.003 85
可解释部分						
人口特征	-0.001 01	0.000 109	-9.260	0	-0.001 22	-0.000 796
周工作时间	-1.22×10^{-5}	4.41×10^{-5}	-0.280	0.781	-9.86×10^{-5}	7.42×10^{-5}
人力资本	-0.001 60	0.000 128	-12.56	0	-0.001 85	-0.001 35
企业性质	-8.91×10^{-6}	7.54×10^{-5}	-0.120	0.906	-0.000 157	0.000 139
行业	0.000 285	6.68×10^{-5}	4.260	0	0.000 154	0.000 416
不可解释部分						
人口特征	0.002 48	0.004 09	0.610	0.545	-0.005 54	0.010 5
周工作时间	0.002 93	0.001 81	1.620	0.105	-0.000 609	0.006 48
人力资本	-0.003 17	0.003 42	-0.930	0.354	-0.009 87	0.003 53
企业性质	-0.004 71	0.002 81	-1.670	0.094 0	-0.010 2	0.000 810
行业	0.001 30	0.000 335	3.870	0	0.000 639	0.001 95
常数	-0.003 76	0.006 25	-0.600	0.547	-0.016 0	0.008 48

注：观测值共包含20 314个样本，其中省际流动样本15 471个，省内流动样本4 843个。人口特征：男性、年龄、汉族、农业户口、未婚；人力资本：小学、初中、高中、专科、本科、研究生、外出打工年限、外出打工年限平方；企业性质：机关或事业单位、国有及国有控股企业、集体企业、股份/联营企业、个体工商户、私营企业、港澳台独资企业、外商独资企业、中外合资企业、社团/民办组织、其他；行业：第一产业、第二产业、第三产业。

省际流动与省内流动所形成的劳动收入基尼系数差异中不可解释部分主要由于流动人口所在企业性质，以及其所在的产业对劳动者的工资回报不同而造成。省际流动人口很容易通过选择适合的企业性质和行业来获得较高的收入回报，从而加大了省际流动人口的收入分配差距。例如，经过前面企业性质对流动人口劳动收入的影响可知，流动人口在私营企业、港澳台独资企业、外商独资企业、中外合资企业工作相比在机关或事业单位工作获得的工资回报高，从而使得省际流动人口具有更广的范围来选择具有相对报酬优势的企业进行工作，进而提高了省际流动人口的工资水平，也同时扩大了该群体收入的离散程度，进而使得省际流动人口的劳动收入基尼系数相对偏高。

四、主要结论

（一）京津冀地区流动人口中具有明显的人口流出地差异和较大的基尼系数差异

在有效的样本中，北京市流动人口主要来自于河北省、河南省、山东省和安徽省，这四个省份总体流入人口占北京市流动人口的54.93%。天津市流动人口主要来自于山东省、河北省、河南省、黑龙江省，这四个省份总体流入人口占天津市流动人口的65.83%。河北省流动人口主要是省内流动人口，占比达到57.83%；省际流动人口主要来自河南省、黑龙江省、山东省，占比分别为6.87%、5.42%、4.11%。所以，京津冀省际流动人口主要来自河北省、河南省、山东省等省份。河北省的流动人口主要是省内流动，京津地区的流动人口均是省际流动。在收入分配方面，京津冀三地流动人口的收入分配差距情况存在着明显的不同。按照流动人口月工资收入计算基尼系数，京津冀三地流动人口总体的基尼系数为0.346，其中北京市、天津市与河北省的流动人口的基尼系数分别为0.397、0.295、0.268，北京市流动人口的收入分配差距最大，河北省流动人口的收入分配差距最小。

（二）北京市对省际流动人口的性别和年龄工资歧视较低，但户口歧视较为严重

在京津冀地区省际流动人口中，虽然男性的工资普遍比女性高，但是三地对性别工资歧视的程度差异明显。北京市的男性工资优势相对较低，为20.1%，而天津市和河北省的省际流动人口性别工资差异分别为26.2%

和24.5%。这说明在京津冀地区中，北京市对省际流动人口的性别歧视最低，天津市对省际流动人口的性别歧视最高。北京市对劳动用工没有明显的年龄歧视，但是在河北省和天津市均具有明显的年龄歧视，其中河北省的年龄歧视较为明显，随着流动人口年龄的增加，其工资逐渐减少。北京市具有农业户口的流动人口工资收入低于非农业户口流动人口工资的14.3%，天津市具有农业户口的流动人口具有12.1%的工资劣势。

（三）人力资本对北京市省际流动人口的收入分配影响明显

在人力资本投资回报方面，北京市具有明显的回报优势，尤其是具有研究生学历的省际流动人口的月工资对数高出小学及以下学历人群91.5%，河北省为79.3%，天津市则为59.0%，说明北京市的人力资本投资回报率最高，其次是河北省，天津市最低。在北京市由于流动人口工资收入增加速度相对较快，省际流动人口占比相对偏高，导致在北京市打工时间较长的省际流动人口提高了当地流动人口群体的基尼系数，这也说明随着省际流动人口年龄的增加，由于北京市劳动力市场回报率相对较高，增加了当地流动人口的收入分配差距。

（四）京津冀三地的省际流动可以优化就业结构的行业配置

在河北省的流动人口中，不论是省内流动人口还是省际流动人口，在第二产业从事工作所获得的报酬要明显高于其他产业，其中从事第二产业的省际流动人口的工资比从事第三产业的省际流动人口工资高12.8%。流动人口在北京市从事第三产业具有相对较高的工资优势，在第一产业从事工作具有明显的工资劣势。流动人口在天津市的三个产业中工作工资没有显著性的差别。另外，在京津冀三地中，流动人口在第二产业从事工作更有助于降低收入分配差距，并且，不论是省际流动还是省内流动人口，从事第二产业可以有效地降低流动人口的基尼系数，其中省际流动人口从事第二产业对降低基尼系数的效果更加明显。

参考文献

[1] 叶裕民，李彦军，倪稞．京津冀都市圈人口流动与跨区域统筹城乡发展［J］．中国人口科学，2008（2）：57－64，96.

[2] 张耀军，张振．京津冀区域人口空间分布影响因素研究［J］．人口与发展，2015，21（3）：2－9.

[3] 郑贞，周祝平．京津冀地区人口经济状况评价及空间分布模式分

析［J］. 人口学刊，2014（2）：19－28.

［4］李拓，李斌. 中国跨地区人口流动的影响因素：基于286个城市面板数据的空间计量检验［J］. 中国人口科学，2015（2）：73－83.

［5］刘会政，王立娜，LIU HUI ZHENG，等. 劳动力流动对京津冀区域经济发展差距的影响［J］. 人口与经济，2016（2）：10－20.

［6］纪韶，朱志胜. 中国城市群人口流动与区域经济发展平衡性研究——基于全国第六次人口普查长表数据的分析［J］. 经济理论与经济管理，2014，34（2）：5－16.

［7］李培，邓慧慧. 京津冀地区人口迁移特征及其影响因素分析［J］. 人口与经济，2007（6）：59－63.

［8］赵人伟，李实. 中国居民收入差距的扩大及其原因［J］. 经济研究，1997，32（9）：19－28.

［9］樊纲. 中国各地区市场化进展状况［J］. 经济纵横，2005（11）：2－4.

［10］阮晓波，周晓津. 劳动力跨省流动与中国省区经济收敛性研究：1986—2010年［J］. 学术研究，2012（8）：74－78.

［11］刘学军，赵耀辉. 劳动力流动对城市劳动力市场的影响［J］. 经济学（季刊），2009，8（2）：693－710.

［12］钟笑寒. 劳动力流动与工资差异［J］. 中国社会科学，2006（1）：34－46.

［13］樊士德. 中国劳动力流动与收入差距的库兹涅茨效应研究［J］. 经济评论，2011（4）：44－53.

［14］樊士德. 劳动力流动对中国经济增长贡献显著吗——基于区域递归视角的经验验证［J］. 财经科学，2014（1）：61－70.

［15］刘会政，王立娜. 劳动力流动对京津冀区域经济发展差距的影响［J］. 人口与经济，2016（2）：10－20.

［16］罗浩. 中国劳动力无限供给与产业区域粘性［J］. 中国工业经济，2003（4）：53－58.

［17］吴安. 中国产业及劳动力逆向流动分析——以重庆与北京、广东的比较为例［J］. 中国工业经济，2004（12）：12－19.

［18］山社武，刘志勇，张德生. 劳动力自由流动是阻碍传统产业区域转移的根本原因吗？——基于27个产业的实证分析［J］. 财贸研究，2010，21（5）：17－23.

［19］刘新争. 比较优势、劳动力流动与产业转移［J］. 经济学家，

2012，2（2）：45－50.

［20］苏华，赵梦园，万劭琨．劳动力流动、产业转移与区域经济协调发展［J］．发展研究，2013（6）：35－38.

［21］FIRPO S，NICOLE P R，UBC F，et al. Decomposing wage distributions using recentered influence function regressions［J］. Sustrai revista agropesquera，2007：1－39.

时距效应视角下职业类型对流动人口定居意愿的影响

——基于中国流动人口动态监测调查数据的实证检验

景再方① 董艳敏② 杨肖丽③

一、研究目的

近年来学术界对流动人口定居意愿的关注日益增加，相关的研究也明显增多。其研究内容主要体现在以下两个方面：一方面是对流动人口定居意愿的整体描述，关于这方面的研究出现了两种相反的观点。有些学者认为流动人口有较强的定居意愿，愿意在城市长久定居的比例大于50%（刘于琪等，2014；谭晓婷、张广胜，2016；黄晨熹，2011；王良健等，2016），其中北京市流动人口的定居意愿高达65.1%（于越等，2017）；另外一些学者则认为愿意在城市定居的流动人口比例并没有那么高，只有30%~40%（孟兆敏、吴瑞君，2011；郑建明、朱春奎，2014；秦立建等，2017）。另一方面是关于流动人口定居意愿影响因素的研究，目前学术界多是从以下三个角度对其影响因素进行探讨：一是个人家庭角度。女性、高学历、已婚、同住人数较多、社会融合度较高的流动人口有更强烈的定居意愿（谭晓婷、张广胜，2015；Xiao-Jun，2016；孟兆敏、吴瑞君，2011；于越等，2017）。二是经济社会角度。高收入、雇主、本地朋友越多、已在城市参加医疗保险的流动人口定居意愿更强（于越等，2017；蔚志新，2013；梁土坤，2017；秦立建、陈波，2014；王晓峰、温馨，2017；朱铭来、史晓晨，2017）。但是家乡原有的社会网络会阻碍流动人口的社会融入，家乡的亲人朋友产生的亲和力是对迁移的一种限制（Uhlenberg，1973；Wang，Fan，2006）。三是迁移特征角度。近距离迁移、举家迁移、在流入地居住时间越长的流动人口定居意愿越强（罗丞，2017；梁土坤，2017；Adda，Dustmann，Mestres，2006），落户意愿也越高（林李月、朱

① 沈阳农业大学经济管理学院副教授。
② 沈阳农业大学经济管理学院硕士研究生。
③ 沈阳农业大学经济管理学院教授。

宇，2016）。

在流动人口定居意愿影响因素的研究中，以职业类型为切入角度的较少，结果也不尽相同。正规就业、职业地位高、工作稳定、就业前景好的流动人口定居意愿较强，落户意愿也较高（Yao，2009；潘泽泉、邹大宽，2016；魏万青，2015；杨河清、肖红梅，2014；张协嵩、郑庆昌，2015；Qian et al.，2015）。部分研究发现从事“技术性很高工作”的流动人口更加愿意融入当地，例如制造人员、交通运输业从业人员等（李荣彬等，2013；Liao，Liu，2011；蔡海龙，2017）。另外也有研究表明，与制造人员相比，批发零售人员和公务员、办事人员的定居意愿更强（蔚志新，2013；郭云贵等，2017），坐商（在固定地址，有门面或场所，经营商业的商人）的定居意愿最高（Gulum，2009）。但是，梁土坤（2017）指出职业类型对新生代流动人口定居意愿没有显著影响。

现有文献从不同角度对流动人口定居意愿进行的研究具有颇为重要的现实意义和学术价值。但是仍然存在以下几点不足：第一，研究的区域代表性不足，多数研究的调查区域为某一个或某几个城市，样本量较少，不足以反映流动人口定居意愿的整体趋势，这也许就是造成流动人口定居意愿比例差异的一个原因。第二，关于职业类型对定居意愿影响的研究寥寥无几，部分研究仅是将职业类型纳入流动人口定居意愿的分析框架，没有详细的分析与解释，结果也不尽相同。第三，已有研究指出流动人口的定居意愿受居住时间和迁移范围的影响（罗丞，2017；梁土坤，2017），但是目前还缺乏关于流动人口定居意愿时距效应的实证研究。本文尝试在以下两方面做出贡献：第一，采用全国流动人口的研究样本，提高研究结果的适用性。第二，探究时间效应、距离效应和时距效应视角下职业类型对流动人口定居意愿的影响，为学术研究提供参考，为政府针对不同职业类型的流动人口制定不同的引导政策提供依据。

二、研究方法

首先，本文对流动人口的职业类型与定居意愿进行交互分析，初步判断流动人口的职业类型与定居意愿之间是否存在关联；其次，本文构建二分类 logistic 回归模型分别探讨流动人口的职业类型对定居意愿的影响，以及在时间效应、距离效应和时距效应下职业类型对定居意愿的影响，所用变量及变量含义如表 1 所示。

表1　变量含义及样本描述

变量	变量名称	变量含义	样本个数	均值	标准差
因变量	定居意愿	无=0；有=1	165 166	0.572	0.495
自变量	职业类型	经商商贩=0；国家机关公务员=1；专业技术人员=2；服务人员=3；其他商业服务业人员=4；农林牧渔人员=5；生产人员=6；运输建筑人员=7；其他运输设备操作人员=8；无固定职业者=9	165 166	3.423	2.579
控制变量	性别	女=0；男=1	165 166	0.582	0.493
	年龄	连续变量	165 166	34.753	9.319
	年龄的平方	连续变量	165 166	1 294	678.5
	受教育程度	小学及以下=0；初中=1；高中/中专=2；专科/本科/研究生=3	165 166	1.345	0.870
	婚姻状况	未婚=0；已婚=1	165 166	0.785	0.411
	户口性质	农业=0；非农业=1	165 166	0.144	0.351
	民族	汉族=0；其他=1	165 166	0.071	0.258
	就业身份	雇员=0；雇主=1；自营劳动者=3；其他=4	165 166	1.800	0.963
	同住人数	连续变量	165 166	2.513	1.176
	月收入	log（上个月月收入）	165 166	8.142	0.615
	居民健康档案	没建=0；已经建立=1	165 166	0.288	0.453
	新型农村合作医疗保险	没有参保=0；已经参保=1	165 166	0.669	0.470
	城镇职工医疗保险	没有参保=0；已经参保=1	165 166	0.202	0.402
	迁移距离	跨省流动=0；省内流动=1	165 166	0.489	0.500
	居住时间1	短期=1；中期=2；长期=3	165 166	1.568	0.687
	居住时间2	连续变量	165 166	4.630	4.829

注：居住时间1为分类变量，用于时距效应；居住时间2为连续变量，是文中的控制变量。

三、研究结果

（一）流动人口职业类型与定居意愿的交互分析

本文通过交叉列联表的卡方检验对流动人口职业类型与定居意愿之间是否存在关联进行分析。从流动人口职业类型与定居意愿的关系来看，职业类型的卡方值通过显著性检验（$p=0.00$），表明流动人口职业类型与定居意愿之间存在关联。从表 1 可以看出，在流入地有长期定居意愿的流动人口占到 57.2%。从表 2 的百分比来看，除了生产人员，其余职业类型的流动人口愿意在流入地长期居住的比例均达到 50% 以上，国家机关公务员和农林牧渔人员愿意在流入地长期居住的比例高达 70% 以上。而生产人员愿意在流入地长期居住的比例却小于 50%。

表 2　流动人口职业类型与定居意愿交叉列联表

	经商商贩	国家机关公务员	专业技术人员	服务人员	其他商业服务业人员	农林牧渔人员	生产人员	运输建筑人员	其他运输设备操作人员	无固定职业者	总计
无（人）	14 389	1 092	4 215	13 408	13 199	1 001	12 199	5 888	4 027	1 221	70 639
百分比（%）	35.82	27.64	34.92	46.94	41.37	28.37	55.32	49.46	47.59	47.66	
有（人）	25 779	2 859	7 854	15 157	18 707	2 527	9 852	6 017	4 434	1 341	94 527
百分比（%）	64.18	72.36	65.08	53.06	58.63	71.63	44.68	50.54	52.41	52.34	
总计	40 168	3 951	12 069	28 565	31 906	3 528	22 051	11 905	8 461	2 562	165 166

已有研究指出，流动人口在流入地的居住时间以及迁移距离对定居意愿有一定的影响（蔚志新，2013；于越等，2017）。那么职业类型对定居意愿的影响情况也许会因为居住时间和迁移距离的不同而有所差异。因此

本文基于不同的时距，做流动人口的职业类型与定居意愿的交叉列联表以考察在不同时距下两者之间的相关性。用 K-means 聚类法把流动人口在流入地的居住时间聚为 3 类，即短期（0～3 年）、中期（3～10 年）和长期（10 年及以上），来考察时间效应的影响。用跨省流动和省内流动来考察距离效应的影响。

表 3　基于不同时间效应和距离效应的职业类型与定居意愿的交叉列联表

		经商商贩	国家机关公务员	专业技术人员	服务人员	其他商业服务业人员	农林牧渔人员	生产人员	运输建筑人员	其他运输设备操作人员	无固定职业者	*Pearson chi2*	*p*
省内	无（%）	32.51	26.10	31.99	44.21	39.42	18.31	45.14	42.89	40.51	42.64		
	有（%）	67.49	73.90	68.01	55.79	60.58	81.69	54.86	57.11	59.49	57.36	1.3×10^3	0.00
	总计（人）	20 081	2 134	6 046	15 329	18 524	1 873	6 106	5 636	3 587	1 393		
跨省	无（%）	39.13	29.44	37.87	50.10	44.07	39.76	59.22	55.37	52.81	53.64		
	有（%）	60.87	70.56	62.13	49.90	55.93	60.24	40.78	44.63	47.19	46.36	2.3×10^3	0.00
	总计（人）	20 087	1 817	6 023	13 236	13 382	1 655	15 945	6 269	4 874	1 169		
短期	无（%）	44.03	36.02	43.60	55.63	49.88	51.05	64.34	62.07	57.07	58.66		
	有（%）	55.97	63.98	56.40	44.37	50.12	48.95	35.66	37.93	42.93	41.34	2.2×10^3	0.00
	总计（人）	17 727	2 157	6 988	16 242	18 982	1 144	13 706	6 908	4 961	1 207		

（续上表）

		经商商贩	国家机关公务员	专业技术人员	服务人员	其他商业服务业人员	农林牧渔人员	生产人员	运输建筑人员	其他运输设备操作人员	无固定职业者	*Pearson chi2*	*p*
中期	无（%）	31.87	19.82	24.87	38.57	31.58	21.94	43.78	35.56	37.52	42.20		
	有（%）	68.13	80.18	75.13	61.43	68.42	78.06	56.22	64.44	62.48	57.80	837.398	0.00
	总计（人）	16 127	1 352	4 081	9 447	10 095	1 390	6 563	3 690	2 756	955		
长期	无（%）	22.89	10.63	15.30	25.35	19.19	11.27	28.45	22.04	21.77	27.50		
	有（%）	77.11	89.37	84.70	74.65	80.81	88.73	71.55	77.96	78.23	72.50	211.595	0.00
	总计（人）	6 314	442	1 000	2 876	2 829	994	1 782	1 307	744	400		

从表3可以看出，在不同的时距下，职业类型的卡方值均通过显著性检验（$p=0.00$）。即基于不同的时间和距离，流动人口的职业类型与定居意愿之间存在关联。

就迁移距离来看，在省内流动的样本中，所有职业类型的流动人口的定居意愿占比均大于50%。而在跨省流动的样本中，只有经商商贩、国家机关公务员、专业技术人员、其他商业服务业人员和农林牧渔人员的定居意愿占比大于50%。由此可见，流动人口的定居意愿可能受距离效应的影响，迁移距离越远，定居意愿越弱。

就居住时间来看，在居住时间为短期的样本中，只有经商商贩、国家机关公务员、专业技术人员和其他商业服务业人员的定居意愿占比大于50%。而在居住时间为中期和长期的样本中，所有职业类型的流动人口的定居意愿占比均大于50%。而且，随着居住时间由短期到中期再到长期，流动人口愿意在流入地定居的比例在逐渐增大。由此可见，流动人口的定居意愿可能受时间效应的影响。

（二）流动人口职业类型对定居意愿的时距效应分析

从上述描述统计结果可以初步看出流动人口的职业类型与定居意愿有关联，而且在不同的居住时间与迁移距离下，职业类型对定居意愿的影响也有差异。在以上分析的影响的基础上，本部分采用二分类 logistic 回归模型以检验职业类型与定居意愿之间的关系，以及在不同居住时间、迁移距离和时距下职业类型对定居意愿的影响。

表 4　流动人口定居意愿 logistic 回归结果

	模型 1	模型 2		模型 3		
定居意愿	基准模型	省内	跨省	短期	中期	长期
经商商贩			-0.075 5***		0.000 0	-0.076 2***
国家机关公务员	0.048 7***	0.050 9***	-0.029 5**	0.032 6***	0.058 6***	0.025 3
专业技术人员	0.026 2***	0.045 4***	-0.070 4***	0.007 4	0.043 7***	-0.014 7
服务人员	-0.029 7***	-0.025 9***	-0.109 2***	-0.040 1***	-0.023 6***	-0.085 6***
其他商业服务业人员	0.019 4***	0.022 3***	-0.058 8***	0.007 8	0.024 2***	-0.025 4*
农林牧渔人员	0.045 3***	0.093 6***	-0.074 3***	-0.019 5	0.081 5***	0.060 2***
生产人员	-0.052 4***	-0.050 2***	-0.133 4***	-0.064 9***	-0.048 7***	-0.090 0***
运输建筑人员	-0.057 6***	-0.050 1***	-0.141 4***	-0.091 8***	-0.019 0**	-0.066 1***
其他运输设备操作人员	-0.034 5***	-0.025 4***	-0.119 2***	-0.045 7***	-0.037 0***	-0.052 4**
无固定职业者	-0.072 7***	-0.059 3***	-0.162 9***	-0.087 6***	-0.073 9***	-0.083 2***
性别(女)	-0.012 6***	-0.012 6***		-0.012 4***		
年龄	0.012 5***	0.012 6***		0.011 8***		
年龄的平方	-0.000 2***	-0.000 2***		-0.000 1***		

（续上表）

	模型 1	模型 2		模型 3		
定居意愿	基准模型	省内	跨省	短期	中期	长期
受教育程度						
初中	0.005 2	0.005 2		0.004 7		
高中/中专	0.031 9***	0.031 9***		0.031 3***		
专科/本科/研究生	0.085 0***	0.084 7***		0.085 1***		
婚姻状况（未婚）	0.031 9***	0.031 9***		0.032 0***		
户口性质（农业）	-0.004 5	-0.004 2		-0.005 3		
民族（汉）	0.021 2***	0.020 7***		0.021 4***		
log 月收入	0.034 8***	0.035 2***		0.035 2***		
居民健康档案（否）	0.062 2***	0.062 1***		0.060 9***		
新型农村合作医疗保险（否）	-0.043 6***	-0.043 4***		-0.043 0***		
城镇职工医疗保险（否）	0.081 7***	0.082 1***		0.081 1***		
居住时间	0.017 2***	0.017 1***		0.018 4***		
迁移距离（跨省）	0.084 9***			0.084 0***		
就业身份（雇员）						
雇主	0.089 1***	0.088 3***		0.087 6***		
自营劳动者	0.032 9***	0.032 5***		0.031 3***		
其他	-0.013 6	-0.014 2		-0.015 0		
同住人数	0.077 4***	0.077 3***		0.076 0***		

（续上表）

	模型1	模型2		模型3		
定居意愿	基准模型	省内	跨省	短期	中期	长期
省份虚拟变量	是	是		是		
常数	-3.7587^{***}	-3.387^{***}		-3.6731^{***}		
观测值个数	165 166	165 166		165 166		

注：*** 表示 $p<0.01$，** 表示 $p<0.05$，* 表示 $p<0.1$（下同）。

1. 基准模型

表4为流动人口的职业类型对定居意愿影响的二分类 logistic 回归结果，为了简化模型结果，本文只列出了模型中的边际系数（下同）。在控制流动人口性别、年龄、受教育程度、婚姻状况等个体家庭特征，月收入等经济社会特征，居住时间等迁移特征的情况下，流动人口的职业类型对其定居意愿有显著影响。

模型1的结果表明，国家机关公务员的定居意愿比经商商贩的定居意愿高4.87%。对此可能的解释有三点：第一，国家机关公务员中非农业户籍所占比重较大。对职业类型与户口性质进行交叉分析可以看出，在国家机关公务员中非农业户籍所占比例为51.23%，远远高于经商商贩的12.16%。已有研究也指出，非农业户籍的流动人口在流入地的劳动力市场中不存在融合障碍，其收入和人力资本回报率都比当地城镇劳动力高（谢桂华，2012）。第二，国家机关公务员的受教育程度高。对职业类型与受教育程度进行交叉分析，可以看出有63.68%的国家机关公务员的受教育程度为专科/本科/研究生，而经商商贩的受教育程度普遍偏低。已有研究也指出，较高受教育程度形成的人力资本有利于流动人口找到回报率更高的工作，是促进流动人口选择持久性迁移的重要因素（Borjas，1985；马九杰、孟凡友，2003）。第三，国家机关公务员的收入较高。对职业类型与收入进行交叉分析，可以看出国家机关公务员中高收入人群较多，平均收入最高。收入较高的流动人口在流入地的收入可能远高于流出地，这使得这部分群体更愿意在流入地长久居住，而不是返乡。迁移的成本—收益理论也显示，只有当迁移的收益大于成本时，流动人口才会有迁移的行为。反过来，当再次迁移的收益小于等于成本时，流动人口往往会趋于在所在地定居。

专业技术人员的定居意愿比经商商贩高2.62%。其原因可能在于，在专业技术人员中，有 34.68% 是非农业户籍，49.61% 的受教育程度是专科/本科/研究生，而且多从事技术型工作，因此其定居意愿较强。

农林牧渔人员的定居意愿比经商商贩高 4.53%。对此可以从两个角度来解释：一是流动原因。对职业类型和本次流动原因进行交叉分析，可以看出有 18.51% 的农林牧渔人员是因为家属随迁、婚姻嫁娶和拆迁搬家才来到流入地，其稳定性较强，而在经商商贩中，这一比例仅为 5.15%。相比务工经商和学习培训而言，通过家属随迁、婚姻嫁娶和拆迁搬家的方式来到流入地，长期居住的可能性会更大。二是在流入地的居住时间。从职业类型和居住时间的交叉分析可以看出，农林牧渔人员在流入地居住 3 年以上的比例为 67.57%，这一比例是所有职业类型中的最大值。居住年限较长的流动人口会更加适应流入地的工作和生活方式，因此可能会在流入地长期居住。

其他商业服务业人员的定居意愿比经商商贩高 1.94%。对此可能的解释有三点：第一，在其他商业服务业人员中，迁移原因是家属随迁、婚姻嫁娶和拆迁搬家的比例高于经商商贩；第二，其他商业服务业人员非农业户籍的比例也较高；第三，省内流动的比例较高。对职业类型与迁移距离进行交叉分析，可以看出有 58.06% 的其他商业服务业人员是省内流动，大于其他职业类型、省内流动的比例。已有研究也指出与跨省流动者相比，中短距离的省内流动者具有更强的定居意愿（蔚志新，2013）。

服务人员、生产人员、运输建筑人员和其他运输设备操作人员的定居意愿比经商商贩低 3% ~7%。对此可能的解释是：从事这些职业类型的流动人口多为雇员，受教育程度较低，收入较低，工作强度较大，因此更不愿意在流入地定居。

此外，控制变量对流动人口的定居意愿也有显著影响。个人家庭特征方面：男性的定居意愿比女性低 1.26%；年龄和流动人口定居意愿之间的关系呈倒 U 形曲线；随着受教育程度的增加，流动人口的定居意愿在不断增强；已婚流动人口的定居意愿比未婚高 3.19%；其他民族流动人口的定居意愿比汉族高 2.12%；同住人数每增加一人，愿意在流入地定居的概率就会增加 7.74%。经济社会特征方面：流动人口收入越高，其定居意愿越强；雇主和自营劳动者相对雇员的定居意愿更强；相对于没有在流入地的社区建立居民健康档案的流动人口，已经建立健康档案的流动人口的定居意愿更强。参加新型农村合作医疗保险的流动人口的定居意愿比没有参加的低 4.36%，而参加城镇职工医疗保险的流动人口的定居意愿比没有参加的高 8.17%。迁移特征方面：在流入地居住时间越长，定居意愿越强；省内迁移比跨省迁移的定居意愿更强。

2. 时间效应与距离效应模型

模型 2 把职业类型与迁移距离的交叉项作为自变量（以省内迁移的经商商贩为基组），以考察距离效应的作用。从中可以看出，迁移距离由省内到跨省，每种职业类型的流动人口的定居意愿都在减弱，由此可以看出流动人口的定居意愿具有距离效应，即迁移距离越远，定居意愿越弱。这可能是因为省内迁移离家乡较近，流动人口能够比较好地平衡家庭和工作之间的关系，因此更愿意在流入地定居。

模型 3 把职业类型与在流入地的居住时间的交叉项作为自变量（以短期居住的经商商贩为基组），以考察时间效应的作用。从中可以看出，居住时间为中期时，流动人口的定居意愿最强。居住时间为长期和短期时，流动人口的定居意愿强弱随职业类型的不同而有所差异。总的来说，流动人口的定居意愿并没有随着居住时间的增长而增强。

3. 时距效应模型

模型 4 把职业类型、在流入地的居住时间、迁移距离的交叉项作为自变量（以省内短期的经商商贩为基组），以考察相同距离下的时间效应、相同时间下的距离效应以及时距效应的作用，回归结果如表 5 所示。

表 5　不同时距下流动人口定居意愿的 logistic 回归结果

	模型 4 中的定居意愿的 logistic 回归					
迁移类型	①省内短期	②省内中期	③省内长期	④跨省短期	⑤跨省中期	⑥跨省长期
经商商贩		0.010 4	−0.052 8***	−0.058 2***	−0.070 7***	−0.156 3***
国家机关公务员	0.046 8***	0.072 8***	−0.040 7	−0.044 1***	−0.016 9	0.010 0
专业技术人员	0.032 0***	0.075 8***	0.030 1	−0.080 5***	−0.048 5***	−0.105 2***
服务人员	−0.028 0***	−0.013 7	−0.074 9***	−0.112 3***	−0.093 8***	−0.158 1***
其他商业服务业人员	0.016 4***	0.038 4***	−0.009 6	−0.059 2***	−0.051 3***	−0.101 5***
农林牧渔人员	0.027 7	0.137 6***	0.104 7***	−0.116 8***	−0.038 4*	−0.051 7*
生产人员	−0.065 1***	−0.019 2	−0.077 1***	−0.133 6***	−0.129 2***	−0.164 6***
运输建筑人员	−0.068 4***	−0.022 0*	−0.030 5	−0.175 94***	−0.077 0***	−0.154 8***

(续上表)

模型4中的定居意愿的logit回归						
迁移类型	①省内短期	②省内中期	③省内长期	④跨省短期	⑤跨省中期	⑥跨省长期
其他运输设备操作人员	-0.021 4**	-0.032 2**	-0.046 5	-0.128 2***	-0.104 9***	-0.123 1***
无固定职业者	-0.063 9***	-0.056 3***	-0.052 1	-0.175 93***	-0.151 7***	-0.169 9***

注：模型4控制了性别、年龄、年龄的平方、受教育程度、婚姻状况、户口性质、民族、月收入、是否建立居民健康档案、是否参加新型农村合作医疗保险和城镇职工医疗保险、就业身份、同住人数、居住时间和省份虚拟变量。

由表5可见，①和④，②和⑤，③和⑥分别考察短期、中期、长期居住时间下的距离效应，可以看出无论居住时间是短期、中期还是长期，省内迁移流动人口的定居意愿都比跨省迁移的强，这与表4的结论一致。

由①、②、③、④、⑤、⑥分别考察省内迁移和跨省迁移下的时间效应。可以看出，在省内迁移的情况下，除其他运输设备操作人员外，其他职业类型人员的定居意愿在居住时间为中期时最强，而在居住时间为短期和长期时，并不是每一种职业类型人员的定居意愿都呈现出随着居住时间的增长而增强的趋势。在跨省迁移的情况下，除经商商贩外，其他职业类型人员的定居意愿在居住时间为中期时最强，而在居住时间为短期和长期时，不同职业类型人员的定居意愿强弱平分秋色。

这就意味着，由于时距效应的影响，每种职业类型人员的定居意愿并不会出现基准模型中那种绝对意义上的趋势（随着居住时间的增长，定居意愿增强；省内迁移流动人口定居意愿比跨省迁移强）。究竟在哪种时距效应下，哪种职业类型人员的定居意愿是最强的，哪种又是最弱的？为了得到这一结果，本文将表5中的边际系数进行排序，结果如下图所示。定居意愿最强的是省内中期农林牧渔人员，其次是省内长期农林牧渔人员，再次是省内中期专业技术人员；定居意愿最弱的是跨省短期运输建筑人员，其次是跨省短期无固定职业者，再次是跨省长期无固定职业者。

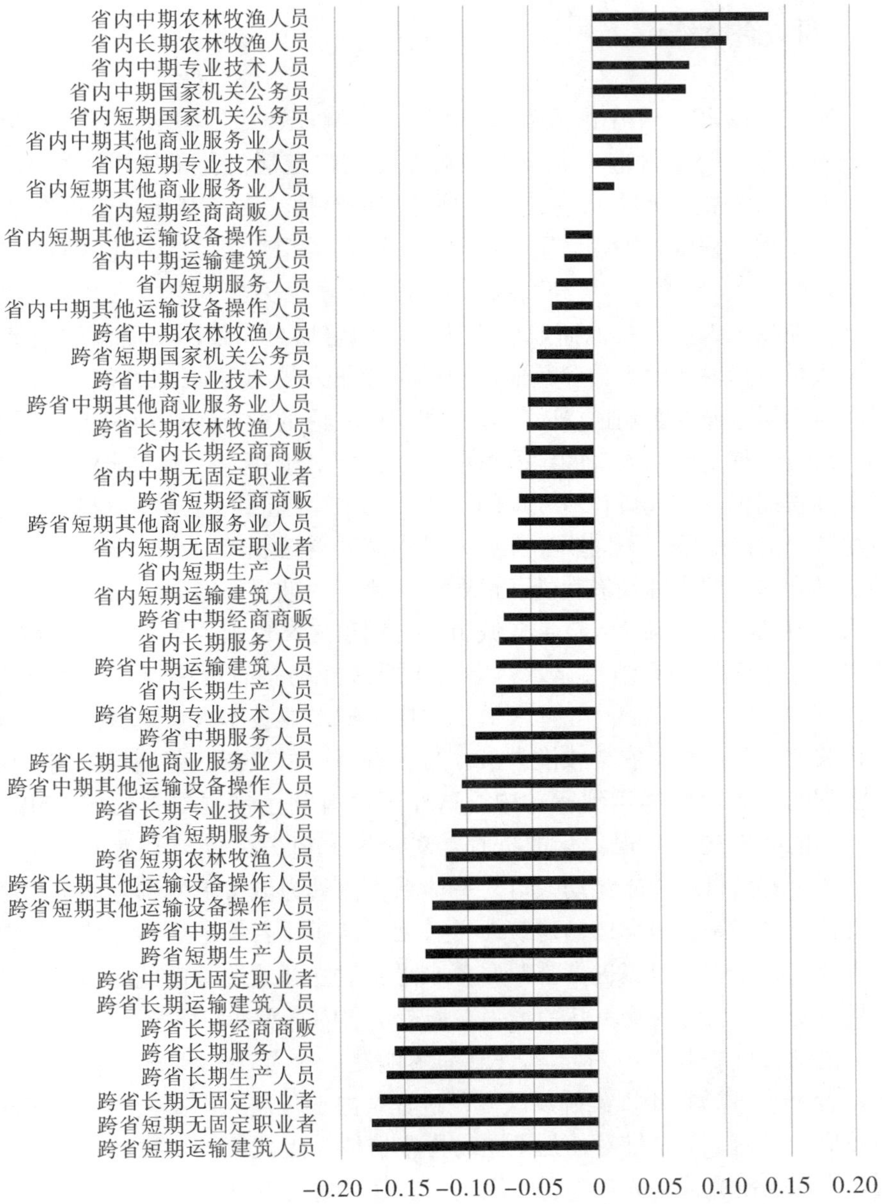

时距效应下不同职业类型人员的定居意愿强弱图

四、研究结论

本文根据2015年中国流动人口动态监测调查数据，运用二分类logistic回归模型考察时距效应下职业类型对流动人口定居意愿的影响。结果表明，有57.2%的流动人口有在流入地定居的意愿。在控制流动人口性别、年龄、受教育程度、婚姻状况等情况下，职业类型对流动人口定居意愿有显著影响。具体而言，与经商商贩相比，国家机关公务员、农林牧渔人员、专业技术人员和其他商业服务业人员的定居意愿强烈，而服务人员、生产人员、运输建筑人员和其他运输设备操作人员的定居意愿较弱。职业类型对定居意愿的影响还受时间效应和距离效应的影响，即相对于省内迁移，跨省迁移的流动人口的定居意愿较弱；相对于在流入地的居住时间为短期和长期，流动人口在流入地的居住时间为中期时的定居意愿最强。在时距效应的影响下，不同职业类型人员的定居意愿相差较大，定居意愿最强的是省内中期农林牧渔人员，最弱的是跨省短期运输建筑人员。合理引导人口流动，推动流动人口定居城市，有利于提高以人为核心的新型城镇化水平。本文的研究结果显示，定居意愿最强的是省内中期农林牧渔人员，其次是省内长期农林牧渔人员、省内中期专业技术人员、省内中期国家机关公务员。对于农林牧渔人员，各个省市可以放宽一些制度限制，将其强烈的定居意愿落实到行动中，这样不仅有利于推进本省的城镇化水平，还能够推进农业现代化的进程。对于国家机关公务员和专业技术人员，各个省市可以建立流动人口支持体系，使其为城市更好的发展提供智力支持。对于跨省短期运输建筑人员、无固定职业者等定居意愿较弱的流动人口，各个省市可以提高公共服务水平，建立开放统一的就业市场，使其拥有更多的就业机会，从而增强在城市定居的意愿和归属感。

流动人口职业类型对定居意愿的影响是一个复杂的动态过程，仅以2015年的截面数据难以准确反映变化过程及内在机制。本文虽然考察了时距效应的作用，但是针对的是不同的样本群体。因此下一步要针对同一个群体，深入研究流动人口定居意愿的动态变化过程和定居能力，为流动人口的政策制定提供理论依据。

参考文献

[1] 刘于琪，刘晔，李志刚.中国城市新移民的定居意愿及其影响机制［J］.地理科学，2014（7）：780－787.

［2］谭晓婷，张广胜．医疗保险对农民工留城定居意愿的影响——以江苏省南京市为例［J］．湖北农业科学，2016（3）：792－795.

［3］黄晨熹．城市外来人口居留意愿的影响因素研究：以苏州市为例［J］．西北人口，2011（6）：23－30.

［4］王良健，陈坤秋，王奔．流动人口城市定居意愿及其影响因素研究——基于湖南省流动人口动态监测数据［J］．调研世界，2016（7）：21－26.

［5］于越，刘畅，李国正．首都流动人口定居意愿及影响因素研究——兼论首都人口调控模式［J］．管理现代化，2017（1）：49－52.

［6］孟兆敏，吴瑞君．城市流动人口居留意愿研究——基于上海、苏州等地的调查分析［J］．人口与发展，2011（3）：11－18.

［7］郑建明，朱春奎．上海市外来人口长期居住意愿的实证研究［J］．上海经济研究，2014（7）：122－129.

［8］秦立建，童莹，王震．农地收益、社会保障与农民工市民化意愿［J］．农村经济，2017（1）：79－85.

［9］谭晓婷，张广胜．农业转移人口留城定居意愿影响因素分析：来自南京市农民工样本的调查［J］．调研世界，2015（5）：36－39.

［10］XIAO－JUN L U. Influencing factors on the willingness to settle in cities by agricultural transfer population［J］. Urban problems，2016.

［11］蔚志新．分地区流动人口居留意愿影响因素比较研究——基于全国5城市流动人口动态监测调查数据［J］．人口与经济，2013（4）：12－20.

［12］梁土坤．适应转化：新生代流动人口定居意愿的实证研究及其政策意涵［J］．中国人口·资源与环境，2017（2）：151－159.

［13］秦立建，陈波．医疗保险对农民工城市融入的影响分析［J］．管理世界，2014（10）：91－99.

［14］王晓峰，温馨．劳动权益对农民工市民化意愿的影响——基于全国流动人口动态监测8城市融合数据的分析［J］．人口学刊，2017（1）：38－49.

［15］朱铭来，史晓晨．医疗保险视角下的流入地农民工长期居住意愿研究［J］．未来与发展，2017（2）：54－58，71.

［16］UHLENBERG P. Noneconomic determinants of nonmigration：sociological considerations for migration theory［J］. Rural sociology，1973，38（3）：297－311.

［17］WANG W W，FAN C C. Success or failure：selectivity and reasons of return migration in Sichuan and Anhui, China [J]. Environment and planning, 2006, 38 (5): 939-958.

[18] 罗丞. 安居方能乐业：居住类型对新生代农民工市民化意愿的影响研究 [J]. 西北人口, 2017 (2): 105-110, 119.

[19] ADDA J, DUSTMANN C, MESTRES J. A dynamic model of return migration [J]. Preliminary version march, 2006.

[20] 林李月, 朱宇. 中国城市流动人口户籍迁移意愿的空间格局及影响因素——基于2012年全国流动人口动态监测调查数据 [J]. 地理学报, 2016 (10): 1696-1709.

[21] YAO J. Willingness survey on the desire to settle in cities of rural laborers: an empirical analysis in three cities of Jiangsu [J]. Urban problems, 2009.

[22] 潘泽泉, 邹大宽. 居住空间分异、职业地位获得与农民工市民化意愿——基于农民工"三融入"调查的数据分析 [J]. 湖南师范大学社会科学学报, 2016, 45 (6): 37-48.

[23] 魏万青. 从职业发展到家庭完整性：基于稳定城市化分析视角的农民工入户意愿研究 [J]. 社会, 2015, 35 (5): 196-217.

[24] 杨河清, 肖红梅. 就业稳定性对新生代农民工城镇化的影响——基于珠三角地区农民工调查数据 [J]. 经济与管理研究, 2014 (6): 44-48.

[25] 张协嵩, 郑庆昌. 就业状况对农业转移人口定居重点镇意愿影响的实证分析：基于福州市试点镇的样本 [J]. 福建论坛（人文社会科学版）, 2015 (1): 164-168.

[26] QIAN L, QIAN W R, MANAGEMENT S O, et al. "Urban proximity", willingness of staying and the new generation migrant workers' integrating to the city [J]. Finance & trade research, 2015.

[27] 李荣彬, 袁城. 社会变迁视角下流动人口身份认同的实证研究——基于全国流动人口动态监测调查数据 [J]. 人口与发展, 2013 (6): 26-35.

[28] LIAO L W, LIU P L. Investigation and analysis of migrant workers' willingness to settle down in the working city: the case of Changsha county in Hunan province [J]. Economic geography, 2011.

[29] 蔡海龙. 农民工市民化：意愿、诉求及建议——基于11省2 859名农民工的调查分析 [J]. 兰州学刊, 2017 (2): 178-184.

[30] 郭云贵, 张丽华, 刘睿. 流动人口就业状况、歧视知觉对定居

意愿的影响——基于2013年全国流动人口动态监测调查数据的分析[J]．北京交通大学学报（社会科学版），2017（1）：55－62.

［31］GULUM K. Public of adiyaman province's willingness and expectations about migration abroad［J］．E－Journal of new world sciences academy education sciences，2009，4（3）：760－771.

［32］谢桂华．中国流动人口的人力资本回报与社会融合［J］．中国社会科学，2012（4）：103－124，207.

［33］BORJAS G J. Assimilation，changes in cohort quality，and the earnings of immigrants［J］．Journal of labor economics，1985，3（4）：463－489.

［34］马九杰，孟凡友．农民工迁移非持久性的影响因素分析：基于深圳市的实证研究［J］．改革，2003（4）：77－86.

我国农村流动人口城市住房支付能力研究

——基于典型三线及以下城市的考察

陈　杰[①]　王　伟[②]

一、引言

农村流动人口是推进我国以人为核心的城镇化进程的主力军，一直以来备受政府关注。李克强总理在《2017 国务院政府工作报告》中指出，2016 年房地产去库存取得积极成效，并强调 2017 年重点工作任务之一是针对三四线城市房地产库存依然较大的现状，支持居民自住和进城人员购房需求，特别是支持农民工在城镇购房。同时，在 2016 年 12 月新颁布的《国家人口发展规划（2016—2030 年）》中也明确指出，到 2020 年实现 1 亿左右农业转移人口和其他常住人口在城镇落户，并强调“持续推进农业富余劳动力进城务工并稳定生活，推进有能力在城镇稳定就业和生活的农业转移人口举家进城落户”，“将具备条件的县和特大镇有序设置为市，增加中小城市数量，优化大中城市市辖区规模和结构，拓展农业转移人口就近城镇化空间”。而根据国家统计局发布的《2015 年农民工监测调查报告》，从农民工外出流向的区域范围上看，69. 4% 的农民工流入地级市及以下区域，尤其是省内乡外流动的农民工中 74. 5% 流入地级市及以下地区，其中 45. 4% 流入小城镇。如图 1 所示，在农村流动人口的流入地中，一线城市所占比例不到 10%，且自 2013 年开始逐年略微下降；流入二线城市的比重基本保持在 42% 左右；流入三线及以下城市的农村流动人口所占比重保持在 49% 左右，约占总数的一半。说明近年来，三线及以下城市成为农村流动人口的主要迁入地，三线及以下城市对该群体的吸引力较大。可见，农村流动人口的流动范围已从一二线城市扩展至三四线城市。

---

① 上海财经大学公共经济与管理学院/高等研究院教授、博士生导师，不动产研究所执行所长，邮箱：chen. jie@ mail. shufe. edu. cn。

② 上海财经大学公共经济与管理学院房地产经济专业博士研究生，邮箱：wwwh177 @ 163. com。

在城市中“先安居后乐业”是农村流动人口迁入城市时普遍所希望的。而住房价格是影响人口迁移的重要因素，住房价格上涨增加了流动人口的生活费用（Cameron & Muellbauer，1998）。作为生活成本重要组成部分之一的住房支出是农村流动人口迁入城市定居需要考虑的关键问题。因此，目前农村流动人口在三线及以下城市的住房现状以及该群体的城市住房支付能力等一系列问题值得深入探讨，以期为政府如何制定促进农村流动人口在三四线城市举家落户、在城市稳定居住等相关政策提供有价值的建议。

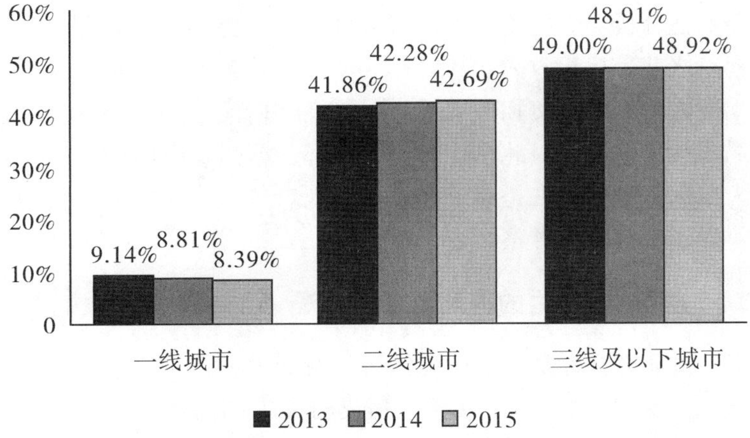

图1　农村流动人口流入地分布情况

数据来源：2013—2015年中国流动人口动态监测调查数据。

二、文献综述

（一）住房价格与人口迁移

国外学者对于住房价格对人口迁移的作用机制方面的研究主要包括：住房价格上涨增加了迁移人口的生活费用（Cameron & Muellbauer，1998）。住房价格对家庭的迁移决策有重要影响（Zabel，2012）。Berger等（1992）发现生活质量、工资、住房价格是人口迁移过程中选择定居地的重要依据。Glaeser等（2009）对聚集经济和空间均衡进行研究发现不同地区的住房供给弹性将影响人口规模、价格和工资水平。

国内学者关于房价对人口迁移的影响的研究较少，且主要聚焦大城市的房价波动对人口迁移的影响。如范红忠（2009）提出高房价并未阻止以农民工和应届毕业大学生为代表的人口向大城市迁移。易成栋等（2014）

认为市区的再中心化、人口疏解政策与高房价是北京人口郊区化的推力。也有学者认为大城市的高房价虽抑制了人口迁移，但并未阻碍人口迁移，相反，人口迁移反而促进了房价的增长（林海波等，2016；李超、张超，2015；李拓、李斌，2015）。具体针对农村流动人口而言，购房支出是影响农村流动人口进城定居的主要因素之一（章铮，2006）。当农村流动人口收入水平无力承担城镇住房支出，即无法在城市定居时，其迁移具有暂时性或循环性的特点，导致劳动力乡城迁移过程延长，城镇化进程放缓（任媛、安树伟，2011）。董昕（2015）认为住房支付能力指标之一的房租收入比经实证分析对农村流动人口持久性迁移意愿的影响显著，且存在拐点。在拐点之前，房租收入比与农村流动人口持久性迁移意愿呈正相关关系，在拐点之后二者呈负相关关系。但该文在研究范围和指标选择上存在一定的局限性：一是仅对北京、郑州、成都、苏州、中山和韩城等城市农村流动人口进行考察；二是对于农村流动人口住房支付能力仅使用房租收入比这一静态指标进行考察。

（二）住房支付能力的内涵及度量方法

住房支付能力指标是衡量居民住房消费能力和住房价格水平的常用工具（施建刚、颜君，2015）。对于住房支付能力的内涵，学术界较为普遍认可的是在不影响基本生活水平的情况下，一户家庭支付住房成本的能力（Hancock，1993）。

衡量住房支付能力较为典型的几个指标包括：①房价收入比。一般指居民住房的市场价格中位数和家庭年收入的中位数之间的比值。李爱华等（2006）、张清勇（2007）、陈杰等（2008）学者均采用该指标对居民住房支付能力进行测度。董昕等（2014）采用房价收入比测度2008—2012年农民工在区域市场的住房支付能力，具体运用商品住宅的套均销售价格比外出农民工的户均家庭收入。房价收入比存在一定的局限性，如未考虑除住房以外的居民基本生活消费支出，也未考虑抵押贷款等金融工具对居民住房支付能力的支持作用（施建刚、颜君，2015）。②“剩余收入”法。住房支付能力的合理指标应是住房成本与收入扣除了必需的非住房费用之后的剩余收入之间的差额（Stone，2006）。“剩余收入”法弥补了房价收入比指标的不足，可用来判断不同收入的家庭所能承担的最高住房消费额度。如杨赞等（2010）应用“剩余收入”法，通过一个家庭购买一个“基准住房”总价格，并根据信贷政策等信息测算北京市居民住房支付能力，比较了已购房、改公房家庭和首次购房家庭的住房支付能力。Chen 等

(2010) 运用“剩余收入”法测算上海不同收入阶层居民家庭的住房支付能力。该方法的难点在于基本生活支出的测算以及“基准住房”标准的确定。本文拟分别采用房价收入比和“剩余收入”法两类指标分析农村流动人口住房支付能力。

三、不同城市层级农村流动人口居住现状

本文数据来自2013—2014年中国流动人口动态监测调查数据。在样本筛选过程中，将具有农业户籍并居住在三线及以下城市一个月及以上的流动人口作为研究对象。而对于我国城市不同层级的划分，目前政府还未有明确规定，特别是二线和三线城市的划分界线较模糊。本文根据2016年5月《第一财经周刊》发布的《2016中国城市商业魅力排行榜》中对338个中国地级以上城市的重新分级情况，筛选出三线及以下城市的农村流动人口作为研究范围。最终筛选出的样本量为2013年82 072个，2014年82 687个。

根据2014年中国流动人口动态监测调查数据结果，统计出具有定居意愿的农村流动人口现住房属性和已购住房类型，结果如图2、图3所示。其中，根据调查问卷中“您是否打算在本地长期居住（5年以上）?”的回答来划分流动人口是否愿意在流入地定居，回答“打算”即为愿意在流入地定居，回答“不打算或没想好”则为不愿意在流入地定居。

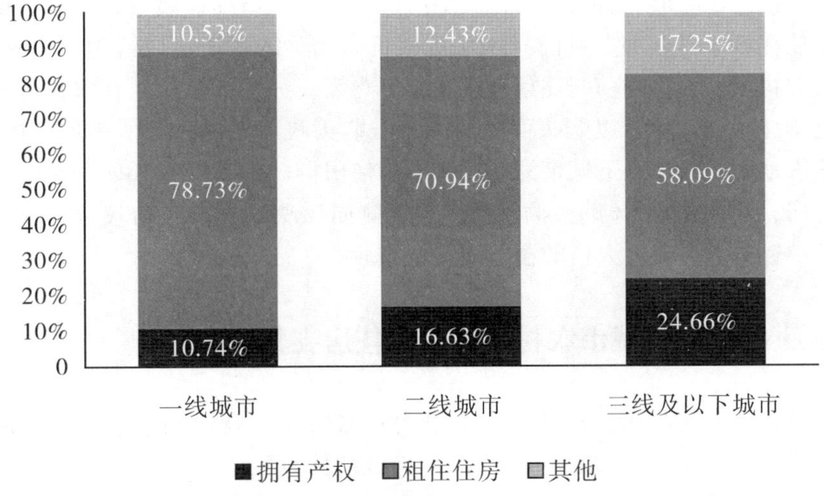

图2 在不同城市层级具有定居意愿的农村流动人口现住房属性

数据来源：2014年中国流动人口动态监测调查数据。

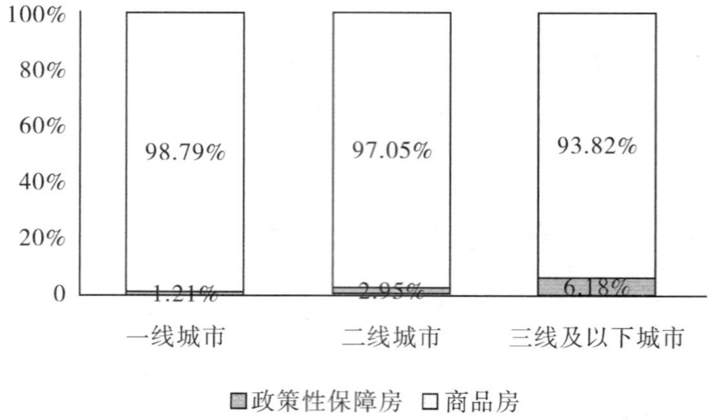

图 3　在不同城市层级具有定居意愿的农村流动人口已购住房类型

数据来源：2014 年中国流动人口动态监测调查数据。

如图 2 所示，希望在流入地长期定居的农村流动人口拥有产权的比例随着城市层级的降低而逐步升高。流入一线城市并希望在当地长期居住的农村流动人口拥有产权的比例仅为 10.74%，在二线城市中该比例为 16.63%，而在三线及以下城市中该比例提高到 24.66%。这与当地的房价水平有密切关系。值得注意的是，对于不同城市层级农村流动人口而言，即使愿意在当地长期居住，其现住房属性仍然以租住住房为主，包括租住雇主/单位房、私房、政府廉租房或公租房。例如，流入三线及以下城市的农村流动人口拥有产权的比例较其他层级城市虽然高出 8% ~14%，但该部分群体中仍有将近 60% 以租住住房形式居住。农村流动人口租房的区域往往离市区较远较偏或是租住在城中村，加之目前我国住房租赁市场上的违法违规行为发生频繁，使得农村流动人口当前居住条件仍较差。再者，如图 3 所示，在农村流动人口已购住房群体中，以购买商品房为主，购买政策性保障房所占比例极低。以流入地为三线及以下城市为例，在已购住房群体中，仅 6.18% 购买政策性保障房，其余 93.82% 购买商品房，这从侧面反映了我国当前政策性保障房政策中针对农村流动人口的覆盖面仍较小。

四、三线及以下城市农村流动人口住房支付能力

从现实角度出发，要想推进有能力在城镇稳定就业和生活的农村流动人口举家进城落户，其中一个关键是为该群体及家人提供安全、稳定的居住场所。本文研究的空间范围聚焦于我国三线及以下城市，原因在于农村流动人口约半数选择在该地区工作和生活，且该部分地区房价相较一线、

二线城市仍然较低，倘若能够通过调整住房信贷等相关政策提高农村流动人口在当地的住房自有率，不失为解决农村流动人口稳定居住问题的有效途径。因此，有必要深入分析农村流动人口在三线及以下城市的住房支付能力，以期为解决农村流动人口在城市稳定居住等现实问题提供有价值的政策建议。

限于数据的可得性，本文选择 20 个三线及以下城市样本作为研究范围，如表 1 所示。

表 1　三线及以下城市农村流动人口样本量及分布情况

区域	城市	样本量		区域	城市	样本量		区域	城市	样本量	
		2013 年	2014 年			2013 年	2014 年			2013 年	2014 年
东部地区	沧州	504	215	中部地区	大同	870	840	西部地区	包头	583	667
	廊坊	502	529		淮南	141	140		北海	231	294
	唐山	663	450		黄石	148	153		桂林	642	841
	绍兴	924	879		焦作	192	151		柳州	1 273	1 105
	芜湖	454	468		九江	704	518		银川	1 651	1 562
	镇江	220	197		宜昌	517	528				
	中山	676	1 812		岳阳	559	600				
					株洲	494	653				
	合计	3 943	4 550		合计	3 625	3 583		合计	4 380	4 469

（一）房价收入比

房价收入比通常用于衡量一个国家或城市的房价是否处于居民收入可支付的合理水平，它是指住宅平均价格（或住宅价格中位数）与家庭平均收入（或家庭收入中位数）的比值（成思危，1999）。本文拟用该指标衡量农村流动人口在三线及以下城市的住房支付能力。限于数据的可得性，本文房价收入比指标根据以下公式计算：

房价收入比＝套均住宅市场价格/流动人口家庭本地年均收入

其中套均住宅市场价格＝住宅平均销售价格×套均销售面积（选取 80 平方米），其中住宅平均销售价格数据来自同花顺数据库，结果如表 2 所示。

流动人口家庭本地年均收入＝样本家庭本地月均收入×12，其中样本家庭本地月均收入数据来自2013—2014年中国流动人口动态监测调查数据。房价收入比计算结果如图4、图5、图6所示。

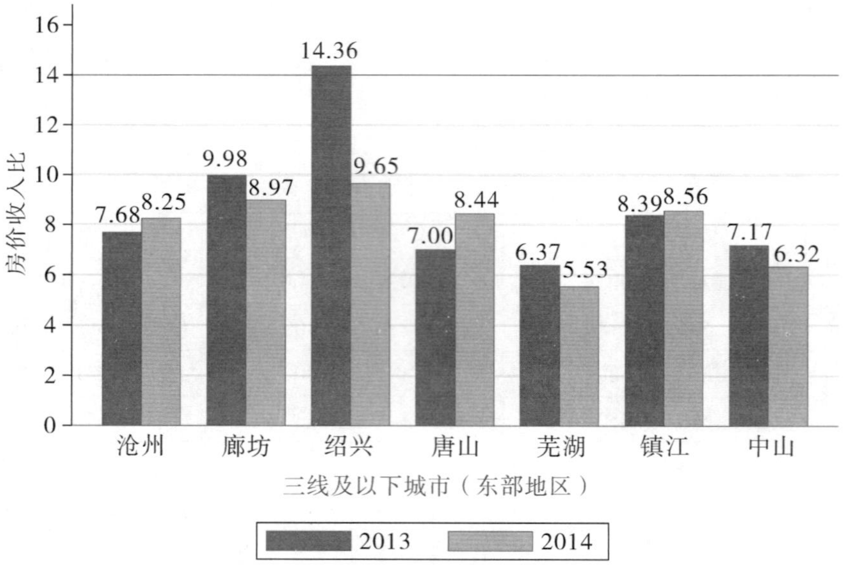

图4　我国东部地区部分三线及以下城市农村流动人口房价收入比（2013—2014年）

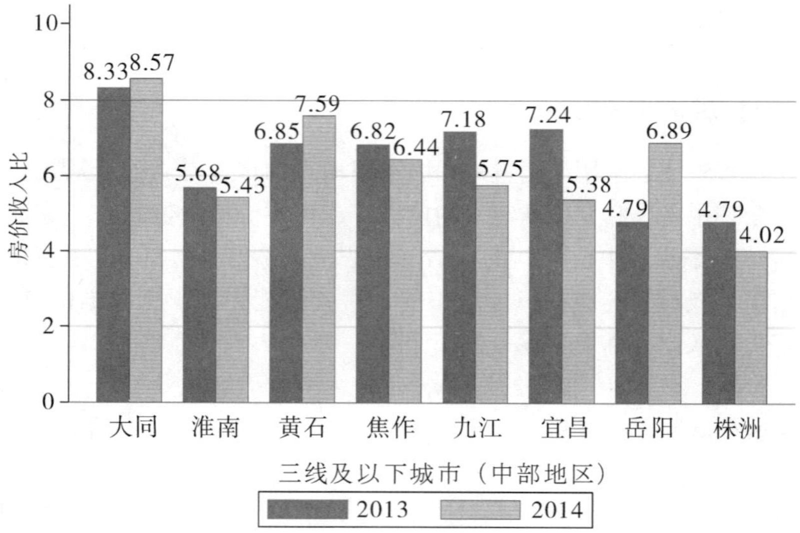

图5　我国中部地区部分三线及以下城市农村流动人口房价收入比（2013—2014年）

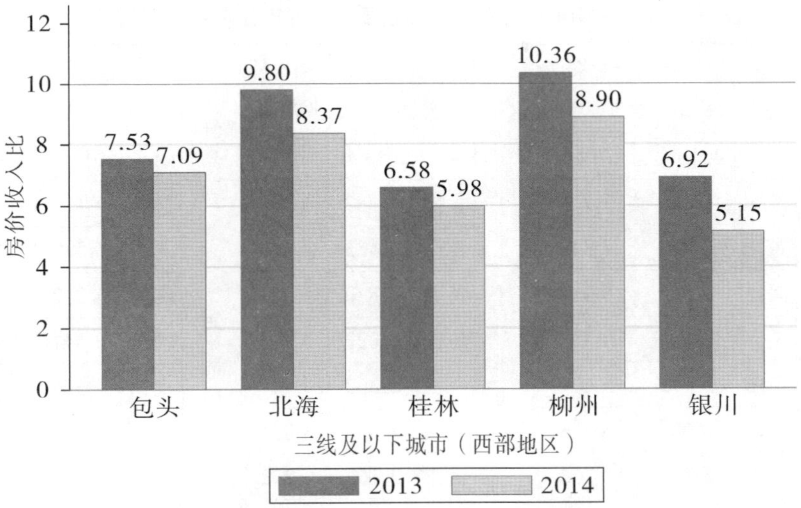

图 6　我国西部地区部分三线及以下城市农村流动人口房价收入比（2013—2014 年）

如表 2 所示，我国部分三线及以下城市住宅平均销售价格在东部、中部、西部地区仍存在不小的差距。东部地区三线及以下城市住宅平均销售价格较中部、西部地区高出 1 500 ~ 2 000 元/平方米，其中浙江绍兴市的住宅平均销售价格每平方米已过万。从房价收入比的计算结果来看，我国三线及以下城市针对农村流动人口的房价收入比指标存在较大的地区差异，其中东部地区房价收入比平均值为 9. 29 ~ 10. 15，中部地区为 6. 26 ~ 6. 49，西部地区为 7. 10 ~ 8. 24。值得注意的是，西部地区无论是住宅平均销售价格还是房价收入比均高于中部地区。因此，从房价收入比这一指标来说，我国中部地区的三线及以下城市农村流动人口的住房支付能力最高，该地区可以成为鼓励农村流动人口在城市购房、拓展农村流动人口就近城镇化的主要地区。

表 2　2013—2014 年我国部分三线及以下城市住宅平均销售价格

区域	城市	住宅平均销售价格（元/平方米）		区域	城市	住宅平均销售价格（元/平方米）		区域	城市	住宅平均销售价格（元/平方米）	
		2013 年	2014 年			2013 年	2014 年			2013 年	2014 年
东部地区	沧州	5 189	5 710	中部地区	大同	4 682	4 906	西部地区	包头	5 150	5 024
	廊坊	6 735	7 348		淮南	4 483	4 155		北海	5 590	5 580
	唐山	5 022	5 633		黄石	4 820	5 277		桂林	4 282	4 499
	绍兴	12 415	10 020		焦作	4 022	4 243		柳州	6 344	5 865
	芜湖	5 472	5 409		九江	5 362	4 747		银川	4 524	4 111
	镇江	6 687	6 776		宜昌	5 330	5 031				
	中山	5 737	5 768		岳阳	3 152	5 272				
					株洲	3 957	3 950				
	均价	6 751	6 667		均价	4 476	4 698		均价	5 178	5 016

世界银行关于中国城镇住房改革的研究成果指出，中国房价收入比的理想区间是 4 ~ 6。根据这一标准，从城市层面看，在本文所选的部分三线及以下城市中，仅有处于东部地区的芜湖（2014 年），中部地区的淮南（2013 年、2014 年）、九江（2014 年）、宜昌（2014 年）、岳阳（2013 年）、株洲（2013 年、2014 年）以及西部地区的桂林（2014 年）和银川（2014 年）的房价收入比处于合理区间范围内。因此，整体而言，尽管我国三线及以下城市的房价与经济发达的一线或二线城市相比较低，但对于农村流动人口而言，其在三线及以下城市的住房支付能力仍然较差。

（二）首付压力与月供压力

1. 指标构建及参数设定

根据现有文献，本文拟构建首付压力和月供压力等指标来度量农村流动人口在三线及以下城市的住房支付能力。

（1）首付压力（Down Payment Pressure，DPP）= 房屋首付款/（家庭本地年均收入 - 家庭本地年均食品支出）。

（2）月供压力（Monthly Payment Pressure，MPP）= 月还贷额/（家庭本地月均收入 - 家庭本地月均食品支出）。

结合当前中国住房消费市场金融工具实施情况，对计算参数做如下设定：①住房价格采用 2013 年住宅平均销售价格（元/平方米），数据来自同花顺数据库，如表 2 所示。基本住宅套均销售面积设定为 80 平方米。②住房首付比例按照 20% 计算，最高贷款年限为 30 年，住房贷款利率按照中国人民银行发布的金融机构人民币贷款基准利率计算，2013 年商业贷款利率为 6.55%（由于农村流动人口缴存公积金的比例非常低，如根据 2013 年中国流动人口动态监测调查数据结果显示，农村流动人口在三线及以下城市缴存公积金的比例仅为 2.14%，一般按商业贷款利率计）。③家庭本地月均收入、年均食品支出数据均来自 2013 年中国流动人口动态监测调查数据。

2. 数据测算与分析

基于上述设定条件，本文以部分三线及以下城市作为分析对象，计算 2013 年农村流动人口在三线及以下城市购房的首付压力和月供压力，结果如图 7、图 8、图 9 所示。

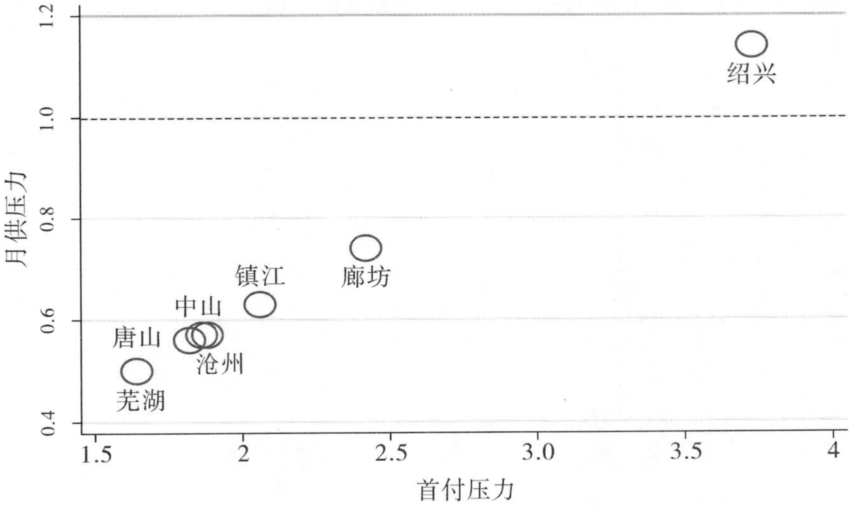

图 7　2013 年我国东部地区部分三线及以下城市农村流动人口动态住房支付能力

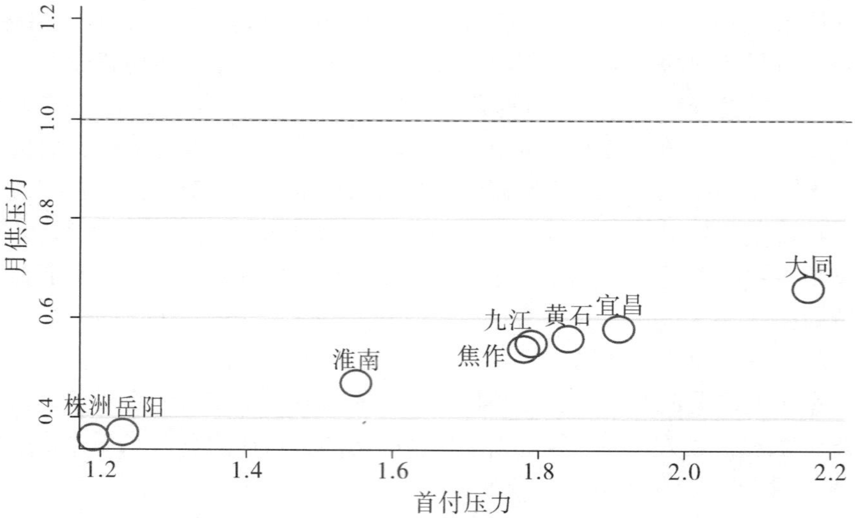

图 8　2013 年我国中部地区部分三线及以下城市农村流动人口动态住房支付能力

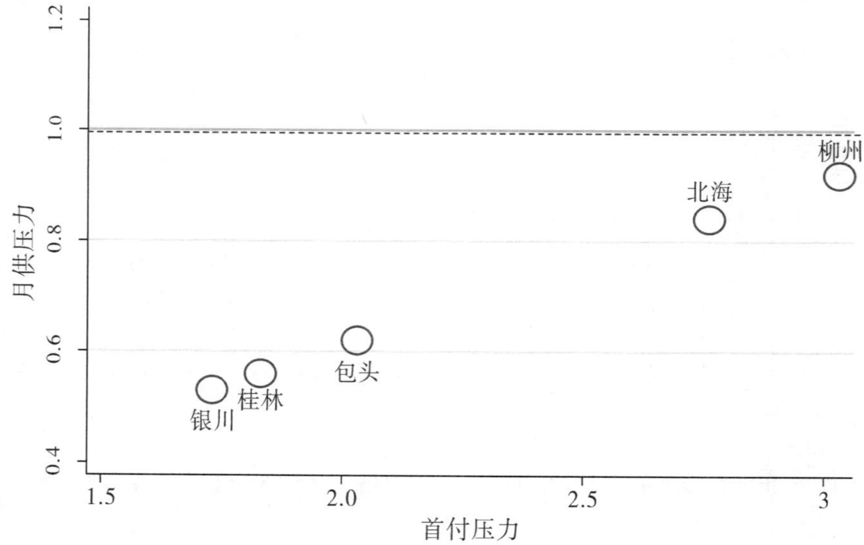

图 9　2013 年我国西部地区部分三线及以下城市农村流动人口动态住房支付能力

结果显示，从整体上来说，2013 年农村流动人口在三线及以下城市的首付压力在 1.5 ~ 3 区间范围内（绍兴市例外），即根据农村流动人口除了食品消费以外的家庭年均收入来推算，若要在流入地购买住宅需要 1.5 ~ 3 年时间。限于数据的可得性，尽管无法计算样本家庭在扣除食品、衣服、教育等基本支出后的家庭可支配收入，但可以肯定的是倘若将衣服、教育等其他支出一并计算在内，农村流动人口在三线及以下城市的首付压力应比以上所估计的更大。若想缓解农村转移人口在三线及以下城市的购房首付压力，则必须辅以有针对性的金融信贷政策，如降低针对农村流动人口的购房首付比例等。

从不同区域来看，我国三线及以下城市农村流动人口购房首付压力存在区域差异。东部地区除绍兴市外，各城市首付压力均大于1.5，绍兴市已达到3.5以上，说明该地区农村流动人口首付压力较大，即流动人口以目前的收入无法承担住房首付。西部地区情况与东部地区相类似，各城市首付压力为1.5～3，说明虽然西部地区房价水平相对较低，但农村流动人口的收入也较低，仍然存在着首付压力过大的问题。而中部地区的农村流动人口首付压力最小，各城市首付压力集中在1.6～3之间，与前文关于房价收入比的区域差异对比结果相一致。

对于月供压力而言，除绍兴市外，其余19个城市的农村流动人口的月供压力均小于1，说明农村流动人口如果能够顺利解决住房首付的支付问题，其当前的收入大体上是可以承担住房月供的。20个城市中仅有3个城市，其月供压力超过了0.8，其余城市在0.4～0.6区间范围内。但需要指出的是，限于数据的可得性，本文计算“剩余收入”时，仅扣除了农村流动人口家庭月均食品支出。因此，尽管大多数三线及以下城市农村流动人口住房月供压力小于1，但仍然需要拿出除了食品支出外一半的收入支付每月的房贷，月供压力仍然较大。若再将衣着、出行等日常支出计算在内，可以预见会有更多的三线及以下城市月供压力大于1。因此，要提高农村流动人口住房月供能力，建议针对该部分人群制定较低的商业银行住房消费贷款利率，或者增大该部分人群的住房公积金缴存覆盖率，使得该部分人群能够享受利率较低的住房公积金贷款优惠政策。

五、结论与思考

“半城市化”是当前农村流动人口在城市中所面临的尴尬困境。由于农村流动人口在城市拥有产权的比例极低，这一特殊群体很难分享到产权上所附带的城市优质的公共服务，使得大量农村流动人口游走于城市的边缘，无法实现真正的市民化。要打破这一尴尬困境，其中一个有效手段是从政策上降低农村流动人口进入城市住房市场的门槛，提高其住房自有率。因此，有必要深入研究农村流动人口当前的住房支付能力。而根据中国流动人口动态监测调查数据显示，约半数的农村流动人口的流动范围集中在三线及以下城市。因此，本文聚焦于我国三线及以下城市，以房价收入比和“剩余收入”法两种指标研究农村流动人口住房支付能力，以期为提高农村流动人口住房自有率提供政策启示。

以我国20个东中西部地区三线及以下城市2013—2014年农村流动人口微观数据为依据，计算居住在当地的农村流动人口的住房支付能力。根据计算结果，发现在我国三线及以下城市流动的农村流动人口普遍存在住房支付能力仍然较低的现象。从房价收入比角度分析，20个城市中仅有8个三线及以下城市部分年份的房价收入比在世界银行规定的合理区间范围内。房价收入比存在明显的地区差异，该指标在东部地区最高，其次是西部地区，中部地区最低。从首付压力、月供压力来看，根据20个样本城市中的农村流动人口家庭扣除食品支出后的年均收入计算，农村流动人口需要1.5~3年的时间才能支付购房首付款，而月供压力大多在0.4~0.6范围内，即除掉食品支出外的家庭本地月均收入需要有一半以上用于支付月供，普遍存在不同程度的月供压力。同时，在首付压力、月供压力上也存在明显的区域差异，与房价收入比测算结果一致。

根据本文的实证结果，要想提高农村流动人口的住房自有率，推动该群体城市化进程，建议针对该部分人群制定有针对性的政策。如适度降低首付比例以解决其首付能力不足的问题，以加快该群体进入当地住房市场的步伐；规范农村流动人口劳动合同，逐步扩大该部分群体缴存住房公积金的范围，或者在房贷利率方面给予优惠政策等，在一定程度上缓解其月供压力。

当然，本文还有许多有待后续深入研究的地方。如进一步调查农村流动人口关于衣着、教育、出行等方面的微观数据，对现有住房支付能力的计算指标精细化，使得计算结果更加准确；对农村流动人口住房支付能力异质性进行分析，以便设计一套提高该群体住房支付能力的差别化政策等。

参考文献

[1] BERGER M C, BLOMQUIST G C. Mobility and destination in migration decisions: the roles of earnings, quality of life, and housing prices [J]. Journal of housing economics, 1992, 2 (1), pp: 37-59.

[2] CAMERON G, MUELLBAUER J. The housing market and regional commuting and migration choices [J]. Scottish journal of political economy, 1998, 45 (4), pp: 420-446.

[3] CHEN J, HAO Q, STEPHENS M. Assessing housing affordability in post-reform China: a case study of Shanghai [J]. Housing studies, 2010, 25 (6), pp: 877 -901.

[4] GLAESER E L, GOTTLIEB J D. The wealth of cities: agglomeration economies and spatial equilibrium in the United States [J]. Journal of economic literature, 2009, 47 (4), pp: 983 -1028.

[5] HANCOCK K E. "Can pay? Won't pay?" or economic principles of "affordability" [J]. Urban studies, 1993, 30 (1), pp: 127 -145.

[6] STONE M E. What is housing affordability? The case for the residual income approach [J]. Housing policy debate, 2006, 17 (1), pp: 151 -184.

[7] ZABEL J E. Migration, housing market, and labor market responses to employment shocks [J]. Journal of urban economics, 2012, 72 (2), pp: 267 -284.

[8] 陈杰，郝前进，郑麓漪．动态房价收入比——判断中国居民住房可支付能力的新思路 [J]．中国房地产，2008 (1)：25 -28.

[9] 成思危．中国城镇住房制度改革——目标模式与实施难点 [M]．北京：民主与建设出版社，1999.

[10] 董昕．住房支付能力与农业转移人口的持久性迁移意愿 [J]．中国人口科学，2015 (6)：91 -99，128.

[11] 董昕，周卫华．住房市场与农民工住房选择的区域差异 [J]．经济地理，2014 (12)：140 -146.

[12] 范红忠．我国大城市生产和人口过度集中的原因分析 [J]．城市问题，2009 (11)：2 -7.

[13] 国家统计局．2015 年农民工监测调查报告 [EB/OL]．http://www.stats.gov.cn/.

[14] 李爱华，成思危，李自然．城镇居民住房购买力研究 [J]．管理科学学报，2006 (5)：8 -17，43.

[15] 李超，张超．高房价收入比形成原因及对中国城市人口集聚的影响：理论与实证 [J]．华南师范大学学报 (社会科学版)，2015 (1)：116 -123，191.

[16] 李拓，李斌．中国跨地区人口流动的影响因素——基于 286 个城市面板数据的空间计量检验 [J]．中国人口科学，2015 (2)：73 -83，127.

[17] 林海波，梁艳，毛程连．房价和知识移民吸引是两难吗？——

基于大中城市面板数据的分位数实证研究［J］．人口与经济，2016（1）：10－18.

［18］任媛，安树伟．劳动力迁移、城市化发展与民工荒［J］．经济学动态，2011（5）：64－68.

［19］施建刚，颜君．基于HAQ模型的城镇居民住房支付能力研究［J］．系统工程理论与实践，2015（9）：2221－2231.

［20］杨赞，易成栋，张慧．基于“剩余收入法”的北京市居民住房可支付能力分析［J］．城市发展研究，2010（10）：36－40.

［21］易成栋，高菠阳，黄友琴．北京市人户分离人口的空间分布及其影响因素分析［J］．中国人口科学，2014（1）：33－43，126－127.

［22］张清勇．中国城镇居民的住房支付能力：1991—2005［J］．财贸经济，2007（4）：79－84，129.

［23］章铮．进城定居还是回乡发展？——民工迁移决策的生命周期分析［J］．中国农村经济，2006（7）：21－29.

流动人口医保现状及对长期居留意愿影响研究

——基于京津冀流动人口动态监测调查数据分析

陈富美① 陶四海② 张 洁③

一、研究背景与文献综述

2015 年我国流动人口规模达 2.47 亿人，占总人口的 18%，按照《国家新型城镇化规划（2014—2020 年）》的进程，2020 年我国仍有 2 亿以上的流动人口[1]。全国流动人口调查显示，未来打算在现居住地长期居留的流动人口比例超过半数。近年来，京津冀协同发展已成普遍共识，但就三地流动人口的情况来看，河北省主要城市吸引流动人口的能力远远落后于京津地区[2]。随着健康意识提升、就医需求释放和医疗费用增长，医疗保险因素成为影响流动人口长期居留意愿的重要因素之一[3]。

在已有研究中，专门研究京津冀流动人口医疗保险状况的文章有限。韩枫指出京津冀 2013 年城镇流动人口医疗保险参保率分别为 44.7%、23.0% 和 9.6%，城镇流动人口医疗保险参保率仍处于较低水平，地区差异明显[3]。在张静雅等人的研究中提到北京市乡城流动人口重复参保比例处于较高水平，为 14.3%，河北省则处于低水平，重复参保率小于 1%[4]。关于医疗保险因素对流动人口长期居留意愿的影响，多数学者都是将医疗保险参保状况作为影响流动人口长期居留意愿的因素来研究。蔚志新通过 5 个城市流动人口居留意愿影响因素比较研究得出苏州市流动人口的居留意愿受到是否参加社会保险因素的影响[5]。杨东亮认为只有高水平的医疗保险才能够对流动人口的长期居留意愿产生积极影响[6]。在卢小君等人的研究中，将医疗保险作为社保参与指标之一进行分析，发现社保参保情况没有对大连流动人口的居留意愿产生显著影响[7]。朱铭来等人专门研究了医疗保险视角下的流入地农民工长期居住意愿，验证了流入地医疗保险和

① 华北理工大学管理学院研究生。
② 华北理工大学管理学院副教授。
③ 华北理工大学管理学院研究生。

流出地医疗保险对农民工长期居住意愿的影响[8]。

综上所述，现有研究成果关注到了京津冀区域流动人口医疗保险状况，验证了医疗保险对流动人口长期居留意愿的显著影响。但针对京津冀流动人口的医疗保险研究，多是研究影响医疗保险参保的因素，缺乏将医疗保险因素作为影响因素进行研究，而研究医疗保险对流动人口定居的影响，则往往只关注农民工群体。因此，本文综合考虑上述因素，采用2015年京津冀流动人口动态监测调查数据，分析当前京津冀流动人口的基本医疗保险的参保现状及医疗保险因素对流动人口长期居留意愿的影响。

二、京津冀基本医疗保险参保现状与特征分析

本文使用的数据来自2015年中国流动人口动态监测调查数据库。抽样总体为在居住地居住一个月以上、非本区（县、市）户口且年龄在15岁及以上的流动人口。本文主要研究京津冀三地流动人口的基本医疗保险参保情况，结合研究需要，经筛选得到有效样本23 388个，其中北京地区7 741个，天津地区5 913个，河北地区9 734个。

（一）分险种医疗保险参保情况

京津冀三地流动人口总体参保率达到了90%左右，流动人口的医疗保险参保水平较高。地区之间医疗保险参保水平差异不大，北京市为92.8%，天津市为88.0%，河北省为94.5%（见下图）。而三地流动人口在流入地的参保水平差异较大，北京市流动人口在流入地的参保率为42%，天津市为27%，河北省为12%。分险种来看北京地区的流动人口主要参加的是新农合和城镇职工医保，而天津市和河北省的流动人口参加新农合的比重显著高于其他类型的医疗保险（见表1）。从表2来看，流动人口在流入地的主要参保类型是城镇职工医保。

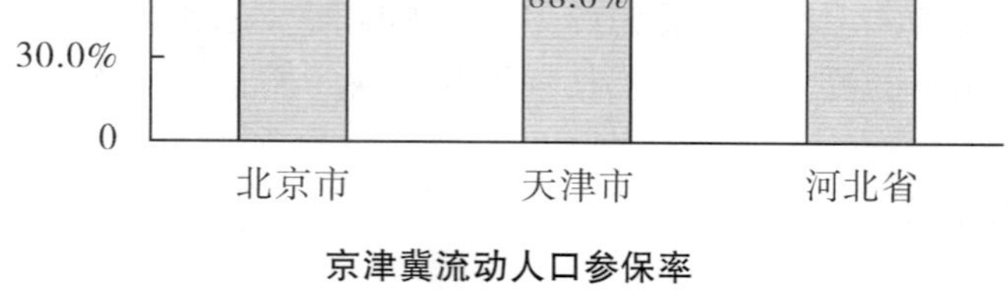

京津冀流动人口参保率

表1　京津冀流动人口分险种医保参保情况

（单位:%）

	新农合	城乡居民医保	城镇居民医保	城镇职工医保
北京市	50.9	2.7	4.3	40.5
天津市	61.8	4.7	2.2	23.0
河北省	76.1	1.3	6.5	11.6

表2　京津冀流动人口分险种流入地医保参保情况

（单位:%）

	新农合	城乡居民医保	城镇居民医保	城镇职工医保
北京市	1.6	0.5	1.7	38.3
天津市	2.1	1.1	1.7	22.2
河北省	0.8	0.1	2.2	8.9

（二）重复参保情况

关于流动人口重复参保情况主要从跨区域和跨制度重复参保两方面来描述分析。根据样本数据来看，单纯属于跨区域重复参保或跨制度重复参保的情况较少，大多数情况是两者的交叉。如表3所示，京津冀三地跨区域重复参保率分别为5.2%、4.3%和0.8%；三地跨制度重复参保率分别为5.8%、4.4%和1.0%。北京市和天津市的跨区域和跨制度重复参保率均高于河北省，原因可能是北京市和天津市的经济环境和政策环境要优于河北省，流动人口的流入地参保率更高，从而使得京津冀流动人口的重复参保状况呈现出明显的地区差异。

表3　京津冀流动人口重复参保情况

（单位:%）

	重复参保类别	
	跨区域重复参保率	跨制度重复参保率
北京市	5.2	5.8
天津市	4.3	4.4
河北省	0.8	1.0

根据实际情况和问卷设计，跨制度重复参保可分为“新农合 + 城镇职工医保”“新农合 + 城镇居民医保”和“城乡居民医保 + 城镇职工医保”三种类型，三地流动人口重复参保情况主要发生在新农合和城镇职工医保当中。原因可能是在流动人群中，农村户籍人口和因工流动的人口比重大，同时由于城镇职工医保的报销比例最高，三地流动人群都倾向于在流入地参加城镇职工医保。

表 4　京津冀流动人口跨制度重复参保类型

（单位:%）

跨制度重复参保类型	地区		
	北京市	天津市	河北省
新农合 + 城镇职工医保	90.5	92.0	79.4
新农合 + 城镇居民医保	5.1	5.7	16.5
城乡居民医保 + 城镇职工医保	4.4	2.3	4.1
合计	100	100	100
样本数	453	261	97

（三）基于流动特征和职业特征的流动人口参保情况分析

流动人口的“流动性”是这一群体的最大特点，所以，基于流动原因、居留时长和流动范围对京津冀流动人口在流入地的参保情况进行分析。

三地务工经商的流动人口在流入地的参保率要高于家属随迁类型。从样本数据来看，随迁家属就业的比例很低，多数是在流入地照顾家人生活，这一部分流动人群多需要自行参保，这导致了随迁家属在流入地的参保率要低于务工经商的流动人群。

表 5　京津冀流动人口不同流动原因下的流入地参保情况

（单位:%）

居住地参保情况	流动原因		
	务工经商	家属随迁	其他
无流入地医疗保险	73.4	87.2	64.3
参加流入地新农合	1.3	1.2	1.4
参加流入地城镇/城乡居民医保	2.2	3.4	5.4
参加流入地城镇职工医保/公费医疗	23.1	8.2	28.9
合计	100	100	100
样本数	20 567	1 970	851

将流动人口在流入地居留的时间划分为 1 年左右、2 年至 4 年、5 年至 9 年和 10 年及以上四个居留时长段，并对京津冀三地流动人口的流入地参保状况进行梳理。从表 6 可以看出，北京市和天津市流动人口的流入地参保率均随着居留时长的增加而上升，但流入地参保率并没有大幅度提升，分别保持在 40% 和 30% 左右。而在河北省，居留时长在 2 年及 2 年以上的流动人口的流入地参保率明显高于刚流入的流动人口（居留时长在 1 年左右的流动人口），但其流入地参保率在已居留 2 年及以上的人群中基本没有变化，保持在 13% 左右。

表 6　京津冀流动人口不同居留时长下的流入地参保率

（单位:%）

	1 年左右	2 年至 4 年	5 年至 9 年	10 年及以上
北京市	37.1	41.9	45.9	43.9
天津市	24.5	26.1	28.7	29.7
河北省	9.9	13.7	12.8	12.6

由于北京市和天津市流动人口的流动范围均属跨省，因此，仅对河北省的流动人口进行基于流动范围的流入地参保情况分析。从表 7 可以看出，在本省内部流动的人群的流入地参保情况明显好于跨省流动的人群。

表 7　河北省流动人口不同流动范围下的流入地参保率

（单位：%）

	跨省	省内跨市	市内跨县
流入地参保率	8.9	14.2	14.1

居留时间的长短在一定程度上体现了流动人口对流入地的适应性和社会融入水平，流动范围的差异也使得流动人口要承担不同水平的迁移成本，所以，居留时间越长、流动范围越小的流动人口的流入地参保率更高。

京津冀三地流动人口中绝大多数因务工经商而流动（三地因务工经商而流动的流动人口占比分别为 89%、85% 和 87%），所以基于流动人口的职业类别对其在流入地的参保情况进行分析。

如表 8 所示，不同职业类别的流动人口的流入地参保类别呈现明显的差异，单位负责人/公务员/专业技术人员这一类别的流动人口主要参加流入地城镇职工医保或者公费医疗，且参保比例高；从事商业、服务业、生产、运输建筑业和无固定职业或无工作的流动人口也主要参加的是流入地城镇职工医保或者公费医疗，但参保比例明显低于单位负责人/公务员/专业技术人员；而从事农林牧渔业的流动人口的流入地参保特征与其职业紧密相关，他们主要参加的是流入地新农合，其次为城镇职工医保或公费医疗。

表 8　京津冀流动人口不同职业类别下流入地医疗保险参保情况

（单位：%）

流入地参保情况	职业分类				
	单位负责人/公务员/专业技术人员	商业、服务业人员	农林牧渔业人员	生产、运输建筑业人员	无固定职业或无工作
参加流入地新农合	0.4	1.3	11.1	0.8	2.2
参加流入地城镇/城乡居民医保	2.7	2.6	2.4	1.3	1.6
参加流入地城镇职工医保/公费医疗	64.9	14.7	7.7	26.1	20.4

表 9　京津冀流动人口不同职业类别下流入地参保率

（单位:%）

	职业分类				
	单位负责人/公务员/专业技术人员	商业、服务业人员	农林牧渔业人员	生产、运输建筑业人员	无固定职业或无工作
流入地参保率	68.0	18.6	21.2	28.2	24.2

从表 9 可以看出，从事商业、服务业的流动人口的流入地参保率最低，这可能受就业身份这一变量的影响，因从样本数据来看，从事商业、服务业的流动人口中自营劳动者比例较高。在控制就业身份（雇员、雇主、自营劳动者和其他）后，进一步分析职业类别对流动人口流入地参保率的影响。在根据就业身份这一变量进行加权处理之后，得出的基于职业类别流动人口的流入地参保率如表 10 所示。商业、服务业人员的流入地参保率有所提升，生产、运输建筑业人员的流入地参保率则下降了 5% 左右，调整后，这两类流动人口的流入地参保率基本持平。这说明不同职业类别的流动人口的流入地参保率也受其就业身份的影响。作为雇员，他们的工作单位往往会组织其参加城镇职工医保，而从事商业、服务业的自营劳动者需要自行参加居民医保或作为灵活就业人员参加职工医保，这类流动人口的参保意愿有所降低。

表 10　调整后京津冀流动人口不同职业类别下流入地参保率

（单位:%）

	职业分类				
	单位负责人/公务员/专业技术人员	商业、服务业人员	农林牧渔业人员	生产、运输建筑业人员	无固定职业或无工作
流入地参保率	53.2	22.7	19.1	22.7	26.3

三、医疗保险因素对京津冀流动人口长期居留意愿影响分析

在分析医疗保险因素对流动人口长期居留意愿的影响时，本文在控制

流动人口个体特征、流动特征和职业特征的基础上，将流动人口流入地医疗保险参保特征作为考察京津冀三地流动人口长期居留意愿的重要变量进行分析。被解释变量为流动人口的长期居留意愿，对应调查问卷中的“您是否打算在居住地长期居住（5 年以上）”，回答为“打算”设定为“1”，“不打算”和“没想好”均设定为“0”。具体变量设置如表 11 所示。

表 11　变量设置及赋值

变量	变量赋值
因变量	
长期居留意愿	不打算/没想好 =0；打算 =1
自变量	
性别	男性 =0；女性 =1
年龄	年龄为连续变量
婚姻	未婚 =1；初婚 =2；其他（再婚、离婚、丧偶） =3
受教育程度	小学及以下 =1；初中 =2；高中及中专 =3；大专及以上 =4
居留时长	1 年左右 =1；2 年至 4 年 =2；5 年至 9 年 =3；10 年及以上 =4
流动原因	务工经商 =1；家属随迁 =2；其他 =3
职业类别	单位负责人/公务员/专业技术人员 =1；商业、服务业人员 =2；农林牧渔业人员 =3；生产、运输建筑业人员 =4；无固定职业或无工作 =5
医疗保险参保情况	无流入地医疗保险 =1；参加流入地新农合 =2；参加流入地城镇/城乡居民医保 =3；参加流入地城镇职工医保/公费医疗 =4

因本文的被解释变量为流动人口的长期居留意愿，为二分类变量，因此采用二元 logistic 回归模型作为实证研究模型，并采用 Stata13.0 进行数据分析。

在个体特征方面，性别和年龄对京津冀三地流动人口的长期居留意愿影响均不显著。婚姻状态能够显著影响三地流动人口的长期居留意愿，与未婚者相比，初婚和其他婚姻状态（包括再婚、离婚和丧偶）的流动人口具有强烈的居留意愿。与未婚者相比，已经有婚姻经历的流动人口由于已经组建了家庭，或者是生活阅历比未婚者更加丰富，对未来的规划也就更加明确，从而有较强的长期居留意愿。受教育程度方面，京津冀三地的样本均显示出教育因素对流动人口长期居留意愿的显著影响。与大专及以上受教育程度的流动人口相比，其他受教育程度的流动人口的长期居留意愿均下降。受过良好教育的流动人口一般经济状况和生活环境也较好，城市融入度也更高，这使得他们更倾向于在现流入地长期生活。

在流动特征方面，居留时长和流动原因对京津冀三地流动人口的长期居留意愿均有显著影响。这三个地区流动人口的长期居留意愿发生比表现出随着居留时长增加而增强的情况，居留 10 年及以上的流动人口的长期居留意愿发生比是刚流入居住地人群（在流入地居留时间为 1 年左右的人群）的 3 倍多，且均在 1% 的水平上显著。流动原因对流动人口的长期居留意愿也有显著影响。与因务工经商的流动人口相比，流动原因为家属随迁和其他的流动人口在京津冀均具有更高的长期居留意愿。这可能是因为务工经商的流动人口主要是出于经济目的而流动，之后还可能流动到其他经济发展水平较高的城市，或返回原籍。

职业特征方面，与从事生产、运输建筑业的流动人口相比，京津冀三地的单位负责人/公务员/专业技术人员和商业、服务业人员均表现出更强的长期居留意愿；农林牧渔这一职业类别在北京和天津两地对流动人口的长期居留意愿均无显著影响，在河北这一职业类别的流动人口的长期居留意愿更弱（$OR=0.543$，$p<0.05$）；无固定职业或无工作的流动人口在天津和河北两地表现出了更为强烈的长期居留意愿，样本数据显示，天津和河北两地的这类流动人群中有近半数是基于家庭原因而流动的，因此他们的长期居留意愿发生比较高。

在控制个体特征、流动特征和职业特征的基础上，京津冀三地流动人口的流入地参保特征对其长期居留意愿的影响显著且呈现出明显的地区差异。

新农合对京津冀三地流动人口长期居留意愿的影响均不显著，这主要是因为新农合的参保地主要是流动人口的流出地，而在流入地，流动人口大多选择参加职工医保或居民医保。

城乡居民医保或城镇居民医保仅对北京和天津两地流动人口的长期居留意愿有显著影响，但显著水平有所差异，天津市城镇/城乡居民医保在 1% 的水平上显著影响流动人口的长期居留意愿，参加流入地城镇/城乡居民医保的流动人口的长期居留意愿发生比为 3.091。可以看出天津地区的城镇/城乡居民医保对流动人口长期定居意愿的积极影响明显高于北京和河北两地。在 2009 年，天津市就早于北京和河北两地启动了城乡一体化的居民医疗保险制度，并且天津城乡居民医保采用多档制，在统一了城乡居民的参保缴费和待遇标准的基础上，根据居民收入水平的差异制定多个参保档次，由居民自主选择参保档次，以满足不同人群的需要，增强了政策吸引力。作为流动人口来说，只要办理了天津市居住证就有资格参加当地的城乡居民医保。

城镇职工医保在京津冀三地对流动人口的长期居留意愿的影响均在1%的水平上显著，优势比分别为1.566、2.749和2.365。京津冀三地的流动人口流入地参保率最高的险种就是城镇职工医保，所以城镇职工医保在三地均表现出了对流动人口长期居留意愿的积极影响。

表12　医疗保险因素对京津冀流动人口长期居留意愿影响的二元 logistic 回归结果

变量	北京市		天津市		河北省	
	p	*OR*	*p*	*OR*	*p*	*OR*
性别（男性）						
女性	0.590	1.036	0.887	1.009	0.102	1.080
年龄	0.117	1.005	0.141	0.993	0.916	0.999
婚姻（未婚）						
初婚	0.000	2.225	0.000	2.249	0.000	2.566
其他	0.000	2.695	0.004	1.842	0.000	2.047
受教育程度（大专及以上）						
小学及以下	0.000	0.448	0.000	0.365	0.000	0.397
初中	0.000	0.502	0.000	0.400	0.000	0.517
高中及中专	0.000	0.716	0.000	0.621	0.000	0.648
居留时长（1年左右）						
2年至4年	0.000	1.491	0.000	1.532	0.000	1.469
5年至9年	0.000	2.425	0.000	3.010	0.000	2.261
10年及以上	0.000	5.365	0.000	6.095	0.000	3.872
流动原因（务工经商）						
家属随迁	0.001	1.464	0.002	1.374	0.000	1.539
其他	0.097	1.275	0.008	1.924	0.000	1.510
职业类别（生产、运输建筑业人员）						
单位负责人/公务员/专业技术人员	0.000	1.611	0.000	1.692	0.000	1.984

（续上表）

变量	北京市		天津市		河北省	
	p	OR	p	OR	p	OR
商业、服务业人员	0.015	1.245	0.000	2.158	0.000	1.651
农林牧渔业人员	0.411	1.393	0.104	1.599	0.018	0.543
无固定职业或无工作	0.865	0.981	0.000	1.696	0.000	1.659
医疗保险参保情况（无流入地医疗保险）						
参加流入地新农合	0.407	0.840	0.312	1.233	0.231	0.734
参加流入地城镇/城乡居民医保	0.015	1.641	0.000	3.091	0.281	0.855
参加流入地城镇职工医保/公费医疗	0.000	1.566	0.000	2.749	0.000	2.365
截距	0.010	0.693	0.215	0.782	0.476	0.000
样本量	7 741		5 913		9 734	
拟合优度	0.137		0.612		0.304	

四、结论与讨论

通过对京津冀区域流动人口样本数据的分析，可以看出，流动人口在三个地区的医疗保险参保状况和医疗保险因素对流动人口长期居留意愿影响方面均是既有共性又有显著的地区差异。

京津冀三地流动人口的医疗保险参保率高，达到了90%左右，但参加流入地医保的流动人口的比例不高，参加至少一种流入地医疗保险的流动人口的比例在三地均低于50%，且京津冀三地依次下降。流入地参保类型主要为城镇职工医保。所以，流动人口的异地就医问题应受到重视，京津两地有相当数量的流动人口是来自河北省，河北省作为人口流出省要做好跨省异地就医直接结算工作。目前，河北省各市已经出台了关于异地就医的相关政策，发生异地就医的流动人口已经享受到直接结算带来的实惠，但各地业务办理流程差异大，需要进一步统筹规划，确保流动人口的权益。

京津冀三地均存在不同程度的重复参保情况，区域发展水平越高的城市重复参保率越高，重复参保的医疗保险类型主要是新农合和城镇职工医保。

流动人口流入地参保情况与其流动特征和职业特征密切相关，因工流动、居留时间长、流动范围小的流动人群的流入地参保率高；单位负责人/公务员/专业技术人员的流入地参保率显著高于其他职业类别的流动人口。

基本医疗保险对流动人口的长期居留意愿起到了积极作用，拥有流入地医疗保险的流动人口更愿意在流入地长期居住，同时，医疗保险因素的影响程度在京津冀三地存在一定的差异。

从流动特征对流动人口长期居留意愿影响的回归分析中可以发现，居留时间越长的流动人口往往越倾向于在流入地长期居留，但随着居留时长的增加，其流入地参保率并没有大幅度提升，所以京津冀三地应从提高流动人口的流入地参保率、做好流动人口医疗保险关系的转移接续和异地就医及时结算几个方面着手，确保流动人口的医疗保险权益不受损失。

流动人口中，从事商业、服务业的人群的长期居留意愿明显，但这一职业类别的流动人口的流入地参保率最低，主要是由于在这部分人群中自营劳动者比例大，所以对于从事商业、服务业的自营劳动者相关部门要引导其参加城镇职工医保，经济条件不佳的可以准许其参加城镇居民医保，如果其想在流出地参加医疗保险则相关部门要做好异地就医及时结算工作。

参考文献

［1］国家卫生和计划生育委员会流动人口司．中国流动人口发展报告 2016 版［M］．北京：中国人口出版社，2016.

［2］国家卫生和计划生育委员会流动人口司．中国流动人口发展报告 2014［M］．北京：中国人口出版社，2014.

［3］韩枫．城镇流动人口社会保障参保率的影响因素研究——基于京津冀流动人口动态监测数据的分析［J］．人口学刊，2016（1）：61－67.

［4］张静雅，王泳仪，侯志远．流动人口重复参保现状及其影响因素研究［J］．中国卫生资源，2016（5）：367－371.

［5］蔚志新．分地区流动人口居留意愿影响因素比较研究——基于全国 5 城市流动人口动态监测调查数据［J］．人口与经济，2013（4）：12－20.

［6］杨东亮．东北流出流入人口的城市居留意愿比较研究［J］．人口学刊，2016（5）：34－44.

［7］卢小君，王丽丽，赵东霞．流动人口的社会融合对其居留意愿的影响分析——以大连市为例［J］．大连理工大学学报（社会科学版），2012（4）：32－37.

［8］朱铭来，史晓晨．医疗保险视角下的流入地农民工长期居住意愿研究［J］．未来与发展，2017（2）：54－58，71.

留守儿童偏差行为的成因

——基于生态系统的压力源分析

金小红[①] 徐晓华[②]

一、留守儿童偏差行为的研究现状

留守家庭中亲子的异地分居、长期分离，使留守家庭亲子关系的“生态”遭到破坏，家庭的教育功能和情感功能遭到削弱，这些因素的变化对处于身心发展关键期的留守儿童的成长不利，易给儿童个性发展造成不良影响。

对留守儿童偏差行为发生机制的研究是社会各界讨论的热点。孔维勇、暴士璇（2009）从宏观的角度提出，严峻的城乡二元结构形势是导致农村留守儿童问题的首要原因，同时指出教育的失调是造成留守儿童社会化发展不充分以及出现道德滑坡和偏差现象的重要原因；研究证实缺少父母关爱、家庭环境因素的变化是导致留守儿童行为问题的重要原因（Fan et al.，2010；Wen & Lin，2012；Hu et al.，2014；Liu et al.，2015；Jiang et al.，2015；范方、桑标，2005；张丽芳，2006；宋风波、王沛，2012；郭兴、王宇雄，2011；陈绍红等，2014）。

一些研究表明，在控制相关变量后，与非留守儿童相比，留守儿童发生偏差行为及社会行为功能失调的风险更大（Fan et al.，2010；Wen & Lin，2012；Hu et al.，2014；Jiang et al.，2015；陈曦，2012；陈京军等，2014）；少量研究表明留守儿童与非留守儿童在偏差行为上没有差异（Liu et al.，2015；金小红等，2017）；男孩更容易表现出偏差行为（Fan et al.，2011；Jiang et al.，2015；Sun et al.，2015；赵景欣等，2013）；高年级留守儿童更容易表现出偏差行为（Sun et al.，2015）。同时有研究表明，留守儿童经历的日常烦恼越多，其偏差行为越高（赵景欣等，2013）；自我

① 华中师范大学社会学院副教授，湖北省社会发展与社会政策重点研究基地研究员，邮箱：82974049@ qq. com。

② 湖北省社会发展与社会政策重点研究基地助理研究员。

控制在留守儿童问题行为中起完全中介作用（陈京军等，2014）。

留守儿童的偏差行为受到多种因素的交互影响，详细作用机制有待进一步深入探讨。

二、生态系统理论的负面环境——压力

（一）一般压力

罗伯特·艾格纽于1992年提出一般压力理论（General Strain Theory，简称GST），该理论与传统压力理论相比，进一步引入了“负面情绪”（Negative Emotion）这个重要的中介变量，着眼于社会—心理层面，在综合考虑宏观及微观社会环境因素之外，更顾及个体心理对偏差行为造成的直接影响，以期较为完整地解释压力与偏差行为间的关系。一般压力理论从微观的视角，能进一步有效解释生态系统因素的作用机理，从负向的角度解释各种环境因素、心理反应及行为问题的作用逻辑。

一般压力理论主要阐述了压力、负面情绪和偏差行为三者之间的关系：在负面情绪（如愤怒、沮丧、抑郁等）的中介作用下，压力会导致偏差行为的发生。艾格纽（1992）指出，各个阶层的个体在经历压力事件时，都可能感觉愤怒、生气、受挫、失望或恐惧，此类负面情绪会迫使个体采取应对策略（Coping Strategy）以降低负面情绪带来的冲击，此时，如果合法的应对策略失效或不可得，个体有可能采取非法的策略（Agnew，1995；Broidy & Agnew，1997；Broidy，2001）。

（二）应对策略

个体在遭受压力时是否出现偏差行为，还取决于个体是否具备合法的应对策略。一般压力理论（Agnew，1992）区分了认知、行为和情绪三种应对策略。当采用认知应对策略时，个体积极发挥主观能动性，通过忽视或减少负面事件的冲击、主观放大积极影响、减小负面后果、承担个人责任等方法应对压力。相对地，采用行为应对策略的个体有可能通过暴力的报复性行为以释放压力，也可能通过正常的行为方式（例如提高自己的社会技能、寻求社会支持及协商谈判等）以减少负面后果或争取正面结果。最后，采用情绪应对策略的个体既可能通过沉浸药物、酒精、烟草等偏差方式，也可能通过锻炼身体、欣赏艺术、阅读等非偏差途径去消解负面情绪。

那么，在何种情况下，人们更易采用偏差或犯罪行为来应对压力呢？按照艾格纽（2006）的观点，采用何种应对方式取决于个体所面临的选择性约束。其中三个因素的影响最为明显：①缺乏以合法手段缓解压力的机会或能力，包括认知水平低下、生活经验或解决问题的技巧不足、传统社会支持和资源有限等；②偏差或犯罪的成本低，例如，被发现和制裁的可能性小，社会控制弱等；③较强的偏差倾向，比如较低的自我控制水平、认为偏差和犯罪是合理的、较多机会接触偏差行为者和偏差应对方式等诸多因素都可能导致个体采用偏差行为应对压力。

（三）相关实证研究及在中国情境的适用性

自艾格纽提出一般压力理论后，相关实证研究逐年增多，且大多支持该理论的核心论点，大多研究认为压力对偏差行为有直接的作用（Agnew & White，1992；Raymond & Paul，1994；Mazerolle & Maahs，2000；Byongook，David，John，2008；Byongook，Hye-Won，John，2011；Justin & Sameer，2011；Byongook，Merry，John，2012；Moon & Morash，2012；Hanne，Lieven，Johan ，2012；Muhammed & Özgür，2017；Byongook & Merry，2017），比如有研究证实被害经历对未成年人偏差行为有重要影响（Horn & Trickett，1998）。一些研究证实负面情绪（特别是愤怒），在压力和偏差行为之间起到中介作用（Piquero & Sealock，2000；Wan-Ning，Ain，Pi，2004；Muhammed & Özgür，2017；Helen & Andrew，2017），比如有研究指出，一些主要压力源（体罚、家庭冲突和歧视）对偏差行为有显著预测作用，这些压力事件会触发个体负面情绪，从而引发偏差行为，但也有研究认为负面情绪在压力和偏差行为之间没有起到传递作用（Byongook et al. ，2012；Byongook et al. ，2017）。然而有关支持性调节因素对压力与偏差行为产生的影响的研究得出的结论却不那么一致，比如有研究认为与偏差朋辈交往会增加压力对偏差行为的影响（Agnew & White ，1992；Mazerolle et al. ，2000），有研究得出结论高水平的道德信仰、远离偏差朋辈群体和低行为倾向会缓冲压力对偏差行为产生的影响（Mazerolle et al. ，2000），也有研究认为社会控制和偏差朋辈在压力和偏差行为之间起到部分中介作用（Gao & Wong，2015），但也有研究得出道德信念、社会支持和同伴群体并不调节压力对偏差行为的作用（Paternoster & Mazerolle，1994）。

迄今为止，一般压力理论的实证研究大多集中于国外，只有少数研究关注中国未成年人的偏差行为，鲍婉宁等（2004）基于广州与石家庄的中学生样本，考察了压力和负面情绪对偏差行为的影响，研究证实愤怒、愤恨与焦虑等负面情绪在压力与未成年人的偏差行为间确实扮演着不同的中介作用，即压力源分别通过愤怒、愤恨及焦虑影响暴力行为、非暴力偏差行为及轻度偏差行为。采用同一数据，鲍婉宁等（2007）对压力、合法应对策略和偏差行为间的关系做了进一步分析。结果显示，压力对偏差行为的影响受到个体资源与社会资源的影响。来自家庭、学校和朋辈群体三个领域的社会支持不仅可以减少各自领域内的人际紧张对未成年人偏差行为的影响，还能对其他领域内的压力起到缓解作用。总而言之，上述研究结果基本支持了一般压力理论在中国未成年人中的适用性。

三、研究假设及研究思路

通过以上的分析，本文采用一般压力理论来解释留守儿童的弱势地位（压力源）、负面情绪与偏差行为三者之间的具体关系，分析各种压力来源对留守儿童的负面情绪及其偏差行为的影响，并比较留守儿童与非留守儿童在偏差行为模式和形成机制上的异同。首先，研究不同压力源对偏差行为的直接作用；其次，验证负面情绪对偏差行为的影响和负面情绪在压力、偏差行为之间的中介作用；最后，探索调节因素在压力、负面情绪和偏差行为关系之间的调节作用。

本文提出以下假设：

（1）留守儿童经历的压力源、负面情绪和偏差行为显著高于非留守儿童。

（2）压力对留守儿童及非留守儿童的偏差行为有直接的正向作用，即个体面临的压力越大，其出现偏差行为的可能性越高。

（3）压力与留守儿童、非留守儿童的负面情绪存在正相关关系，即压力越大，情绪越负面。

（4）负面情绪在压力—偏差行为的关系中有中介作用，即压力通过产生负面情绪，间接增加了留守儿童和非留守儿童发生偏差行为的可能性。

（5）社会控制因素和差异交往因素在压力和负面情绪对偏差行为关系之间有调节作用。

本文的研究思路如下图：

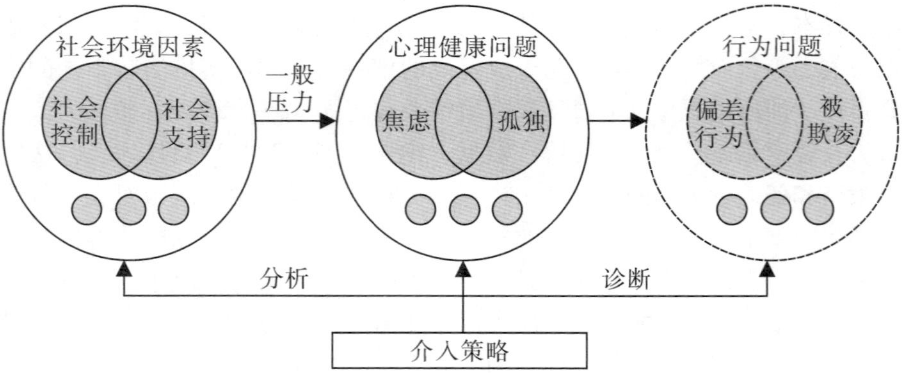

研究思路图

四、调查方法及变量测量

（一）问卷调查

问卷调查采取经验分层和非严格随机抽样的方法，按照经济发展水平、地理位置等具有代表性的原则，2015 年在湖北省三个市中的两个镇、两个区对 5 所小学、4 所中学进行了调查。具体抽样对象为留守儿童与非留守儿童。

共发放问卷 1 100 份，回收有效问卷 1 043 份，有效回收率为 94.8%。留守儿童 612 人，有效百分比为 58.9%，非留守儿童 427 人，有效百分比为 41.1%，缺失值 4 ~ 8 个。详细数据参见表 1。

表 1　问卷调查总样本基本情况

变量	具体指标	频次（人）	百分比（%）
性别	男	540	51.8
	女	503	48.2
年级	五年级	287	27.5
	六年级	278	26.7
	初一	219	21.0
	初二、初三	259	24.8

（续上表）

变量	具体指标	频次（人）	百分比（%）
留守与否	留守	612	58.9
	非留守	427	41.1
是否独生子女	是	335	32.3
	否	703	67.7
现监护人	爸爸、妈妈	427	41.3
	爸爸	62	6.0
	妈妈	166	16.0
	其他亲戚	380	36.7

（二）因变量

问卷中主要测量了六项偏差行为，包括迟到、旷课、说脏话、打架、长时间玩手机、长时间玩电脑，测量偏差频率的量度为“从不”“偶尔”“经常”和“总是”，主要统计儿童是否发生过上述行为。具体操作为：若受访者在过去12个月内出现过某项行为，则赋值为1，否则为0。因量表内部一致性信度未达到0.6（Peter，2002），根据因子分析情况，最终选择说脏话、打架作为本次测量儿童偏差行为的指标。

（三）自变量

本文选取儿童常见的压力源作为自变量，具体包括与父母的负面关系、与老师的负面关系、与朋辈群体的负面关系以及受欺负经历，具体测量方法如下：“你认为自己与父母的关系如何?”，测量量度“非常好”“比较好”“一般好”“比较差”，依次赋值为1~4；“在当前就读的学校，你觉得有多少老师比较亲切?”，测量量度“全部”“大部分”“很少”“没有”，依次赋值为1~4；“你觉得你和你的同学之间的关系怎么样?”，测量量度“非常好”“比较好”“一般好”“比较差”，依次赋值为1~4；“在学校有被他人欺负吗?”，测量量度“从不”“偶尔”“经常”“总是”，依次赋值为1~4。

（四）中介变量

负面情绪的测量包括感到抑郁、紧张、敌对及适应不良，以了解受访者在各种压力源下的情绪反应，具体测量方法如下："我对现在的学校生活感到不适应""我感到前途没有希望""当别人看着我或谈论我时，感到不自在""有事情总是闷在心里不愿意说出来""感觉大多数人不可信任""我害怕别人会不喜欢我""与一群人在一起时我总保持沉默"，测量量度"不符合""不太符合""比较符合""非常符合"，依次赋值为1~4，内部信度系数为0.75，通过因子分析提取公因子，采用提取出来的公因子得分进行统计分析。

（五）调节变量

为更好地了解调节变量对压力—偏差行为的调节作用，本文纳入了犯罪学理论中获得最广泛支持的差异交往理论（来自偏差朋辈的影响）及社会控制理论（依附、大众参与、信念）的相关变量。具体测量方法如下："我的朋友经常说粗话、和别人起冲突"，测量量度"不赞同""不太赞同""比较赞同""非常赞同"，依次赋值为1~4；"你与父母大概多久联系一次?"，测量量度"一年以上""7~12个月""2~6个月""一个月""半个月""一周及以内""每天"，依次赋值为1~7；"父母或监护人是否经常督促、检查你的作业、学习?"，测量量度"从不""一个月一次""半个月左右一次""一星期一次""一星期两三次""几乎每天"，依次赋值为1~6；"你每天除了上课时间会花多少时间在学习上?"，测量量度"少于半个小时""半小时到一小时""1~2小时""2小时以上"，依次赋值为1~4；"学习成绩好很重要"，测量量度"不赞同""不太赞同""比较赞同""非常赞同"，依次赋值为1~4。

（六）控制变量

控制变量为性别（男性=1；女性=0）、年级（中学=1；小学=0）及学生家庭的社会经济地位，需要特别指出的是，在调查中，由于学生对家庭收入等传统家庭社会经济指标未必能够准确回答，在此通过询问学生对家庭物质生活水平的主观感受来测量，回答从"比较差=1"到"上等=5"。

五、研究结果

（一）描述性分析

1. 留守儿童与非留守儿童在常见偏差行为上没有统计上的差异性

样本描述性统计分析（表2）显示，留守儿童在常见偏差行为上略高于非留守儿童，但在统计上不存在显著差异，与假设1预测不相符。

2. 留守儿童比非留守儿童有更高的压力得分，但是没有统计上的显著差异

在压力源的测量中，留守儿童与父母的负面关系、与教师的负面关系、与朋辈的负面关系及受欺负经历均高于非留守儿童，显示出留守儿童面临更多的压力，但这样的差异不具有统计学意义。

3. 留守儿童的负面情绪分值显著高于非留守儿童

留守儿童更容易出现紧张、绝望、烦躁或焦虑等情绪，其总体心理健康状况在一定程度上低于非留守儿童。

4. 留守儿童的家庭经济水平、对家长的依附程度、父母或监护人检查作业的次数显著低于非留守儿童

在社会控制和社会学习的相关变量中留守儿童对家长的依附程度显著低于非留守儿童（$t=-11.04$，$p<0.001$），留守儿童父母或监护人检查作业的次数也显著低于非留守儿童（$t=-2.38$，$p<0.05$）。

表2　样本描述性统计分析

变量	总样本（$n=1\,043$）			留守儿童（$n=612$）			非留守儿童（$n=427$）			组间差异 t 检验
	范围	均值	标准差	范围	均值	标准差	范围	均值	标准差	
偏差行为	0~1	0.44	0.50	0~1	0.45	0.50	0~1	0.42	0.50	0.94
与父母的负面关系	1~4	1.76	0.95	1~4	1.78	0.95	1~4	1.75	0.96	0.48
与老师的负面关系	1~4	2.40	0.78	1~4	2.43	0.77	1~4	2.37	0.80	1.18
与朋辈群体的负面关系	1~4	1.70	0.83	1~4	1.74	0.86	1~4	1.65	0.80	1.62

（续上表）

变量	总样本（n =1 043）			留守儿童（n =612）			非留守儿童（n =427）			组间差异 t 检验
	范围	均值	标准差	范围	均值	标准差	范围	均值	标准差	
受欺凌经历	1～4	1.71	0.71	1～4	1.70	0.69	1～4	1.75	0.74	−1.10
负面情绪（FAC）	−2～3	0.00	1.00	−2～3	0.05	1.01	−2～3	−0.08	0.98	2.06*
亲子联系频率	1～7	6.05	1.19	1～7	5.75	1.27	1～7	6.49	0.91	−11.04***
父母（监护人）检查作业	1～6	4.18	1.86	1～6	4.06	1.90	1～6	4.33	1.79	−2.38*
课外学习时间	1～4	2.40	0.89	1～4	2.42	0.89	1～4	2.36	0.88	1.09
学习信念	1～4	3.39	0.85	1～4	3.36	0.85	1～4	3.42	0.85	−1.07
偏差朋辈	1～4	1.60	0.80	1～4	1.58	0.79	1～4	1.63	0.81	−1.08
家庭经济水平	1～5	3.00	0.78	1～5	2.95	0.82	1～5	3.07	0.72	−2.35*
男性（*percent* =1）	0～1	0.52	0.50	0～1	0.51	0.50	0～1	0.52	0.50	−0.42
中学（*percent* =1）	0～1	0.46	0.50	0～1	0.50	0.50	0～1	0.41	0.49	2.78**
留守（*percent* =1）	0～1	0.59	0.49	0～1			0～1			

注：* 表示 $p<0.05$，** 表示 $p<0.01$，*** 表示 $p<0.001$；*percent*：是 =1（下同）。

（二）各变量相关分析

表 3　相关系数矩阵

	1	2	3	4	5	6	7	8	9
1 偏差行为									
2 与父母的负面关系	0.075*								
3 与老师的负面关系	0.008	−0.064*							

（续上表）

	1	2	3	4	5	6	7	8	9
4 与朋辈群体的负面关系	0.002	-0.081**	0.257***						
5受欺凌经历	0.170***	-0.033	-0.005	-0.035					
6 负面情绪	0.213***	0.105**	0.073*	0.012	0.188***				
7亲子联系频率	-0.085**	-0.040	-0.015	-0.065*	0.044	-0.189***			
8父母（监护人）检查作业	-0.109***	-0.027	-0.122***	-0.021	-0.040	-0.223***	0.189***		
9课外学习时间	-0.100**	0.061*	0.018	0.039	0.035	-0.149***	0.024	0.078*	
10 学习信念	-0.111***	-0.021	0.017	0.005	-0.048	-0.190***	0.071*	0.112***	0.139***
11 偏差朋辈	0.000	0.009	0.249***	0.136***	-0.009	0.020	-0.002	-0.030	0.002
12 性别	0.225***	0.000	-0.051	-0.031	0.056	-0.055	-0.013	0.021	-0.034
13 年级	0.128***	0.005	0.092**	0.021	-0.039	0.140***	-0.138***	-0.252***	0.047
14 家庭经济水平	-0.061	-0.016	0.003	0.022	-0.133***	-0.161***	0.143***	0.113***	0.093**
15 留守	0.029	0.015	0.037	0.050	-0.034	0.065*	-0.308***	-0.073	0.034

	10	11	12	13	14
11 偏差朋辈	0.030				
12 性别	-0.036	-0.045			
13 年级	-0.053	0.035	0.000		
14 家庭经济水平	0.094**	-0.039	0.024	-0.125***	
15 留守	-0.033	-0.034	-0.013	0.086**	-0.073*

从表3可以看出，压力源中除了受欺凌经历，三项负面关系相互之间显著相关，相关系数从-0.06到0.26，与父母的负面关系和其他两项存在

负相关；社会控制理论变量中，除了亲子联系频率和课外学习时间不存在显著相关关系外，其他变量相互之间存在显著正相关，相关系数从0.07到0.19；压力源中除了与朋辈群体的负面关系，其他各项和负面情绪存在显著正相关，相关系数从0.07到0.19，社会控制理论变量和负面情绪都存在显著负相关，相关系数从-0.22到-0.15，偏差朋辈和负面情绪不存在显著相关关系；压力源中与父母的负面关系、受欺凌经历和负面情绪与偏差行为存在显著正相关，相关系数从0.08到0.21，社会控制理论变量与偏差行为存在显著负相关，相关系数从-0.09到-0.11，偏差朋辈与偏差行为不存在相关关系，同时年级和性别与偏差行为存在显著正相关，相关系数从0.13到0.23，家庭经济水平和留守与偏差行为没有存在显著相关关系。

（三）压力对偏差行为的影响

为了确定压力对偏差行为的影响效应，本文使用二元logistic回归模型进行分析。之所以选择二元logistic回归模型，而非OLS回归模型的原因在于偏差行为可以被视为一种计数型变量，其取值为非负整数，而且分布往往呈现出明显的偏态性，不符合OLS回归模型需要的正态分布，在此条件下，如果使用OLS回归模型可能导致不一致甚至是有偏差的估计值（King，1988；Long，1997；Cao et al.，2004）。

表4 压力对偏差行为的二元logistic回归

变量	留守儿童（$n=612$）			非留守儿童（$n=427$）		
	B	SE	Exp（B）	B	SE	Exp（B）
截距	-0.08	0.81	0.92	-0.95	1.15	0.39
与父母的负面关系	0.21*	0.10	1.23	0.17	0.11	1.18
与老师的负面关系	0.08	0.12	1.08	-0.17	0.15	0.84
与朋辈群体的负面关系	0.18	0.11	1.20	-0.19	0.14	0.82
受欺凌经历	0.47***	0.13	1.60	0.60***	0.16	1.82
亲子联系频率	-0.11	0.07	0.90	-0.00	0.13	1.00
父母（监护人）检查作业	-0.11*	0.05	0.90	-0.00	0.06	1.00
课外学习时间	-0.29**	0.10	0.75	-0.24	0.13	0.79
学习信念	-0.22*	0.11	0.80	-0.12	0.13	0.89
偏差朋辈	0.04	0.12	1.05	0.03	0.14	1.03

（续上表）

变量	留守儿童（n=612）			非留守儿童（n=427）		
	B	SE	Exp（B）	B	SE	Exp（B）
家庭经济水平	-0.08	0.12	0.93	0.11	0.16	1.11
男性（*percent*=1）	1.07***	0.18	2.93	0.84***	0.22	2.32
中学（*percent*=1）	0.60**	0.19	1.82	0.38	0.23	1.46
R^2		0.20			0.16	

表4显示，以留守儿童和非留守儿童群体为对象分别放入模型中，R^2为0.20和0.16，说明回归线拟合程度较好。在控制了性别、年级、家庭经济水平及社会控制理论的相关变量后，压力源变量中的与父母的负面关系（$B=0.21$，$p<0.05$）和受欺凌经历（$B=0.47$，$p<0.001$；$B=0.60$，$p<0.001$）对偏差行为仍有显著的正向影响，但与父母的负面关系对非留守儿童偏差行为产生的影响并不显著。部分支持假设2。Exp（B）表示在控制其他变量时，自变量每增加一个单位或每增加一个标准差给因变量所带来的百分比变化。如表4所示，对留守儿童而言，在其他条件不变的情况下，与父母的负面关系每增加一个单位，偏差行为的发生率将增加23%，相反，课外学习时间每增加一个单位，则偏差行为的发生率将减少25%，其他系数的解释以此类推。

（四）压力与负面情绪的关系

因为负面情绪在样本中基本呈现正态分布，在检验压力与负面情绪关系时采用了多元线性回归，从相关矩阵表中可知，自变量之间不存在多重共线性问题。表5中的多元线性分析结果显示，压力源变量中，与父母的负面关系和受欺凌经历对负面情绪确实存在显著影响，个体经历的压力上升会增加其负面情绪，支持假设3。

表5　压力对负面情绪的多元线性回归

变量	留守儿童（n=612）		非留守儿童（n=427）	
	B	SE	B	SE
截距	1.40***	0.35	0.99*	0.48
与父母的负面关系	0.08*	0.04	0.14**	0.05
与老师的负面关系	0.07	0.05	0.08	0.06

（续上表）

变量	留守儿童（n = 612）		非留守儿童（n = 427）	
	B	SE	B	SE
与朋辈群体的负面关系	0.01	0.05	0.01	0.06
受欺凌经历	0.21***	0.06	0.35***	0.06
亲子联系频率	-0.12***	0.03	-0.12*	0.05
父母（监护人）检查作业	-0.06**	0.02	-0.07**	0.03
课外学习时间	-0.13**	0.04	-0.19***	0.05
学习信念	-0.15**	0.05	-0.11*	0.05
偏差朋辈	0.01	0.05	0.01	0.06
家庭经济水平	-0.10*	0.05	-0.06*	0.06
男性（percent = 1）	-0.10	0.08	-0.23	0.09
中学（percent = 1）	0.19*	0.08	0.08	0.09
调整 R^2	0.13		0.19	

（五）压力、负面情绪和偏差行为

表 6 压力、负面情绪对偏差行为的二元 logistic 回归

变量	留守儿童（n = 612）			非留守儿童（n = 427）		
	B	SE	Exp（B）	B	SE	Exp（B）
截距	-0.53	0.85	0.59	-1.54	1.21	0.22
与父母的负面关系	0.19	0.10	1.21	0.11	0.12	1.12
与老师的负面关系	0.06	0.13	1.06	-0.20	0.15	0.82
与朋辈群体的负面关系	0.19	0.11	1.21	-0.20	0.14	0.82
受欺凌经历	0.40**	0.14	1.50	0.52**	0.17	1.68
负面情绪（FAC）	0.34**	0.10	1.40	0.39**	0.13	1.48
亲子联系频率	-0.08	0.07	0.93	0.05	0.13	1.05
父母（监护人）检查作业	-0.08	0.05	0.93	0.02	0.07	1.03
课外学习时间	-0.27*	0.11	0.76	-0.17	0.13	0.84
学习信念	-0.16	0.11	0.85	-0.06	0.13	0.94

（续上表）

变量	留守儿童（$n=612$）			非留守儿童（$n=427$）		
	B	SE	Exp（B）	B	SE	Exp（B）
偏差朋辈	0.04	0.12	1.04	0.02	0.14	1.02
家庭经济水平	−0.05	0.12	0.95	0.14	0.16	1.15
男性（*percent* = 1）	1.17***	0.19	3.21	0.99***	0.23	0.37
中学（*percent* = 1）	0.55**	0.19	1.73	0.32	0.24	0.72
R^2		0.23			0.19	

表6显示了负面情绪在压力与偏差行为间的中介作用，由于因变量为偏态分布，仍然选用二元logistic回归。结果表明，负面情绪对留守儿童和非留守儿童的偏差行为皆有显著正向影响，在其他条件不变的情况下，负面情绪每增加一个单位，留守儿童的偏差行为将增加40%，非留守儿童的偏差行为将增加48%，同时，负面情绪在压力与偏差行为间也起到了一定的中介作用，支持假设4。与表4的对比可发现，在加入负面情绪后，各类压力源对偏差行为的影响系数均减少或变为不显著。结合表4、表5、表6，可发现对非留守儿童而言，与父母的负面关系虽然会带来负面情绪，但并不会增加偏差行为，即此种压力与偏差行为没有直接关系，负面情绪在此种压力与偏差行为之间也不存在中介作用。

综合表4及表6，还可以发现差异交往因素（偏差朋辈的影响）在两个群体的模型中并没有获得支持。但就社会控制因素而言，留守儿童和非留守儿童存在差异：相对于非留守儿童，社会控制因素更能够显著预防留守儿童发生偏差行为，部分支持假设5。此外，就读于中学的男性留守儿童比就读于小学的女性留守儿童更易发生偏差行为。

六、结论与讨论

急剧变革的社会结构对未成年人产生了深刻影响。在微观层面，未成年人经历了社会巨变带来的各种负面结果，如父母失业、离婚、犯罪被害和迁移等，更易陷入负面情绪状态，进而导致反社会的或不理性的行为（Bao et al.，2004）。有鉴于此，相比于传统正向生态系统影响因素的探讨，艾格纽的一般压力理论，从生态系统中的负面因素出发，对理解未成年人的偏差或犯罪行为具有新的启发作用，并可为这方面的防治提供有力的理论依据。

（1）留守儿童的偏差行为并没有显著高于非留守儿童。社会控制因素与留守儿童的连接较弱，这可能与父母经常在外务工、无法长时间陪伴在他们身边有关，使得留守儿童对其父母的依附程度减弱。留守儿童的压力指数及负面情绪指数显著高于非留守儿童。

（2）压力对留守儿童的偏差行为产生直接作用，压力与留守儿童的负面情绪呈现正向关系，负面情绪是压力与留守儿童偏差行为间的重要中介变量。国内零散的研究结果已经显示，留守儿童的偏差行为实际上同其所处的社会弱势地位密切相关（陈曦，2012）。首先，如假设 2 所言，压力对留守儿童的偏差行为有直接的正向作用。在控制相关变量的情况下，与父母的负面关系和受欺凌经历会显著增加留守儿童偏差行为，但与父母的负面关系更能引起留守儿童的偏差行为，可能是因为亲情的缺失对留守儿童行为的发展产生更大的不良影响。已有学者证明，亲子关系对留守儿童社会行为及问题行为有显著影响（赵景欣等，2013；杨青松等，2014）。其次，与假设 3 的主要论述相吻合，压力与留守儿童的负面情绪呈现正向关系：他们遇到的压力越大，就会产生更多的紧张、绝望、烦躁或焦虑等情绪。从表 2 可知：在遭遇类似甚至更轻微的压力时，留守儿童所产生的负面情绪比非留守儿童更为严重，可能留守儿童对压力的反应更为敏感。再次，如假设 4 所预测的，负面情绪是压力与留守儿童偏差行为间的重要中介变量，由不良的人际关系和生活事件等引起的紧张、绝望、焦虑等负面情绪显著增加留守儿童的偏差行为。最后，从表 4 及表 6 中可以看出，偏差朋辈并没有对留守儿童的偏差行为有显著的恶化作用，具体原因需要进一步探讨。

（3）社会控制因素对留守儿童偏差行为的约束力较非留守儿童更强，压力本身并不会直接或间接地增加留守儿童的偏差行为。从表 6 可知，同留守儿童相比，非留守儿童的负面情绪更易导致其偏差行为的发生，同非留守儿童相比，留守儿童虽然对压力较为敏感，并产生较负面的情绪，但这种压力本身并不会直接或间接地增加留守儿童的偏差行为。艾格纽对此做出了解释，某些压力事件并不一定导致偏差行为的发生，特别是那些与较高社会控制相关的，例如没有达到预期教育、职业目标和中产地位，其原因可能是期冀达到此类较高文化目标的个体往往对正统社会结构有较强的依附性，而且此类目标也不易通过偏差行为来达成（Agnew，2006）。而从数据结果中也可以看到，社会控制因素对留守儿童偏差行为的约束力较非留守儿童更强。

参考文献

[1] AGNEW R. Pressured into crime: an overview of general strain theory [M]. Los Angeles: Roxbury, 2016.

[2] AGNEW R, WHITE H R. An empirical test of general strain theory [J]. Criminology, 1992, 30: p. 475.

[3] BAO W, HAAS A, PI Y. Life strain, negative emotions, and delinquency: an empirical test of general strain theory in the People's Republic of China [J]. International journal of offender therapy and comparative criminology, 2004, 48: pp. 281 – 297.

[4] BROIDY L, AGNEW R. Gender and crime: a general strain theory perspective [J]. Journal of research in crime and delinquency, 1997, 34: pp. 275 – 306.

[5] BROIDY M L. A test of general strain theory [J]. Criminology, 2001, 39: pp. 9 – 35.

[6] CAO L Q, JIAN CAO J, ZHAO J H. Family, welfare and delinquency [J]. Journal of criminal justice, 2004, 32: pp. 565 – 576.

[7] DE BEECK H O, PAUWELS L, PUT J. Schools, strain and offending: testing a school contextual version of general strain theory [J]. European journal of criminology, 2012, 9: pp. 52 – 72.

[8] FAN F, SU L, GILL M K, et al. Emotional and behavioral problems of Chinese left-behind children: a preliminary study [J]. Social psychiatry and psychiatric epidemiology, 2010, 45: pp. 655 – 664.

[9] GAO Y, WONG D S. Strains and delinquency of migrant adolescents in China an investigation from the perspective of general strain theory [J]. Youth & Society, 2015.

[10] HU H, LU S, HUANG C. The psychological and behavioral outcomes of migrant and left-behind children in China [J]. Children and youth services review, 2014, 46: pp. 1 – 10.

[11] JIANG S, CHU J, LI C, et al. Alcohol consumption is higher among left behind Chinese children whose parents leave rural areas to work [J]. Acta paediatrica, 2015, 104: pp. 1298 – 1304.

[12] KING G. Statistical models for political science event counts: bias in conventional procedures and evidence for the exponential poisson regression model [J]. American journal of political science, 1988, 32: pp. 838 – 863.

[13] LIANOS H, MCGRATH A. Can the general theory of crime and general strain theory explain cyberbullying perpetration? [J]. Crime & Delinquency, 2017.

[14] LIU Y, LI X, CHEN L, et al. Perceived positive teacher-student relationship as a protective factor for Chinese left-behind children's emotional and behavioural adjustment [J]. International journal of psychology, 2015, 50: pp. 354 -362.

[15] LONG J S. Regression models for categorical and limited dependent variables [M]. Thousand Oaks: Sage Publications, 1997.

[16] MAZEROLLE P, MAAHS J. General strain theory and delinquency: an alternative examination of conditioning influences [J]. Justice quarterly, 2000, 17: pp. 753 - 778.

[17] MAZEROLLE P, BURTON V S, CULLEN F T, et al. Strain, anger, and delinquent adaptations specifying general strain theory [J]. Journal of criminal justice, 2000, 28: pp. 89 -101.

[18] MOON B, BLURTON D M, MCCLUSKEY J D. General strain theory and delinquency focusing on the influences of key strain characteristics on delinquency [J]. Crime & Delinquency, 2006, 54: pp. 582 -613.

[19] MOON B, HWANG H W, MCCLUSKEY J D. Causes of school bullying empirical test of a general theory of crime, differential association theory, and general strain theory [J]. Crime & Delinquency, 2011, 57: pp. 849 -877.

[20] MOON B, MORASH M. General strain theory as a basis for the design of school interventions [J]. Crime & Delinquency, 2012, 59: pp. 886 -909.

[21] MOON B, MORASH M, MCCLUSKEY J D. General strain theory and school bullying: an empirical test in South Korea [J]. Crime & Delinquency, 2012, 58: pp. 827 -855.

[22] MOON B, MORASH M. A test of general strain theory in South Korea: a focus on objective/subjective strains, negative emotions, and composite conditioning factors [J]. Crime & Delinquency, 2017, 63 (6).

[23] PATERNOSTER R, MAZEROLLE P. General strain theory and delinquency: a replication and extension [J]. Journal of research in crime and delinquency, 1994, 31: pp. 235 -263.

[24] PATCHIN J W E, HINDUJA S E. Cyberbullying prevention and response: expert perspectives [J]. Routledge taylor & francis group, 2011, 15: pp. 154 -156.

［25］PIQUERO N L，SEALOCK M D. Generalizing general strain theory：an examination of an offending population ［J］. Justice quarterly，2000，17：pp. 449 –484.

［26］SUN X，TIAN Y，ZHANG Y，et al. Psychological development and educational problems of left-behind children in rural China ［J］. School psychology international，2015，36：pp. 227 –252.

［27］WEN M，LIN D. Child development in rural China：children left behind by their migrant parents and children of nonmigrant families ［J］. Child development，2012，83：pp. 120 –136.

［28］YILDIZ M，ÖZGÜR SOLAKOGLU. Strain，negative emotions，and suicidal behaviors among adolescents：testing general strain theory ［J］. Youth & Society，2017.

［29］陈京军，范兴华，程晓荣，等. 农村留守儿童家庭功能与问题行为：自我控制的中介作用［J］. 中国临床心理学杂志，2014，22（2）：319 –323.

［30］陈绍红，廖珠根，汪时华，等. 江西省留守儿童行为问题相关因素分析［J］. 中国学校卫生，2014，35（1）：95 –97.

［31］曹立群，周愫娴. 犯罪学理论与实证［M］. 北京：群众出版社，2007.

［32］陈曦. 社会资本与农村留守儿童偏差行为研究［J］. 浙江社会科学，2012（5）：85，86 –93，157 –158.

［33］范方，桑标. 亲子教育缺失与“留守儿童”人格、学绩及行为问题［J］. 心理科学，2005（4）：855 –858.

［34］郭兴，王宇雄. 影响留守儿童心理健康的家庭因素分析［J］. 山西农业大学学报（社会科学版），2011，10（1）：103 –105.

［35］金小红，徐晓华，太小杰. 乡村结构变迁背景下农村儿童的生存现状：一项比较研究［J］. 教育研究与实验，2017（2）：24 –29.

［36］孔维勇，綦士璇. 论中国农村留守儿童形成根源与解决机制［J］. 广东农业科学，2009（2）：266 –268.

［37］宋风波，王沛. 留守儿童行为失范与社会干预体制的构建［J］. 河北学刊，2012，32（5）：115 –118.

［38］杨青松，周玲，胡义秋，等. 亲子沟通对农村留守儿童的行为问题的影响：希望感的调节作用［J］. 中国临床心理学杂志，2014，22（6）：1118 –1120.

[39] 赵景欣，刘霞，李悦．日常烦恼与农村留守儿童的偏差行为：亲子亲合的作用［J］．心理发展与教育，2013，29（4）：400－406，423.

[40] 张丽芳，唐日新，胡燕，等．留守儿童主观幸福感与教养方式的关系研究［J］．中国健康心理学杂志，2006（4）：368－370.